鄂尔多斯文献总目（1921—2021）初编 上

鄂尔多斯市民族事务委员会　组织
巴　音　主编
马春阳　副主编

广西师范大学出版社
·桂林·

鄂尔多斯文献总目（1921—2021）初编
E'ERDUOSI WENXIAN ZONGMU（1921-2021）CHUBIAN

出版统筹：汤文辉
出 品 人：乔祥飞
责任编辑：朱时予
助理编辑：冯宇航
责任技编：王增元
封面设计：田　洁

图书在版编目（CIP）数据

鄂尔多斯文献总目：1921—2021：初编：上、下 / 巴音主编；马春阳副主编. -- 桂林：广西师范大学出版社，2025.8. -- ISBN 978-7-5598-8040-6

Ⅰ. Z812.226.3

中国国家版本馆 CIP 数据核字第 20258TS737 号

广西师范大学出版社出版发行

（广西桂林市五里店路 9 号　邮政编码：541004）

网址：http://www.bbtpress.com

出版人：黄轩庄

全国新华书店经销

三河弘翰印务有限公司印刷

（三河市黄土庄镇二百户村北　邮政编码：065200）

开本：787 mm × 1 092 mm　1/16

印张：49　　插页：4　　字数：960 千

2025 年 8 月第 1 版　　2025 年 8 月第 1 次印刷

定价：780.00 元（上、下）

如发现印装质量问题，影响阅读，请与出版社发行部门联系调换。

彩插一　本书主编收藏的部分鄂尔多斯文献

彩插二　本书主编收藏的部分鄂尔多斯文献

彩插三　本书主编编著的部分图书

彩插四 《伊盟革命斗争史料（第二辑）》
（中共伊盟盟委党史资料征集办公室编印，1983年）

彩插五 《群众文化工作手册》（内蒙古伊克昭盟群众艺术馆编，1984年）

彩插六 《鄂尔多斯研究文集(第一辑)》(内蒙古自治区伊克昭盟档案馆编,1984年)

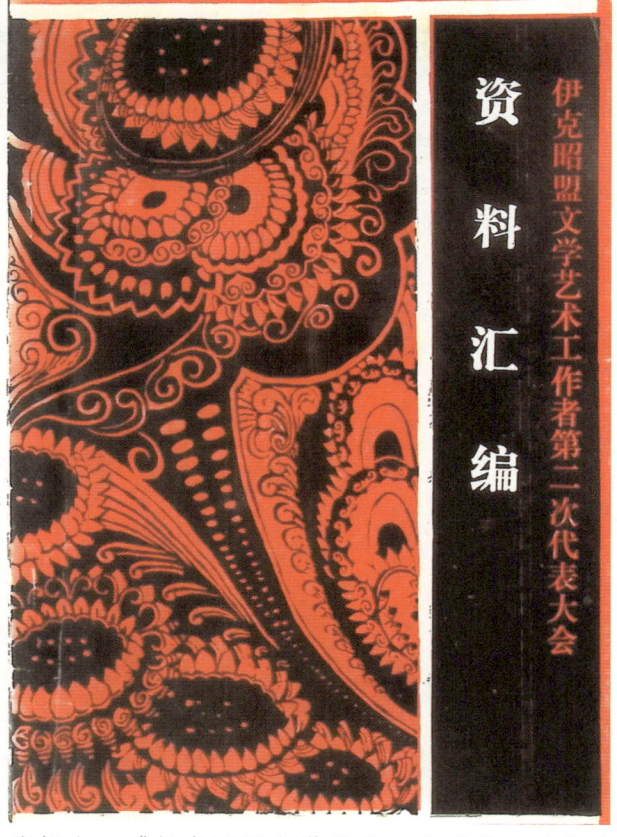

彩插七 《伊克昭盟文学艺术工作者第二次代表大会资料汇编》(伊克昭盟文学艺术界联合会编,1984年)

彩插八 《伊克昭盟收费管理目录及收费标准》
（伊克昭盟物价工商行政管理处编，1991年）

彩插九 《鄂尔多斯市情手册（2019）》
（鄂尔多斯市委政策研究室编，2019年）

彩插十　专家指导本书编纂工作（右：可伟　左：巴音）

彩插十一　本书主编工作剪影

彩插十二　本书初稿

《鄂尔多斯文献总目（1921—2021）》编纂工作领导小组

组　　长：特古斯　　　　中共鄂尔多斯市委统战部副部长
　　　　　　　　　　　　鄂尔多斯市民族事务委员会党组书记、主任
副组长：巴音其木格　　鄂尔多斯市民族事务委员会党组成员、副主任
　　　　张　铭　　　　鄂尔多斯市民族事务委员会党组成员、副主任
　　　　格日勒达来　　鄂尔多斯市民族事务委员会一级调研员
　　　　赵国祥　　　　鄂尔多斯市政协常委、教科卫体委员会主任
　　　　孟克其其格　　鄂尔多斯市司法局一级调研员
　　　　包百泉　　　　鄂尔多斯市民族事务委员会四级调研员
　　　　水晶花　　　　鄂尔多斯市民族事务委员会四级调研员
　　　　雪　梅　　　　鄂尔多斯市民族事务委员会四级调研员
　　　　南　丁　　　　鄂尔多斯市民族事务委员会办公室主任
　　　　布　和　　　　鄂尔多斯市图书馆馆长

成　　员：图格木勒　　鄂尔多斯市民族古籍研究中心主任
　　　　杨雅晶　　　　鄂尔多斯市民族事务委员会宣传教育科科长
　　　　姹　娜　　　　鄂尔多斯市铸牢中华民族共同体意识实践研究中心副主任
　　　　赛音毕力格　　鄂尔多斯市民族古籍研究中心副主任
　　　　青达干　　　　鄂尔多斯市民族古籍研究中心副主任

《鄂尔多斯文献总目（1921—2021）》编纂委员会

组　　长：特古斯

副组长：巴音其木格　张　铭　格日勒达来　赵国祥　孟克其其格　包百泉
　　　　水晶花　雪　梅　南　丁　布　和

编　　辑：图格木勒　杨雅晶　姪　娜　赛音毕力格　青达干　乌云毕力格

主　　编：巴　音

副主编：马春阳

执行编辑：宝上越　郭书钰　花　尔

参编人员（以姓名首字母排序）：阿嘎日　阿拉腾布拉格　阿丽玛　阿如汗　爱润娜
安亮军　安琪尔　傲特根格日勒　巴图巴嘎那　巴图青克勒　巴雅尔图　巴　音
白珂铭　宝音瓦其尔　曹　燕　查克日玛　春　梅　达林巴雅尔　戴延伸　德斯格
董永峰　段丽敏　额尔登布拉格　房美英　冯光辉　冯敬辕　嘎拉贝日汗　高　蕾
高　蕊　格日乐塔娜　格希格图　哈斯其拉贡　韩易良　郝文晶　郝易达　荷　梅
侯　明　胡尔瓦　呼斯勒图　黄瑞生　库布其　李珂霏　李伟明　李　霞　李勇宏
李　芸　刘　峰　刘明哲　刘　娜　刘启帆　刘　强　刘淑琼　刘彦雄　刘玉飞
吕　勇　麦丽斯　满　来　孟　克　孟克巴图　孟令刚　娜荷芽　娜荷雅　那木斯来扎布
娜　仁　那仁额尔德尼　诺　敏　奇·额尔德尼　其利格尔　奇·牡丹　奇晓娜
千　德　千永翔　乔海峰　萨仁高娃　萨日娜　沙　图　尚巧珍　书勤古巴特尔
斯庆苏都　苏日娜　苏生华　孙智琛　塔　娜　王　红　王　裴　王小娟　王娅男
王　艳　王正中　温都娜　乌力吉吉日嘎拉　吴美丽　武　鹏　乌日罕　乌日汗
乌日娜　乌云毕力格　乌云塔娜　希吉日阿拉塔　新吉乐图　杨　梅　英苏伟
永　荣　袁梓苑　张守晓　张　旭　张银仓　张　真　赵红霞　周　斌

参与单位：鄂尔多斯市民族事务委员会
　　　　　鄂尔多斯市文联
　　　　　鄂尔多斯市图书馆
　　　　　鄂尔多斯市档案史志馆

承制单位：鄂尔多斯市睿元文化发展有限责任公司

前　言

鄂尔多斯有着丰富的历史文献资源，如《蒙古源流》《黄金史》等古籍，以及成吉思汗陵、桃力民抗日根据地陈列馆、乌兰夫纪念馆、城川民族干部学院所藏具有地域性特色的历史文献。这些历史文献不仅是鄂尔多斯地区珍贵的历史文化遗产，也是中华民族的优秀文化遗产，它们展示了历史上的国家和地方的政治、经济、社会制度体系，也反映了中华民族共同体的发展过程，为今日铸牢中华民族共同体意识提供了切实依据。抢救和保护这些文献，为后人利用提供方便，是我们面临的迫切任务，传承、研究这些有价值的文献，并将其编目整理，具有重要意义。

鄂尔多斯市民族事务委员会立足于鄂尔多斯丰富的文献资源，着手整理、研究、翻译、编辑相关文献，启动了《鄂尔多斯文献总目（1921—2021）》（以下简称《总目》）的编辑出版工作，其目的在于全面挖掘鄂尔多斯历史文献中的历史经验和思想内涵，发挥其促进中华民族伟大复兴和铸牢中华民族共同体意识的作用。为此，鄂尔多斯市民族事务委员会成立了以党组书记、主任为组长，相关科室负责人为成员的编委会领导小组，具体工作由古籍整理办公室负责。

编委会领导小组制订了《总目》的编辑实施方案和编纂细则，由鄂尔多斯市民族事务委员会牵头，鄂尔多斯市文联、鄂尔多斯市图书馆、鄂尔多斯市档案史志馆和各旗县区古籍文献专家参与，经过文献搜集、整理、编辑、分类、制作索引、录入、审稿、校对等工序，完成了这部包括3400多条书目的《总目》。

《总目》一书属于情报信息学研究著作，是包括图书、档案、报刊等多种文献的综合性目录，是一项创新性的工作，填补了鄂尔多斯历史文献目录研究的一个空白。

《总目》的编纂工作是鄂尔多斯市一项重大的民族文化工程，通过严密组织、科学安排和参与人员的辛苦努力，最终圆满完成，相信这一著作将向世人展示鄂尔多斯地区丰富的历史文化遗产。

鄂尔多斯历史文献的目录编纂研究和出版工作目前尚处于起始阶段，由于编者知识有限，《总目》难免存在一些不足之处，诚请专家学者予以批评指正。

特古斯
2022年9月28日

关于《鄂尔多斯文献总目（1921—2021）》

文献是记录知识的载体，即以文字、图像、符号、音频、视频等手段记录知识的书籍、档案、期刊、报纸及各种视听资料均可视为文献。具体地说，文献是将知识、信息用文字、图像、符号、音频、视频等记录在一定物质载体上的结合体。

研究鄂尔多斯文化，需要创建一个广纳从古至今、遍布四处的有关鄂尔多斯文化文明的文献资料库，以便从历史文献中甄选出有利于民族团结的优秀文化，服务社会大众。

鄂尔多斯市民族事务委员会立足于鄂尔多斯丰富的文献资源，着手整理、研究、翻译、编辑相关文献，启动了《鄂尔多斯文献总目（1921—2021）》（以下简称《总目》）的编纂工作。《总目》以1921年7月1日至2021年7月1日为时限，编纂时参考了各收藏部门和个人所藏的鄂尔多斯文献目录，包括蒙古文、汉文以及其他文字的鄂尔多斯图书文献目录，收录了鄂尔多斯人著述的文献、曾于鄂尔多斯就职的人员著述的文献、鄂尔多斯人翻译的文献和与鄂尔多斯相关的文献。此外，由于历史行政区划变动等原因，也有部分鄂尔多斯文献藏于邻近的省、自治区、盟市、旗县区图书馆。将分散收藏于各地的鄂尔多斯文献汇集于一卷目录中，充实图书资料库和数据库，解决专家、民众之需求，是编纂《总目》的目标。

2016年，内蒙古自治区民族事务委员会少数民族古籍整理办公室在《中国少数民族古籍总目提要·蒙古族卷》中收录、翻译了鄂尔多斯市档案史志馆藏历史档案文献4000余条，将其归为"文书类"，纳入了古籍文献范畴。鉴于这部分档案文献数量偏多，受制于篇幅，未能收入《总目》。

为规范《总目》的编纂工作，编委会领导小组依据《中国文献编目规则》及附件《卡片使用细则》的基本要求，结合鄂尔多斯文献的实际情况，以《中国蒙古文文献总目》《内蒙古自治区各级综合档案馆图书资料分类表》编写规则为参考，对相关书目进行了分类。

《总目》中的作品分类指文字种类，分为蒙古文目录、汉文目录两卷，分别编辑出版。《总目》的内容极其广泛，包括马克思主义、毛泽东思想、邓小平理论、哲学、宗教、社会科学总论、政治、法律、军事、经济、文化、科学、教育、体育、语言、文字、文学、艺术、历史、地理、自然科学总论、数学与化学、天文学、地球学、生物学、医药、卫生、农学、工学、交通、航空、太空、环境科学、综合性图书、文件汇编、报纸、杂志、特类资料等内容。

汉文目录分为公共图书、文件汇编及资料、报纸、期刊、特种载体资料五大类。汉文书名以原书名为标准录入，包括作者、编纂方式、出版社、书号、出版年月、开本、页数、定价、内容提要等几个方面。

《总目》的学术价值，可概括为以下几个方面：

一、具有提供信息的作用。在确定论文选题、斟酌著述内容时，有必要预先知道何时、何人在何处撰写了什么著作，是否与前人撰写的方向雷同。人们可以从《总目》中查找到相关图书的信息，避免重复。

二、具有抢救、保护文献的作用。《总目》的编纂推进了文献的抢救、搜寻、整理、研究和开发利用进程。在编纂《总目》的过程中，有数位年过古稀的学者将自己的多部著作按照《总目》的要求仔细填写后交予作者，并高度评价了这项工作的意义。也有人将珍藏的长辈的著述成果交予作者，期望其著述能借此为世人所知。

三、具有为公共文化数据库提供信息的作用。现代化的文化科学需要大量作为基数的资料源，需要将历史长河中形成的实际数据整理编纂为有序的、有规律的、成熟的基础数据。《总目》可以满足相关需求。

四、由于《总目》全方位地包含了图书、档案、报刊、特类资料等内容，为相互间关联研究提供了便利。例如特类资料中的印章与历史档案类公文有着密切的关系。若有一份盖有"蒙藏委员会印"的公文，便可确定该公文属于蒙藏事务处理衙门，进而判定其可能为清代的档案。

五、《总目》不仅包括社会科学、自然科学、文学艺术、历史地理、民族宗教等书目，还包括档案、报纸、杂志、图像、符号、音频、录音带、特类资料等，范围比一般的图书目录要广。

概而言之，《总目》为大众提供了可资利用的图书目录信息，必将在科学、文化发展中发挥重要作用。又因资料零散四方，未敢轻言完备，后续仍在持续搜集、整理中，故名之曰"初编"。

巴 音

2022年9月28日

（本文作者为内蒙古自治区鄂尔多斯市档案史志馆研究馆员、内蒙古自治区档案学专家、中国档案学专家）

凡 例

一、本书所收文献，时限为1921年7月1日至2021年7月1日。

二、本书收录范围包括对应时段的鄂尔多斯人著述的文献、曾于鄂尔多斯就职的人员著述的文献、鄂尔多斯人翻译的文献、内容与鄂尔多斯相关的文献。

三、为规范本书编纂工作，本书依据《中国文献编目规则》及附件《卡片使用细则》的基本要求进行类别，按照A公共图书、B文件汇编及资料、C报纸、D期刊、E特种载体资料进行分类。同时结合鄂尔多斯文献的实际情况，并以《内蒙古自治区各级综合档案馆图书资料分类表》编纂规则作为参考，以中国法分类字母A、B、C、D、E进行二级字母分类（如AA、AB、AC等），以细化内容主题。

四、本书所收文献，其内涵大于图书目录，包括党政机关公文汇编、机关单位工作手册、研究资料、个人收藏等。

五、本书所收图书，提要内容包括书名、作者、编纂方式、出版社、书号、出版时间、开本、页数、定价、内容提要、提供者等信息。个别资料因时间久远、调查不便等原因，有的著录项不完整。

六、本书后附有文献索引，以书名首字母排序。

目 录

A 公共图书 …………………………………………………… 1

  AA 马克思主义、毛泽东思想 ………………………… 1
  AB 哲　学 …………………………………………… 2
  AC 社会科学总论 …………………………………… 4
  AD 政治、法律 ……………………………………… 6
  AF 经　济 …………………………………………… 28
  AG 文化、科学、教育、体育 ……………………… 51
  AH 语言、文学 ……………………………………… 233
  AI 历史、地理 ……………………………………… 292
  AJ 自然科学 ………………………………………… 377
  AK 综合性图书及资料 ……………………………… 417

B 文件汇编及资料 …………………………………………… 483
C 报　纸 ……………………………………………………… 637
D 期　刊 ……………………………………………………… 640
E 特种载体资料 ……………………………………………… 653
索　引 ………………………………………………………… 661

A 公共图书

AA 马克思主义、毛泽东思想

毛泽东同志关于民族问题的论述（供内部学习用）

中共内蒙古自治区委员会宣传部 编印

1979年6月

16开 41页

内容提要：本资料摘编了毛泽东同志关于民族问题的论述，采取按篇、节或段摘编的方法，并按文章时间顺序进行编排，包括《统一战线中的独立自主问题》《新民主主义论》《关于中华人民共和国宪法草案》等文章。（荷梅）

毛主席语录

伊克昭盟农牧财贸工作会议秘书处 编印

1966年10月

16开 17页

内容提要：本资料收录了毛泽东同志关于中国共产党的领导；突出政治；发展经济，保障供给；群众路线和领导作风；勤俭建国、勤俭办社；全国都应该成为毛泽东思想的大学校等方面的语录。（荷梅）

毛主席语录·毛泽东诗词（硬笔手抄本）

康明英 书写

中国人民解放军总政治部 编

2014年10月

32开 227页

内容提要：本资料摘抄了毛主席关于共产党、阶级和阶级斗争、社会主义和共产主义、战争与和平、人民军队、为人民服务等33个方面的语录及诗词。（荷梅）

我们最喜爱的马克思和恩格斯名言

包海山、陈连进 选编

内蒙古自治区新闻出版局

内新图准字〔2001〕23号

2001年4月

32开 173页 10.00元

内容提要：本书记述了马克思、恩格斯这两位伟人的名言。书中共分三个部分：第一部分为《辩证唯物主义世界观》，第二部分为《资本与劳动的关系》，第三部分为《科学社会主义》。（库布其）

学习《毛泽东选集》第五卷部分名词解释和参考资料（供内部学习参考）

中共东胜县委宣传部 编

1977年8月

16开 82页

内容提要：本资料介绍了《毛泽东选集》第五卷中的"中国人民政治协商会议""休戚与共""两个青年团

员""争取我国财政经济情况根本好转的三个条件"等100个名词解释和相关参考资料。（荷梅）

AB 哲 学

鄂尔多斯寺院大全

奇·巴图朝鲁、达·额定巴雅尔 编著
内蒙古文化出版社
ISBN 978-7-5521-0517-9
2013年12月
16开　312页　598.00元

内容提要：鄂尔多斯蒙古部落在蒙古地区藏传佛教的传入、推广方面起到了重要作用。本书比较详细地介绍了鄂尔多斯市境内佛教寺院的建立、地理位置、规模、佛事活动、经济概况、活佛转世、喇嘛人数、大事情等。还搜集大量珍贵的历史图片，以图文并茂的形式展示了鄂尔多斯市藏传佛教文化全貌。（荷梅）

鄂尔多斯寺观教堂

胡毕斯、李富　主编
内蒙古人民出版社
ISBN 978-7-204-15904-8
2019年7月
16开　552页　280.00元

内容提要：本书分别介绍了鄂尔多斯市7个旗、2个区的寺观教堂，每个旗、区都按照藏传佛教、汉传佛教、天主教、基督教进行了分类。（荷梅）

鄂尔多斯修复寺庙今往汇总

巴音格西格　著
内蒙古人民出版社
ISBN 978-7-204-16124-9
2019年11月
16开　163页　108.00元

内容提要：本书是编者及各单位实地走访调研全市8个旗区的45座寺庙而编成的，其主要内容包括鄂尔多斯寺庙调研概况、佛教传入鄂尔多斯地区和佛教现状、乌兰活佛府邸及各个旗县寺庙的修复情况。（嘎拉贝日汗）

光明磊落的一生——纪念十一世乌兰活佛

内蒙古自治区宗教事务局　编
内新图准字〔2005〕83号
16开　89页

内容提要：本书主要表达后人对乌兰活佛的怀念之情和学习之志，同时也对宗教教义、宗教道德和宗教文化中有利于社会发展、时代进步和健康文明的内容进行了挖掘和探索，有利于将广大宗教界人士和信教群众的智慧和力量凝聚到全面建设小康社会的宏伟目标上来。（荷梅）

吉祥福慧寺暨乌兰活佛（蒙汉对照）

热格瓦　编著
远方出版社
ISBN 978-7-80723-207-0
2009年4月
16开　192页　128.00元

内容提要：本书分为四章，分别是吉祥福慧寺古今简介、吉祥福慧寺前十世活佛简历、吉祥福慧寺十一世乌兰活佛嘎拉僧海日布丹毕尼玛的一生、寻访认定吉祥福慧寺第十二世乌兰活佛洛桑加样僧格的经过及其坐床仪式简述。（荷梅）

内蒙古寺庙

乔吉　编著

内蒙古人民出版社

ISBN 7-204-02326-6

1994年8月

32开　152页　4.00元

内容提要：本书分为四章，分别是佛教在内蒙古的流传和发展、内蒙古现存的主要寺庙、寺庙建筑及主要神佛、内蒙古佛教发展的特点，以及附录。（荷梅）

藏传佛教寺院美岱召五当召调查与研究

王磊义等　撰

中国藏学出版社

ISBN 978-7-80253-196-3

2009年11月

16开　608页　180.00元

内容提要：本书为国家文物局2003年立项课题研究成果，通过对内蒙古最典型的两座藏传佛教寺院美岱召、五当召进行实地调查，具体介绍寺院历史、宗教、建筑、经济、文物、艺术、习俗等各方面的特点，揭示这两座藏传佛教寺院厚重的文化内涵。（荷梅）

哲学研究与探讨

李文艺　著

内蒙古人民出版社

ISBN 7-204-04714-1

2000年7月

32开　166页　16.00元

内容提要：本书由哲学史研究、理论探讨、原著研究三个部分构成，包括《浅谈十八世纪法国唯物主义者对唯物主义理论的发展》《马克思主义哲学在俄国的传播（1894—1905年）》《浅谈社会主义市场经济条件下的思想道德建设》《试论无产阶级领袖的地位和作用》《中国坚持社会主义道路的哲学思考》《恩格斯〈路德维希·费尔巴哈和德国古典哲学的终结〉研究》《试论毛泽东同志对马克思主义认识论的贡献——学习〈实践论〉的体会》等文章。（其利格尔）

哲学耕耘录

姚鸿起　著

内蒙古大学出版社

ISBN 7-81015-911-9

1998年10月

32开　232页　15.00元

内容提要：本书分为上、中、下篇，上篇收录了《〈关于费尔巴哈的提纲〉的研究》《毛泽东哲学体系研究》等五篇文章，中篇收录了《坚持和发展唯物辩证法建设有中国特色的社会主义》《"知行观"新解》等六篇文章，下篇收录了《关于自然科学和哲学的几个问题》等六篇文章。（荷梅）

AC　社会科学总论

2000—2012年鄂尔多斯数据要情

鄂尔多斯市统计局　编

小32开　79页

内容提要：本资料分为经济发展篇、社会民生篇、旗区篇、地级市篇四个部分，其中包括鄂尔多斯基本市情（2012年）、2005—2012年全市财政收支图、生产总值、财政收支、人口及自然增长率、2012年全国333个地级地区主要经济指标情况表等35个章节。（荷梅）

达拉特旗2010年人口普查资料

达拉特旗第六次人口普查办公室　编

2012年8月

16开　760页

内容提要：本资料分为三个部分。第一部分是全部人口数据，包括普查表短表、长表共同部分，主要反映人口的基本状况，分为8卷，共32张表；第二部分是普查表长表数据，主要是人口各种结构情况，分为9卷，共58张表；第三部分是附录，主要是普查的有关规定和技术文件等。（荷梅）

鄂尔多斯风情

何知文　著

内蒙古教育出版社

ISBN 7-5311-5237-1

2003年4月

32开　292页　24.00元

内容提要：本书通过介绍鄂尔多斯杭盖梁、山歌、饮食、婚礼、节俗等内容，呈现了鄂尔多斯独特的风情。（库布其）

鄂尔多斯矿区煤炭物流网络系统化研究

刘利军　著

经济管理出版社

ISBN 978-7-5096-1607-9

2011年10月

16开　180页　32.00元

内容提要：本书针对我国大型矿区首次提出物流网络优化方法，探讨了其在煤炭企业提高经济效益、降低物流成本等过程中的作用，并在分析鄂尔多斯矿区煤炭物流现状及存在问题的基础上提出了物流网络研究方案，从煤炭生产、网络节点配煤加工、煤炭运输及网络运作风险控制等方面进行了研究。（荷梅）

鄂尔多斯市档案志

鄂尔多斯市档案局　编

内新图准字〔2002〕37号

2003年2月

32开　459页　58.00元

内容提要：本书参考鄂尔多斯市档案馆、各旗区档案局馆、鄂尔多斯市城建档案馆、准能公司档案馆馆藏档案，以及部分市直机关团体、事业单位及大中型企业的档案资料，以翔实、丰富的史料较为全面地反映了鄂尔多斯档案工作的历史，特别是对自1953年伊克昭盟委、盟行政公署机关档案工作单独设立之后到2002年的50年间鄂尔多斯市（伊克昭盟）档案工作的发展历程进行了详尽的表述。（库布其）

鄂托克前旗2010年人口普查资料

鄂托克前旗第六次人口普查领导小组办公室、鄂托克前旗统计局　编

2013年3月

16开　530页　368.00元

内容提要：本资料分为三个部分。第一部分是文字数据资料，第二部分是表格数据资料，第三部分是附录。（荷梅）

光荣与理想：伊盟人口与计划生育工作巡礼

内蒙古伊克昭盟计划生育局　编

内新图准字〔2000〕14号

2000年3月

32开　398页　24.80元

内容提要：本书汇编发表于各类报刊的文章，分为开拓篇、成就篇、群英篇、理论园等章，记述了伊克昭盟人口与计划生育事业的发展历程。（荷梅）

内蒙古自治区伊金霍洛旗一九九〇年第四次人口普查资料

伊金霍洛旗人口普查办公室　编

1991年9月

16开　385页

内容提要：本资料内容分为综合类（包括民族），年龄类，文化程度类，行业、职业类，家庭婚姻类，家庭规模类，生育、死亡类等。（荷梅）

内蒙古自治区伊克昭盟一九九〇年人口普查资料

伊克昭盟人口普查办公室　编

1991年12月

16开　1431页　42.00元

内容提要：本资料精选第四次人口普查伊克昭盟的资料，本着精简、实用、全面、系统的原则，从669种表中选择了272种表，并将部分指标较多、分组复杂、内容详尽的分盟、旗市、苏木乡镇的表格做了删减。（库布其）

凝心聚力　开拓奋进——全力谱写民族团结新篇章

鄂尔多斯市东胜区创建全国民族团结进步示范区工作领导小组　编

2019年

16开　64页

内容提要：本资料主要包括东胜区情概况、建设小康同步、公共服务同质、法治保障同权、民族团结同心、社会和谐同创、创建大事记等内容。（嘎拉贝日汗）

伊克昭盟国民经济和社会发展简明统计资料（1949—1986）

伊盟行政公署统计处　编

1988年5月

32开　481页　15.00元

内容提要：本资料是根据统计处和

有关业务部门历年统计资料，按照现行行政区划整理编辑而成的，分为概况、农业、工业、交通、邮电、基本情况、物资、商业九个部分。（荷梅）

在思想和行动之间

杨鹏飞　著
内蒙古大学出版社
ISBN 978-7-5665-1859-0
2020年10月
32开　226页　36.00元

内容提要：本书以习近平新时代中国特色社会主义思想为主线，汇集了50篇文章，内容涉及社会主义核心价值观、传统文化、生态文明、乡村振兴、城市建设、精神文明等方面。（嘎拉贝日汗）

珍藏的感动：计划生育四十年

赵萍　编著
内新图准字〔2011〕188号
2011年7月
16开　268页　280.00元

内容提要：本书是作者亲历的见证，更是记录计划生育40年艰难历程当中的前行者的纪念文集，包括序言、珍藏的记忆、用服务换理解、少生快富政策推动、统筹解决人口问题、弘扬先进人口文化、多彩的生活、后记。（荷梅）

资源繁荣与发展困境：以鄂尔多斯为例

程志强　著
商务印书馆
ISBN 978-7-100-06918-2
2010年11月
32开　211页　18.00元

内容提要：本书以新兴煤炭资源型城市的典范——鄂尔多斯市为例，重点研究煤炭资源型地区的可持续发展和经济转型问题。（荷梅）

AD　政治、法律

2014年伊金霍洛旗"三下乡"暨践行群众路线"惠民五送"主题实践活动惠民服务手册（文化下乡篇）

中共伊金霍洛旗委宣传部　编
2014年
32开　116页

内容提要：本资料包括工商知识、就业惠民、安全常识、林业惠民、教育惠民、民政惠民、知识问答、精神文明、文化惠民、金融知识、信访宣传等方面的内容。（荷梅）

2014年伊金霍洛旗"三下乡"暨践行群众路线"惠民五送"主题实践活动惠民服务手册（卫生下乡篇）

中共伊金霍洛旗委宣传部　编
2014年
32开　88页

内容提要：本资料包括卫生惠民、计生政策、药监惠民、社保服务、司法惠民等方面的内容。（荷梅）

2014年伊金霍洛旗"三下乡"暨践行群众路线"惠民五送"主题实践活动惠民服务手册(科技下乡篇)

中共伊金霍洛旗委宣传部　编
2014年
32开　110页

内容提要：本手册主要包括科技知识、农机惠民、综治宣传、防范宣传、公安宣传、农牧知识、政务服务、网络知识、国土服务等方面的内容。（其利格尔）

编织彩虹的人们

中国共产党伊克昭盟委员会组织部　编
内蒙古人民出版社
ISBN 7-204-00959-2
1989年12月
32开　376页　4.50元

内容提要：本书收集了几十位长期为伊克昭盟的解放、建设事业奋斗过，或继续奋斗在伊克昭盟各条战线上的同志的经历自述，以翔实感人的事迹表现了这些同志一生执着奉献的光辉历程。（嘎拉贝日汗）

不忘初心、牢记使命辅助学习读本

中共鄂尔多斯市委员会组织部、中共鄂托克前旗委员会组织部　编
2019年9月
16开　175页

内容提要：本资料是《不忘初心、牢记使命》一书的辅助学习读本，包括遵从总书记指示、跟随总书记脚步、不忘初心、牢记使命、苦难辉煌的奋进历程、开启新时代新征程等内容。（其利格尔）

百姓法律实用550问

武社平　主编
2010年6月
32开　179页

内容提要：本资料收集了以宪法为核心的涉及社会稳定、经济发展、婚姻家庭、公民权利、义务等方面的法律法规，言简意赅，通俗易懂，力争体现广大人民群众"喜欢读、读得懂、会维权"的社会效果，努力实现普法工作面向基层服务群众、维护社会稳定的目标。（库布其）

彳亍实录——一个"借干"的"四清"日记

悫昊　著
16开　182页

内容提要：本资料分为"四清"借调、训练上纲；进驻村社、发动群众；队部文书、首批运动；留守工作、巩固成果；团部干事、二期"四清"等内容。（荷梅）

春华秋实（党建·综合篇）

政协鄂托克旗第十三届委员会　编
16开　392页

内容提要：本资料包括制度建设、专题教育、大事记、十三届旗政协委员

名单等内容。（荷梅）

草原法律法规选编

鄂尔多斯市草原监督管理局　编

32开　77页

内容提要：本资料是由鄂尔多斯市草原监督管理局编辑的草原法律法规选编，主要有《中华人民共和国草原法》《内蒙古自治区草原管理条例》《内蒙古自治区基本草原保护条例》《内蒙古自治区草原管理条例实施细则》等文件。（嘎拉贝日汗）

党旗飘飘——新时期鄂尔多斯党的建设

鄂尔多斯市委党史研究会、鄂尔多斯市党建研究会　编

内新图准字〔2004〕66号

2004年6月

16开　422页　128.00元

内容提要：本书分为立党为公谱新章、与时俱进抓党建、举旗领路奔小康、扬鞭催马铸辉煌、转变作风求创新、映日党旗分外红六个方面。（荷梅）

党旗在飘扬　党员在行动——康巴什新区"两学一做"学习教育工作纪实

鄂尔多斯市康巴什新区党工委　编

2016年11月

16开　46页

内容提要：本资料内容为康巴什新区"两学一做"学习教育工作纪实，由组织篇、学习篇、行动篇、提升篇四个部分组成。（嘎拉贝日汗）

党员教育辅导讲座

中共伊盟盟委组织部、中共伊盟盟委宣传部　编

1986年12月

32开　105页

内容提要：本资料主要结合十二大党章规定和十二届六中全会决议精神，围绕伊克昭盟各级基层党组织建设中普遍存在的主要问题和每个党员必须具备的党的基本知识等内容进行编写，为党员教育工作提供资料。（嘎拉贝日汗）

党员领导干部理论知识

中共伊金霍洛旗委宣传部　编

2018年8月

64开　87页

内容提要：本资料由党的路线方针政策、意识形态工作、重要讲话精神、图解十九大报告四个部分组成。其中包括中国梦、社会主义核心价值观、党的"五大建设"、"四个伟大"、意识形态工作责任制知识点等重要内容。（嘎拉贝日汗）

党员先进性教育活动宣传手册

中共伊金霍洛苏木委员会　编

32开　52页

内容提要：本手册分引文、十六届四中全会精神、伊金霍洛苏木搬迁工作简介、问答部分、科学饲养技术五个部分宣传了党员先进性教育活动。（其利格尔）

砥砺前行（报告发言篇）

政协鄂托克旗第十三届委员会　编

16开　318页

内容提要：本资料内容包括常委会工作报告、提案工作报告、全体会议发言、常委会会议发言等。（荷梅）

调研报告·决策参考（2015年合订本）

中共鄂尔多斯市委政研室、中共鄂尔多斯市委改革办　编

16开　425页

内容提要：本资料分为调研报告、决策参考等两大部分内容。其中包括聚焦热点理性看：鄂尔多斯的七个关键词、关于鄂尔多斯市加快服务业推进体制机制改革的建议、聚焦"中央一号文件"等56个方面的内容。（荷梅）

鄂尔多斯大环保

刘恒发　主编

鄂尔多斯市环保局

内新图准字〔2009〕47号

16开　120页

内容提要：本书是一部包含关怀篇、成就篇、管理篇、事业篇、共建篇、旗区篇和信息篇七个篇章的宣传画册，对鄂尔多斯环保建设的辉煌历史过程做了全面展示。本书再现了中央、自治区和市领导对环保工作的高度重视、关怀指导；综述了我市环保走过的艰难历程和取得的辉煌成果；总结了管理工作的经验得失；宣传了我市各企业按照科学发展观的要求与时俱进、环保意识到位、行动上真实投入，展示了鄂尔多斯现代化企业的风采同时，描绘了全社会共建大环保的生动画卷。（其利格尔）

鄂尔多斯党校70年

中共鄂尔多斯市委员会党校　编

16开　316页

内容提要：本资料分伊盟党校50年、鄂尔多斯市委党校70年、鄂尔多斯市委党校科室志、附录、又录等，介绍了鄂尔多斯党校成立70年来所取得的成果。（荷梅）

鄂尔多斯党校教师风采

中共鄂尔多斯市委员会党校　编

16开　162页

内容提要：本资料分为现在党校工作的领导与老师、曾经在党校工作过的老师两个部分，介绍了鄂尔多斯党校教师。（荷梅）

鄂尔多斯电业局2017年度落实"两个责任"重点工作记录本

鄂尔多斯电业局纪委　编

2017年

16开　72页

内容提要：本资料主要内容有《习近平同志要言摘编》《王岐山同志要言摘编》《党风廉政建设关键词》《党风廉政建设工作面临的形势和任务》，以及学习记录、监督检查记录、谈心谈话记录等。（嘎拉贝日汗）

鄂尔多斯二次跨越

　　李文艺、齐海林　主编

　　内蒙古人民出版社

　　ISBN 7-204-07144-1

　　2004年8月

　　32开　339页　28.00元

　　内容提要：本书讲述了2003年鄂尔多斯市委一届四次、五次全会上首次提出"鄂尔多斯二次跨越"的目标、模式选择及相关措施，用建设"绿色大市、畜牧业强市"来统领第一产业，建设"大煤田、大煤电、大化工、高载能"来做第二产业，建设"大旅游、大文化、大运输"来快速运作第三产业。（嘎拉贝日汗）

鄂尔多斯改革开放三十年（1978—2008）

　　鄂尔多斯市统计局　编

　　16开　112页

　　内容提要：本资料包括30年变迁、数字30年、数据风云榜、鄂尔多斯模式、30年大事记等。（荷梅）

鄂尔多斯公共资源交易工作规程

　　鄂尔多斯市公共资源交易综合管理办公室、鄂尔多斯市公共资源交易中心　编

　　2013年11月

　　32开　448页

　　内容提要：本资料是为进一步简化鄂尔多斯市公共资源交易工作流程、缩短办结时限、提高办事效率而编撰，旨在明确、规范各项交易业务内容、办理程序、资料要求、办理时限等事项，使交易者明白公共资源该怎么交易、如何交易，让交易者在最短的时限内完成公平、公正的资源交易。（其利格尔）

鄂尔多斯公共资源交易制度建设文库

　　鄂尔多斯市公共资源交易综合管理办公室、鄂尔多斯市公共资源交易中心　编

　　2012年6月

　　16开　463页

　　内容提要：本资料分图片介绍、中央领导指示、交易平台简介、前言、正文、后记六大部分，31万字。正文分为平台建设、法律法规、监管制度、交易规范、操作流程、职能职责、调查研究、宣传报道八个部分。本书最大的亮点是政策性、针对性、实用性较强，适用于各级党政领导干部、工矿企业经营者、事业单位管理者和国家公务员等，特别是可作为鄂尔多斯市公共资源交易部门、各行业主管部门和中介代理机构工作人员的参考工具书。（其利格尔）

鄂尔多斯检察六十年

　　鄂尔多斯检察官协会　编著

　　中国广播影视出版社

　　ISBN 978-7-5043-7335-9

　　2015年2月

　　16开　225页　50.00元

　　内容提要：本书从历史变迁、探索前行、全面发展、崭新篇章、再创辉煌

五个部分，全景式地再现了鄂尔多斯市人民检察制度60年的发展进程，展现了人民检察事业的历史成就，反映了检察官为鄂尔多斯市检察事业发展做出的不懈努力。（荷梅）

鄂尔多斯配电产品技术交流

中国电力科学研究院、北京科锐配电自动化股份有限公司　编

16开　106页

内容提要：本资料记述了鄂尔多斯箱变产品技术，其内容有箱变产品简介——美变、欧变和非晶合金变压器介绍，箱变安装、投运注意事项，箱变产品运行维护、注意事项，疑问解答与互动四个部分。（其利格尔）

鄂尔多斯社会管理及创新论文集

王湛清等　主编

内蒙古人民出版社

ISBN 978-7-204-11573-0

2012年8月

16开　185页　48.00元

内容提要：本书收录了《发挥党校科研作用、推进党的思想理论建设》《鄂尔多斯城市应急管理体系优化策略探析》《创新管理方式、建设宜居城市》等40篇论文，涵盖了加强和创新社会管理的方方面面，反映了社会各界对创新社会管理的关心和关注。（荷梅）

鄂尔多斯市联系服务群众暨"三到"服务经验做法选编

鄂尔多斯市委党的群众路线教育实践活动领导小组办公室　编

32开　88页

内容提要：本资料以图文形式展示了鄂尔多斯市工作到村、服务到户、温暖到家"三到"服务和建立市级宏观指导、旗区承上启下、苏木乡镇主动对接的联动机制，使各类下基层资源密切协作、各尽其能，形成全市上下解民忧、帮民困、顺民意的强大合力。（其利格尔）

鄂尔多斯市人大常委会工作回顾暨展望（2001—2010）

鄂尔多斯市人大常委会办公厅　编

16开　517页

内容提要：本资料是鄂尔多斯市人大常委会办公厅组织编辑的一本大型纪念专辑，比较全面地总结和回顾了鄂尔多斯市一届人大及其常委会的主要工作，反映了市二届人大及其常委会的部分工作，为人大及其常委会留下了大量的文字和图片资料。（荷梅）

鄂尔多斯优秀精神品质

欧阳丽娜　著

内蒙古人民出版社

ISBN 978-7-204-14334-4

2017年9月

16开　273页　36.00元

内容提要：本书从两个方面分析了

鄂尔多斯优秀精神品质。第一章从总的方面梳理、概括了这个问题，梳理清晰，概括简洁。第二至七章对"开放包容、诚信友善、不屈不挠、拼搏创新、艰苦奋斗、不断进取"的鄂尔多斯优秀精神品质进行了深刻思考、认真解读，可谓有血有肉、有理有例。（荷梅）

鄂尔多斯政研（2017）

中共鄂尔多斯市委政策研究室 编著

16开 254页

内容提要：本资料将2017年出刊的政研专报、调研报告、决策参考辑集成册，以供交流、参鉴之用。（荷梅）

鄂尔多斯政研（2018）

鄂尔多斯市决策咨询委员会、中共鄂尔多斯市委政策研究室 编著

2018年

16开 281页

内容提要：本资料将2018年出刊的一批有情况、有分析、有对策、有建议的逐步转化为决策成果、实践成果和社会成果，以文辅政、决策参谋的优秀研究成果、政研专报、调研报告、决策参考辑集而成，以供各级交流参鉴之用。（其利格尔）

鄂尔多斯政研决策参考

中共鄂尔多斯市委政策研究室 编著

16开 872页

内容提要：本资料分上、下两册。上册分为六个篇章，分别为经济建设篇、农牧业、工业、现代服务业、城乡建设、财政金融。下册分为三个篇章，分别是党建政治篇、社会建设篇、会议解读篇。（荷梅）

鄂托克前旗法院制度汇编

2000年9月

32开 366页

内容提要：本资料分为机构、人事管理、审判业务管理、基层法庭管理、机关事务管理、附录等部分。（嘎拉贝日汗）

鄂托克前旗农村牧区"两站两员"交通安全宣传教育读本

鄂托克前旗人民政府办公室、鄂托克前旗交通管理大队 编

2017年4月

64开 69页

内容提要：本读本结合农村牧民实际需求，选编了《中华人民共和国道路交通安全法》《中华人民共和国道路安全实施条例》《道路交通事故处理程序规定》《道路交通违法行为认定及处理程序规定》等法律法规的相关内容，又收录了根据农村牧区常见的11种严重交通违法行为而出台的相应的法律规定。（嘎拉贝日汗）

发展党员工作手册

中共鄂尔多斯市直属机关工作委员

会　编

2020年6月

16开　57页

内容提要：本资料包括发展党员工作流程、发展党员相关材料参考模板、党支部需留存的材料、党（工）委需留存的材料、党员档案材料清单、《入党志愿书》填写式样、《入党志愿书》丢失或重要内容不完整的证明材料式样等内容。（其利格尔）

法律法规选编

伊金霍洛旗普法办公室　编

1988年1月

32开　68页

内容提要：本资料选编常用的与农牧民生产、生活相关的法律法规，供广大农牧民学习阅读，以适应农村牧区普法工作的需求。（嘎拉贝日汗）

法律法规汇编（普法辅导教材）

内蒙古鄂托克旗普法领导小组办公室　编

32开　522页

内容提要：本资料汇编了我国26项基本法律法规、社会主义市场经济法律法规、其他法律法规。（其利格尔）

干部理论学习400题

中共鄂尔多斯市委宣传部、中共鄂尔多斯市委组织部、中共鄂尔多斯市委讲师团　编

32开　223页

内容提要：本资料精选400道有关干部理论学习的题目并作答，以进一步深化广大党员干部的理论学习与教育，提高其政策理论水平，为围绕鄂尔多斯市委的中心工作，在推进"二次跨越"、实现"四个超一"目标的进程中提供有效的理论和智力支持。（其利格尔）

干部理论学习问答

王茂荣　主编

中共鄂尔多斯市委宣传部、中共鄂尔多斯市委组织部、中共鄂尔多斯市委讲师团　编

32开　243页

内容提要：本资料包括"十六大"报告、新党章、"三个代表"重要思想、"5·31"重要讲话、从中央到地方近一年来的重要会议精神、"十五"规划，以及公民道德建设、法律和世贸组织知识、《党政领导干部选拔任用工作条例》等多方面内容，还在《干部理论学习400题》基础上新增"综合篇"和"旗区篇"，内容更为广泛充实，集政策性、理论性、知识性和可读性于一体。（其利格尔）

工商物价法律法规实用手册

鄂尔多斯市工商行政管理局　编

2007年12月

32开　976页

内容提要：本资料选编工商、物价部门日常应用的法律法规，包括注册登记管理、商标监督管理、广告监督管

理、公平交易监督管理等内容，将法条化成具体、可操作的知识，设身处地为全市系统广大干部提供便捷、有效的法律法规知识援助，帮助大家进一步理解、掌握和正确应用法律、法规。（其利格尔）

公务员法律知识1000问

白玉刚　主编
内蒙古普法工作专项组办公室、内蒙古自治区司法厅　编
2017年5月
32开　478页

内容提要：本资料选编与公务员工作联系紧密且经常发生的法律知识和问题，内容涵盖习近平法治思想、中国特色社会主义法律体系、宪法、民族区域自治法、公务员法、国家安全法、保密法、网络安全法、行政处罚法、行政许可法、行政强制法、行政复议法、预算法、国有资产管理法、政府采购法、安全生产法、环境保护法、突发事件应对法、信访条例、民法总则、刑法、国家赔偿法、行政诉讼法、党内法规等各方面法律规定和法律知识，为广大公务员了解法律知识、增强法治意识提供帮助。（嘎拉贝日汗）

共青团鄂尔多斯市委员会"两学一做"口袋书

共青团鄂尔多斯市委员会　编
2017年3月
64开　88页

内容提要：本资料包括路线方针政策、干部工作常识、党的基层组织建设工作常识、党风廉政建设常识、团务知识、习近平总书记系列重要讲话知识题库和团学知识题库七个部分内容。（嘎拉贝日汗）

构建和谐鄂尔多斯

鄂尔多斯市人民政府办公厅　编
2006年7月
16开　344页　158.00元

内容提要：本资料介绍了鄂尔多斯市概况、鄂尔多斯市九个旗县概况，以及事企业单位、集团公司、学校等。（荷梅）

国家　自治区　鄂尔多斯劳动和社会保障实用政策文件大全

鄂尔多斯市社会保险事业管理局、鄂尔多斯聚益社保培训咨询服务中心　编
2009年11月
16开　639页

内容提要：本资料收录了截至2009年底，国家、内蒙古自治区、鄂尔多斯市劳动和社会保障政策文件共258件，70余万字，在文件的收录和编排上主要突出了实用性，也兼顾了政策的连续性和长效性。全书共分十三编，第一编劳动与社会保险综合类，第二编社会保险费征缴和登记申报，第三编基本养老保险，第四编医疗保险，第五编失业保险，第六编工伤保险，第七编生育保

险，第八编企业年金，第九编城乡居民养老保险，第十编就业服务，第十一编低保救助优抚助残，第十二编薪假工时，第十三编基金监管与内部控制。（其利格尔）

国家　自治区　鄂尔多斯劳动和社会保障实用政策文件大全（2010年度续册）

鄂尔多斯市社会保险事业管理局、鄂尔多斯聚益社保培训咨询服务中心　编

2010年

16开　353页

内容提要：本资料包含2010年度国家、内蒙古自治区、鄂尔多斯最新发布的权威性、实用性强的法律、法规、有关政策文件。（其利格尔）

和衷共济（调研视察篇）

政协鄂托克旗第十三届委员会　编

16开　388页

内容提要：本资料内容包括工作掠影、2013—2017年的调研视察报告等。（荷梅）

回眸2021

青春山街道党工委、青春山街道办事处　编

2021年

16开　62页

内容提要：本资料是鄂尔多斯市康巴什区青春山街道党工委和青春山街道办事处主办的图册，主要内容为2021年青春山工作纪实。（嘎拉贝日汗）

决胜脱贫攻坚　圆梦全面小康——全市离退休干部脱贫攻坚摄影作品集

中共鄂尔多斯市委员会组织部、中共鄂尔多斯市委员会老干部局、鄂尔多斯市扶贫开发办公室　编

2020年10月

12开　128页

内容提要：本资料是由中共鄂尔多斯市委员会组织部、中共鄂尔多斯市委员会老干部局、鄂尔多斯市扶贫开发办公室编发的全市离退休干部关于脱贫攻坚的摄影作品集。（嘎拉贝日汗）

康巴什档案选编——杨云同志工作档案集（2017.9.26—2018.9.26）

康巴什区档案局　编

4开　375页

内容提要：本资料包括杨云同志履新、履职、履历等方面的档案。（荷梅）

康巴什区委理论学习中心组2021年第六次集体学习会暨党史学习教育"第一课"专题研讨会研讨材料

康巴什区委办公室　编

2021年4月

16开　91页

内容提要：本资料汇编了李冬研讨材料、王雪峰研讨材料、李晓庆研讨材料、阿拉腾敖日格乐研讨材料、田生华研讨材料等20份研讨材料。（其利格尔）

跨越式前进的准格尔——准旗"十五"回顾

准格尔旗史志编纂委员会办公室 编

内新图准字〔2006〕49号

16开 182页 120.00元

内容提要：本书以翔实的数据、大量的文字和图片、图表记载了准格尔旗各族人民在"十五"期间的奋斗历程，旨在展示准格尔旗五年来的辉煌业绩，展示准格尔旗在资源、区位及人文环境等方面的优势，展示准格尔与时俱进、奋发图强、建设家园的精神风貌。（荷梅）

"两学一做"工作集锦

哈巴格希街道党工委 编

2016年8月

32开 16页

内容提要：本资料是哈巴格希街道党工委的"两学一做"工作集锦。（嘎拉贝日汗）

理论学习读本（2009年）

许琴 主编

2009年10月

32开 73页

内容提要：本资料是为帮助鄂尔多斯市广大党员干部学习领会党的十七届三中、四中全会及市委二届六次、八次全委会、全市农村牧区工作会议精神，了解有关创建全国文明城市、国家卫生城市的内容，以问答形式编写的学习读本。（其利格尔）

理论学习读本（2010年）

中共伊金霍洛旗委宣传部 编

2010年3月

144页

内容提要：2010年是鄂尔多斯市委确定的建设学习型党组织和学习型社会实践活动的启动年，为深入学习党的十七大、十七届三中、四中全会及自治区、市、旗各级会议精神，了解党风廉政和文明城市创建等知识，伊金霍洛旗委宣传部编印此读本，旨在帮助和引导全旗广大干部职工开展理论学习、提高理论水平，用科学理论武装头脑、指导实践、推动工作。（其利格尔）

理论学习读本（2011年）

中共伊金霍洛旗委宣传部 编

2011年4月

16开 283页

内容提要：本资料分为中国共产党十七届五中全会精神、2011年中央经济工作会议精神、2011年中央一号文件、鄂尔多斯市国民经济和社会发展第十二个五年规划纲要等20个方面，旨在为伊金霍洛旗广大干部职工开展理论学习、提高理论水平，用先进理论武装头脑、指导实践、推动工作提供引导和服务。（荷梅）

理论热词面对面

中共伊金霍洛旗委宣传部 编

2015年

64开　32页

内容提要：本资料把理论热词分为中央层面、自治区层面、市级层面、旗级层面四个层面。中央层面包括"两个责任"、"四个着力"、中国梦、社会主义核心价值观等内容。自治区层面有自治区"8337"发展思路、党建"五个一"工作制度等内容。市级层面有"三到两强""六位一体""三项建设"等内容。旗级层面包括2015年来伊金霍洛旗经济社会发展的总体思路、2015年来伊金霍洛旗经济社会发展的主要预期目标等。（嘎拉贝日汗）

老少两代话改革

鄂尔多斯市关心下一代工作委员会　编

32开　405页

内容提要：本资料收集了鄂尔多斯老少两代人的作品，用各自的所见所闻记载了改革开放前后事物的变迁，记述了他们所经历的沧桑巨变。（荷梅）

民之所望·心之所向

鄂尔多斯市公安局　编

2016年10月

12开　57页

内容提要：本资料是一本摄影集，记录了鄂尔多斯市公安机关的公安改革、"四项建设"工作，全面提升公安队伍创造力、凝聚力、战斗力纪实，训练和荣誉等方面内容。（其利格尔）

民主进程——鄂尔多斯市"六代会"概览

菅志立、乔二斌　主编

内蒙古人民出版社

ISBN 978-7-204-12288-2

2014年7月

16开　562页　280.00元

内容提要：本书作为再现鄂尔多斯市60年来民主制度建设的基本历程的可靠佐证，以具代表性的、翔实准确的原始档案为基础，概述了这一实践过程。编者按照中共鄂尔多斯市（伊克昭盟）历次党员代表大会、鄂尔多斯市（伊克昭盟）历次人民代表大会、政协鄂尔多斯市（伊克昭盟）历届委员会、鄂尔多斯市（伊克昭盟）历次工人代表大会、鄂尔多斯市（伊克昭盟）历次妇女代表大会和共青团鄂尔多斯市（伊克昭盟）历次代表大会等"六代会"的顺序，分为六个章节分别进行撰述。（荷梅）

内蒙古伊克昭盟民族工作大事记（献给中华人民共和国成立五十周年　1949—1998）

伊克昭盟民族事务局　编

1999年9月

32开　386页

内容提要：本资料以翔实的史料记载了50年来伊克昭盟各族人民前进的历程，反映了不同历史时期各族人民在党的领导下贯彻执行党的路线、方针、政策，完成历史赋予的光荣任务，从侧

面反映了人们不同时期意气风发、斗志昂扬、改天换地的精神风貌。（嘎拉贝日汗）

内蒙古自治区鄂尔多斯市城市总体规划（2003—2020）

内蒙古自治区鄂尔多斯市人民政府、北京清华城市规划设计研究院　编
2004年3月
16开　103页
内容提要：本资料由前言、鄂尔多斯市城镇体系规划、鄂尔多斯市中心城区城市总体规划三个部分内容构成，重点介绍鄂尔多斯市2003—2020年城市总体规划。（其利格尔）

内蒙古自治区反家庭暴力条例

康巴什区妇女联合会　编
2020年6月
32开　30页
内容提要：本资料主要内容有《内蒙古自治区第十三届人民代表大会常务委员会公告》《内蒙古自治区反家庭暴力条例》《关于〈内蒙古自治区反家庭暴力条例（草案）〉的说明》《内蒙古自治区人民代表大会法制委员会关于〈内蒙古自治区反家庭暴力条例（草案）〉审议结果的报告》《内蒙古自治区人民代表大会法制委员会关于〈内蒙古自治区反家庭暴力条例（草案修改稿）〉修改情况的报告》等。（嘎拉贝日汗）

凝聚忠诚力量践行使命担当——"坚持政治建警　全面从严治警"教育整顿试点工作纪实

内蒙古鄂尔多斯市公安局　编
2017年5月
16开　71页
内容提要：本资料为内蒙古鄂尔多斯市公安局主办编写的"坚持政治建警　全面从严治警"教育整顿试点工作纪实。（嘎拉贝日汗）

农村牧区党员读本

伊盟党委宣传部、组织部，伊盟科技局　编
内新图准字（96）第146号
1996年12月
32开　290页
内容提要：本资料是专门为农牧民党员编写的一本实用读物，以问答的形式较为全面地概括了当前和今后一个时期农村牧区党员教育所涉及的基本内容，包括党的基本知识，建设有中国特色社会主义理论基础知识，社会主义市场经济理论基本知识，党的十届四中、五中、六中全会精神，伊盟盟情知识和伊盟改革与建设的发展方针与工作思想等方面的内容。（荷梅）

农村牧区基层干部党员教育读本

王程熙　主编
中共鄂尔多斯市委组织部　编
2003年2月
32开　440页

内容提要：本读本为配合农村牧区基层干部"素质教育工程"的实施和党员先进性教育的开展而编写，由邓小平理论、"三个代表"重要思想、"十六大"精神、党的基本知识、社会主义市场经济理论知识、WTO基本知识、农村牧区实用政策、附录七个部分构成。（其利格尔）

农村牧区脱贫攻坚科技服务技术手册

鄂尔多斯市农畜产品质量安全中心、鄂尔多斯市农牧局科技服务工作队　编

32开　96页

内容提要：本手册共有三个部分，分别是"三品一标"认证常识、农产品安全常识、种植养殖实用技术。（其利格尔）

强化服务意识提高执政能力宣讲内容选编（乡镇、村社版）

鄂尔多斯市东胜区委宣传部　编

2004年12月

32开　110页

内容提要：本资料主要包括领导讲话、论文选编、文件选编、讲稿选编四个部分。（嘎拉贝日汗）

"三化"互动实现跨越式发展

中共鄂尔多斯市委办公厅　编

2003年5月

32开　263页

内容提要：本资料汇编了鄂尔多斯市委领导关于推动"三化"和推进二次创业的重要讲话以及相关文件14篇。（其利格尔）

"三讲"教育内部文件与资料汇编

中共伊克昭盟党委"三讲"教育领导小组办公室　编

1999年8月

32开　378页

内容提要：本资料主要包括中央、自治区"三讲"教育有关文件和领导同志讲话，盟委及自治区巡视组领导同志讲话，盟四大班子"三讲"教育工作方案、总结、相关文件，盟四大班子"三讲"教育专报、简报，盟四大班子"三讲"教育大事记等部分。这些文件和资料对盟直各单位和旗市开展"三讲"教育具有很强的指导和借鉴作用，是伊克昭盟搞好这次"三讲"教育必须认真学习和深刻领会的基本教材。（其利格尔）

舍饲养畜实用技术手册

鄂尔多斯市农牧业局、达拉特旗农牧业局　编

2004年9月

32开　73页

内容提要：本资料介绍了肉羊品种、肉羊繁育、优质牧草种植技术、饲草料加工技术、白绒山羊饲养管理技术、肉用羊饲养管理技术、奶牛饲养管理技术、肉牛饲养管理技术、羊常见病及其防治方法、羊舍建筑技术、鄂尔

多斯市养殖小区建设标准，总计11项内容。（其利格尔）

深度聚焦（一）

鄂尔多斯市纪律检查委员会、鄂尔多斯市监察局　编

32开　119页

内容提要：本资料是纪检监察干部队伍建设年活动学习资料，由十八届中央纪委第七次全体会议精神、内蒙古自治区纪委十届二次全会精神、鄂尔多斯市纪委四届二次全会精神三部分构成。（其利格尔）

生产现场安全管理制度汇编

张小包　主编

伊克昭电业局安监部　编

2001年1月

32开　108页

内容提要：本资料包括伊克昭盟电力的生产现场安全管理方面的安全生产三级控制管理标准、现场重点反事故措施管理制度、两票管理制度、危险点预控法工作制度、安全工器具管理制度、类障碍异常管理标准、"三违"处罚条例、生产现场岗位培训制度等内容。（其利格尔）

实用卫生法律法规选编

伊盟卫生局　编

32开　533页

内容提要：本资料包括《中华人民共和国红十字会法》《中华人民共和国红十字标志使用办法》《卫生部门信访工作办法》《医疗广告管理办法》《中华人民共和国传染病防治法》《中华人民共和国传染病防治法实施办法》《中华人民共和国尘肺病防治条例》《内蒙古自治区尘肺病防治条例实施办法》等法律、法规。（其利格尔）

税务绩效管理工作手册（2018）

鄂尔多斯市地方税务局　编

2018年3月

32开　214页

内容提要：本资料分三个部分，第一部分是绩效管理工作相关内容；第二部分是内蒙古自治区地方税务局2018年绩效管理；第三部分是鄂尔多斯市地方税务局2018年绩效管理。（其利格尔）

税法培训讲义

郅志忠、王占雄　主编

2010年4月

32开　92页

内容提要：本资料是2008年以来新税收政策解读，由增值税、消费税、营业税、企业所得税、个人所得税、附表六个部分构成。（其利格尔）

同心致远（提案篇）

政协鄂托克旗第十三届委员会　编

16开　342页

内容提要：本资料包括2013年提案和答复、2014年提案和答复、2015年提案和答复、2016年提案和答复、2017年

提案和答复等。（荷梅）

问题与研究：鄂尔多斯法院硕士学位论文选（第一辑）

鄂尔多斯市中级人民法院　编
2013年6月
16开　1428页

内容提要：本资料收录了鄂尔多斯法院干警的硕士学位论文，共计49篇，内容涵盖法学学科的各个领域和其他相关学科。本资料的编印既是鄂尔多斯法院法官队伍理论水平的一次展示，又是对法官学历教育工作的总结与激励。（嘎拉贝日汗）

乌兰夫——革命传统教育读本

内蒙古自治区法学会、内蒙古党委党史研究室、乌兰夫纪念馆　编
人民日报出版社
ISBN 978-7-5115-5561-8
2018年12月
16开　374页　88.00元

内容提要：本书主要是为青少年进行革命传统教育编写的普及读物，以图文并茂的故事形式讲述了乌兰夫的辉煌业绩和感人事迹。（嘎拉贝日汗）

乌兰夫论牧区工作

乌兰夫革命史料编研室　编
内蒙古人民出版社
ISBN 7-204-01263-1
1990年11月
32开　334页　5.45元

内容提要：本书选编了乌兰夫同志有关畜牧业的论文、讲话27篇。附录收入在乌兰夫同志主持下以中央民委的名义形成的一篇文献和记者采访内蒙古党委负责人的一篇报道。（嘎拉贝日汗）

乌审激涌改革潮

中共乌审旗委宣传部　编
1993年2月
16开　79页

内容提要：本资料将乌审旗与内蒙古人民广播电台农牧组合办的"来自乌审旗的报告"汇编成册，向全区介绍乌审旗近年经济建设取得的可喜成果，再现了乌审旗各族人民兴旗富民奔小康的创业精神。（荷梅）

西部大开发干部读本

姚鸿起、高明毅　编
2000年8月
32开　287页　19.00元

内容提要：本资料分为三篇，上篇开发指南，中篇西部概览，下篇国外借鉴。（荷梅）

霞红一抹天——农村牧区基层组织建设工作文集

中共伊克昭盟委组织部　编
32开　324页

内容提要：本资料汇编伊克昭盟基层组织建设工作中有代表性的工作研究论文和典型经验材料而成此资料，由部长论坛、工作研究、经验交流三大板块

构成。（其利格尔）

心手相连·共同发展——鄂尔多斯对口支援兴安盟工作纪实

鄂尔多斯市对口支援兴安盟工作办公室　编著

32开　86页

内容提要：本资料汇编2010年8月以来鄂尔多斯市对口支援兴安盟的相关文件，由决策篇、机制篇、民生篇、发展篇、结语、后记、附录七部分构成。（其利格尔）

新常态下鄂尔多斯市转型发展的思路研究

布和朝鲁　编著

内蒙古人民出版社

ISBN 978-7-204-13407-6

2015年4月

32开　115页　12.00元

内容提要：本书从七个方面分析了鄂尔多斯转型发展的基础、条件、优势，集中研究了经济社会和生态建设转型发展的新增长点，提出了全面创新体制机制的思路，涵盖了增强持续发展的动力、活力和竞争力问题。本书是各旗区、各部门学习贯彻市委三届五次、六次全委会精神，完善思路、谋划工作的重要参考。（其利格尔）

新税收政策法规汇（2009.5—2011.2）

鄂尔多斯市税务局　编

32开　504页

内容提要：本资料收集了2009年4月至2011年3月国务院、财政部、国家税务总局、内蒙古自治区国税局、鄂尔多斯市国税局以及各级地方政府出台的涉及增值税、消费税、企业所得税、税收优惠政策等新的税收政策、法规以及相关的税收征收管理办法等。（其利格尔）

新征管法学习辅导

鄂尔多斯市税务局　编

32开　185页

内容提要：本资料是为了适应新《中华人民共和国税收征收管理法》教学、培训、考试的需要，根据新《中华人民共和国税收征收管理法》的内容和税收征管工作实际情况而编写的，由《中华人民共和国税收征收管理法》、新征管法综合练习题、新征管法考试模拟试题三部分构成。（其利格尔）

行政执法手册

白洁　主编

鄂尔多斯市康巴什新区综合监察大队　编

2010年4月

16开　337页

内容提要：本资料结合鄂尔多斯市康巴什新区综合监察大队工作实际，根据大队履行的15项职能职责，总结概括了近110部常用的法律法规，以提高大队全体人员的业务知识水平，增强法律意识。（其利格尔）

行政执法手册（理论篇）

伊金霍洛旗人民政府法制办公室 编

2005年11月

32开　196页

内容提要：本手册汇编了《中华人民共和国国务院全面推进依法行政实施纲要》《内蒙古自治区人民政府关于贯彻落实〈全面推进依法行政实施纲要〉的实施意见》《国务院办公厅关于推行行政执法责任制的若干意见》《内蒙古自治区行政执法责任制规定》等15项国家级、自治区级行政执法相关文件。（其利格尔）

宣传员手册（第一期）

中共伊盟盟委宣传部　编

1983年3月

32开　23页

内容提要：本手册转载了《半月谈》杂志刊登的《中央党校常识测验一百题》及杂志为此发的短评，帮助大家学习和掌握一般的理论知识、政策知识和科学文化知识，以适应四个现代化建设的需要。（嘎拉贝日汗）

学习《关于建国以来党的若干历史问题的决议》辅导讲话

中共内蒙古伊盟委宣传部　编

1981年8月

32开　63页

内容提要：本资料汇编《关于建国以来党的若干历史问题的决议》的辅导讲话和宣讲材料，供广大党员、基层干部和群众学习、宣讲时参考。（嘎拉贝日汗）

学习手册

中共伊金霍洛旗委宣传部伊金霍洛旗文明办　编

2014年9月

64开　36页

内容提要：本资料包括习近平同志视察内蒙古自治区讲话主要精神、自治区党委九届十一次全委会议主要精神、市委三届五次全委会议主要精神、乡风文明大行动、社会主义核心价值观等内容。（嘎拉贝日汗）

畜牧业法律法规汇编

马丁锁　主编

鄂尔多斯市畜牧业局　编

2003年11月

32开　73页

内容提要：本资料汇编了草原保护、畜疫防治和种畜管理等方面的法律法规和适用性文件。（其利格尔）

伊金霍洛旗机关党建十大品牌掠影

中国共产党伊金霍洛旗直属机关工作委员会　编

2018年

12开　41页

内容提要：本资料由中国共产党伊金霍洛旗直属机关工作委员会主办，主要介绍了伊金霍洛旗机关党建十大品

牌。（嘎拉贝日汗）

伊金霍洛旗农村牧区党建工作

中共伊金霍洛旗委组织部　编
16开　13页

内容提要：本资料主要内容包括《伊金霍洛旗农村牧区基本情况汇总表》《干部队伍情况汇总表》《伊金霍洛旗嘎查村基本数据信息台账说明》《嘎查村党员信息基本台账说明》《嘎查村"两委"正职及成员统计台账说明》等。（嘎拉贝日汗）

伊金霍洛旗以村民代表会议常设制为核心的"四权四制"组织体制和运行机制资料汇编

中共伊金霍洛旗委办公室、伊金霍洛旗人民政府办公室　编
32开　93页

内容提要：本资料包括《全面推行以村民代表会议常设制为核心的"四权四制"村治模式的通知》、村民代表合议制度、伊金霍洛旗"四权四制"体制机制运行流程图、村务监督制度等16个部分。（其利格尔）

伊克昭盟统一战线志

孙国秀、祁海青　编
伊盟党委统战部
1988年12月
32开　287页　3.00元

内容提要：本资料记载了伊克昭盟统战史的沿革，伊克昭盟原地方团队、原国民党军队驻扎情况。全书分伊盟统战工作纪实、机构沿革、人物介绍、伊盟民族工作、宗教工作、"反右"和"改右"、工商业者工作、民主党派、对台工作、侨务工作、非党知识分子工作、经济技术咨询服务工作、人民政协工作、原地方团队、原国民党军队驻扎情况等15个章节。（荷梅）

伊克昭盟政协志（1949—2001）

政协伊克昭盟委员会　编
内新图准字〔2001〕65号
2001年9月
32开　394页　68.00元

内容提要：本书遵循实事求是的态度，以尊重历史的原则，客观地记述了1949年11月伊克昭盟自治区各族各界临时人民代表会议到2001年9月伊克昭盟政协工作和活动及组织发展情况。这不仅是对伊克昭盟的史志的一个补充，而且对总结经验教训、研究和探索人民政协工作也是十分有益的。（荷梅）

伊克昭盟政协五十二年（1949—2001）

政协伊克昭盟委员会　编
16开　154页

内容提要：本资料从不同时期、不同侧面介绍了伊克昭盟政协52年来的发展历史，浓缩了伊克昭盟政协52年的光辉历程，展示了中国共产党领导的多党合作和政治协商制度的优越性和生命力。（荷梅）

伊盟党校五十年（1949—1999）

　　中共伊盟盟委党校　编

　　32开　135页

　　内容提要：本资料选编了在伊克昭盟党校工作过的部分老同志的回忆文章，全面回顾和评价伊盟党校走过的光辉奋斗历程，达到承前启后、继往开来的目的。（荷梅）

伊盟妇女运动志（1949.10—1985.12）

　　刘银兰　编

　　伊克昭盟妇女联合会

　　32开　290页

　　内容提要：本资料系统地回顾了伊克昭盟各族妇女运动在中华人民共和国成立以来所走过的道路，总结了伊克昭盟妇女在各不同历史时期所做出的贡献，说明了妇女是整个革命运动中一支重要的力量，真正起到了"半边天"的作用。本资料分上、下两编，上编为伊克昭盟妇女组织的发展与各族妇女的成长，下编为伊克昭盟妇女工作纪事。（荷梅）

易燃易爆化学物品安全与管理

　　鄂尔多斯市公安消防支队　编

　　2007年1月

　　32开　212页

　　内容提要：本资料是鄂尔多斯市公安消防支队内部的消防安全培训材料，主要包括基础知识、易燃易爆化学物品的火灾危险特性、易燃固体、自燃物品和遇湿易燃物品、易燃易爆化学物品安全操作管理、事故处理、法律责任、典型火灾爆炸事故案、易燃易爆化学物品法规节录、物质的火灾危险性分类、危险品包装标志等内容。（其利格尔）

引领——城市基层党建工作纪实

　　李新树　主编

　　中共鄂尔多斯市东胜区委组织部　编

　　16开　38页

　　内容提要：本资料是中共鄂尔多斯市东胜区委组织部组织编写的党建工作记实。（嘎拉贝日汗）

再就业培训教材之一（法律法规篇）

　　伊金霍洛旗就业服务局　编

　　2009年1月

　　32开　57页

　　内容提要：本资料主要收录《中华人民共和国劳动法》《失业保险条例》《劳动合同法》《中华人民共和国就业促进法》等法律法规。（嘎拉贝日汗）

展示新成就喜迎十八大

　　乌力吉布林　主编

　　鄂尔多斯市文学艺术界联合会　编

　　16开　126页

　　内容提要：本资料主要由党的代表大会知识、党的历程基本知识、党建党务工作三个部分组成。（嘎拉贝日汗）

政协五年

　　政协鄂托克前旗委员会　编

　　16开　92页

内容提要：本资料从不同时期、不同侧面，以图片的形式全面翔实地记录了政协鄂托克前旗第八届委员会的组织机构、重要会议、重要活动、重要文献等方面情况，反映了政协鄂托克前旗第八届委员会的5年历程，展示了中国共产党领导的多党合作和政治协商制度的优越性和生命力。（荷梅）

政研微信息（2017年合订本）

中共鄂尔多斯市委政策研究室　编著

15-169/C

16开　200页

内容提要：本资料收集整理了2017年度中共鄂尔多斯市委政策研究室在平台上发布的各类信息，共492条，分为供给侧改革、新动能、新业态、财政金融、文化旅游、创新创业、基础设施、三农三牧、区域发展、新型城镇化、脱贫攻坚、简政放权、民生保障、生态文明、党的建设等14个专题。（荷梅）

政治理论知识

阿尔巴斯苏木党委、阿尔巴斯苏木政府　编著

32开　59页

内容提要：本资料集政治理论、精神文明建设、计划生育政策、实用技术、法律法规、乡情及经济发展思路等内容于一体，使牧民了解党的政策和法律，掌握科技知识，加快经济发展和社会进步，从小康向富裕迈进。（荷梅）

智善服务·仁德使者

白晓荣　主编

鄂托克前旗总工会　编

2019年12月

16开　94页

内容提要：本资料记录了鄂托克前旗总工会2019年的奋斗历程，展现了日常工作和重点活动中的点点滴滴，展示了鄂托克前旗总工会干部的拼搏创新精神。（嘎拉贝日汗）

中国·鄂尔多斯市政商领袖成长工程2011年度香港理工大学参访纪实

鄂尔多斯市正商领袖成长工程　编

2011年

16开　38页

内容提要：本资料是鄂尔多斯市政商领袖成长工程2001年度香港理工大学参访纪实记录。（嘎拉贝日汗）

中国共产党第十九次全国代表大会会议精神学习读本

中共伊金霍洛旗委宣传部　编

2017年11月

64开　153页

内容提要：本资料由《中国共产党第十九次大会在京召开》《决胜全面建成小康社会　夺取新时代中国特色社会主义伟大胜利》《中央纪律检查委员会向中国共产党第十九次全国代表大会提交的报告》《图解十九大报告》四篇文章组成。（嘎拉贝日汗）

中国共产党准格尔旗历次代表大会文献选编

杨玉铭　主编
准格尔旗史志编纂委员会办公室　编
中央文献出版社
ISBN 978-7-5073-2234
2012年9月
16开　429页　68.00元

内容提要：本书是准格尔旗史志编纂委员会办公室组织人员收集资料、整理出版的一部地方党史重要文献，旨在征集和抢救准格尔旗60多年的重要党史资料，确保其妥善保存和长久利用，更好地发挥咨政育人作用，用党的伟大成就激励人，用党的优良传统教育人，用党的成功经验启迪人，用党的历史教训警示人，以激励广大党员干部不忘初心，继续前进。（荷梅）

中国民主同盟在鄂尔多斯的发展历程

安源　主编
鄂尔多斯市桥头堡印刷有限公司
2011年3月
16开　366页

内容提要：本资料以图文形式介绍了民盟在鄂尔多斯市的组织沿革、盟员大会文献汇编、参政议政社会活动、制度建设、表彰奖励、盟员风采等内容，旨在激励广大盟员在新的历史条件下，继承和发扬优良传统，沿着中国特色政治发展道路不断开拓前进。（其利格尔）

中国农工民主党在鄂尔多斯的发展历程

中国农工民主党鄂尔多斯市委员会　编
2010年8月
16开　235页

内容提要：本资料是献给中国农工民主党建党80周年的读物，包括工作报告、讲话、发言稿、学习交流、参政议政、工作制度、党章、历史资料等方面的内容。（荷梅）

中华人民共和国动物防疫法

鄂尔多斯市动物疫病预防控制中心　编
2021年1月
32开　32页

内容提要：本资料收录《中华人民共和国动物防疫法》，供中心工作人员学习和参考。（其利格尔）

中华人民共和国公共文化服务保障法　中华人民共和国公共图书馆法

32开　30页

内容提要：本资料主要印发了《中华人民共和国公共文化服务保障法》的总则，公共文化设施建设与管理，公共文化服务提供、保障措施、法律责任，以及《中华人民共和国公共图书馆法》的总则、设立、运行、服务、法律责任等内容。（嘎拉贝日汗）

中华人民共和国文物保护法（2017年修正本）

鄂尔多斯市文化和旅游局、鄂尔多斯市文物局　编

2017年

16开　6页

内容提要：本资料是由鄂尔多斯市文化和旅游局、鄂尔多斯文物局所做的《中华人民共和国文物保护法》（2017年修正本）的宣传单。（嘎拉贝日汗）

驻村岁月（2018—2020）

张鹏程　主编

鄂尔多斯市包联驻村领导小组办公室　编

2021年3月

12开　275页

内容提要：本资料由鄂尔多斯市包联驻村领导小组办公室负责主办，主要内容是介绍了 2018—2020 年期间的鄂尔多斯市包联驻村干部风采。（嘎拉贝日汗）

综合理论学习问答

伊盟直属机关党校　编

2000年11月

32开

内容提要：本资料包括邓小平理论、"十五"计划、西部大开发、"二次创业"、三讲教育和"三个代表"、市场经济理论等内容，并选出重点问题予以解答，供各级干部群众学习参考。（其利格尔）

走进乌审

韩怀德　主编

乌审旗老科学技术工作者协会　编著

内新图准字〔2012〕70号

2013年9月

32开　388页　93.00元

内容提要：本书包括历史篇、行政区域和地名篇、文化篇、气象农业篇、水利水保篇、民俗民风篇、旅游篇、畜牧篇、林业篇、工业篇、交通运输邮电篇、商贸篇、科学技术篇、教育体育篇、医药卫生篇、社会篇、历届主要领导干部名录篇、科学技术、城镇建设、编后语等篇章，讲述了乌审旗的历史文化，展现了乌审旗经济社会发展各个方面的成就和真实情况，资料翔实，内容广博，可以说是一部乌审旗的"百科式全书"，具有很强的可读性、知识性和实用性。（其利格尔）

AF　经　济

阿勒腾席热镇住宅小区综合服务管理工作站工作手册

阿勒腾席热镇住宅小区综合服务管理工作站　编

32开　80页

内容提要：本资料主要内容有《伊金霍洛旗阿镇城区住宅小区综合管理实施细则》《伊金霍洛旗人民政府关于加强阿镇地区住宅小区综合管理工作实施意见》《伊金霍洛旗物业管理暂行办法》等。（嘎拉贝日汗）

博源

　　内蒙古博源煤化工有限公司　编
　　8开　90页
　　内容提要：本资料详细介绍了内蒙古博源煤化工有限公司、股东、董事长、公司大事记、创业之路、发展概述等内容。（嘎拉贝日汗）

财政发展纪实

　　伊金霍洛旗财政局　编
　　64开　30页
　　内容提要：本资料记述鄂尔多斯市伊金霍洛旗的财政发展情况。（嘎拉贝日汗）

草产业与草原畜牧业

　　夏日　著
　　内蒙古沙产业草产业协会　编
　　内新图准字〔2012〕70号
　　2012年8月
　　16开　92页　15.00元
　　内容提要：本书汇编了《发展草产业是实现草原生态良性循环的必由之路》《鄂尔多斯草原畜牧业的一场革命》《以水为先　以水为限》等八篇论文，是作者学习钱学森沙草产业理论思想的体会。（荷梅）

城乡统筹与乡镇城市化——罕台镇的快速城市化之路

　　中国社会科学院数量经济与技术经济研究所、鄂尔多斯市东胜区罕台镇调研组　编
　　中国社会科学出版社
　　ISBN 978-7-5161-0308-1
　　2011年12月
　　16开　184页　33.00元
　　内容提要：本书选取内蒙古自治区鄂尔多斯市东胜区罕台镇为调研对象，分别从鄂尔多斯经济社会发展变迁、东胜区城乡统筹事业和罕台镇社会经济、乡镇政府及乡镇居民生活和社会保障三个纬度阐述了罕台镇乃至鄂尔多斯市的社会经济发展状况。（荷梅）

从数字看发展——2010年全区各旗县主要经济指标情况

　　鄂尔多斯市统计局　编
　　2011年4月
　　64开　36页
　　内容提要：本资料整理了2010年全国地级区域和内蒙古自治区102个旗县的主要经济指标和位次排名。其中大部分数据为初步统计数字，可能和各地最终公布的数据有出入。（嘎拉贝日汗）

达拉特旗商务投资一览通

　　内蒙古达拉特经济开发区管理委员会　编
　　内新图准字〔2006〕127号
　　2007年4月
　　16开　298.00元
　　内容提要：本书主要介绍了达拉特旗概况以及经济、文化、自然环境等，还介绍了中小型企业商务投资情况。（荷梅）

鄂尔多斯综合保税区

鄂尔多斯综合保税区管理委员会　编

16开　18页

内容提要：本资料主要介绍了区情概况、投资优势、主导产业、适合入区企业类型、优惠政策、愿景展望等内容。（嘎拉贝日汗）

鄂尔多斯百家企业

贾荣昌　主编

远方出版社

ISBN 7-80595-102-0

1994年12月

32开　331页　25.80元

内容提要：本书收录伊克昭盟101家企业传记。这些企业基本上是鄂尔多斯重点骨干企业，它们共同构成了伊盟比较系统的企业群体。它们中以鄂尔多斯五大支柱产业（煤炭、纺织、化工、电力、建材）的工业企业为主角，兼收商贸、旅游、服务以及邮电、交通运输等企业；以国有企业为主体，同时辅之以部分集体企业、乡镇企业、私营企业和三资企业；既有中华人民共和国成立初期建起的老企业，又有改革开放以来甚至是近年来建起的新企业；既有知名度很高的驰名厂家，也有名不见经传的小企业。（库布其）

鄂尔多斯党校的理论情愫

李晓燕　主编

内蒙古人民出版社

ISBN 978-7-204-15103-5

2018年1月

16开　414页　48.00元

内容提要：本书收集了2009年1月至2015年12月鄂尔多斯市委党校教师在《鄂尔多斯》日报上发表的100余篇理论文章，主要按照"五位一体"建设的思路对文章进行整理、分类和注释，希望将党校教师的理论研究成果进行统一汇编，为党校的科研工作留痕；希望通过对文章的整理、阅读、研究和注解，推敲和摸索党校理论研究的规律，提高个人科研水平。（荷梅）

鄂尔多斯电网图集（2016）

内蒙古电力（集团）有限责任公司鄂尔多斯电业局　编

2016年

16开　90页

内容提要：本资料是由内蒙古电力（集团）有限责任公司鄂尔多斯电业局编写的鄂尔多斯市全市电网分布的图集。（嘎拉贝日汗）

鄂尔多斯及周边旗县区经济社会发展研究

武学敏　主编

内蒙古大学出版社

ISBN 978-7-81115-256-2

2007年9月

32开　345页　35.00元

内容提要：本书收入了《对鄂尔多斯模式的几点思考》《井喷式发展的准格尔》《准格尔旗经济社会发展前景展望》《乌审旗基本情况简介》《对土默

特左旗经济社会发展的思考》等文章，还介绍了神木市、乌拉特前旗等地区的发展情况。（荷梅）

鄂尔多斯集团纪事

  王文中　著
  内新图准字〔2011〕185号
  2011年8月
  16开　299页
  内容提要：本书记载了鄂尔多斯集团发展过程中的重要事件，共五个部分，分别为通讯、调查报告、消息、论文、文学作品。（荷梅）

鄂尔多斯经济调查手册（2013年一季度）

  鄂尔多斯市人民政府办公厅、国家统计局鄂尔多斯调查队　编
  64开　21页
  内容提要：本手册的主要内容有鄂尔多斯市经济运行分析、生产总值、规模以下工业总产值、指标解释、国家统计局鄂尔多斯调查队简介等。（嘎拉贝日汗）

鄂尔多斯经济发展概论

  韩跃峥　著
  内蒙古人民出版社
  ISBN 7-204-08304-0
  2007年10月
  32开　353页　36.00元
  内容提要：本书包括鄂尔多斯经济发展战略、工业、农牧业、城市化、第三产业、非公经济、对外经济、经济结构、县域经济、财税体制等内容。全书围绕热点，突出焦点，直面难点，对鄂尔多斯经济发展的一些问题，如乡财县管改革问题、产业集群培育问题、县域经济发展问题、非公有制经济生存发展问题、区域创新与鄂尔多斯经济发展问题、工业园区问题、打造能源重化工基地问题、培育中西部强市问题、招商引资问题、创新型鄂尔多斯的建设问题、房地产过热问题、经济结构的调整问题、经济发展方式的转变问题、现代农牧业等问题进行了分析解读，具有较强的时效性。（其利格尔）

鄂尔多斯经济发展论纲

  白瑞芳　著
  内蒙古人民出版社
  ISBN 7-204-05350-8
  2007年7月
  32开　314页　30.00元
  内容提要：本书主要介绍了鄂尔多斯的发展战略、工业化进程、农牧业产业化发展、文化建设等方面的研究，为鄂尔多斯经济发展的实践进程提供了可供参考的理论构架。（其利格尔）

鄂尔多斯经济发展研究

  姚鸿起等　主编
  内蒙古大学出版社
  ISBN 7-81015-782-5
  1997年9月
  32开　222页　17.80元
  内容提要：本书分工业篇、农牧

篇、综合篇三个部分，研究了伊克昭盟经济，旨在促进伊克昭盟发展。（其利格尔）

鄂尔多斯经济跨越发展简论

莎仁其木格、姚鸿起　主编
内蒙古人民出版社
ISBN 7-204-06518-2
2003年12月
32开　183页　17.00元

内容提要：本书为鄂尔多斯学研究会2003—2004年科研规划课题。鄂尔多斯经济跨越发展的形式多种多样，内容丰富多彩。鄂尔多斯人在实践中创造经济跨越发展的经验非常珍贵，将其经验升华为理论，并进一步指导经济发展，尤为重要。本书即以具体实例为主，旨在阐述鄂尔多斯经济跨越发展经验，并进一步指导其经济更好、更快发展。（其利格尔）

鄂尔多斯经济论丛（财政篇）

袁庆中　主编
内蒙古教育出版社
ISBN 7-5311-4293-7
2001年6月
32开　170页　15.00元

内容提要：本书收录《伊克昭盟财政回顾与展望》《中央财政转移支付应充分考虑民族地区的特殊性》《努力实现财政体制改革的设想》等23篇文章。（荷梅）

鄂尔多斯经济论丛（城建篇）

陈茂勇　主编
内蒙古教育出版社
ISBN 7-5311-4293-7
2001年6月
32开　219页　15.00元

内容提要：本书收录《努力提高城市化水平　大力推进二次创业》《撤盟设市后的鄂尔多斯城市发展规划研究》《打造现代文明的巨轮》等29篇文章。（荷梅）

鄂尔多斯经济论丛（畜牧篇）

奇凤山　主编
内蒙古教育出版社
ISBN 7-5311-4293-7
2001年6月
32开　221页　15.00元

内容提要：本书收录《以调整为主线迈出向现代农牧业转变的坚实步伐》《步入快车道的伊克昭盟畜牧业》《谈伊克昭盟草原畜牧业发展途径》《伊克昭盟沙区畜牧业持续发展的思考》等42篇文章。（荷梅）

鄂尔多斯经济论丛（第三产业篇）

许贵　主编
内蒙古教育出版社
ISBN 7-5311-4293-7
2001年6月
32开　245页　15.00元

内容提要：本书分为综合、交通运输、邮电通讯、旅游、商贸服务、房地

产、信息、文化教育、医疗卫生九个方面的内容。（荷梅）

鄂尔多斯经济论丛（非国有经济篇）
苏有福　主编
内蒙古教育出版社
ISBN 7-5311-4293-7
2001年6月
32开　190页　15.00元
内容提要：本书收录《解放思想　真抓实干　推动我盟个体私营经济再上新台阶》《我盟个体私营经济的现状及发展对策》《让非国有制经济在经济增长中发挥主渠道作用》等27篇文章。（荷梅）

鄂尔多斯经济论丛（工业篇）
王秉璋　主编
内蒙古教育出版社
ISBN 7-5311-4293-7
2001年6月
32开　265页　15.00元
内容提要：本书收录《全面推进"四个层面"企业发展战略实现鄂尔多斯新跨越》《伊克昭盟工业经济二次创业分析与思考》《快速发展中的伊克昭盟工业经济》等30篇文章。（荷梅）

鄂尔多斯经济论丛（金融篇）
额尔德尼　主编
内蒙古教育出版社
ISBN 7-5311-4293-7
2001年6月
32开　264页　15.00元
内容提要：本书收录《拓展农村消费市场的几点建议》《融资与伊盟经济发展》《发挥合作制优势　挑起支农大梁》等33篇文章。（荷梅）

鄂尔多斯经济论丛（科技篇）
杨进平　主编
内蒙古教育出版社
ISBN 7-5311-4293-7
2001年6月
32开　179页　15.00元
内容提要：本书收录《依托技术创新　推动二次创业》《伊克昭盟科技发展"十五"规划研究》《努力开创科技宣传工作新局面》等23篇文章。（荷梅）

鄂尔多斯经济论丛（农业篇）
白祥林　主编
内蒙古教育出版社
ISBN 7-5311-4293-7
2001年6月
32开　259页　15.00元
内容提要：本书收录《加强领导　奋力攻坚　构筑我盟现代农牧业经济新格局》《伊克昭盟果树生产存在的问题及对策》《农民增收——一个跨世纪的课题》等23篇文章。（荷梅）

鄂尔多斯经济论丛（旗市篇）
许贵　主编
内蒙古教育出版社

ISBN 7-5311-4293-7

2001年6月

32开 201页 15.00元

内容提要：本书分为东胜区、达拉特旗、准格尔旗、伊金霍洛旗、杭锦旗、乌审旗、鄂托克旗、鄂托克前旗八个部分。（荷梅）

鄂尔多斯经济论丛（生态篇）

巴拉吉 主编

内蒙古教育出版社

ISBN 7-5311-4293-7

2001年6月

32开 208页 15.00元

内容提要：本书收录《提高认识 强化领导 综合治理 进一步加快生态建设步伐》《对伊克昭盟林业生态建设发展思路的探讨》《浅谈西部大开发与生态环境建设》等29篇文章。（嘎拉贝日汗）

鄂尔多斯经济论丛（水利水保篇）

李兴亮、赵国际 主编

内蒙古教育出版社

ISBN 7-5311-4293-7

2001年6月

32开 184页 15.00元

内容提要：本书收录《调整思路 真抓实干 开创全盟 水土保持建设的新局面》《"九五"期间全盟水利建设成绩斐然》等22篇文章。（嘎拉贝日汗）

鄂尔多斯经济论丛（税务篇）

郭万召 主编

内蒙古教育出版社

ISBN 7-5311-4293-7

2001年6月

32开 219页 15.00元

内容提要：本书收录《抓住税源》《关于企业税负水平的辩证思考》《浅谈个人所得税征管》等33篇文章。（荷梅）

鄂尔多斯经济研究

奇·朝鲁 主编

内蒙古人民出版社

ISBN 978-7-204-11689-8

2012年6月

16开 362页 68.00元

内容提要：本书收录了《在群众性的伟大实践中探寻真理之路》《实现鄂尔多斯跨越式发展的宏观思考》《鄂尔多斯集团化发展及其名牌战略》等40多篇文章。（荷梅）

鄂尔多斯旅游发展模式研究

郝志诚、秦兆祥 著

内蒙古大学出版社

ISBN 978-7-5665-0718-1

2014年12月

16开 224页 30.00元

内容提要：本书共分八章，以归纳提炼鄂尔多斯旅游发展模式为目标，梳理了鄂尔多斯市旅游发展的脉络，总结了鄂尔多斯市旅游业发展的成功经验，从地区和旅游业态两个层面研究了鄂尔

多斯市已经形成的及正在形成的旅游发展模式，并对鄂尔多斯市旅游业发展的未来进行了展望。（荷梅）

鄂尔多斯前沿问题研究（一）

鄂尔多斯市决策咨询委员会　编
内蒙古人民出版社
ISBN 978-7-204-15977-2
2019年7月
16开　363页　68.00元

内容提要：本书收集整理了市决咨委组建成立两年来的重大课题研究成果。这些课题聚焦鄂尔多斯改革发展大局，紧盯产业发展趋势，瞄准高质量发展存在的突出问题，由国内知名专家团队、研究机构和高等院校承担，可以说汇聚了各方智慧，是对鄂尔多斯走以生态优先、绿色发展的高质量发展新路子的一次全面的把关校验和对症下药，具有较强的思想性、指导性和操作性。（荷梅）

鄂尔多斯市发展低碳经济的金融支持研究

李中山　著
经济科学出版社
ISBN 978-7-5141-5490-0
2015年1月
16开　187页　42.00元

内容提要：本书以鄂尔多斯市低碳经济发展为视角，详细剖析了该地区资源型经济发展的概况，并从金融支持导向的路径、交易市场、体制、政策扶植等方面为资源禀赋区域转变经济发展模式给出了一套金融制度安排，试图突破资源诅咒的陷阱。（荷梅）

鄂尔多斯市总工会会员普惠卡服务指南

鄂尔多斯市总工会　编
32开　40页

内容提要：本资料讲解了工会会员普惠卡、办理流程、功能介绍、涉及行业、服务单位索引、服务单位优惠信息统计等内容。（其利格尔）

鄂尔多斯市规划局信息化"十二五"发展规划

鄂尔多斯市规划局、北京理正人信息技术有限公司　编
2010年
16开　97页

内容提要：本资料包括鄂尔多斯规划局信息化发展的现状、信息化应用需求分析、规划信息化总体安全需求、规划信息化战略目标、规划信息化建设的总体结构、绩效管理架构、规划信息化建设的主要内容、保障体系等。（嘎拉贝日汗）

鄂尔多斯市绩效管理培训

北京中泽融信管理咨询有限公司　编
2018年
16开　54页

内容提要：本资料是一本培训手册，主要讲解了绩效管理基本原理、绩效管理主体的职责与操作流程、绩效目

标和绩效指标理论分析与实务操作、绩效撰写要点与案例分析、绩效评价报告等内容。（嘎拉贝日汗）

鄂尔多斯市经济高质量发展战略

高国力等　著
山西经济出版社
ISBN 978-7-5577-0529-9
2019年7月
16开　226页　44.80元

内容提要：本书是《区域高质量发展丛书》的一种。全书由总论和六个分论章节构成，详细剖析了高质量发展的内涵和特征，系统构建了鄂尔多斯经济高质量发展的框架体系，提出了以增进民生福祉为根本，以创新驱动为引领，以现代能源经济为基础，以产业转型升级为重点，推动鄂尔多斯经济高质量发展的思路；确定了构建高质量的空间发展格局、现代能源体系、现代化产业新体系、生态环境保护体系、民生保障体系和开放合作体系的发展路径，探索一条资源型城市高质量发展的新路径。（荷梅）

鄂尔多斯市生态农业建设

吕志明、张默函　主编
内蒙古大学出版社
ISBN 978-7-5665-1376-2
2017年12月
16开　148页　20.00元

内容提要：本书从农业资源与农业环境保护入手，分耕地质量保护与提升、农业用水保护与利用、农业野生植物资源保护与外来入侵植物防治、农作物综合利用四节阐述了鄂尔多斯市农业发展面临的资源环境制约因素及解决方法。

鄂尔多斯水土保持技术手册

张德峰、傅福琳　主编
黄河水利出版社
ISBN 978-7-80621-758-4
2004年1月
32开　366页　48.00元

内容提要：本书介绍了鄂尔多斯水土保持生态工程基本农田建设、林草及耕作措施等。（荷梅）

鄂尔多斯水土保持工作手册

鄂尔多斯市水土保持局　编
2007年10月
16开　492页

内容提要：本资料主要介绍了鄂尔多斯自然概况、水土历史及其危害，还包括公文与实用文书写作、实用小资料、各类统计报表等内容。（嘎拉贝日汗）

鄂托克前旗大数据中心

中共鄂托克前旗委员会、鄂托克前旗人民政府　编
16开　47页

内容提要：本资料主要以鄂托克前旗的大数据中心，分智慧之源、智慧之根、智慧之树、智慧之果、智慧之光五个部分介绍了大数据中心。（嘎拉贝日汗）

鄂托克前旗乡村振兴示范嘎查村（党建星）

中共鄂托克前旗委员会、鄂托克前旗人民政府　编

16开　7页

内容提要：本资料是由中共鄂托克前旗委员会和鄂托克前旗人民政府编写的宣传乡村振兴示范嘎查村的册子。（嘎拉贝日汗）

鄂托克前旗乡村振兴示范嘎查村（富裕星）

中共鄂托克前旗委员会、鄂托克前旗人民政府　编

16开　7页

内容提要：本资料是由中共鄂托克前旗委员会和鄂托克前旗人民政府编写的宣传乡村振兴示范嘎查村的册子。（嘎拉贝日汗）

鄂托克前旗乡村振兴示范嘎查村（和谐星）

中共鄂托克前旗委员会、鄂托克前旗人民政府　编

16开　7页

内容提要：本资料是由中共鄂托克前旗委员会和鄂托克前旗人民政府编写的宣传乡村振兴示范嘎查村的册子。（嘎拉贝日汗）

鄂托克前旗乡村振兴示范嘎查村（美丽星）

中共鄂托克前旗委员会、鄂托克前旗人民政府　编

16开　7页

内容提要：本资料是由中共鄂托克前旗委员会和鄂托克前旗人民政府编写的宣传乡村振兴示范嘎查村的册子。（嘎拉贝日汗）

鄂托克前旗乡村振兴示范嘎查村（文明星）

中共鄂托克前旗委员会、鄂托克前旗人民政府　编

16开　7页

内容提要：本资料是由中共鄂托克前旗委员会和鄂托克前旗人民政府编写的宣传乡村振兴示范嘎查村的册子。（嘎拉贝日汗）

发展经济学与鄂尔多斯经济发展

米万库　著

内蒙古人民出版社

ISBN 978-7-204-09436-3

2008年10月

32开　262页　30.00元

内容提要：本书在分析介绍西方经济增长理论的基础上，从资本与技术进步、政府与经济发展、农牧业产业化、工业化、城市化、经济制度创新、劳动力与劳动力资源配置等方面多角度地分析了鄂尔多斯经济社会发展问题，其目的在于把改革开放不断引向深入，使鄂尔多斯有更好的经济结构、经济发展方式，从而让鄂尔多斯经济社会在科学发展观指导下更好

更快地发展。（其利格尔）

非公经济和社会组织党务工作手册

中共达拉特旗委员会组织部　编著

32开　183页

内容提要：本手册分常规业务说明和有关文件辑录两部分。（库布其）

奋进中的伊金霍洛旗工商业联合会（总商会）

伊金霍洛旗工商业联合会　编

2017年3月

32开　20页

内容提要：本资料介绍了伊金霍洛旗工商业联合会自1949年7月9日成立以后，在旗委领导下的发展历程，展现了作为旗委、旗政府联系非公有制经济人士的桥梁和纽带，在政府管理非公有制经济中发挥的作用。（嘎拉贝日汗）

辅控运行规程化学运行部分

内蒙古京能康巴什热电有限公司　编

2015年6月

16开　167页

内容提要：本资料主要包括规范性引用文件、术语和定义、主要工艺流程、凝结水精处理系统、水汽监督及加药处理系统等内容。（嘎拉贝日汗）

杭锦旗农业科技推广志

张美英　主编

杭锦旗史志办公室　编

中国时代经济出版社

ISBN 978-7-5119-1707-2

2013年10月

16开　224页　100.00元

内容提要：本书记述了杭锦旗的农业概况和推广农业技术的历程，旨在引导读者对杭锦旗半个世纪以来农业科技推广、普及走过的艰辛道路的回头看和表达对为推广农业技术默默奉献的农业科技工作者的崇敬之情。（其利格尔）

艰难与辉煌——棋盘井煤矿五十年发展史

苗喜明、苗长大　主编

远方出版社

ISBN 978-7-5555-1328-5

2019年7月

16开　497页　240.00元

内容提要：本书展示了50年来棋盘井煤矿人在党的阳光雨露滋润和改革开放春风中的成长历程，充分体现了他们艰苦创业、改革创业、开放包容、和谐共进、创造辉煌的精神风貌。（荷梅）

金三角之光——东胜建市十周年回顾与展望（1983—1993）

中共东胜市委员会、东胜区人民政府　编

1993年9月

32开　248页

内容提要：本资料分为综合篇、行业篇、企业篇、未来篇、投资指南五个方面。（荷梅）

康巴什全面深化改革亮点

16开 50页

内容提要：本资料包括生态文明建设、推动文化旅游产业融合发展、康巴什深入推进健康康巴什建设、创新社会治理共建和谐城市、党建引领网格化治理等内容。（嘎拉贝日汗）

康巴什招商引资投资指南

鄂尔多斯市康巴什经济商务和信息化局 编

32开 18页

内容提要：本资料以图文形式介绍了鄂尔多斯市概况、区位交通、康巴什区概况、生态环境、行政服务、金融环境、医疗环境、教育环境、文化旅游、电商物流、健康养老、总部经济、体育产业、高新技术产业、投资成本等内容，并收录《康巴什新区管理委员会关于印发〈康巴什新区产业投资促进优惠办法〉的通知》《康巴什新区产业投资促进优惠办法》等文件。（其利格尔）

科学发展中的康巴什医院

康巴什医院 编

16开 36页

内容提要：本资料介绍了康巴什医院各方面的情况，展示了该院仁爱、博学、笃行、精进的精神。（嘎拉贝日汗）

跨越的鄂尔多斯财政

王峰 著

内蒙古人民出版社

ISBN 7-204-04787-7

2006年8月

32开 336页 26.00元

内容提要：本书汇编了鄂尔多斯市财政学会举行的"围绕科学发展观，建设创新型国家，努力贯彻积极的财政政策、构建和谐的社会、营造和谐的鄂尔多斯财政"有奖征文活动获奖论文，包括特等奖1篇、一等奖3篇、二等奖5篇、三等奖8篇、优秀奖17篇，共计34篇。（其利格尔）

牧区"大寨"——乌审召

内蒙古自治区畜牧厅 编

内蒙古人民出版社

3089·114

1966年2月

32开 32页 0.08元

内容提要：本书以图文并茂的形式记述了乌审召公社人民学习生产的过程以及治沙造林、清除醉草、种植草苜蓿等工作情况。（荷梅）

牧区大寨乌审召

巴彦博尔德 编写

农业出版社

3144·163

1976年5月

32开 120页 0.27元

内容提要：本书收录了以《阶级斗争为纲走大寨道路》《坚持以牧为主的方针》《向毛乌素沙漠宣战》《草原建设的一项创举》等文章。（荷梅）

内蒙古杭锦旗国民经济统计资料（1976—1980）

杭锦旗统计局　编

1982年9月

32开　445页

内容提要：本资料分为综合，农业、牧业、林业、水利，工业，交通、邮电，基本建设，物资，商业，财政、金融，教育、卫生、文化、广播，劳动工资十个部分。（荷梅）

内蒙古自治区落实生产经营单位安全生产主体责任暂行规定

康巴什新区安全生产监督管理局　编

内容提要：本手册资料全文收录《内蒙古自治区落实生产经营单位安全生产主体责任暂行规定》，共18条。（嘎拉贝日汗）

内蒙古自治区伊克昭盟国民经济统计资料汇编（1958—1962）

伊克昭盟公署统计局　编

1963年12月

32开　330页

内容提要：本资料汇编1958—1962年伊金霍洛旗国民经济统计资料，方便使各级党政领导和有关业务部门全面了解伊克昭盟经济发展情况，为编制经济计划及指导工作提供依据。（嘎拉贝日汗）

区队干部现场安全检查手册（四）

神华神东煤炭集团大柳塔煤矿　编

64开

内容提要：本资料内容包括综采、联采、机电队、运转队、通风准备队、车队等部门的现场重点检查项目表。（嘎拉贝日汗）

"四良四改"养猪技术讲座

伊金霍洛旗养猪"四良四改"办公室　编

1995年2月

32开　91页　4.00元

内容提要：本资料包括猪的特点、品种、营养需要、饲料、饲养管理、疾病防治等有关养猪技术的内容，供广大养猪户学习和参考，并配合"四良四改"养猪项目的开展。（嘎拉贝日汗）

沙漠绿色经济

王文彪　主编

内蒙古大学出版社

ISBN 978-7-5665-0145-5

2012年5月

16开　213页　108.00元

内容提要：本书以内蒙古造林治沙经济所取得的一系列丰硕成果为例，阐述了通过防沙、治沙促进内蒙古经济不断发展的理论。（荷梅）

社会主义是干出来的——神府东胜区矿区开发建设者口述史

杨鹏、杜善周　主编

红旗出版社

ISBN 978-7-5051-4859-8

2019年9月

32开　428页　63.00元

内容提要：本书汇集了45位参与东胜区矿区开发建设的同志的口述回忆，一段段回忆让我们重新打开神府东胜区的历史，重温了激情燃烧的岁月。（嘎拉贝日汗）

十年铸辉煌——张双旺和他创办的伊盟煤炭集团公司

王然彤　著
远方出版社
ISBN 7-80595-291-4
1996年8月
32开　263页　22.80元

内容提要：本书主要记叙了张双旺带领创业者们奋斗拼搏的历程，以及他们对国家的贡献，也概括了张双旺的创业之路的艰辛。（嘎拉贝日汗）

世纪之交的鄂尔多斯财政——伊盟财政工作文集

袁庆中　主编
伊克昭盟财政局　编
ISBN 7-204-01617-3
32开　607页

内容提要：本资料从工作讲话、理论研究、财源攻坚、新闻报道、人物纪实、拾荒、伊克昭盟财政局"九五"大事记、伊克昭盟财政局"九五"组织史、伊克昭盟1990—2000年财政收支情况九个方面介绍了鄂尔多斯财政。（荷梅）

数说"十二五"——鄂尔多斯市经济社会发展综述（2011—2015）

鄂尔多斯市统计局　编
16开　37页

内容提要：本资料分为综合篇、农牧业篇、工业篇、服务业篇、投资篇、消费篇、开放篇、非公篇、县域篇、民生篇、社会篇、生态篇等。（荷梅）

水资源与国民经济互动关系研究——以鄂尔多斯市为例

赵勇等　著
中国水利水电出版社
ISBN 978-7-5170-0950-4
2013年6月
16开　141页　30.00元

内容提要：本书系统开展了鄂尔多斯市水资源与国民经济互动关系研究，评价了鄂尔多斯市水资源与国民经济现状及其变化历程，建立了包括水资源和煤炭资源开发利用在内的经济增长模型，评估了水资源对经济增长的贡献，构建了水资源与国民经济协调性评价方法，进行了水资源与国民经济协调性分区评价，评价了国民经济各行业用水效率和效益，分析了虚拟水输入输出规律，最后提出了适应于水资源格局的鄂尔多斯市国民经济布局思路和实施路径。（荷梅）

腾飞的鄂尔多斯财政

王峰　主编
中国财政经济出版社
ISBN 978-7-5005-9940-1

2007年6月

32开　476页　38.00元

内容提要：本书主要收集了2006年鄂尔多斯市财政工作研讨会上的文章和研究报告，包括《对理顺市以下财政体制改革的新思考》《建立适应市场经济条件的财政运行机制》《鄂尔多斯市非税收入管理现状及规范化管理建议》等文章。（荷梅）

土地规模经营模式及效果评价——以内蒙古鄂尔多斯市为例

薛凤蕊　著

中国农业出版社

ISBN 978-7-109-15120-8

2010年11月

32开　266页　30.00元

内容提要：本书从农牧民的土地流转意愿出发，以各种土地规模经营模式为研究对象，着重研究规模经营模式中的各个利益主体在追求利益最大化过程中的经济行为和理性选择，并对各种经营模式进行了绩效评价。（荷梅）

团结奋进四十年——伊克昭盟经济社会发展成就

包俊臣　主编

内蒙古人民出版社

ISBN 7-204-00821-9

1989年9月

32开　313页　5.20元

内容提要：本书用翔实的资料、准确的数据较为全面地反映了中华人民共和国成立以来伊克昭盟发生的深刻变化，歌颂了伊克昭盟各族人民在党的路线指引下勇于开拓、锐意改革的精神和在经济社会发展中所取得的辉煌成就，总结了全盟各旗市、各条战线在建设与改革中的经验教训，展示了伊克昭盟腾飞的巨大潜力和广阔前景。（嘎拉贝日汗）

温暖世界　骄子情怀——鄂尔多斯民营经济40年

高占胜　主编

中国市场出版社

ISBN 978-7-5092-1733-7

2019年1月

16开　422页　98.00元

内容提要：本书汇集了以"我与改革开放四十年，鄂尔多斯非公经济创业奋斗记忆"为主题的65个创业故事，从不同角度丰富了人们对鄂尔多斯40年民营经济发展的了解。（其利格尔）

乌审旗渔业规划

成武　编

乌审旗规划组

1986年

13页

内容提要：本资料介绍了乌审旗养殖鲤、鲫、草、鳊等各种鱼类的渔业规划。（荷梅）

西部大开发鄂尔多斯博览

《西部大开发鄂尔多斯博览》编委

会　编
远方出版社
ISBN 7-80595-965-X
2006年12月
16开　515页　198.00元

内容提要：本书以图文并茂的形式系统地介绍了鄂尔多斯在西部大开发中的区位优势、资源优势、战略优势和竞争优势，全面反映了实施西部大开发战略以来鄂尔多斯各条战线所取得的经验和成就，是帮助人们更多地认识和了解鄂尔多斯，进一步扩大鄂尔多斯的知名度和招商引资力度的一个较全面的读本，是全面展示鄂尔多斯风采的重要载体之一。（荷梅）

西部高地——鄂尔多斯发展报告

韩广臻等　著
内蒙古人民出版社
ISBN 978-7-204-09874-3
2009年11月
16开　362页　68.00元

内容提要：本书全面反映了鄂尔多斯各族人民在鄂尔多斯市委、市政府的领导下，一心一意谋发展后经济社会发展所取得的成就，深度展示了鄂尔多斯模式的内涵和成因，同时也展示了鄂尔多斯各族人民解放思想、与时俱进、团结拼搏、敢为人先的精神风貌。（荷梅）

县域城乡统筹发展研究——基于鄂尔多斯市的经验

王羽强　著
中国科学出版社
ISBN 978-7-5161-3702-4
2014年4月
16开　319页　58.00元

内容提要：本书运用经济二元强度这一经济学的特定概念，逐一分析了鄂尔多斯市各旗区的实际，同时结合马克思主义社会发展理论，总结鄂尔多斯市城市化道路选择过程中的得失，既关注了城市化的经济发展，也关注了城市化的社会服务，更从城市公共政策视角解释提出了鄂尔多斯市城乡统筹发展的对策建议。（荷梅）

现代生态型家庭牧场生产经营模式的探索

钟乌拉　著
内蒙古人民出版社
ISBN 978-7-204-10135-1
2010年4月
16开　122页　49.00元

内容提要：本书收集整理现代生态型家庭牧场生产经营模式方面的研究成果和实践经验，希冀能够推广、运用这些新模式，推动现实生产力发展。（嘎拉贝日汗）

新常态下科学发展转型发展的鄂尔多斯研究

苏永清　编著
内蒙古人民出版社
ISBN 978-7-204-14276-7
2016年8月
16开　203页　45.00元

内容提要：本书收录了《新常态下鄂尔多斯如何实现持续发展》《新常态下鄂尔多斯如何增强发展的竞争力》《如何弘扬鄂尔多斯优秀精神品质》等13篇课题报告。（荷梅）

新华社记者看神华

张伯达　主编

新华出版社

ISBN 978-7-5011-9188-8

2010年4月

32开　432页　46.00元

内容提要：本书收录了1982—2009年新华社关于神华工程的各种报道200多篇（幅）。这些作品如实地记录和见证了神华工程孕育、创业、奋进、崛起的全过程。本书跨度大、体裁多、资料性强。从体裁和报道形式看，除了消息、通讯、特写、综述、述评，还有调查报告、记者来信，新华社传统的文字、图片通稿，社办报刊的稿件，信息、网络、视频以及手机短信等新形式报道。（嘎拉贝日汗）

兴泰集团简介

鄂尔多斯市兴泰置业集团　编

16开　230页

内容提要：本资料介绍了鄂尔多斯市兴泰置业集团，主要内容有集团概况、集团领导团、办公楼、集团荣誉等。（嘎拉贝日汗）

伊克昭盟财政志

伊克昭盟财政处　编

内蒙古人民出版社

ISBN 978-7-204-01617-3

1991年11月

32开　358页　17.65元

内容提要：本书是一部系统性、资料性、实用性强的地方财政志，也是一部难得的社会经济发展变迁史。这部志书运用马克思主义的立场、观点和方法，坚持唯物主义和历史唯物主义，实事求是，较全面、翔实地记叙了伊克昭盟的经济发展状况。（嘎拉贝日汗）

伊金霍洛旗国民经济统计资料汇编（1966—1970）

内蒙古自治区伊金霍洛旗革委会计划委员会　编

1975年

64开　480页

内容提要：本资料汇编整理了伊金霍洛旗1966—1970年国民经济统计资料，方便各级领导和有关部门在工作中参考和使用。本资料中的数字是在原统计报表的基础上整理而成。（嘎拉贝日汗）

伊金霍洛旗国民经济统计资料汇编（1971—1973）

内蒙古自治区伊金霍洛旗革委会计划委员会　编

1975年7月

64开　344页

内容提要：本资料汇编整理了伊金霍洛旗1971—1973年国民经济统计资料，方便各级领导和有关部门在工作中

参考和使用。（嘎拉贝日汗）

伊金霍洛旗国民经济统计资料汇编（1974—1976）

内蒙古自治区伊金霍洛旗革委会计划委员会　编

1978年7月

64开　564页

内容提要：本资料汇编汇集整理了伊金霍洛旗1974—1976年三个年度的国民经济统计资料，方便各级领导和有关部门在工作中参考和使用。本资料的数据是在原统计报表的基础上进行整理而形成的，同时也搜集了其他部门的有关数据，所有数据是按当年行政区划、机构情况与统计制度规定汇编而成，内容可分为综合、农、牧、林、水、工业、基建、交通运输、邮电、财政、商业、文教、卫生、劳动工资等部分。（嘎拉贝日汗）

伊金霍洛旗国民经济统计资料汇编（1977—1979）

内蒙古自治区伊金霍洛旗统计局　编

1981年4月

64开　431页

内容提要：本资料汇编的数字是在原统计报表的基础上进行整理的，此外，还搜集了其他部门的有关数据，综合、农、牧、林、水、工业、基建、交通运输、邮电、财政、商业、文教、卫生、劳动工资等内容。（嘎拉贝日汗）

伊金霍洛旗惠农惠牧政策汇编

中共伊金霍洛旗宣传部　编

32开　18页

内容提要：本资料汇编上级党委、政府和旗委、旗政府出台的系列惠民政策，共包括7个领域45项政策。（嘎拉贝日汗）

伊金霍洛旗园林

16开　63页

内容提要：本资料主要介绍了鄂尔多斯市伊金霍洛旗园林规划、园林建设、园林科研、园林管理等。（嘎拉贝日汗）

伊金霍洛投资

伊金霍洛旗西部大开发办公室　编

16开　79页

内容提要：本资料以图文并茂、英汉双语的形式综述了伊金霍洛旗情概况、区位优势、基础设施、宜居环境、资源优势、文化旅游、经济发展、社会事业、园区经济、对外开放、投资成本、优惠政策、政务服务、推介项目等。（其利格尔）

伊克昭盟改革开放经济建设大事记

伊克昭盟档案馆　编

内新图准字〔2001〕36号

2001年5月

32开　178页　28.00元

内容提要：本书全面记载了伊克昭盟1978—1999年经济建设、科技进步方

面的发展历程，为读者了解伊克昭盟改革开放以来的经济建设情况提供了较为翔实的参考资料。（荷梅）

伊克昭盟国民经济统计资料（1969）

　　内蒙古伊克昭盟革委会生建部计划组　编

　　1972年11月

　　64开　342页

　　内容提要：本资料根据1969年伊克昭盟国民经济统计资料选编而来，数据以基层统计部门上报的国民经济统计年报资料为基础，同时也搜集了有关部门的专项统计资料，并进行整理。资料的统计范围是按照1969年行政区划和统计制度规定汇编而成。（嘎拉贝日汗）

伊克昭盟国民经济统计资料（1970）

　　内蒙古伊克昭盟革委会生建部计划组　编

　　1972年8月

　　32开　346页

　　内容提要：本资料根据1970年伊克昭盟国民经济统计资料选编而来，以基层统计部门上报的国民经济统计年报为基础，并搜集了有关部门的专项统计。资料的范围是按照1970年行政区划和统计制度规定进行统计。（嘎拉贝日汗）

伊克昭盟国民经济统计资料（1971）

　　内蒙古伊克昭盟革委会生建部计划组　编

　　1972年12月

　　32开　340页

　　内容提要：本资料是根据1971年伊克昭盟国民经济统计资料汇编而来，涉及的数字以基层统计部门上报的国民经济统计年报资料为基础，并搜集了有关部门的专项统计资料进行整理。资料的统计范围是按照1971年行政区划和统计制度规定汇编的。（嘎拉贝日汗）

伊克昭盟国民经济统计资料（1975）

　　内蒙古伊克昭盟革委会统计局　编

　　32开　916页　15.00元

　　内容提要：本资料包括户数、人口变动情况，农、牧、林、水（按地区分），工业（按地区分），交通运输（按地区分），基本情况（按地区分），物资（按地区分），商业（按地区分），劳动工资八个部分。（荷梅）

伊克昭盟国民经济统计资料（1976）

　　内蒙古伊克昭盟革委会统计局　编

　　32开　712页

　　内容提要：本资料包括户数、人口变动情况，农、牧、林、水（按地区分），工业（按地区分），交通运输（按地区分），基本情况（按地区分），物资（按地区分），商业（按地区分），劳动工资八个部分。（荷梅）

伊克昭盟国民经济统计资料（1977）

　　伊克昭盟行政公署统计局　编

　　32开　1005页

　　内容提要：本资料包括户数、人口

变动情况，农、牧、林、水（按地区分），工业（按地区分），交通运输（按地区分），邮电（按地区分），基本情况（按地区分），物资（按地区分），劳动工资（按地区分），商业（按地区分），银行（按地区分），教育（按地区分），卫生（按地区分）12个部分。（荷梅）

伊克昭盟国民经济统计资料（1978）

伊克昭盟行政公署统计局　编

32开　985页

内容提要：本资料包括户数、人口变动情况，农、牧、林、水（按地区分），工业（按地区分），交通运输（按地区分），邮电（按地区分），基本情况（按地区分），物资（按地区分），劳动工资（按地区分），商业（按地区分），银行（按地区分），教育（按地区分），卫生（按地区分）12个部分。（荷梅）

伊克昭盟国民经济统计资料（1979）

伊克昭盟行政公署统计局　编

32开　1127页

内容提要：本资料包括户数、人口变动情况，农、牧、林、水（按地区分），工业（按地区分），交通运输（按地区分），邮电业（按地区分），基本建设（按地区分），物资（按地区分），劳动工资（按地区分），商业（按地区分），银行（按地区分），教育，卫生（按地区分）12个部分。（荷梅）

伊克昭盟国民经济统计资料（1980）

伊克昭盟公署统计局　编

1981年12月

32开　2079页

内容提要：本资料是为了使各级党政领导和有关业务部门全面了解伊克昭盟经济发展情况，给今后编制计划、指导工作等提供相关依据而汇编的。上册内容分为户数、人口及其变动情况，国民经济总产值和国民收入，农、牧、林、水，工业，交通运输、基建六个部分。下册包括邮电（按地区分）、物资（按地区分）、商业（按地区分）、劳动工资（按地区分）、金融（按地区分）、教育（不分地区）、卫生（不分地区）七个部分。（荷梅）

伊克昭盟国民经济统计资料（1981）

伊克昭盟公署统计局　编

32开　1700页

内容提要：本资料上册包括户数、人口（按地区分），农业（按地区分），工业（按地区分），交通（按地区分），邮电（按地区分），基建（按地区分）六个部分。下册包括物资（按地区分）、劳资（按地区分）、商业（按地区分）、金融（按地区分）、教育与科研（教育不分地区）、卫生（不分地区）六个部分。（荷梅）

伊克昭盟国民经济统计资料（1982）

伊克昭盟公署统计局　编

1984年4月

32开　2293页　30.00元

内容提要：本资料是为了使各级党政领导和有关业务部门全面了解伊克昭盟经济发展情况，给今后编制计划与指导工作等提供相关依据而汇编的。上册记录了伊克昭盟基本概况，分为户数、人口、农业、工业、交通、邮电，基建六个部分。下册分为物资、劳资、商业、金融、教育与科研、卫生六个部分内容。（嘎拉贝日汗）

伊克昭盟国民经济统计资料（1983）

伊克昭盟公署统计处　编著
1984年10月
32开　2363页

内容提要：本资料是为使各级党政领导和有关业务部门全面了解伊克昭盟经济发展情况，给今后编制计划与指导工作等提供相关依据而汇编的，分为户数、人口、农业、工业、交通、邮电，基建、物资、劳资、商业、金融、教育、卫生12个部分内容。（嘎拉贝日汗）

伊克昭盟国民经济统计资料（1984）

伊克昭盟公署统计处　编
32开　3394页

内容提要：本资料上册包括户数、人口（按地区分），农业（按地区分），工业（按地区分），交通、邮电（按地区分），基建（按地区分）六个部分。中册包括物资（按地区分）、劳资（按地区分）两个部分。下册包括商业（按地区分）、金融（按地区分）、教育与科研、卫生四个部分。（荷梅）

伊克昭盟国民经济综合平衡统计资料（1952—1990）

伊克昭盟统计处　编
1992年3月
32开　333页

内容提要：本资料包括社会总产值和国民收入、国内生产总值、社会总需求与总供给、1952—1990年全盟综合经济指标、1978—1990年旗市综合经济指标五个部分。（荷梅）

伊克昭盟社会统计资料汇编（1985）

伊克昭盟统计处　编
1987年7月
32开　143页

内容提要：本资料分十二大类，分别是自然环境、人口与家庭、劳动、居民收入与消费、劳动保险与社会福利、住房与生活服务、教育与培训、科学研究、卫生与环境保护、文化与体育、社会秩序与安全、政治活动与社会活动参与情况。（荷梅）

伊克昭盟国民经济统计提要（1988）

伊克昭盟行政公署统计处　编
16开　149页

内容提要：本资料包括1988年伊克昭盟国民经济和社会发展统计公报，基本情况，农业，工业，交通、邮电，固定资产投资，劳动工资，商业，教育、卫生九个部分。（荷梅）

伊克昭盟金融志

中国人民银行伊克昭盟分行　编

16开　280页

内容提要：本资料共16章，分别是金融机构的形成和发展、综合信贷计划和金融统计、货币、信贷资金的使用和管理、城乡人民储蓄、信用合作、保险业务、国库业务、会计核算、外汇、金融管理、银行稽核、党的纪律检查和金融监察、科技人员与金融研究、电子计算机在银行的运用和发展、精神文明建设。（荷梅）

伊克昭盟经济技术协作项目

伊克昭盟经济技术协作办公室　编
64开　76页

内容提要：本资料介绍了伊克昭盟的资源概况，包括能源资源、化工资源、建筑材料资源、畜产资源、林产资源、野生植物资源、名胜古迹，又分批介绍了建材工业、皮毛工业、煤炭、化工、食品、农牧业。（嘎拉贝日汗）

伊克昭盟木本植物概论

宋瑜生、李志忠　著
1987年10月
16开　76页

内容提要：本资料主要介绍了伊克昭盟木本植物的基本特点、主要类型以及植被建设与开发利用等。（嘎拉贝日汗）

伊克昭盟农业区划

《伊克昭盟农业区划》编辑委员会　编
内蒙古人民出版社
ISBN 7-204-00957-6
1990年11月
16开　503页　34.65元

内容提要：本书包括伊克昭盟综合农业区划，种植业区划、畜牧业区划、林业区划、水利区划、气候区划、渔业区划、农机区划、乡镇企业区划以及土地资源、土壤侵蚀沙化、农业经济、草地资源调查共13个区划报告及相应的图件，客观地反映了伊克昭盟从事农牧业生产的自然资源条件与社会经济条件，阐述了农牧林副渔业生产现状，总结了经验教训，揭示了地域分异规律，分析论证了发展方向、目标与措施。（荷梅）

伊克昭盟乡级财政建设

伊克昭盟财政局　编
ISBN 7-204-04306-5
32开　463页

内容提要：本资料共收编伊克昭盟8个旗市的134个乡、镇和街道办事处财政所相关工作资料，共计36万字，分旗市汇编。（荷梅）

伊盟地区电力系统调度管理规程

伊克昭电业局　编
1991年
64开　108页

内容提要：本资料包括调度管理、系统运行的管理、倒闸操作、消弧线圈的运行和操作、事故处理、设备停电检修的管理、新建和改建扩建设备投入系统运行的管理、开闭设备编号准则等内容。（嘎拉贝日汗）

伊盟交通辉煌五十年

　　伊克昭盟交通局　编
　　1999年9月
　　32开　352页
　　内容提要：本资料用翔实的资料和准确的数据，站在"两个文明"建设的高度，较为全面地反映典型人物的先进事迹、行业文明建设以及交通各项事业的发展，并对"两个文明"建设做了总体描述，是对伊克昭盟交通"两个文明"建设较为全面、系统、认真的总结，展示了伊克昭盟交通的巨大潜力和广阔前景。（荷梅）

伊盟农业技术经济效益评价汇编

　　张荣升　主编
　　伊克昭盟农业经济学会、伊克昭盟农业经营管理站　编
　　1988年12月
　　32开　269页
　　内容提要：本资料从不同角度分析、评价了近年来伊克昭盟农业生产上推行的主要新技术的经济效益，探讨了若干项农业新技术的推广价值，开创了伊克昭盟农业技术经济效益评价系统分析之先例。（嘎拉贝日汗）

依法理财手册

　　伊金霍洛旗财政局依法理财领导小组　编
　　2003年6月
　　32开　301页
　　内容提要：本资料收集和整理的部分财经方面的法律法规，便于广大财政工作者，特别是基层财政工作者在工作中有章可循。（嘎拉贝日汗）

职工手册

　　鄂托克旗邮电局　编
　　16开　99页
　　内容提要：本资料为鄂托克旗邮电局的职工手册，主要内容有文明职工守则、标语口号、鄂托克旗邮电局局规、安全生产监督检查制度、服务用语、服务忌语等职工规则。（嘎拉贝日汗）

中国民族地区经济社会调查报告（伊金霍洛旗卷）

　　色音　主编
　　中国社会科学出版社
　　ISBN 978-7-5203-2342-0
　　2018年12月
　　16开　344页　98.00元
　　内容提要：本书对进入21世纪以来内蒙古自治区伊金霍洛旗的政治、经济、教育、宗教等问题进行了深入调查，并对其经济发展做出了评价。（荷梅）

中国神华神东安全生产责任制

　　神东煤炭集团设备维修中心　编
　　2017年4月
　　32开　99页
　　内容提要：本资料主要介绍了安全生产责任制总则、管理层岗位安全责任制、机关部门安全责任制、基层单位安全责任制、中心职能部门各岗位安全责

任制、厂领导岗位安全责任制、厂职能部门安全生产责任制、车间各岗位安全责任制。（嘎拉贝日汗）

中国神华神东煤炭分公司——设备安全技术操作规程

王继生　主编
神东煤炭分公司　编
2006年9月
32开　322页

内容提要：本资料分为综合部分，连采部分，主运输部分，主排水和主通风机，辅助运输设备，洗选、装车，变电所现场操作规程以及其他八个部分，分别介绍了泵站安全技术操作、运煤车安全技术操作、主运输系统胶带机安全技术操作等100多个操作规程。（嘎拉贝日汗）

中国神华神东设备维修中心

神华神东煤炭集团设备维修中心　编
16开　37页

内容提要：本资料主要有中国神华神东企业概况、检修资质、业务范围、设备维修、加工制造、业务优势、企业荣耀等内容。（嘎拉贝日汗）

中西部的曙光——鄂尔多斯现象透析

陈力、王迅　著
内蒙古教育出版社
ISBN 978-7-5311-3803-4
1998年12月
32开　259页　15.60元

内容提要：本书从悲壮的文明、鄂尔多斯风暴、大工业之梦、中西部的曙光四个部分介绍了鄂尔多斯经济的快速发展。（荷梅）

转型的鄂尔多斯财政（2013—2015）

鄂尔多斯市财政局　编
中国财政经济出版社
ISBN 978-7-5095-6897-2
2016年8月
16开　368页　60.00元

内容提要：本书内容主要记述了鄂尔多斯财政预决算公开、政府采购信息公开、建设财政信息公开平台等方面的内容。（荷梅）

走向市场经济

包俊臣等　主编
内蒙古人民出版社
ISBN 7-204-02428-1
1993年10月
32开　369页　7.80元

内容提要：本书共五个篇章，分别是发展战略篇、农牧经济篇、企业经营篇、财政金融篇、文化思想篇。（荷梅）

AG 文化、科学、教育、体育

0至3岁育婴手册

鄂尔多斯市妇女联合会　编
32开　48页

内容提要：本资料为新手爸妈呈现了107个话题，这些话题是经过调研后选择的0至3岁儿童家庭教育中的普遍问题，并按照0至1岁、1至2岁和2至3岁三个年龄段进行了梳理，每一个话题的表述兼顾了不同学历层次家长读者的阅读习惯，通俗易懂，实用性强。（其利格尔）

Hi，我是鄂尔多斯

中共鄂尔多斯市委宣传部　编

16开　82页

内容提要：本资料是由中共鄂尔多斯市委宣传部主编的一本综合性介绍美丽富饶的鄂尔多斯的画册。（嘎拉贝日汗）

阿尔寨文化与幸福鄂托克——第二届鄂托克·阿尔寨文化高层论坛文集

奇·朝鲁等　主编

内蒙古人民出版社

ISBN 978-7-204-12149-6

2013年3月

16开　382页　68.00元

内容提要：本书包括第二届"阿尔寨文化与幸福鄂托克"高层论坛上领导致词、讲话以及来自全国各地的50篇论文。（荷梅）

阿勒腾席热镇网格化管理工作手册

16开　120页

内容提要：本资料是针对阿勒腾席热镇网格内旗直部门19个单位下派282名网格员282名和镇直机关下派的168名网格员编写的管理工作手册，包括领导关怀、阿勒腾席热镇社会服务管理网格化平面图、阿勒腾席热镇社区社会服务管理网格化平面图、阿勒腾席热镇网格化管理组织机构、阿勒腾席热镇网化管理工作领导小组组织机构、阿勒腾席热镇"168"网格化管理模式、阿勒腾席热镇网格化管理网格员管理考核办法等内容。（其利格尔）

艾克夫SL系列长臂采煤机培训教材

神华神东教育培训中心　编

16开　348页

内容提要：本资料主要包括SL1000型采煤机的概述、主要部件技术参数、组装、操纵、主机参数的修改及设定、维护、检修、原理图八个部分。（其利格尔）

爱的一生——昌哈岱的故事

布·乌日图那顺、布·阿丽玛　著

内蒙古文化出版社

ISBN 7-80675-298-6

2005年12月

32开　199页　22.00元

内容提要：本书讲述了共产党员昌哈岱的故事。作为一名共产党员，昌哈岱处处以身作则、大公无私、忘我工作，在社队里有很好的名誉。他乐于助人、关心他人、性格温和、平易近人，用自己的实际行动展现了共产党员所应起到的表率作用。（其利格尔）

安源文学论文选

安源　著

作家出版社

ISBN 978-7-5063-7840-6

2015年2月

16开　475页　41.00元

内容提要：本书分诗以言志、循道垂文，沿波讨源、披文入情，文无定制、理有恒存三个部分，收录了作者所创作的以读书札记为主的论文。（其利格尔）

敖包的传说

潘照东、刘俊宝　撰稿

中共乌审旗委员会、乌审旗人民政府　编

内新图准字〔2007〕74号

2008年3月

16开　70页　35.00元

内容提要：本书是一部关于乌审敖包文化的专史性著作，分敖包的由来、敖包山下的那达慕、心随歌飞敖包情、"敖包文化之乡"乌审旗、乌审敖包多风采五个部分，辑录了敖包祭祀仪式祭词、祝词、赞词等，以图文形式综述了蒙古族敖包文化。（其利格尔）

傲慢与浪漫

顾维洁　主编

鄂尔多斯美术馆　编

中国艺苑出版社

ISBN 962-7572-50-0

2007年8月

16开　228页　398.00元

内容提要：本书以英汉双语形式展示了在鄂尔多斯美术馆开展的"傲慢与浪漫"展览上的绘画、篆刻、雕塑、照片、素描等作品。（其利格尔）

奥运2008特刊——火炬接力城市专刊（鄂尔多斯）

瞭望东方周刊　编

瞭望东方周刊出版

ISSN 1674-0726 CN11-5628/GB

16开　184页

内容提要：本刊包括北京奥运·和谐中国、奥运中国100年、北京奥运火炬传递、风从鄂尔多斯来文化民俗、古代"高速公路"——秦直道、鄂尔多斯婚礼、那达慕大会、圣火传高原、奥运圣火穿越天堂草原"鄂尔多斯"等内容。（其利格尔）

八字风水学

郭富熙　著

瀚林易缘社

32开　364页

内容提要：本资料从风水学的基础理论谈起，对阳宅居家的外部环境风水、内部环境风水、职场仕途风水、经商财运风水的诸多方面做了论述。（其利格尔）

八字起名学

郭富熙　著

瀚林易缘社

32开　313页

内容提要：本资料共分四编，介绍了八字起名的原理、规则和方法。（其利格尔）

白金之泉

韩雄江 著
内蒙古科学技术出版社
ISBN 7-5380-0809-8
2001年11月
32开 192页 15.00元

内容提要：本书讲述了在中国现代天然碱工业领域做出突出贡献的先进人物李武如何在20世纪70年代末，走向碱湖，走进中国化工行列，托起天然碱科研、生产、加工的生平事迹。（其利格尔）

百年东方——内蒙古鄂尔多斯东方路桥集团十年发展纪实

哈斯乌拉、刘志成 著
内蒙古人民出版社
ISBN 978-7-204-09639-8
2008年6月
16开 267页 66.00元

内容提要：本书分为曙色"东方"、霞染"东方"、情满"东方"、舞韵"东方"、百年"东方"五个章节，介绍了鄂尔多斯东方路桥集团10年的发展历程。（其利格尔）

报端印记

董栓柱 著
2016年6月
32开 319页 35.00元

内容提要：本资料是作者集新闻、诗歌和书法融于一体的作品集，精选了36篇新闻通讯、55篇新闻信息、46首诗歌创作、27幅书法字帖和28篇论述杂文。（荷梅）

北疆雄鹰

巴达拉 主编
16开 95页

内容提要：本资料分基地建设、队伍建设、苦练精飞、警务飞行、飞行安全、经验交流、展望未来七个部分，记录了鄂尔多斯警务航空队建设与发展的过程。（其利格尔）

北京师范大学鄂尔多斯附属学校科技创新教育回眸

王海军 主编
北京师范大学鄂尔多斯附属学校 编
2016年3月
16开 54页

内容提要：本资料是一部画册，分序言、科技教育发展情况综述、领导关心篇、科技特色荣誉篇、科技特色活动篇、学生科技作品篇、科技特色获奖篇、逐渐壮大的科技教育团队、科技创新负责人九个部分，展现了北京师范大学鄂尔多斯附属学校科技创新教育成果，展现了学校对科技创新教育发展的深度思考和为国家培养未来科技人才、实现发展科技教育的决心。（其利格尔）

北望杨树村

张生亮 著
远方出版社
ISBN 978-7-5555-1251-6
2019年3月

32开　193页　35.00元

内容提要：本书是一部展示内蒙古自治区改革开放40年来农村牧区的沧桑巨变和经济社会各项事业全面发展所取得的丰硕成果，以及展示蒙汉各族人民守望相助、团结奋进、携手并肩的一部小说作品。小说主要围绕走出杨树村的中年人进城务工创造奇迹，又从城市返回农村，演绎精彩奋斗人生的故事展开。（其利格尔）

鼻烟壶里的故事

鄂·巴音孟克、炜涯　著
内蒙古人民出版社
ISBN 7-204-08304-0
2007年9月
16开　217页　23.00元

内容提要：本书是一部儿童小说故事集，讲述了德力图的人马在聪耳大沙漠发生的故事。其中《鼻烟壶里的故事》被收入全国蒙古语语文教材。（其利格尔）

笔墨缘

高登云　著
内蒙古人民出版社
ISBN 978-204-10135-1
2010年5月
16开　180页　188.00元

内容提要：本书收录了作者多年来创作的书法作品。（其利格尔）

边商

乔进义　著

2013年5月
32开　414页　32.00元

内容提要：本书是以鄂尔多斯本乡本土题材创作的历史小说，故事前后跨越100多年。书中的主要人物乔仲子是陕西神木人，一辈子在伊克昭盟郡王旗公尼召经商。作品从多侧面如实地反映了那时的鄂尔多斯的政治、经济、文化、宗教、社会状况、人民生活、民族风俗等。（其利格尔）

边走边唱

范胜利　著
内蒙古人民出版社
ISBN 7-204-04646-3
1999年1月
32开　138页　13.00元

内容提要：本书分伊煤之歌、心灵之诗、劝勉之曲、真挚之词四个部分，主要收录了作者的诗词作品，多以歌颂祖国、赞美家乡、吟唱生活为主题。（其利格尔）

冰庐文钞

尚贵荣　著
远方出版社
ISBN 7-80595-706-1
2007年4月
32开　274页　38.80元

内容提要：本书汇集了作者为他人作品写的序文，自己作品的编后记，以及散文、诗词、报道的读后感等。（其利格尔）

不忘初心、牢记使命——鄂尔多斯电业局机关党委庆祝建党98周年系列活动

鄂尔多斯电业局　编

2019年8月

16开　56页

内容提要：本资料以图文形式展示了鄂尔多斯电业局机关党委庆祝建党98周年系列活动。（其利格尔）

"不忘初心、牢记使命"鄂尔多斯市第二届农产品展洽会产品名录

鄂尔多斯市包联驻村工作领导小组　编

2019年10月

16开　46页

内容提要：本资料汇编了鄂尔多斯七个旗两个区和供销系统产品名录。（其利格尔）

"不忘初心、牢记使命"鄂尔多斯市第二届农产品展洽会活动指南

鄂尔多斯市包联驻村工作领导小组　编

2019年10月

16开　35页

内容提要：本资料包括鄂尔多斯市第二届农产品展洽会活动安排、鄂尔多斯市第二届农产品展洽会开幕式议程、鄂尔多斯市第二届农产品展洽会组委会联络人等内容。（其利格尔）

长臂式采煤设备电控技术

神华神东职业技能鉴定站　编

16开　280页

内容提要：本资料分为八个部分，介绍了长壁式采煤机及其配套的系统设备及控制技术。重点是介绍两种长壁式采煤机和两种液压支架的电液控制系统。其一是美国久益（JOY）公司LS系列采煤机。在LS系列中，6LS5型与7LS6型采煤机的电气原理基本相同，故对具有使用发展前景的7LS6这种新机型做了较为系统的介绍，而对我国使用较多的6LS5型采煤机，重点介绍了与7LS6型有较大不同的HOST控制系统及其应用。其二是对艾柯夫SL500型采煤机的电控技术做了较为详细的介绍。（其利格尔）

长城内外皆故乡

郝诚之　著

内蒙古大学出版社

ISBN 978-7-81115-770-3

2009年12月

16开　320页　48.00元

内容提要：本书分河套寻根、千秋昭君、巍巍成陵、阴山瞭望、草原我家、绿色文明、附录七个部分，讲述了内蒙古社会发展史。

长河共渡

郝蕴光、温俊秀　著

哈斯乌拉　主编

内蒙古人民出版社

ISBN 7-204-05350-8

2003年11月

32开　491页　49.00元

内容提要：本书共分五辑，前三辑出自郝蕴光先生之手，后两辑出自温俊秀女士之手。第一辑为文学类作品，也是郝蕴光先生的文学作品选，有诗、词、自由诗、散文诗、杂文和文学评论等。后面四辑均为报告文学类作品。（其利格尔）

长毛兔信息预测及饲养管理

　　内蒙古伊克昭盟科技情报所　编
　　1985年6月
　　32开　159页

内容提要：应科技情报工作为"两户"服务这一要求，本资料分长毛兔生产的信息预测和长毛兔的饲养管理两部分，包括兔毛产销市场发展趋势，专家谈兔毛市场行情，兔毛产销问答，国外养兔及市场信息，浙江、上海等省区关于长毛兔的信息、组织及活动等相关饲养长毛兔知识。（其利格尔）

长三角改革发展参鉴

　　朱斌　总编
　　《长三角改革发展参鉴》编审委员会　编
　　2017年
　　16开

内容提要：本资料分改革篇、创新篇、协调篇、绿色篇、开放篇、共享篇六个部分，以改革为统领，以"新发展理念"为主线，汇集了十八届三中全会以来上海和江浙地区在全面深化改革、贯彻"新发展理念"方面的先进经验和做法，以期为鄂尔多斯市经济社会发展提供参考和借鉴。（其利格尔）

常用字探源

　　宋秉儒　著
　　内蒙古教育出版社
　　ISBN 7-5311-3472
　　1997年12月
　　32开　338页　15.00元

内容提要：本书是一部介绍汉字基本知识的通俗读物。行文注重科学性、知识性，简要，通俗易懂，适合于大中学校的学生、知识青年阅读，可供中小学语文教师及语言文字工作者参考。（嘎拉贝日汗）

常用经济指标名词说语收揽

　　伊克昭盟统计局　编
　　1999年10月
　　48开　201页　15.00元

内容提要：本资料分市场经济类、综合经济类、国民经济核算类、价格指数类、统计、人口、生活类、第一产业类、第二产业类、第三产业类八个部分，收编了常用经济名词、指标、术语等。本书最大特点是有针对性、实用性、适用性，易懂、易掌握、易操作。（其利格尔）

财苑情缘

　　贺笙华　著
　　内蒙古人民出版社

ISBN 978-7-204-10135-1
2010年5月
32开　319页　30.00元
内容提要：本书共收录46篇文章，均以反映财政领域的工作者在新时期的状态为主，这些文章也从不同角度反映了改革开放给鄂尔多斯人带来的财政理念的创新思维、财政实践的改革思路、财政管理模式的变革。（其利格尔）

沧桑人生

林森　主编
16开　145页
内容提要：本资料是一本关于作者的父亲林国梁同志的回忆录。林国梁，1909年4月出生，蒙古族，蒙名忽庆毕力格，小名五十八，达拉特旗吉格斯太召圪梁人。父辈们以经营达旗王爷的份子地（租地）为生，年复一年，产下的粮食交过份子钱所剩无几，过着贫穷的生活。林国梁姐弟三人，姐姐那木拉，一直生活在农村。弟弟林国栋，受长兄提携成长，曾供他上学读书，1945年当上达拉特旗王爷府保安团副团长，1949年绥远省和平解放时参加革命，中华人民共和国成立后曾任达拉特旗建设局局长、伊金霍洛旗林业局局长等职。（其利格尔）

草原·城市·文化——康巴什论坛（2017）

韩占泉、杨勇　主编
内蒙古自治区社科联、康巴什区委政府、鄂尔多斯学研究会　编
16开　413页
内容提要：本资料汇编了"草原、城市、文化"研讨的初步成果和48篇相关论文。（其利格尔）

草原的女儿——贺草坪与牧草种子学家李敏教授八十华诞

本书编委会　编
中国农业大学出版社
ISBN 978-7-5655-0237-8
2011年4月
16开　427页　110.00元
内容提要：本书主要记录了李敏教授一生在草地科学研究与教学中所做出的重要贡献和取得的丰硕成果，及时反映了李敏教授、钟永安研究员共同经历风雨的伉俪情深。（其利格尔）

草原丝路·草原丝路康镇

沣美文化集团　编
16开　8页
内容提要：本资料包括鄂尔多斯市康巴什简介、康镇的民族交融、文化交流、互市贸易、异域风情、演艺活动、游乐、拓展园、美食等内容，从各个角度对康巴什地区特点进行介绍。（其利格尔）

成本管理词典

鄂尔多斯电业局　编
2018年5月
48开　313页

内容提要：本资料展示了鄂尔多斯电业局生产成本中的输配电成本科目下的其他运营费用、财产保险费自营材料费、外包材料费、外包检修费等科目及其子科目内容以及应付职工薪酬科目等成本管理内容。（其利格尔）

成吉思汗：十三世纪的冒险之王

陈舜臣　著

易爱华　译

新星出版社

ISBN 978-7-80225-800-6

2011年3月

16开　416页　68.00元

内容提要：本书从1187年十字军从耶路撒冷撤退写起，一直写到14世纪下半叶元朝灭亡、北元建立，时间跨度长达300年，包括通常所说的蒙古史、元史，涉及金史、西夏史、宋史，以及古代畏兀儿、大理、吐蕃、西辽、花剌子模、波斯、钦察、俄罗斯、伊拉克、叙利亚等中亚、西亚地区乃至欧洲的历史。全书分为《草原霸主》《征服中》《沧海之路》《斜阳万里》四卷，讲述了从成吉思汗统一蒙古草原、西征花剌子模和南下伐金，后于攻灭西夏前去世，其后经历窝阔台、贵由、蒙哥三任大汗，由忽必烈完成中国历史上的第四次统一，一直到元朝灭亡历史过程。作者不畏跋涉之苦，万里取材，将精彩史实融入创作之中提供了一种更宏观的视野。（其利格尔）

成吉思汗祭祀全书

郭雨桥　著

新华出版社

ISBN 7-5011-5843-6

2008年5月

16开　313页　68.00元

内容提要：本书是一部解读和研究成吉思汗陵祭祀文化的著作，全书分为八章，包括成吉思汗祭祀大全，查干苏鲁克大祭，八白室，黑、白、花纛与其他神物，达尔扈特——成陵的守护人和文化载体，成陵的西迁与东归等内容，展示了有800多年历史、形式纷繁、内涵深刻的成吉思汗陵祭祀。（其利格尔）

成吉思汗祭祀史略

吉日嘎拉图　主编

旺楚格　编著

内蒙古人民出版社

ISBN 978-7-204-11004-9

2011年5月

16开　276页　66.00元

内容提要：本书包括成吉思汗陵概述、成吉思汗祭祀、成吉思汗八白宫祭奠、成吉思汗四时大典、成吉思汗苏勒德祭祀、成吉思汗祭祀礼俗、成吉思汗祭祀圣物祭奠、成吉思汗陵西迁期间的祭祀、祭奠器皿、祭奠供品、成吉思汗祭词、成吉思汗祭歌、苏勒德祭奠祭词、成吉思汗公祭仪式及祭文、祭奠人物、守陵达尔扈特、成吉思汗祭祀文化研究等内容，以清晰的脉络、丰富的内容、深刻的内涵、简明的语言，全面展示

了成吉思汗陵祭祀文化。（其利格尔）

成吉思汗军事思想

徐钧 著
ISSN 1682-9263
2003年7月
32开 76页 10.00元

内容提要：本刊讲述了成吉思汗的洞察全局、亲自督战、容人之过、战略大包围、神兵天降、全纵深攻击、诱敌入伏等战略战术，分析了100个成吉思汗军事思想相关问题。（其利格尔）

成吉思汗廉政思想研究论文集

奇斯庆高娃 主编
中国方正出版社
ISBN 978-7-80216-943-2
2014年4月
16开 261页 55.00元

内容提要：成吉思汗廉政思想植根于当时的文化土壤中，其中蕴含着许多科学的道理，其优秀成分对当代社会反腐倡廉提供了理论支持，本书即围绕成吉思汗箴言当中有关修身养性凝练高尚的道德情操，廉洁勤政崇尚忠信的政德观念，重义轻利倡导节俭的内在品格，以民为本营造仁爱等内容进行讨论。（其利格尔）

成吉思汗评传

马冀 主编
内蒙古人民出版社
ISBN 7-204-07934-5
2005年9月
16开 257页 88.00元

内容提要：本书是以成吉思汗精神为轴心，全面揭示了蒙古族文化的内在活力，阐释了成吉思汗研究的现代价值。作者研究成吉思汗，不仅给予他较为客观、公正的评价，更为重要的是把成吉思汗的言论行动、一生的事业、成功的经验和他的思想概括成"成吉思汗精神"。（其利格尔）

成吉思汗守灵人史记

吉日嘎拉图 主编
旺楚格 编著
内蒙古人民出版社
ISBN 978-7-204-11004-9
2011年5月
16开 276页 66.00元

内容提要：本书包括成吉思汗身边的部族、达尔扈特、达尔扈特管理体制、达尔扈特亚木特德、达尔扈特敖包、达尔扈特召庙、民俗文化、民俗礼仪、民俗风情、崇尚习俗、祭祀崇拜、人生礼仪、达尔扈特方言、达尔扈特风味饮食、达尔扈特居住、达尔扈特故乡伊金霍洛、伊金霍洛祭祀文化遗址等内容，以清晰的脉络、丰富的内容、深刻的内涵、简明的语言，全面展示了成吉思汗守灵人的历史文化。（其利格尔）

成吉思汗文化与伊金霍洛——伊金霍洛旗2009成吉思汗文化论坛文集

鄂尔多斯学研究会 主编

内蒙古人民出版社
ISBN 978-7-204-10335-5
2010年1月
16开　468页　50.00元

内容提要：本书收录45篇伊金霍洛旗2009年成吉思汗文化论坛的论文，以成吉思汗文化为切入点，紧密结合伊金霍洛旗实际，从不同角度探讨成吉思汗文化的内涵、特点、现实价值及其在中华文化中的地位。（荷梅）

成吉思汗文化与伊金霍洛——伊金霍洛2010成吉思汗文化论坛文集

鄂尔多斯学研究会　编
内蒙古大学出版社
ISBN 978-7-81115-943-1
2011年1月
16开　576页　68.00元

内容提要：本书汇集了国内外专家、学者潜心研究"成吉思汗箴言与伊金霍洛文化形象"所取得的最新学术成果。书中不乏专家、学者的真知灼见，并提出了许多宝贵见解，就深入挖掘成吉思汗箴言的现实意义与价值提出了非常有建设性的意见。（荷梅）

成吉思汗文化与伊金霍洛——伊金霍洛2011成吉思汗文化论坛文集

鄂尔多斯学研究会　编
内蒙古人民出版社
ISBN 978-7-204-10326-3
2012年3月
16开　416页　68.00元

内容提要：伊金霍洛旗作为成吉思汗陵的所在地，体现了"成陵"文化的特征和文化意识。本书所收录论文即以伊金霍洛为中心，围绕成吉思汗文化展开论述。（荷梅）

成就梦想的沃土·培育人才的摇篮

图布信　主编
16开

内容提要：本资料以英汉双语、图文并茂的形式介绍了鄂尔多斯市蒙古族中学概况。（其利格尔）

城川民族干部学院

12开　157页

内容提要：城川民族干部学院位于革命老区鄂尔多斯市鄂托克前旗城川镇，于2017年6月经内蒙古自治区批准设立，是一所以红色教育为特色、民族团结进步教育为重点，集党性教育、国情教育和党员干部能力提升于一体的综合院校。本摄影集记录了城川民族干部学院从成立到荣获多种荣耀的重大事件，包括旗帜飘扬、铭刻记忆、特色教育、学院风光、领导关怀、培训掠影等各方面的内容。（其利格尔）

城川民族干部学院"现场讲解词"汇编

城川民族干部学院教务科　编
2018年
16开　171页

内容提要：本资料分延安民族学院城川纪念馆、三段地革命历史纪念馆、城川红色国际秘密交通站陈列馆、阳早寒春三边牧场陈列馆、王震井纪念园、马良诚顾寿山烈士纪念陵园和滴哨沟战场纪念园七个部分，分别汇编了七处现场教学点的讲解词，旨在帮助学院教员及参训的广大学员更深刻地了解各现场教学点的革命历史，便于掌握现场教学的基本内容，从而达到预期的教学效果。（其利格尔）

抽屉年华

  石永峰　著

  内蒙古人民出版社

  ISBN 978-7-204-09436-3

  2009年5月

  32开　283页　39.80元

  内容提要：本书是一部以西方教育的落差和先进教师间的矛盾为引线，揭示中国教育体制弊端的长篇小说，共有24章。（其利格尔）

仇钱

  张凯　著

  内蒙古人民出版社

  ISBN 7-204-02880-5

  1995年8月

  32开　206页　13.50元

  内容提要：本书为作者的小说作品集，收录了《走出深沟》《在这深沙凹凹（四题）》《仇钱》《瘾症》《陈年旧事（二篇）》《马蹄声声》《西草地》《小镇大市场》《地骨》《紧攥匕首》《村野娱乐》《生命内容》《红太阳》等作品。（其利格尔）

出塞曲

  神东集团　编

  16开　216页

  内容提要：本资料为神华甘泉铁路职工诗文选编，展示了他们的生活风貌。（其利格尔）

出塞曲系列之甘泉故事

  神东集团　编

  16开　219页

  内容提要：本资料讲述了神华甘泉铁路人的故事。甘泉人的故事虽然不具有重大事件的影响深远，也不具有改天换地的动魄惊心，但它能够在共同推动中华民族文明的进程中添柴加火，增加一份积淀与厚重。（其利格尔）

初十三班、高七班《跨世纪》同学聚会纪念册（原鄂三中初十三班、高七班）

  鄂前旗敖镇　编

  2000年8月

  16开

  内容提要：本资料包括原鄂托克前旗三中初十三班、高七班的学生信息和同学之间的亲笔赠言。（其利格尔）

穿云破雾的太阳

  葛连光　著

  远方出版社

  ISBN 7-80595-706-1

  2007年7月

32开　358页　35.80元

内容提要：本书共分诗歌、散文、寓言、小说四大部分，全书约20万字。（其利格尔）

创建全国文明城市市民须知

中共鄂尔多斯市委宣传部、鄂尔多斯市文明办　编

32开　44页

内容提要：本书汇编了创建全国文明城市常识、"创城"是一项惠民工程、倡导文明风尚、提高市民素质、积极参与文明实践活动、市民在"创城"中的责任和义务、鄂尔多斯市主要公交线路、鄂尔多斯市便民热线，以及《全国文明城市测评调查问卷（样本）》《全国未成年人思想道德建设工作测评调查问卷（家长卷样本）》《鄂尔多斯旅游景点示意图》等内容。（其利格尔）

创造食品安全大环境·呵护幸福健康小家庭

鄂尔多斯市康巴什区市场监督管理局　编

32开　58页

内容提要：本资料从食品安全、办公室职业疾病预防、健康生活方式认知、健康新理念、健康家庭健康生活、常见疾病预防等方面提倡创造食品安全大环境、呵护幸福健康小家庭的观念。（其利格尔）

春季部分个人求职意向信息汇总（2020）

鄂尔多斯市人力资源和社会保障局　编

16开　101页

内容提要：本资料汇编了2020年春季七旗、康巴什和东胜区部分求职者、姓名、性别、民族、毕业院校、所学专业、文化程度、意向单位行业、就业服务意愿、联系方式等信息。（其利格尔）

春歌秋曲——鄂尔多斯电视台作品集萃

黎岚、周晨曦　主编

内蒙古人民出版社

ISBN 978-7-204-08950-5

2008年9月

16开　423页　50.00元

内容提要：本书收录了鄂尔多斯电视台50多篇曾经获得过自治区级以上奖，或者是较有分量和影响的电视新闻、社教作品的解说词，以及综艺节目的台本。与此同时，本书还收集了10多篇相关的体会、总结类文章，编导、记者业务上的体察、感悟，对业内外人士或许将是一种启示。全书分为创新篇、新闻篇、社教篇、综艺篇、体会篇、成就篇六个篇章。（其利格尔）

春华秋实·国土情

丁玉厚　著

远方出版社

ISBN 978-7-5555-0800-7

2016年11月

16开　193页　68.00元

内容提要：本书以土地管理制度改革为大背景，集作者多年来学习、思考及工作、实践于一体，对不同阶段的土地管理工作进行了理论探索。文章运用了许多数据和实例，对鄂尔多斯市耕地及草牧场保护、土地储备、土地市场建设、土地法治建设、构建和谐土地关系、土地资源可持续利用、土地管理部门机构队伍建设以及党的建设等，在起步、发展、创新、完善过程中的一些带有规律性和特殊性的问题，通过理论与实践的反思、求证，进一步推进我市土地管理事业走上又好又快的发展路径。（其利格尔）

春华秋实——八十载回忆录

　　王仲山　著
　　乌力吉　总编
　　16开　311页

内容提要：本资料选编32篇文章，回顾了作者童年时期的苦难生活和参加工作以来曾经历的一些事情，综述了作者的家史。（其利格尔）

醇香奶啤酒

　　鄂尔多斯市蒙元乳业有限责任公司　编
　　32开　8页

内容提要：本资料为鄂尔多斯市蒙元乳业有限责任公司编写的有关汉奥斯奶啤酒的宣传册，包括鄂尔多斯市蒙元乳业有限责任公司简介、营养学专家索颖教授对奶啤酒的看法、汉奥斯奶啤酒简介、汉奥斯奶啤酒特点、汉奥斯奶啤酒的原料、企业大事记等内容。（其利格尔）

从政提醒：党员干部不能做的150件事

　　林广成　主编
　　中国方正出版社
　　ISBN 978-7-80216-390-4
　　2008年10月
　　32开　262页　20.00元

内容提要：本书精选党内规章和国家法律法规条文，从政治、组织、经济、公务、生活、社交六个方面对党员干部不能做的事情进行提醒，分类科学合理，界定明晰精确，条文准确全面，阐释深刻精到。本书创意独特，尤其是书中别具一格的"特别提醒"，紧紧贴近党员干部的思想实际和反腐倡廉的工作实际，好似警示牌，将党员领导干部的禁区雷池，标清标细；又如风向标，把为民、务实、清廉的标准风范，彰显弘扬，起到了画龙点睛的警醒作用。本书语言浅显易懂，提醒全面到位，具有较强的政治性、思想性和可读性，是广大党员干部必备的案头书，工作之余常翻常看，能敦促自己自重、自醒、自警、自励。（其利格尔）

达拉特风采（风貌篇）

　　达拉特风采编委会　编
　　中国社会出版社
　　2006年7月

ISBN 7-80146-489-3

16开　255页　56.80元

内容提要：本书主要展示达拉特旗近年来经济建设成果，可以帮助广大干部群众进一步了解达拉特的历史与现实，增强自信心，为达拉特的"两个文明"建设而奋斗。（嘎拉贝日汗）

达拉特风采（风情篇）

达拉特风采编委会　编

中国社会出版社

ISBN 7-80146-489-3

2006年7月

16开　296页　59.80元

内容提要：本书主要反映了达拉特旗风光、风俗及地方风情。（其利格尔）

达拉特风采（风韵篇）

达拉特风采编委会　编

中国社会出版社

ISBN 7-80146-489-3

2007年7月

16开　311页　59.80元

内容提要：本书汇集了达拉特旗优秀文学作品。（其利格尔）

达拉特经济开发区

中共内蒙古达拉特经济开发区工作委员会、内蒙古达拉特经济开发区管理委员会　编

16开

内容提要：本资料包括达拉特经济开发区的区域环境、工作思路、基础设施、主导产业、招商项目库和审批流程、以人为本的服务理念和机制、政策扶持等，重在对达拉特经济开发区进行宣传，以吸引投资。（其利格尔）

达拉特旗创园宣传册

达拉特旗创建园林县城工作小组　编

16开　58页

内容提要：本资料以图文形式展示了达拉特组织宣传荣誉、公园绿地、小区庭院、街旁绿地、道路绿地、养护管理、义务植树等内容。（其利格尔）

达拉特旗教育志

吴玉峰等　编著

《达拉特旗教育志》编纂委员会　编

2017年11月

32开　558页　278.00元

内容提要：本资料包括中小学幼儿园分布图、历任教育局领导任职表、私塾和学堂、召庙教育与教堂学校、国立学校、蒙古语授课小学以及各苏木镇、街道所辖行政村嘎查、社区表等。（荷梅）

达拉特旗旗情宣传手册

中共达拉特旗委员会办公室、中共达拉特旗委员会宣传部　编

2018年5月

32开　104页

内容提要：本资料分达拉特旗概况、达拉特旗发展、达拉特旗名片、达拉特旗街道、苏木镇、达拉特旗园区、

附录七个部分，介绍了达拉特旗地理、人口、民俗、发展规划、社会事业、旅游等旗情。（其利格尔）

达拉特脱贫攻坚好故事（2018—2020）

中共达拉特旗委员会宣传部　编
16开　431页

内容提要：本资料收录了2018年1月至2020年5月中央级、自治区级、市级主流媒体和2020年旗级新闻媒体关于达拉特旗决战决胜脱贫攻坚的部分新闻稿件，展示了达拉特干部群众在脱贫攻坚的道路上，一步一个脚印，谱写着圆梦小康的辉煌篇章。（其利格尔）

达拉特响沙文集

中共达拉特旗委宣传部、达拉特旗文联　编
远方出版社
ISBN 7-80595-418-6
1997年11月
32开　363页　66.00元

内容提要：本书共4册，选收了中华人民共和国成立以来达拉特旗的文学作品，分小说卷、散文卷、杂文卷、诗歌卷、报告文学卷、戏剧卷、评论卷，从不同侧面对达拉特旗50年来的历史巨变做了真实生动的反映，充分显示了达拉特旗近年来经济建设及社会各项事业的发展与繁荣。（其利格尔）

"大物流"助推呼包鄂协同发展

鄂尔多斯市委政策研究室　编
2016年11月
16开　107页

内容提要：本书分发展布局、政策解读、未来趋势、各地探索、知名企业五个部分，重点关注现代物流业，通过对国家现代物流业政策的深入解读，深入挖掘现代物流业对经济社会各领域的影响，积极吸取各地在发展现代物流业方面好的做法和经验，以期能够为鄂尔多斯市发展现代物流业提供借鉴。（其利格尔）

大爱鄂尔多斯——鄂尔多斯市红十字会专刊

《鄂尔多斯（月刊）》编辑部　编
ISSN 1008-5203/CN15-1037/1
16开　208页

内容提要：本刊有媒体报道、工作研究、大事记三篇内容。（其利格尔）

大地之子

张新文　著
内蒙古科学技术出版社
ISBN 7-5380-0809-8
2000年10月
32开　105页　18.00元

内容提要：本书分生命摇篮、人生坐标、城川情结、公仆情怀、廉洁人生五个部分，讲述了梁存满的生平主要事迹和其一心向党、一心为民的清廉奉献精神。（其利格尔）

大力神

内蒙古大力神牛业有限责任公司　编

16开

内容提要：本资料包括内蒙古大力神牛业有限责任公司简介、开拓计划、产品说明、产品营养价值、牛肉知识等。（其利格尔）

大路工业园

鄂尔多斯大路工业园区　编

16开　28页

内容提要：本资料以英汉双语、图文并茂的形式展示了鄂尔多斯大路园区概况、园区优势、建设成就、优惠政策、园区产业发展规划及招商推荐项目等内容。（其利格尔）

大美伊金霍洛

白明德　主编

内蒙古人民出版社

ISBN 978-7-204-14597-3

2017年2月

16开　401页　78.00元

内容提要：本书全面介绍了伊金霍洛旗历史、文化、民俗、旅游等方面的内容，集知识性、文学性、可读性于一体，以翔实的资料、丰富的内容、新颖的编排，全景式地再现了"天骄圣地"深厚的历史、壮美的景色和独特的民俗。（其利格尔）

大漠孤烟直

吴兴瑞　著

上海远东出版社

ISBN 978-8-90834-380-1

2013年12月

32开　244页　30.00元

内容提要：本书为作者的诗词作品集，收诗200首、词15首，诗词情真意切，内容广泛，涉及方方面面，是作者工作、生活及各种社会活动的真实写照。（其利格尔）

大漠英雄榜

刘玉祥　著

作家出版社

ISBN 7-5063-1737-0

2008年3月

16开　183页　48.00元

内容提要：本书讲述了20世纪50年代库布其沙漠中涌现出的奇治民、徐治民、闫四海、倪骆羡、王占文、乌日更达来、王忠强、段玉珍、王果香等治沙英雄的事迹，弘扬了他们身上的拼搏精神。（其利格尔）

大型群众性活动安全保卫基础教程

王东霞等　主编

内蒙古警察职业学院、鄂尔多斯市公安局　编

16开　289页

内容提要：本教材针对大型群众性活动安保工作需要，以应知应会、实操技能为重点，涵盖了警务礼仪、民族礼仪与宗教风俗、警务沟通、媒体应对、社会治安信息的搜集与处置、执法执勤

规范、突发事件应急处置、简易急救、警务技能与体能等专业系统知识，内容通俗易懂、信息量大、专业性强，贴近安保工作实际，可用于大型群众性活动安保人员和民警培训，也可作为民警日常学习业务知识的参考资料。（其利格尔）

带你绕开谣言陷阱

鄂尔多斯市食品药品安全委员会办公室、鄂尔多斯市市场监督管理局 编
16开 37页

内容提要：本资料分食物相克谣言、果蔬类、水产类、肉蛋奶类、五谷类、其他类六个大类，具体介绍食品谣言和陷阱，并对这些内容做了相应的科学解释。（其利格尔）

戴东辉摄影作品集

戴东辉 摄
中国摄影出版社
ISBN 978-7-80236-446-2
2010年6月
12开 180页 660.00元

内容提要：本摄影集以世界濒危物种遗鸥作为拍摄题材，拍摄了鄂尔多斯湿地的遗鸥，展现了遗鸥鲜为人知的生活习性，让观者了解到了有关遗鸥生活习性的相关知识。（其利格尔）

当代民族问题研究

奇海林、王有星 主编
远方出版社
ISBN 7-80595-821-11
2002年12月
32开 226页 18.50元

内容提要：基于保证我们多民族社会主义国家的稳定与发展的需要，必须研究当代的民族问题，不断完善我国的民族政策，做好我们的民族工作，本书研究探索了当代民族问题，供广大干部学习。（其利格尔）

党建领航·幸福巴音高勒

16开 33页

内容提要：巴音高勒嘎查的蝶变是鄂尔多斯市乌审旗乌兰陶勒盖镇发展的缩影。本资料展示了随着乡村振兴战略的深入实施，一幅生态美、产业兴、百姓富的幸福生活逐步从梦想照进巴音高勒嘎查现实的图景。（其利格尔）

党旗飘扬·时代先锋

伊金霍洛旗人民政府 编
16开 59页

内容提要：本资料是伊金霍洛旗"十佳"优秀共产党员画册，内容主要包括伊金霍洛旗"十佳"优秀共产党员的简历、党员风采文章和"十佳"优秀共产党员颁奖典礼晚会上的领奖现场图片等。（其利格尔）

党员干部宣讲教材

李宏 著
内蒙古人民出版社
ISBN 978-7-204-10135-1

2009年8月

16开　356页　58.00元

内容提要：本书包括从当前的形势看"三个代表"的内涵与深远意义——"三个代表"重要思想专题、严格实践"三个代表"重要思想　全力推进绿色产业发展——全旗"三个代表"重要思想学习教育活动专题、加强学习　发展自己——WTO知识专题、认清形势　紧扣主题　把握灵魂　狠抓落实——党的十六大精神专题等内容。（其利格尔）

党员群众面对面——鄂尔多斯市委党的群众路线教育实践活动学习宣讲手册（总册）

鄂尔多斯市委党的群众路线教育实践活动领导小组办公室　编

2013年8月

32开　49页

内容提要：本宣传册包括十八大报告的主要内容，中国梦的主要内容，党的群众路线主要内容，党风廉政建设的主要内容，鄂尔多斯市贯彻落实中央、自治区的具体举措等等。（其利格尔）

导游实务与礼仪

鄂尔多斯市旅游培训中心　编

16开　264页

内容提要：本资料是鄂尔多斯市旅游培训专用教材，分导游实务和导游礼仪两个部分。（其利格尔）

导游伊金霍洛

王平　主编

伊金霍洛旗旅游事业管理局

16开　139页

内容提要：本资料分阿勒腾席热镇、伊金霍洛镇、苏布尔嘎镇、乌兰木伦镇、红庆河镇、札萨克镇、纳林陶亥镇、蒙古族民俗八个部分，对全旗各镇主要旅游景点进行了简要介绍。（其利格尔）

道德的洗礼

中国神华神东　编

2015年10月

16开　147页

内容提要：本资料为神东煤炭集团公司第二届道德模范事迹汇编。（其利格尔）

道德讲堂壹（经典篇）

鄂尔多斯市文明办　编

32开　41页

内容提要：本资料为鄂尔多斯市宣传公民道德的有效载体，是弘扬社会主义核心价值体系的生动实践，通过"道德讲堂"进机关、进企业、进学校、进社区、进村镇，鼓励身边人讲自己事，身边事教身边人，从而传颂凡人道德故事，彰显道德榜样力量。本辑《道德讲堂》系列丛书，共有"经典篇""吟诵篇""故事篇"和"三字经篇"四个部分。本书内容由《道德经》《论语》《孟子》等多部经典的原文和译文构成。（其利格尔）

道德讲堂贰（吟诵篇）

鄂尔多斯市文明办　编
32开　70页

内容提要："吟诵篇"所选经典均为诗词，全书由养成篇、美德篇、情谊篇、爱国篇、感怀篇、养成篇六个部分构成。（其利格尔）

道德讲堂叁（故事篇）

鄂尔多斯市文明办　编
32开　60页

内容提要："故事篇"所选经典故事以成语故事为主，包括悬梁刺股、程门立雪、卧薪尝胆等。（其利格尔）

道德讲堂肆（三字经）

鄂尔多斯市文明办　编
32开　114页

内容提要：本书是公民道德建设三字经，分为通用版、社区版、城乡版、学校教育版四个部分。（其利格尔）

德育课程之文明礼仪规范

康巴什新区第四小学　编
32开　142页

内容提要：本资料介绍了校园礼仪、家庭礼仪、社会礼仪、个人礼仪、特殊礼仪等康巴什新区第四小学文明礼仪规范。（其利格尔）

地方财政支农实证论要

张玉兰　著
民主与建设出版社
ISBN 978-7-80112-821-8
2007年12月
16开　178页　29.80元

内容提要：本书从规模、结构、管理等多个维度对我国及其地方政府财政支农状况的相关实证研究结果进行归纳，并梳理财政支农投入与农业增长、农民增收、农村发展的相关经验实证研究结果，概括关于地方政府的支农行为及其绩效下降的各种理论解释和对策建议，并对财政支农研究对象的拓展和延伸、研究方法的演进和优化、研究材料的挖掘与利用做出简要评价和展望。（其利格尔）

第三届园区企业安全生产管理创新与操作技能大赛成果作品集

中共鄂尔多斯大路煤化工基地工作委员会、鄂尔多斯大路煤化工基地管理委员会、鄂尔多斯大路煤化工基地安全生产监督管理局　编
16开　72页

内容提要：本资料展示了安全生产操作技能类竞赛、安全生产演讲比赛、安全生产知识竞赛、企业安全培训授课竞赛、企业班组安全建设竞赛、受限空间作业实操竞赛等第三届园区企业安全生产管理创新与操作技能大赛成果作品。（其利格尔）

第三届中国新型煤化工国际峰会

16开

内容提要：本资料采用英汉双语、

图文并茂的形式汇编了2008年9月17日至18日在鄂尔多斯假日酒店举行的第三届中国新型煤化工国际峰会相关内容。（其利格尔）

第三届中国中医药民族医药信息大会论文集

中国中医药信息研究会、内蒙古自治区蒙中医药管理局、内蒙古自治区鄂尔多斯市人民政府　编

2016年7月

16开　527页

内容提要：本资料分中医药管理、中医药健康服务业、中医医院信息化建设、中医药临床与科研信息技术、中医药信息教育、中医临床研究、经典名医名方、其他论文九个部分，汇编了第三届中国中医药民族医药信息大会论文。（其利格尔）

第三只眼睛看东方（媒体卷）

田培良　主编

16开　318页

内容提要：本资料汇编了中央媒体、境外媒体、自治区媒体、鄂尔多斯市媒体关于东方路桥集团以及丁新民的报道采访，简述了东方路桥的发展轨迹。（其利格尔）

第十届全国少数民族传统体育运动会安全保卫培训基础理论教程

鄂尔多斯市公安局内蒙古警察职业学院　编

2015年

16开　294页

内容提要：本资料是民警和第十届全国少数民族传统体育运动会安保人才培训材料。本资料在学习借鉴国内大型运动会的基础上，结合安保工作实际，依据相关法律、法规和有关规定，按照突出重点、重在实用、便于操作的要求进行编写。（其利格尔）

第十届全国少数民族传统体育运动会各民族传统节日与风俗禁忌

第十届全国少数民族传统体育运动会鄂尔多斯市筹备工作执行委员会办公室　编

2015年8月

64开　60页

内容提要：本手册是由第十届全国少数民族传统体育运动会鄂尔多斯市筹备工作执行委员会办公室主编的关于各民族传统节日与风俗禁忌手册。（嘎拉贝日汗）

第十届全国少数民族传统体育运动会交通安保工作纪实

鄂尔多斯市公安局交通管理支队　编

2015年8月

16开　45页

内容提要：本资料以图文并茂的形式记录了交通安保工作者在全国民族传统体育运动会史上所做的工作。交通安保团队秉承"统筹组织，方案制定，安全宣传，智能指挥，应急处置，环境营造，便民服务"的总方向，以"安全、

畅通、精准、便民"为安保工作理念，在全国少数民族传统体育运动会期间展示出了动人的"鄂尔多斯表情"。（其利格尔）

第十届全国少数民族传统体育运动会康巴什新区城市志愿者通用知识读本

第十届全国少数民族传统体育运动会康巴什新区执行指挥部、综合保障工作部城市志愿者服务保障组　编

2015年7月

32开　50页

内容提要：本资料简述了康巴什新区的基本概况、康巴什旅游区概况、康巴什新区景点简介、2015年康巴什新区艺术小品及花坛摆放简介等内容。（其利格尔）

第十一届亚洲艺术节

中华人民共和国文化部、内蒙古自治区人民政府　主办

鄂尔多斯人民政府、内蒙古自治区文化和旅游厅、中国对外文化集团公司　承办

2009年8月

16开　72页

内容提要：本资料是第十一届亚洲艺术节的活动简介，主要包括内蒙古自治区区情简介、鄂尔多斯市市情简介、激扬亚艺、文艺展演、活动场馆、交通时刻表、赞助企业等。（嘎拉贝日汗）

第一道年轮

穆向阳　主编

内蒙古人民出版社

ISBN 7-204-01706-4

1992年1月

32开　337页　5.35元

内容提要：本书是一部报告文学作品集，用生动、形象、鲜明、深刻的文字记述了企业家创造企业、创造生活的历史，这不仅仅是对企业家的赞扬，更是对他们创造的宝贵精神财富的总结，也可为正在成长的企业家提供参考。（其利格尔）

调查研究建言录

余永崇　主编

中共鄂尔多斯市委政策研究室　编著

15-169/O

2017年1月

16开　321页

内容提要：本资料将2011年《调研报告》《政研专报》创刊以来形成的对解决当前和今后一段时间存在问题颇有参考价值和可操作性的部分优秀调研成果中的"建议部分"，进行梳理汇总，提炼出1000多条对策建议，供各级领导、学者学习交流、参阅借鉴之用。（其利格尔）

跌宕牤牛河

周理　著

北京燕山出版社

ISBN 978-7-5402-3226-9

2013年3月

16开　402页　68.00元

内容提要：本书以中华人民共和国成立后土地经营方式的四次变化为主线，讲述了牤牛河两岸半个多世纪以来所发生的故事，展示了沧桑巨变。书中揭示了人性在经济发展中的重要性。（其利格尔）

东联蒙古王

内蒙古东达蒙古王集团有限责任公司　编

16开

内容提要：本资料以英汉双语、图文并茂的形式展示了内蒙古东达蒙古王集团概况、组织机构、销售网、公路基础产业、建筑产业、煤炭产业绿色沙产业、东达纸业商贸光彩事业、企业文化建设等内容。（其利格尔）

东联现代中学

16开

内容提要：本资料以图文形式介绍了东联现代中学各方面的情况。（其利格尔）

东胜大文化

中共鄂尔多斯市东胜区委宣传部、鄂尔多斯市东胜区文学艺术界联合会　编

16开　266页

内容提要：本资料内容包括亲切关怀、数字东胜、机关文化、警营文化、村镇文化、社区文化、校园文化、广场文化、文学艺术、企业文化、旅游文化、餐饮文化、青铜文化、民族文化、文物与非物质文化遗产、节庆文化、园区文化、文化市场、文化产业等19个部分。（荷梅）

东胜旅游

东胜区文化和旅游局　编

16开

内容提要：本资料是东胜旅游宣传册，包括东胜区简介、东胜区人文景观、鄂尔多斯市导游图。（其利格尔）

东胜旅游指南

东胜区文化和旅游局　编

32开　83页

内容提要：本资料收录了东胜的历史、经济、文化、旅游、交通、气候等方面的内容，特别是详细介绍了东胜的吃、住、行、游、购、娱的场所，旨在让更多人认识鄂尔多斯、认识东胜，了解鄂尔多斯、了解东胜，走进鄂尔多斯、走进东胜。（其利格尔）

东胜情怀

周树云　著

作家出版社

ISBN 978-7-5063-3826-4

2010年6月

16开　245页　39.80元

内容提要：作者用纪实的手法叙述了周氏三代家史和作者本人的成长过程

以及工作经历，给子孙后代留下了宝贵的精神财富。（其利格尔）

东胜情缘

孙万祥　著
东胜区文联《高原风》编辑部
内蒙古自治区15-024
2011年9月
32开　236页　28.00元

内容提要：本书讲述了作者和东胜的情与缘，记录了令作者刻骨铭心的，任凭时光流逝却永远珍藏在心的东胜的人和事，特别是东胜的变化。（其利格尔）

东胜区2018年度党政领导班子工作总结县处级领导干部述职述廉报告集

2018年12月
16开　286页

内容提要：本资料汇编了《鄂尔多斯市东胜区党政领导班子2018年度工作总结报告》《马玉清同志述职述廉报告》《郝军海同志述职述廉报告》《伊平同志述职述廉报告》等东胜区2018年度党政领导班子工作总结、县处级领导干部述职述廉报告。（其利格尔）

东胜区客运分局精彩回顾

刘瑾　著
2019年7月
32开　237页

内容提要：本资料以图文形式记录了团结协作——东胜区客运分局共庆建党活动、东胜区客运分局进一步部署扫黑除恶工作等东胜区客运分局工作风采。（其利格尔）

东胜区图书馆史（1979—2018）

王芳、刘锦山　主编
国家图书馆出版社
ISBN 978-7-5013-6794-8
2019年8月
16开　334页　98.00元

内容提要：本书记录了鄂尔多斯市东胜区图书馆1979—2018年的发展历史。全书分编年发展史、专题发展史、统计数据、附录和大事记五个部分，在编纂方式上，突破了传统史志编纂的体例束缚，将编年体、纪传体、纪事本末体和当代史志编纂体例熔于一炉，颇多创新。（荷梅）

东胜商人

鄂尔多斯东胜区工商业联合会　编
2008年5月
16开　74页

内容提要：本资料主要介绍了对东胜有贡献的企业家。改革开放30年来，在东胜这块日新月异的土地上，成长和涌现了一批优秀的企业家，带领东胜的各个企业探索出了一条条非凡的成功之路。这一企业家群体，于今天市井繁荣、桑梓经济振兴、东胜发展和变革贡献之大有目共睹，他们崛起的历史，正是这座城市崛起的历史。（其利格尔）

东胜生活指南

32开

内容提要：本资料是一本中国邮政DM直邮时尚消费指南。它立足于东胜生活特色，集购物文化于一身，突出财富与娱乐功能，遍及衣食住行，引导东胜消费时尚，关注流行趋势，推介东胜商家，是东胜人享受轻松便捷的生活读本。（其利格尔）

东胜市城市建设和管理暂行规定

东胜市人民政府办公室　编

32开　27页

内容提要：《东胜市城市建设和管理暂行规定》于1996年1月30日东胜市第四届人民代表大会常务委员会第十六次会议通过。本资料汇编了《东胜市城市建设和管理暂行规定》详细内容。（其利格尔）

东胜市工商企事业地图附录

内蒙古自治区航测遥感大队　编辑

内新图准字（94）第26号

1993年12月

16开　38页　5.50元

内容提要：本书是内蒙古航测遥感大队组织编辑的经济信息介绍书，内容包括行政机关、工矿企业、商业、医疗卫生、邮电通信、文教科技、宾馆旅社、饮食服务、交通运输、金融保险，着重介绍各单位的名称、地址、邮政编码、电话电报、业务概况等。（其利格尔）

东胜市公安局巡警大队简介（1997）

东胜市公安局巡警大队案室　编

1998年3月

16开　8页

内容提要：本资料简单介绍了东胜市公安局巡警大队建队一年的基本情况，包括大队机构设置及人员分工，装备，巡逻勤务制度及其方式，队伍管理与建设，党建、精神文明建设，业务工作六个方面的内容。（其利格尔）

东胜文明花开别样红

苏海瑞　主编

鄂尔多斯市东胜区文明办　编

16开　86页

内容提要：本资料为东胜区精神文明创建工作的缩影，主要收录了东胜区文明城市、文明村镇、文明单位、文明家庭、文明校园、文明小区等群众性精神文明创建活动的初步成效，展示了东胜区公益广告、文明旅游、文明餐桌、文明交通、"我们的节日"等弘扬时代新风行动的生动场景，反映了东胜区温暖之城、奉献之城、诚信之城、书香之城建设的阶段性成果。（其利格尔）

东胜县农牧业生产普查资料（1966）

东胜县统计局　编

1966年8月

32开　263页

内容提要：本资料汇编了1966年农牧业生产夏季普查资料，包括1966年农

村牧区人民公社基本情况、耕地面积、农牧机具、牲畜头数的分地区、分经济类型的普查数字。（其利格尔）

动物防疫与实验室监测技术培训教材

那亚 主编
远方出版社
ISBN 978-7-80723-535-4
2011年5月
32开 296页 32.00元

内容提要：本书根据基层防疫工作的实际需要，着重阐述基层动物防疫人员和兽医实验室专业技术人员需要掌握的相关理论、基本技术及行业规定等，由兽医实验室生物安全、动物疫病采样技术、临床病理解剖应用、实验室检测技术、附录五个部分组成。（其利格尔）

独酌秋韵

付慧 著
远方出版社
ISBN 978-7-5555-0950-9
2017年9月
32开 211页 39.80元

内容提要：本书为作者所创作的诗歌汇编，分平水韵七绝、平水韵七律、平水韵五绝、平水韵五律、中华新韵七绝五个部分。（其利格尔）

多彩的夕阳

陶特格琪 著
内新图准字〔2011〕221号
2011年12月
16开 113页

内容提要：本书分难忘的记忆、晚年收获、老有所为话集报、建国60年有感、媒体眼中的我五个部分记述了作者的晚年生活，也为老年人的健康养生提供了非常科学的理念和非常实用的方法。（其利格尔）

厄尔呼特·宝山文集

厄尔呼特·宝山 著
内蒙古大学出版社
ISBN 978-7-5665-0544-6
2014年10月
16开 310页 30.00元

内容提要：本书分汉文和蒙古文两部分，汉文部分包括作者经历、档案学术论文、历史研究和鄂尔多斯民间故事，蒙古文部分包括历史研究和诗歌。（荷梅）

鄂尔多斯

夏日 主编
夏日、宝斯尔 撰文
人民美术出版社
8027-10475
16开 96页 15.00元

内容提要：本书是由蒙古文、汉文、英文三种语言搭配的关于鄂尔多斯的画册，以饱满的热情和明快的色彩将鄂尔多斯的勃勃英姿、文明进程、历史古迹、民族风情、资源与建设展现在读者面前。（其利格尔）

鄂尔多斯企业文化论坛论文汇集（2006）

  鄂尔多斯市政协办公厅、鄂尔多斯市政协专家之友联谊会　编

  2006年8月

  内容提要：本资料为2006年鄂尔多斯企业文化论坛论文汇集。论文从不同角度对企业文化建设的深刻内涵和重要作用进行深入探讨与研究，进一步弘扬"尊重劳动、尊重知识、尊重人才、尊重创造"的人文精神，对于提升企业综合竞争力，促进鄂尔多斯市企业文化建设与发展，促进文化大市的建设、促进鄂尔多斯跨越式发展具有十分重要的意义。（其利格尔）

鄂尔多斯风暴

  云照光　原著

  田喜雨　改编

  罗兴　绘画

  上海人民美术出版社

  ISBN 978-7-5322-7345-4

  2011年5月

  50开　9.00元

  内容提要：本书是一部连环画，改编自蒙古族剧作家云照光创作的电影文学剧本，讲述了"独贵龙"运动领袖敖其尔的儿子乌力吉为报杀父之仇，开始反抗斗争，因为缺乏指引，走了弯路。后来他在党的领导下，组织群众建立武装，和封建王公及国民党展开顽强斗争的故事。（荷梅）

鄂尔多斯民间歌曲

  郭永明等　搜集译配

  内蒙古人民出版社

  8089·83

  1979年7月

  32开　300页　0.88元

  内容提要：本书收集200余首鄂尔多斯民间歌曲歌词。这些歌曲，大都有多段歌词，有的甚至多达60段。（荷梅）

鄂尔多斯民间歌曲选

  晓星等　编

  内蒙古伊克昭盟文教局、文化队、中央音乐学院中国音乐研究所　合译

  音乐出版社

  1965年6月

  32开　152页　0.84元

  内容提要：本书是鄂尔多斯民间蒙汉民歌选集，内容丰富，题材多样。（荷梅）

鄂尔多斯书法集

  伊盟农牧民书画研究会　编

  内新图准字〔1997〕37号

  1997年6月

  16开　136页　55.00元

  内容提要：本书收集了伊克昭盟70多位书法家和书法爱好者的140余件蒙古文、汉文、满文书法作品。作品书体兼备，较全面地反映了伊克昭盟书法艺术的发展状况及水平。（荷梅）

鄂尔多斯公安大型安保工作纪实（2017）

鄂尔多斯市公安局　编
2017年12月
157页

内容提要：本摄影集主要记录了鄂尔多斯市公安局在2017年鄂尔多斯国际马拉松赛、安保誓师大会、自治区成立70周年庆祝活动、《联合国防治荒漠化公约》第十三次缔约方大会、第六届库布其国际沙漠论坛、中国共产党第十九次全国代表大会等所做的大型安保工作，以及工作人员不畏挑战，克服困难，团结一心，全力以赴，把各项安保工作作为压倒一切的政治任务，以最高标准、最强组织、最严要求、最佳状态、最切实管用的措施，忠诚担当、不辱使命的作风。（其利格尔）

鄂尔多斯社科优秀论文选（第三辑）

内蒙古人民出版社
ISBN 7-204-06518-2
2004年1月
32开　542页　95.00元

内容提要：本书是《伊盟社科优秀论文选》的延续。1996年，伊盟社科联曾组织编纂《伊盟社科优秀论文选》第一、第二辑，收集了改革开放至1995年期间鄂尔多斯市的社科优秀论文。本书收录了1996—2004年发表的176篇社科优秀论文，基本上依照发表时间排序收录。从收选文章的内容看，文章紧紧围绕鄂尔多斯的实际，说鄂尔多斯的话，办鄂尔多斯的事，研究鄂尔多斯的发展；从收选文章的时间看，这一时期正是鄂尔多斯市经济步入"快车道"，完成一次创业，实现以农牧业经济为主向以工业经济为主的转变，开创二次创业新局面，实现二次新跨越的重要时期。本书是一部集思想性、指导性、实用性和资料性于一体的一部有价值的文献，将成为窥视"鄂尔多斯现象"的窗口，瞭望鄂尔多斯发展的平台，推进鄂尔多斯新跨越的杠杆。（其利格尔）

鄂电（2016）

16开　46页

内容提要：本资料包括领导关怀、组织结构、"十三五"战略、企业简介、2016年主要指标及重点工作、展望2017年、2016年大事记等内容。（其利格尔）

鄂电（2019）

16开　47页

内容提要：本书介绍了企业简介、组织机构、业务布局、领导关怀、局第五次党代会明确未来五年发展目标、2018年主要指标及重点工作、2018大事记等内容。（其利格尔）

鄂尔多斯市图书馆

鄂尔多斯市图书馆　编
16开　34页

内容提要：本资料为一本详细介绍鄂尔多斯市图书馆情况的指南手册，包括图书馆简介、服务大厅、中外文图书借阅部、盲人阅览部、少儿借阅部、中外文期刊借阅部、采编部、读者健康中心、中外文报纸阅览部、展览厅、文化共享工程鄂尔多斯市支中心、地方文献部、蒙汉文献部、古籍文献阅览室、专家文献研究室、工具书阅览室、鄂尔多斯历史文化名人手稿馆、电影图书馆、音乐图书馆、民工流动书屋、24小时城市街区自助图书馆、汽车图书馆、领导关怀、合作交流、读者活动、分馆风采等内容。（其利格尔）

鄂尔多斯·走向世界

王晓东　主编

内蒙古自治区鄂尔多斯市工商业联合会、内蒙古自治区鄂尔多斯市总商会、内蒙古自治区鄂尔多斯市企业家协会　编

16开　129页

内容提要：本资料主要介绍了鄂尔多斯概况和鄂尔多斯众多走向世界的企业及领导人物。（其利格尔）

鄂尔多斯报社社志

罗子英等　编撰者

1988年12月

32开　109页

内容提要：本书分报社队伍建设、采编方式、报道内容、印刷·发行、组织经营五章。（荷梅）

鄂尔多斯博物馆免费开放纪实

鄂尔多斯博物馆　编

16开　100页

内容提要：本资料为鄂尔多斯博物馆所编指南手册，其内容包括鄂尔多斯博物馆概况、基本陈列、互动展览、交流展览、重要接待、国际及港澳台团体、重要团体、社会教育活动、小小讲解员、志愿者活动、流动博物馆、流动博物、聚焦节庆、讲解员风采、博物馆队伍建设、产业部、藏品部、文物信息中心、业务研究部、修复部、陈列设计部、征集部、综合办公室、后勤保障部、财务部、物业监管部、安保部、资料室、书法作品欣赏、媒体报道、公共文化服务项目表、重要参观团体汇总等各个方面。（其利格尔）

鄂尔多斯草原文化

杨勇　著

内蒙古人民出版社

ISBN 7-204-04694-3

2000年9月

32开　154页　28.00元

内容提要：本书主要包括鄂尔多斯源流，鄂尔多斯祭祀、崇拜，草原生活及文化礼仪等内容。（荷梅）

鄂尔多斯城市文化景观论

鄂尔多斯市政协专家之友联谊会　著

远方出版社

ISBN 7-80595-668-5

2007年10月

32开　289页　50.00元

内容提要：本书汇编了鄂尔多斯第

一次城市文化景观策划论坛上领导、专家们的讲话、论文，还收入了市政协专家联谊会课题组精心撰写的两个文本，一个是对东胜、康巴什、阿镇"一市三区两个组团"文化景观的策划，另一个是对准格尔旗一旗四镇的文化景观策划。（其利格尔）

鄂尔多斯创作歌曲选

桑洁　主编
内蒙古人民出版社
ISBN 7-204-05350-8
2005年9月
16开　195页　38.00元

内容提要：本书分我要报答祖国的恩情、七彩的鄂尔多斯、天堂、吉祥的哈达、崛起的高原、我们是祖国的明天六个部分，精选了鄂尔多斯历年来所创作的歌曲。（其利格尔）

鄂尔多斯大剧院

32开　6页

内容提要：本资料以图文并茂的形式介绍了鄂尔多斯大剧院、歌剧厅、音乐厅、电影厅。（其利格尔）

鄂尔多斯地区沙漠化及其控制问题

伊盟沙漠研究所　编
1980年7月
16开　251页

内容提要：本资料是中国科学院兰州沙漠研究所沙漠化考文队在鄂尔多斯高原协同伊盟各有关治沙造林单位的科学工作者进行数年沙漠考察后的汇编，收录《内蒙伊盟地区土地沙漠化问题考察阶段报告》《毛乌素沙区风沙对农田的危害及其防止经验》《内蒙伊盟牧场利用与沙漠化及其防治》《沙漠化与土壤肥力》《关于国外耕作土壤沙化问题的现状及研究动向》等文章。（其利格尔）

鄂尔多斯的敖包

鄂尔多斯青铜器博物馆　著
文物出版社
ISBN 978-7-5010-6212-6
2019年10月
32开　331页　398.00元

内容提要：本书时间跨越元、明、清、近代，种类包括腾格尔（天神）敖包、巴特尔（勇士）敖包、纪念敖包、结集敖包、苏勒德敖包、寺庙敖包、官员敖包、公祭敖包、会盟敖包、旗敖包等；世界上最大的敖包也在鄂尔多斯。无论从历史跨度、种类还是数量，鄂尔多斯敖包都居于内蒙古自治区前列。本书充分展示鄂尔多斯浓厚的草原文化以及深厚的历史内涵。（荷梅）

鄂尔多斯电力系统继电保护及安全自动装置调度运行管理规程

王霞　编制
鄂尔多斯电业局　编
2014年5月
32开　17页

内容提要：本资料汇编了通则、调

度人员、继电保护整定计算人员及发电厂变电站运行、人员的继电保护运行职责、定值管理、低周减载装置、重合闸、设计、基建及新投设备的规定、各厂站接地方式规定、综合整定说明等鄂尔多斯电力系统继电保护及安全自动装置调度运行管理规程。（其利格尔）

鄂尔多斯电网调度管理规程

2013年5月

32开　138页

内容提要：本资料汇编了调度管理、调度运行方式管理、县调（包括用户调度）管理、并网电厂管理、继电保护和自动装置管理、调度自动化及通信、电网的倒闸操作、事故处理、值班调度员地线的管理制度、断路器设备编号准则等鄂尔多斯电网调度管理规程。（其利格尔）

鄂尔多斯电业局"十二五"总体规划（讨论稿）

鄂尔多斯电业局　编

2011年1月

16开　214页

内容提要：本资料是鄂尔多斯电业局2011年工作会暨六届一次职代会会议材料，主要包括鄂尔多斯电业局"十二五"战略发展规划、鄂尔多斯电业局"十二五"电网发展规划两部分讨论稿。（其利格尔）

鄂尔多斯电业局"不忘初心、牢记使命"主题教育融媒体专题报道

16开　172页

内容提要：本资料分党的建设鄂电魂、优质服务鄂电心、电网建设鄂电力、安全生产鄂电行、脱贫攻坚鄂电情、初心奋进鄂电人六个部分，汇编了鄂尔多斯电业局"不忘初心、牢记使命"主题教育融媒体专题报道。（其利格尔）

鄂尔多斯电业局服务资料汇编

鄂尔多斯电业局、2019年一季度客户服务委员会　编

2019年4月

16开　155页

内容提要：本资料汇编了《关于印发〈鄂尔多斯电业局第五届"蒙电杯"竞赛活动实施方案〉的通知》《鄂尔多斯电业局关于规范业扩报装流程压缩办电时限的通知》《关于启用业扩报装标准化供电方案和验收规范卡的通知》等资料。（其利格尔）

鄂尔多斯电业局管理制度汇编

魏生厚　主编

《鄂尔多斯电业局管理制度汇编》编委会、鄂尔多斯电业局　编

2005年3月

16开　937页

内容提要：本资料汇编了鄂尔多斯电业局近年来制定的最新管理制度，涉及鄂尔多斯电业局安全、生产、经营、

管理、党群等各个方面，突出实用性和可操作性，比较全面地反映了鄂尔多斯电业局管理工作的现状和水平，将推动鄂尔多斯电业局建立基础管理工作长效机制，规范企业各项管理行为，为企业实现可持续发展奠定扎实基础。（其利格尔）

鄂尔多斯电业局廉洁风险防控手册

纪委监察处　编

2017年12月

16开　66页

内容提要：本书是鄂尔多斯电业局全体干部职工廉洁风险防范指导书，目的是进一步明确防范重点，及时进行风险提示和防控指导，同时方便接受职工群众监督。（其利格尔）

鄂尔多斯东胜

16开　60页

内容提要：本资料以图文形式介绍了东胜区概况、产业结构、人文地理、基础建设、交通、知名企业等内容。（其利格尔）

鄂尔多斯东胜投资指南

鄂尔多斯东胜区人民政府　编

16开　24页

内容提要：本资料以图文和英汉双语的形式综述了鄂尔多斯市概况、东胜概况、投资优势、产业集群、重点产业园区、投资成本及审核流程、优惠政策、招商项目等内容。（其利格尔）

鄂尔多斯发展的实践与思考

内蒙古自治区党委宣传部　编

内蒙古大学出版社

ISBN 978-7-81115-616-4

2009年1月

16开　425页　38.00元

内容提要：本书共分四个部分，第一部分收录了领导同志在研讨会上的讲话，第二部分收录了入选研讨会的论文，第三部分收录了自治区主要新闻媒体刊发（播）的新闻特稿，第四部分收录了鄂尔多斯市委宣传部提供的《鄂尔多斯简介》。（荷梅）

鄂尔多斯放歌

张子平　著

内蒙古人民出版社

ISBN 7-204-08304-0

2006年12月

32开　166页　35.00元

内容提要：本书是作者的诗歌作品集。这是一组组、一曲曲有价值的诗文和歌声，其中作者别出心裁的想象、设喻、意象熔铸和自成一格的诗体及语言方式使人惊叹。在作者笔下，穿越境内的古黄河、无定河、统万城、成吉思汗陵更渲染了鄂尔多斯的辉煌命运。（其利格尔）

鄂尔多斯非公经济40年（1978—2018）

鄂尔多斯市委统战部、鄂尔多斯市工商联　编

2018年12月

12开　287页

内容提要：本资料是一本纪念册，本着让图片讲述发展故事的基本原则，再现了鄂尔多斯非公经济40年的发展历程。画册用700余幅图片展现了鄂尔多斯与祖国同呼吸、共命运，沐浴着改革的春风，紧跟开放步伐的发展历程。（其利格尔）

鄂尔多斯非遗馆第一、第三板块展陈设计施工图

16开

内容提要：本资料内容包括鄂尔多斯非遗馆第一、第三板块提质改造工程展陈设计施工图纸。（其利格尔）

鄂尔多斯风情录

宝斯尔　著
中国旅游出版社
ISBN 7-5032-0078-2
1987年7月
32开　177页　2.10元

内容提要：本书通过对鄂尔多斯沿革、概况、风俗习惯、名胜古迹、植物、煤炭、盐碱湖、历史人物等的介绍，真实地反映出鄂尔多斯地区风土人情概况。（其利格尔）

鄂尔多斯高原上的明珠——巴拉贡镇

16开

内容提要：本资料以英汉双语、图文并茂的形式展示了巴拉贡镇政区图、巴拉贡镇概况、优惠政策、农牧建设、建筑建设、生态建设、荣誉成果等内容。（其利格尔）

鄂尔多斯歌舞的由来

奇景江、巴布　撰稿
中共乌审旗委员会、乌审旗人民政府　编
内新图准字〔2007〕74号
2008年3月
16开　70页　35.00元

内容提要：本书分乌审与苏力德文化、苏力德的故事、永远的苏力德三个部分，综述了关于蒙古族苏力德文化的历史。（其利格尔）

鄂尔多斯革命与建设

郝崇理　编著
远方出版社
ISBN 7-80595-668-5
2007年10月
32开　303页　40.00元

内容提要：本文共列六个部分，记录了从19—21世纪波澜壮阔的历史，有烽火连天、山河破碎、列强侵略的凄惨景象，也有披荆斩棘、冲锋陷阵、气壮山河的抗争，史实准确翔实，可作工具书使用。（其利格尔）

鄂尔多斯公园广场

王景山　主编
2013年3月
16开　155页

内容提要：本资料以图文形式集中

展示了鄂尔多斯市园林绿化成果。资料严格按照《国家绿地标准》进行分类编排，以综合公园、社区公园、专类公园、带状公园、街旁绿地五大部分，对全市九个旗区的公园广场进行了全方位解读。（其利格尔）

鄂尔多斯国际那达慕大会系列企业文化交流联谊会特刊

16开　158页

内容提要：本资料记录了在鄂尔多斯积极举办2010年国际那达慕大会之际，内蒙古沃尔夫文化传播有限责任公司以此为契机，高举"文化"大旗，本着文化传播与实践的理念，突出高规格、高层次、高品位，于2001年6月19日在鄂尔多斯腾图国际大酒店举办第一届鄂尔多斯企业文化交流联谊会的情况。（其利格尔）

鄂尔多斯国际那达慕——首届鄂尔多斯国际那达慕大会暨内蒙古自治区第七届少数民族传统体育运动会

孟军、刘智强　编著
长城出版社
ISBN 978-7-5483-0050-2
2010年11月
12开　191页　580.00元

内容提要：本书是一部纪念首届鄂尔多斯国际那达慕大会暨内蒙古自治区第七届少数民族传统体育运动大会的画册，内容主要分为开幕式、代表队、代前言、娱乐项目、竞技项目、欢聚等。（嘎拉贝日汗）

鄂尔多斯国家地质公园导游手册

鄂尔多斯市地质公园管理局　编
2017年12月
16开　128页

内容提要：本资料介绍了鄂尔多斯国家地质公园的基本概念、鄂尔多斯市概况、地质作用与地质遗迹、鄂尔多斯地质公园主要景点与旅游线路设计、历史文化与现代工业、鄂尔多斯地质公园基础设施建设等内容。（其利格尔）

鄂尔多斯婚礼

周维先　著
中国戏剧出版社
ISBN 978-7-104-03551-0
2011年9月
16开　544页　48.00元

内容提要：本书是一部电视小说，共30章，主要讲述了来自南京的艺术家吴天然与《盅碗舞》传人阿丽玛相知相爱，历经磨难的刻骨铭心的爱情故事。（荷梅）

鄂尔多斯婚礼

杨永锋　主编
鄂尔多斯市接待办公室　编
内新图准字〔2002〕128号
2003年1月
48开　78页　35.00元

内容提要：本画册分为婚礼序曲、乘马娶亲、拦门迎婿、求名问庚、献羊

祝酒、分发出嫁、途中野餐、迎新跪拜、喜庆婚典、洞房花烛10个部分。（荷梅）

鄂尔多斯婚礼

策·哈斯毕力格图　编著
内蒙古大学出版社
ISBN 7-81115-097-2
2006年12月
32开　412页　28.00元（平装）
38.00元（精装）

内容提要：本书分上、下两部，包括鄂尔多斯贵族婚礼和鄂尔多斯各旗民间婚礼，包括贵族及诺彦之结亲习俗、女方婚礼习俗、新人的头夜习俗、鄂托克前旗婚礼习俗、乌审旗婚礼习俗等。（嘎拉贝日汗）

鄂尔多斯婚礼

策·哈斯毕力格图　采录
郭永明　译
中国民间文艺出版社
10229·0057
1983年9月
32开　111页　0.35元

内容提要：本书主要内容有鄂尔多斯婚礼的乘马娶亲、闭门迎婿、献羊祝酒、求名文庚、女家晚宴、新娘上马等婚礼习俗，以及编者对鄂尔多斯婚礼的个人评介等。（嘎拉贝日汗）

鄂尔多斯婚礼文化资料汇编

策·哈斯毕力格图等　供稿
鄂尔多斯市文化艺术创作研究所　编

2017年9月
32开　399页

内容提要：本资料以上、下两部介绍鄂尔多斯贵族婚礼。上部主要介绍鄂尔多斯贵族婚礼暨贵族及诺彦结亲习俗、择婿及派萨达克队习俗、迎萨达克队及挡门习俗、女方婚礼习俗、送亲习俗、男女方婚礼合宴习俗、新人的头夜习俗、婚礼闭幕仪式等。下部主要介绍了鄂尔多斯民间婚礼及各个旗市的婚礼习俗，其中达尔扈特婚礼习俗较有特点。（嘎拉贝日汗）

鄂尔多斯记忆：中华人民共和国第十届少数民族传统体育运动会

中共鄂尔多斯市委宣传部、鄂尔多斯日报社　编
16开　165页

内容提要：本资料是一部2015年8月9—17日在鄂尔多斯举行的中华人民共和国第十届少数民族传统体育运动会摄影作品集，以"相聚内蒙古，共圆中国梦"为主题，是一部展现56个民族在鄂尔多斯欢乐相聚、鄂尔多斯市民热情参与的绚丽画卷。（其利格尔）

鄂尔多斯江苏工业园区

16开

内容提要：本资料以图文形式展示了鄂尔多斯江苏工业园区区域位置图、伊金霍洛旗工业园区分布图、鄂尔多斯江苏工业园区总体规划图、鄂尔多斯江苏工业园区简介等内容。（其利格尔）

鄂尔多斯江苏工业园区投资指南

鄂尔多斯江苏工业园区　编
2012年6月
16开　13页

内容提要：本资料包括鄂尔多斯概况、伊金霍洛旗概况、园区概况、园区产业和项目、投资优势、投资成本、优惠政策等内容。（其利格尔）

鄂尔多斯经济现象研究成果荟萃

夏日　主编
内蒙古人民出版社
ISBN 7-204-05972-7
2001年9月
32开　690页　32.50元

内容提要：本书搜集和点评关于鄂尔多斯经济现象的研究成果，意在总结实践，认识历史，寻求规律，指导现实，促进西部民族地区的科学开发。全书分《解放思想，敢于实事求是》《生态为本，坚持植被建设》《改革开放，带动经济发展》《重塑重构，在调整中发展》《资源转换，重在产业联动》《形成合力，在发展中共荣》《文化是魂，实施形象工程和跨越发展，进行二次创业》八辑，每辑都有概括性导言，以提纲挈领、钩沉探幽。（其利格尔）

鄂尔多斯精神文明建设之路

苏雅拉图　著
内蒙古人民出版社
ISBN 978-7-204-09436-3
2008年12月
32开　288页　36.00元

内容提要：本书是作者在精神文明建设工作战线多年工作中收集、整理，并对自己的所见所闻进行梳理、归纳、总结，最终撰写完成的精神文明建设工作研究成果。本书从精神文明建设工作者的角度较为系统地回顾和阐述了鄂尔多斯市群众性精神文明创建活动的发展轨迹、历史演变，重点介绍了鄂尔多斯农村牧区文明村镇、文明城市、文明行业和文明单位创建等群众性精神文明创建活动概况。（库布其）

鄂尔多斯空港物流园区党工委中心组学习读本（第一辑）

鄂尔多斯空港物流园区党群工作部、鄂尔多斯空港物流园区党政办公室　编
16开　525页

内容提要：本资料从重要讲话篇、重要会议和讲话精神篇、重要文件篇、制度篇、知识篇五个部分搜集汇编了党的十八大时事和中央、自治区、市委、市政府重要文件、重要讲话、重大政策等方面资料，共收录重要讲话34篇，重要会议和讲话精神14篇，重要文件3篇，制度类文件6篇，知识品读9篇。（其利格尔）

鄂尔多斯空港物流园区招商引资产业方向与支持政策

鄂尔多斯空港物流园区经济发展与招商局　编
2017年8月

32开　58页

内容提要：本资料包括鄂尔多斯空港物流园区招商引资产业方向、鄂尔多斯市人民政府关于加快发展空港经济支持空港物流园区发展的指导、《鄂尔多斯空港物流园区管理委员会关于〈支持物流产业发展若干政策（试行）〉的通知》等鄂尔多斯空港物流园区招商引资产业方向与支持政策。（其利格尔）

鄂尔多斯恐龙寻踪——引领我们步入恐龙年代

李建军　主编
鄂尔多斯市地质公园管理局　编
2017年8月
16开　227页

内容提要：本资料展示了恐龙在鄂尔多斯留下的足迹。它们被大自然保存了亿万年，堪称世界级的宝贵财富。（其利格尔）

鄂尔多斯林业

2004年
16开　16页

内容提要：本资料为林业动态览视、林业理论研究、招商引资指南、政策法规导读用书，包括鄂尔多斯林业跨越式发展做好服务、国家林业重点工程在我市实施以来给项目区农牧民带来的实惠、国务院西部开发办副主任王志宝一行来我市考察、鄂尔多斯市采取多种措施推进退耕还林工程建设等内容。（其利格尔）

鄂尔多斯林业（理论与实践）

吕荣　主编
内蒙古人民出版社
ISBN 7-204-07122-0
2003年12月
32开　286页　28.00元

内容提要：本书是鄂尔多斯市林业局组织一些林业专家、技术人员，在依照国家林业法律、法规、政策、技术规程，总结实践经验和科学研究成果的基础上编辑的一本融科学性、实用性于一体的小册子。（其利格尔）

鄂尔多斯林业（思考与实践）

吕荣　著
人民出版社
ISBN 7-204-07122-0
2006年5月
32开　210页　28.00元

内容提要：本书收录了作者在林业重点工程实施过程中所撰写的科研、调研、科普和其他等四个方面的论文。作者是鄂尔斯市林业局副总工程师，主要从事工程实施方案的制订、作业设计的评审、作业流程的监督和对造林质量的督查。这些论文在生产实践中起到了指导和促进作用：一是作者对实施国家林业重点工程实践的回顾，二是便于生产一线人员参考。（其利格尔）

鄂尔多斯林业科学技术数据库

吕荣　主编
内蒙古人民出版社

ISBN 7-204-07122-0

2003年12月

32开　184页　28.00元

内容提要：本书包括林业气象、土壤理化性质与肥料、林木生物学特性、林木种子、林木育苗、植树造林、沙漠沙地概论、森林经营、水土保持、森林保护和林业三大效益计算方法等内容，可为林业工作者在林业工程设计、林业生产、检查、验收、科学研究、科学管理诸方面提供常用的参考资料。（其利格尔）

鄂尔多斯林业实情记录

吕荣　主编

内蒙古人民出版社

ISBN 7-204-07122-0

2003年12月

32开　252页　58.00元

内容提要：本书把作者在21世纪以来鄂尔多斯林业生态建设的各种大型现场会的主持词、点评、答记者问、考察报告，林业读书会的主持词和林业生态建设论文荟萃在一起，题材独特、结构新颖，内容紧扣鄂尔多斯林业生态建设的脉搏，从一个侧面或者说以一个业绩斐然的总工程师的独特视角——呈现出来，读之，不仅能对鄂尔多林业生态建设有窥一斑而见全豹的感觉，而且也能从中充分体味出一位脚踏实地、追求理想、大胆创新、无私奉献的林业工作者的智慧和情怀。（其利格尔）

鄂尔多斯林业系列技术

吕荣　主编

内蒙古人民出版社

ISBN 7-204-07122-0

2003年12月

32开　254页　28.00元

内容提要：本书由林业综合系列技术、抗旱造林系列技术、防沙治沙系列技术三个部分构成，旨在宣传、发挥"以人为本、创新跨越、竞争合作、持续发展"的新的科技发展观对国民经济建设的重要性和驱动性，同时也为丰富鄂尔多斯地区科技兴林的内涵和外延增添一笔亮丽的色彩。（其利格尔）

鄂尔多斯林业志

丁崇明　主编

鄂尔多斯市林业局　编著

内蒙古人民出版社

ISBN 978-7-204-10825-1

2011年6月

16开　460页　298.00元

内容提要：本书在《伊克昭盟林业志》的基础上增加了鄂尔多斯市林业近20年的发展成就，全书共16章63节，前有综述，后有大事记，全面系统地介绍了中华人民共和国成立以来，特别是2000年以来的建设成果，翔实记载了各个时期的林业建设特点、模式、进展以及取得的成绩，为有志于生态建设的同仁们提供参考典例。本书坚持实事求是、详今略古的原则，力求资料性、科学性的统一，突出时代特点、地方特点、行业特点。全志记事的时间范围，上限尽力追溯根源，下限至2010年末。

重点突出进入新世纪后国家实施六大林业重点工程和鄂尔多斯市提出"建设绿色大市、畜牧业强市"战略、全市全面实行"禁牧、休牧、划区轮牧"举措及市林业局2005年提出的"全面推进鄂尔多斯市林业现代化建设"思路。（其利格尔）

鄂尔多斯旅游

伊克昭盟文化和旅游局　编
32开　28页
内容提要：本资料由汉英双语编写，以图文形式对鄂尔多斯旅游进行宣传，其内容包括鄂尔多斯旅游简介、旅游地图、文化古迹游、民族风情游、大漠风光游、生态环境游、崛起的高原、旅游服务设施等。（其利格尔）

鄂尔多斯旅游通览

鄂尔多斯市政府　编
内蒙古自治区内部15-C001
2003年9月
16开
内容提要：本资料以图文并茂的形式对鄂尔多斯旅游进行宣传，内容包括鄂尔多斯旅游景点简介、交通、土特名产、旅游服务等。（荷梅）

鄂尔多斯旅游指南

张占华、孙虎　著
内蒙古大学出版社
ISBN 7-81015-461-3
1994年12月

32开　227页　7.90元
内容提要：本书介绍了鄂尔多斯光辉灿烂的历史、富饶的资源，以及别具特色的鄂尔多斯文化、礼仪和风俗，为各地旅游者和导游人员提供导游资料，为各级政府和招商引资提供参考资料。（其利格尔）

鄂尔多斯漫瀚调

赵振昌　编著
远方出版社
ISBN 978-7-5555-0566-2
2016年1月
16开　464页　68.00元
内容提要：本书收录了漫瀚调民歌，还收录了部分二人台唱段，共200多种。漫瀚调中既有民间创作，也有作者的个人作品。内容上也有不少创新，充分体现了鄂尔多斯人与时俱进的特点。（荷梅）

鄂尔多斯煤·电·高载能

16开
内容提要：本资料使用英、汉、日三种语言介绍了内蒙古鄂尔多斯电力冶金股份有限公司。（其利格尔）

鄂尔多斯美——旅游景区导游词精选

鄂尔多斯市文化和旅游局　编
16开　283页
内容提要：本资料是鄂尔多斯市文化和旅游局邀请鄂尔多斯市旅游业、文化、历史、民俗方面的专家对全市26家

AAAA级以上旅游景区讲解词进行较大力度的修订，编成的对导游人员具有参考价值的教材。本资料强调理论和实践相结合，既体现了鄂尔多斯旅游业发展成果，又涵盖了专业知识扩充，既适合行业从业人员，也适合广大游客、旅游爱好者深入了解鄂尔多斯旅游。（其利格尔）

鄂尔多斯蒙古姓氏

　　齐·森布尔　编著
　　鄂尔多斯学研究会　编
　　内新图准字〔2006〕53号
　　2006年12月
　　32开　121页　18.00元
　　内容提要：本书为研究鄂尔多斯蒙古族姓氏的专著。从鄂尔多斯蒙古族姓氏名录上看，鄂尔多斯蒙古族也是由多种氏族、部落因多种原因渡过漫长的历史长河逐渐同化而成的，也就是说，这些氏族是互相影响、互相交融、共同发展、共同繁荣起来的。因此，鄂尔多斯蒙古族姓氏非常复杂、奇特，寓含着诸多历史文化内涵。（库布其）

鄂尔多斯民间采风

　　钱世英　著
　　内蒙古人民出版社
　　ISBN 7-204-04684-6
　　1999年10月
　　32开　279页　18.00元
　　内容提要：本书是一部鄂尔多斯民间故事集，分作三辑：第一辑是动植物故事，第二辑是人物故事，第三辑是神话故事。本书中的大部分故事，是从作者的父亲、母亲和二姐处听来的。这些故事足以显示出鄂尔多斯民间故事的特有光彩和魅力。（其利格尔）

鄂尔多斯民间音乐简述

　　赵星　主编
　　内蒙古人民出版社
　　8089·211
　　1986年2月
　　32开　123页　0.75元
　　内容提要：本书分鄂尔多斯民间歌曲分类、歌曲的内在结构、从鄂尔多斯民歌看蒙汉音乐文化交流三个部分，讲述了鄂尔多斯民间艺术概况，并收录了鄂尔多斯民间艺术各类音乐的代表性作品。（其利格尔）

鄂尔多斯民俗集萃

　　王生荣　主编
　　32开　267页
　　内容提要：本资料从鄂尔多斯民俗风情、饮食文化、婚礼文化、祭祀文化、民间禁忌、节日风俗几方面全面展现了鄂尔多斯多姿多彩的民俗文化。（其利格尔）

鄂尔多斯民俗研究

　　奇·朝鲁　主编
　　内蒙古人民出版社
　　ISBN 978-7-204-11689-8
　　2012年6月
　　16开　358页　680页

内容提要：本书收录了《出访蒙古国报告》《蒙古人起源于大青山》《探寻最早的成吉思汗画像》《鄂尔多斯原生态曲调劝奶歌》《鄂尔多斯民间口头文学》《试论蒙古族家庭档案的建立》等文章。（荷梅）

鄂尔多斯模式研究

额尔敦扎布等　著

内蒙古大学出版社

ISBN 7-81074-405-4

2002年12月

32开　174页　20.00元

内容提要：本书分神奇的鄂尔多斯、鄂尔多斯的崛起、地方政府在经济发展中的作用、发展特色工业、建设工业部队、国土治理与生态建设、发展区域特色农牧业经济、经济发展的文化渊源、鄂尔多斯的新跨越、附录10个部分，研究了鄂尔多斯地区经济发展历程。（其利格尔）

鄂尔多斯日报社志

《鄂尔多斯日报社志》编纂委员会　编

内新图准字（96）第56号

1996年6月

32开　436页

内容提要：本书分为九章，涉及鄂尔多斯日报社发展历程、新闻采编、版面设置、根本任务、队伍建设、党群组织等。（荷梅）

鄂尔多斯三智国学院

16开　30页

内容提要：本资料包括鄂尔多斯三智国学院介绍、院领导介绍、师资力量、独特课程、三智同学会、精彩回顾等内容。（其利格尔）

鄂尔多斯山歌

何之文　著

新华出版社

ISBN 7-5011-5843-6

2002年10月

32开　494页　30.00元

内容提要：本书收录山歌4600多首和部分曲调谱，共分三辑：第一辑2160余首；第二辑2470余首情歌，背景是解放后；第三辑是山歌曲调谱。（其利格尔）

鄂尔多斯少年宫2018秋冬季招生简章

鄂尔多斯少年宫　编

16开　30页

内容提要：本资料为鄂尔多斯少年宫2018秋冬季招生简章，主要包括少年宫简介、课程内容和课程安排、报名电话方式等。（其利格尔）

鄂尔多斯社会保障体系概要·社会保险经办机构工作人员上岗培训讲义

袁文明　主编

鄂尔多斯市社会保险事业管理局、鄂尔多斯社保培训咨询服务中心　编

32开　188页

内容提要：本资料分社会保障体系

及社会保险制度的基本概念和属性、鄂尔多斯市现行社会保险制度改革的政策要点、城乡居民养老保险制度、社会保险稽核审计和监督体系四个部分，汇编了在不同场合的一些培训讲义，结合现行政策和实务，作为一篇讲义稿，成为培训基层社会保险机构工作人员和各参保单位社会保险协管员、人力资源部门管理人员的参考资料。（其利格尔）

鄂尔多斯生态研讨——治理·开发·经济

鄂尔多斯市老科学技术工作者协会　编

2016年6月

16开　280页

内容提要：本资料收录了鄂尔多斯市老科学技术工作者协会的老科技工作者深入生产第一线进行调查研究形成的调研报告，供有关部门和人士借鉴。（其利格尔）

鄂尔多斯史论集

陈育宁　著

宁夏人民出版社

ISBN 7-227-02415-6

2002年6月

32开　487页　20.00元

内容提要：本书反映了鄂尔多斯学研究的主要内容，即以鄂尔多斯地区为对象，从历史、民族、经济、文化、民俗、生态、宗教等角度进行综合性、系统化的研究，进而从知识上系统归纳，从认识上不断升华，从规律上深入探讨，从理论上概括提高，逐步形成有特色的鄂尔多斯学学术体系。（其利格尔）

鄂尔多斯市2016—2017学年度中小学生优秀作文集

党建锋　主编

内蒙古人民出版社

IBSN 7-204-08304-0

2006年2月

16开　639页　99.80元

内容提要：本书汇编了在第十一届全国创新作文大赛初赛中获奖的鄂尔多斯市2016—2017学年度中小学生优秀作品。（其利格尔）

鄂尔多斯市摆脱贫困的实践

刘海军　主编

鄂尔多斯市扶贫开发办公室　编

2016年

16开　124页

内容提要：本资料梳理汇编了鄂尔多斯市精准扶贫以来的工作成果，旨在全面总结工作经验，进一步理清工作思路，为全面打赢脱贫攻坚战奠定坚实基础。（其利格尔）

鄂尔多斯市成吉思汗文化旅游实业发展有限公司

16开　56页

内容提要：本资料包括鄂尔多斯市成吉思汗文化旅游实业发展有限公司简介和其公司产品纯银保健杯、方盒皮象棋、景泰蓝茶具、宝壶等图文介绍。

（其利格尔）

鄂尔多斯市城建档案馆指南

鄂尔多斯市城建档案馆　编
内蒙古大学出版社
ISBN 978-7-5665-0073-1
2011年12月
32开　396页　68.00元
内容提要：本书内容分为概述、鄂尔多斯市城建档案馆工作概述、城建档案提供利用工作概述、城建档案归档整理工作概述、鄂尔多斯市城建档案馆馆藏档案介绍五个部分。（荷梅）

鄂尔多斯市党政领导班子2013年度总结报告及领导班子成员述职报告集

中共鄂尔多斯市委办公厅、鄂尔多斯市人民政府办公厅　编
2014年2月
16开　119页
内容提要：本资料汇编了《鄂尔多斯市党政领导班子2013年度总结报告》《廉素述职报告》等鄂尔多斯市党政领导班子2013年度总结报告及领导班子成员述职报告。（其利格尔）

鄂尔多斯市道路运输管理局道路运输安全知识进校园、进社区、进企业系列活动（校园篇）

鄂尔多斯市道路运输管理局　编
16开　22页
内容提要：本资料传播了安全带·生命带，坐公交车、客车发生火灾时我们该如何逃生，车辆被水淹怎样逃生，拒绝乘坐"黑车"规范乘坐校车，交通安全常识，防踩踏防溺水小常识，防火防电小常识，消防安全常识，交通安全标志，警告安全标志，禁止安全标志等安全知识。（其利格尔）

鄂尔多斯市地税系统处科级干部上海交通大学综合能力提升研修班学习体会汇编

鄂尔多斯市地方税务局办公室　编
2015年7月
16开　242页
内容提要：本资料是鄂尔多斯市地方税务局为进一步将所学知识和技能应用到实际工作中，转化鄂尔多斯市地税系统处科级干部上海交通大学综合能力提升研修班学习成果，为鄂尔多斯市地税事业发展出谋划策、贡献一份力量，整理汇编了学员们结合自身岗位职责编写的部分学员的心得体会，以便交流借鉴、开拓思路、推动工作。（其利格尔）

鄂尔多斯市地下管线管理办法

鄂尔多斯市人民政府　编
2017年11月
32开　10页
内容提要：本资料为鄂尔多斯市人民政府文件《鄂尔多斯市地下管线管理办法》，本管理办法由总则、规划管理、建设管理、信息和档案管理、附则构成。（其利格尔）

鄂尔多斯市等33市（地州盟）经济社会发展研究

奇海林　著

远方出版社

ISBN 7-80595-872-6

2003年12月

32开　173页　20.00元

内容提要：本书研究了鄂尔多斯市等中国西部33个市（地州盟）经济社会发展情况，可使读者一目了然西部33个市（地州盟）的自然资源、经济社会发展的基本情况，明了各地的现实优势、潜在优势，从中可寻得优势互补，取长补短的合作伙伴。（其利格尔）

鄂尔多斯市东方路桥集团

张新文、杨桓彪　主编

16开　36页

内容提要：本资料以图文并茂的形式介绍了鄂尔多斯市东方路桥集团。（其利格尔）

鄂尔多斯市2009年度公务员统计、人才资源统计和工资统计汇编资料

鄂尔多斯市人事局　编

2010年5月

32开　137页

内容提要：本资料汇编了2009年鄂尔多斯公务员统计表、参照公务员法管理的事业单位工作人员统计表、参照公务员法管理的群团机关工作人员统计表、事业单位工作人员统计报表、公有经济企业经营管理人才等各项统计报表。（其利格尔）

鄂尔多斯市发展和改革委员会规划及课题研究报告汇编

2011年1月

16开　227页

内容提要：本资料汇编了《鄂尔多斯市建设国家战略性绿色能源和新型化工基地规划》《鄂尔多斯市重点产业发展布局规划（2010—2015）》《鄂尔多斯市发展低碳经济中长期规划（2010—2020）》《鄂尔多斯市房地产调研报告》《创新发展思路　转变发展模式　促进能源产业低碳发展》《十年回眸　十年展望——写在西部大开发农业新政实施之际》《发展"飞地经济"推动科学发展》《鄂尔多斯市十五期间煤炭行业发展路径的选择》等规划及课题研究报告文件。（其利格尔）

鄂尔多斯市国民经济和社会发展第十二个五年规划纲要

32开　89页

内容提要：本资料汇编了规划背景、指导思想和发展目标、加快产业结构转型升级，促进经济发展方式转变、优化生产力空间布局，促进资源集约利用等鄂尔多斯市国民经济和社会发展第十二个五年规划纲要等内容。（其利格尔）

鄂尔多斯市教育志

樊俊平、高怀京　编

内蒙古人民出版社

ISBN 978-7-204-16395-3

2020年9月

16开　879页　280.00元

内容提要：本志分上、下两卷，真实地记述了鄂尔多斯市教育历史与现状，时间上限据实追溯，下限至2018年12月。本志体裁采用述、记、志、传、录、表、图等，以志为主，体例采用章、节、目、表格等结构形式，分别对伊克昭盟早期教育、民国时期学校教育、基础教育、中等职业技术教育、中等专业教育、民办教育、成人教育、高等教育、民族教育、行政机构、党群组织、招生考试、信息技术教育、教育教学研究、教育经费、设施与勤工俭学予以记录，共16章。（其利格尔）

鄂尔多斯市就医指南

文鸣　编著

远方出版社

ISBN 7-80595-876-9

2003年12月

32开　87页　6.00元

内容提要：本书为鄂尔多斯市就医指南，旨在宣传鄂尔多斯市具有"一技之长"的著名医生，并为鄂尔多斯市内外广大患者有针对性地寻医治病提供方便。（其利格尔）

鄂尔多斯市科技概览

杨进平　主编

《鄂尔多斯市科技概览》编委会　编

内新图准字〔2001〕115号

2002年12月

16开　220页　192.00元

内容提要：本书反映了鄂尔多斯市各行各业科技工作概貌，内容包括《求真务实　努力创新　开创鄂尔多斯科技事业新局面》《国家级星火西进科技示范县——东胜区》《全国科技工作先进旗——准格尔旗》等26个部分。（荷梅）

鄂尔多斯市林木种质资源普查实施方案

鄂尔多斯市林业局　编

2009年3月

16开

内容提要：本资料包括鄂尔多斯市林木种质资源的概念、林木种质资源普查目的及意义、自然概况、普查内容、林木种质资源普查准备、普查依据和主要技术资料、初列树种名录、资料搜集、外业调查、结果与分析、时间安排、投资概算、措施、附表、附录等内容。（其利格尔）

鄂尔多斯市绿色环保2009—2038小记者征文优秀作品集

党建锋　主编

内蒙古人民出版社

IBSN 7-204-08304-0

2006年2月

16开　689页　68.00元

内容提要：本书收录了鄂尔多斯市绿色环保文化传播协会四期试刊中小学生环境征文活动刊载的4000多篇小朋友的文

章，有220余万字的篇幅。（其利格尔）

鄂尔多斯市民礼仪教育指导手册

鄂尔多斯市文明办　编
2014年8月
32开　56页
内容提要：本资料是为扎实推进鄂尔多斯市文明礼仪宣传教育而编，从衣饰、饮食、居家、出行、言语、社交等九个方面进行归纳梳理，内容丰富，通俗易懂，对广大市民学习实践文明礼仪知识具有一定的指导作用。（其利格尔）

鄂尔多斯市民委系统2010年调研论文集

萨楚日勒图　主编
鄂尔多斯市民族事务委员会　编
16开　181页
内容提要：本资料汇编了《做好城市民族工作　努力实现两个共同——全区城市民族工作现场会交流材料》《鄂尔多斯市民族文化工作的调研报告》《关于全市少数民族贫困状况的调研报告》等鄂尔多斯市民委系统2010年调研论文。（其利格尔）

鄂尔多斯市民委系统2011年调研报告集

吉日嘎拉图　主编
鄂尔多斯市民族事务委员会　编
16开　112页
内容提要：本资料汇编了《关于对全市少数民族贫困情况的调研报告》《赴宁波、武汉考察城市民族工作情况的报告》《论内蒙古西部少数民族地区生态移民后续产业问题及对策》等鄂尔多斯市民委系统2011年调研报告。（其利格尔）

鄂尔多斯市农牧学校三十周年校庆校友录（1978—2008）

鄂尔多斯市农牧学校　编
2008年9月
32开　420页
内容提要：本册按时间顺序编写，以专业、班级、班主任为主线，系统记录了农牧学校建校30年来所有教师和毕业学生的工作单位、电话号码。这是向30周年校庆献上的一份薄礼，同时也展示了农牧学校30年来为社会做的贡献。（其利格尔）

鄂尔多斯市农牧业

鄂尔多斯市农牧业局　编
16开　44页
内容提要：本资料以图文形式展示了农牧业概况、鄂尔多斯名片、领导关怀、创新强农、协调惠农、绿色兴农、开放助农、共享富农、展望未来等内容。（其利格尔）

鄂尔多斯市青春山新城区基础设施建设工程燃气工程初步设计

中国市政工程华北设计研究院　编
2004年2月
16开　82页
内容提要：本资料分两卷，主要收

录了鄂尔多斯市青春山新城区基础设施建设工程燃气工程初步设计概算书和设备材料表。（其利格尔）

鄂尔多斯市全域旅游发展征求意见会相关材料汇编

鄂尔多斯市人民政府办公厅　编
2016年11月
16开　52页

内容提要：本资料汇编了《鄂尔多斯市全域旅游发展三年行动计划（2017—2019年）（初稿）》《2017年鄂尔多斯市全域旅游发展工作方案（初稿）》《鄂尔多斯市人民政府关于支持促进全域旅游发展的政策（试行）》等材料。（其利格尔）

鄂尔多斯市人大工作制度汇编

鄂尔多斯市人大常委会办公厅　编
2005年9月
32开　222页

内容提要：本资料汇编了鄂尔多斯市人民代表大会工作制度、鄂尔多斯市人大常委会工作制度、鄂尔多斯市人大常委会机关工作制度。（其利格尔）

鄂尔多斯市人居环境发展报告

联合国人居署北京信息办公室、中国建筑文化中心、鄂尔多斯市建筑委员会　编著
北京燕山出版社
ISBN 978-7-5402-1969-7
2008年3月
16开　258页　380.00元

内容提要：本书分专家论坛、行业特载、区县风采、法规篇、人居指南、文件选编六个部分，是一部有关鄂尔多斯市城市环境、居住环境的研究报告。（其利格尔）

鄂尔多斯市社会工作发展历程

鄂尔多斯市民政局、鄂尔多斯市社会工作师联合会　编
16开　20页

内容提要：本资料记录了2006—2020年的鄂尔多斯市社会工作发展历程。（其利格尔）

鄂尔多斯市委督查工作文选

鄂尔多斯市委办公厅　编
2006年2月
32开　290页

内容提要：本资料归纳整理了2006年鄂尔多斯市委领导同志有关督查工作的讲话、文章和一些优秀的督查工作文稿、理论研究成果，共计40篇文章，包括市委领导同志的讲话或文章5篇、各旗区委主要领导的文章8篇、全市党委督查人员历年来发表的文章10篇、有关经验交流文章17篇。（其利格尔）

鄂尔多斯市文明市民读本

苏雅拉图　撰文
鄂尔多斯市委宣传部、鄂尔多斯市文明办　编
32开　50页

内容提要：本书参照《公民道德建设实施纲要》和《全国文明城市测评体系》的主要内容和要求，结合鄂尔多斯市的具体情况，以简单问句和概念解释的形式编撰而成，其内容分为鄂尔多斯精神、鄂尔多斯市"十一五"精神文明建设目标任务、文明城市建设、公民道德建设、市民文明行为规范五个章节。目的是要求全体市民加强学习实践，进一步规范自己的言行，具备文明市民的必备素质。（其利格尔）

鄂尔多斯市物流园区建设投资有限公司规章制度汇编

鄂尔多斯市物流园区建设投资有限公司　编

2010年9月

16开　188页

内容提要：本资料是鄂尔多斯市物流园区建设投资有限公司行政、财务、工程等方面的规章制度汇编，分为综合、财务审计、工程三个类别，目的是提高公司综合管理水平和工作效率，实现管理工作的制度化、规范化和现代化。（其利格尔）

鄂尔多斯市学习贯彻党的十九届四中全会精神理论阐释作品集

中共鄂尔多斯市委员会宣传部等　编

2020年1月

16开　343页

内容提要：本资料收录47篇文章和研讨发言，分为中央文件、研讨文章、获奖征文、征文通知及表彰决定四个部分。（荷梅）

鄂尔多斯市优质农产品名录

2020年3月

16开　72页

内容提要：本资料按鄂尔多斯市旗区分九个部分，共收录全鄂尔多斯市粮油类优质农产品50种、瓜果蔬菜类优质农产品51种、禽类及副产品34种、畜牧及副产品76种、水产及副产品19种、其他类41种，共6大类271种优质农产品，为全市农企产销对接、流通交易和利益联结搭建桥梁、打通渠道、提供便利，为推动合作交流，引领乡村绿色发展，推进全市农牧业高质量发展和率先实现农牧业现代化助推发力。（其利格尔）

鄂尔多斯市造林总场植物园规划设计

内蒙古林业科学研究院　编

2004年2月

16开　38页

内容提要：本资料包括项目概述、项目区自然条件、项目建设背景及建设必要性、项目建设指导思想和原则、项目建设内容与规模、进度安排、生产技术方案及工艺流程、技术依托单位、项目实施对生态建设环境的影响、投资估算与资金筹措等内容。（其利格尔）

鄂尔多斯市造林总场志

《鄂尔多斯市造林总场志》编委会　主编

曹建义　编
内蒙古人民出版社
ISBN 978-7-204-13382-6
2015年3月
16开　259页　108.00元

内容提要：本书记述范围以鄂尔多斯市造林总场2010年的建制为准。记事上限为1979年，下限为2010年，但展旦召分场、白泥井分场、三十顷地分场、沟心召分场等内容的上限追溯到这些分场建置的发端。本书采用述、记、志、传、图、照、表、录等体裁，以志为主体。志首综述，纵述规律，横列特点，夹叙夹议，统摄全书，彰全志之大要；大事记采用编年体和纪事本末体记载大事、要事，以纵横形式展示全场的历史概貌，为全志的纵坐标；志文采用章节体，横列门类，纵述史实，共设17章64节。由经营区域、自然与社会经济状况、林业发展战略、林业种苗、沙漠治理、林业重点工程、全民义务植树、森林资源、森林资源保护、林沙产业、林业科学技术、行政管理、党建工作、群团工作、组织机构、分场简介、人物17个部分构成。（其利格尔）

鄂尔多斯市中级人民法院制度汇编

鄂尔多斯市中级人民法院　编
16开　260页

内容提要：本资料分为队伍管理、审判管理、政务管理、事务管理和警务管理五个部分，共65个制度。所汇编的制度，有些是经过实践检验而总结提炼成文的，有些是根据上级有关文件精神结合鄂尔多斯法院工作实际而制定的，还有一些是为提升法院审执质效、队伍建设和政务管理水平而修订的，力求各项制度更好地体现科学性、程序性、可操作性和服务性，努力形成制度、监督与责任并重的管理模式，真正将该院的各项工作置于阳光下运行，进而以制度熔炼团队精神，推动鄂尔多斯法院实现"立足全区法院前列，争创全国法院一流"的工作目标。（其利格尔）

鄂尔多斯市中小学生获奖作文选（2004）

鄂尔多斯市教育学会　编
2004年
32开　174页

内容提要：本资料汇集了鄂尔多斯市教育学会举办的鄂尔多斯市中小学生作文大赛中的获奖作品。（其利格尔）

鄂尔多斯市中小学生获奖作文选（2005）

鄂尔多斯市教育学会　编
2005年
32开　209页

内容提要：本书分小学篇、中学篇两部分，收录了鄂尔多斯市教育学会举办的全市中小学生作文大赛的优秀参赛作品，以提高全鄂尔多斯市中小学生的写作兴趣，展示全市几年来语文整体改革所取得的成果。（其利格尔）

鄂尔多斯市重点儿科专科

鄂尔多斯市中医医院　编

32开 34页

内容提要：本资料主要包括科室简介、科主任介绍、人才介绍、科室环境、科室设备、诊疗特色、常见疾病防治等内容。（其利格尔）

鄂尔多斯书法作品集（一）

　　王中明、戴连飞 主编
　　香港大道出版社
　　ISBN 962-85924-0-8
　　2006年5月
　　16开　112页　89.00元

内容提要：本书为一部书法作品集，其中包括党政领导题字7幅、市书协顾问作品13幅、特邀作品8幅、市书协领导作品9幅、会员作品55幅、中小学生作品4幅、篆刻作品1幅。（其利格尔）

鄂尔多斯书画作品集

　　王生荣、张彩云 编
　　内蒙古人民出版社
　　ISBN 7-204-05350-8
　　2007年11月
　　16开　91页　98.00元

内容提要：本书精选由鄂尔多斯市书法家协会、东胜区委宣传部主办，东胜区文联承办的鄂尔多斯书画作品展的作品，共100余幅。（库布其）

鄂尔多斯天骄美食（2017）

　　鄂尔多斯市商务局 编
　　16开　55页

内容提要：本资料分羊肉篇、鱼肉篇、鸡肉篇、牛肉篇、猪肉篇、蒙餐篇、小吃篇七个部分，以图文形式展示了"鄂尔多斯·天骄美食"地方美食评选大赛中推出的名厨和名店。（其利格尔）

鄂尔多斯通公众多媒体信息网

　　鄂尔多斯市信息咨询服务中心 编
　　16开

内容提要：本资料包括鄂尔多斯通公众多媒体信息网概况、与购屏方协议、节点单位优惠政策、会员发展及服务细则等鄂尔多斯通公众多媒体信息网相关内容。（其利格尔）

鄂尔多斯统战人物风采

　　内蒙古伊克昭盟党委统战部 编
　　鄂尔多斯日报社
　　内新图准字（98）第102号
　　1998年12月
　　32开　163页　15.00元

内容提要：本书收录30多篇文章，从各个不同角度展示了统战人物在新时期社会各项事业中的风采，宣传和讴歌了统一战线工作中涌现的大批优秀人才以及他们的先进事迹，推广了他们为经济建设、社会稳定服务的先进经验。（其利格尔）

鄂尔多斯未来财经研究

　　贺笙华 著
　　内蒙古人民出版社
　　ISBN 7-204-06518-2
　　2003年1月

32开　381页　80.00元

内容提要：本书收录了作者20世纪80年代以来研究鄂尔多斯财经的文章，从不同角度，多层次、宽视野、深层次地研究了鄂尔多斯未来财经发展战略规律。这些文章紧跟时代发展的步伐，前瞻后鉴，深入浅出，有理有据，为各级领导决策提供了重要依据，也为鄂尔多斯经济腾飞探寻更多的理论根据。（其利格尔）

鄂尔多斯温暖全世界

鄂尔多斯文化和旅游局　编

16开　90页

内容提要：本资料以英汉双语编写，以图文并茂的形式介绍鄂尔多斯，包括鄂尔多斯风光、鄂尔多斯文化、鄂尔多斯底蕴、鄂尔多斯风情等内容。（其利格尔）

鄂尔多斯文博事业五十五年

鄂尔多斯青铜器博物馆　编

故宫出版社

ISBN 978-7-5134-1372-5

2020年12月

16开　535页　660.00元

内容提要：本书是一本综合记述鄂尔多斯文博事业发展历程以及文化遗产事业发展现状的论著。（荷梅）

鄂尔多斯文化

武家政　编

民族出版社

ISBN 7-105-02823-8

1997年6月

32开　189页　8.20元

内容提要：本书较系统地总结了鄂尔多斯文化建设发展的成果和经验。其内容分为源远流长的历史文化、闻名遐迩的草原传统文化、蓬勃发展的社会文化、百花竞放的民族艺术、实施两大战略文化工程五个部分。（库布其）

鄂尔多斯文化

鄂尔多斯文化局　编

16开

内容提要：本资料以图文形式介绍了鄂尔多斯市市情，鄂尔多斯文化、文化建设发展总体目标及鄂尔多斯举办的第十一届亚洲艺术节相关内容。（其利格尔）

鄂尔多斯文化经典

白霞　编

内蒙古人民出版社

ISBN 978-7-204-12282-0

2013年6月

16开　321页　50.00元

内容提要：本书是一部研究鄂尔多斯文化的著作，分为六章，介绍了鄂尔多斯文化概念、鄂尔多斯历史演进、鄂尔多斯先民、鄂尔多斯部、古生物动物、古人类文化、古遗址、古长城、古城遗迹、鄂尔多斯蒙古族文化、漫瀚调、鄂尔多斯民俗文化、鄂尔多斯祭祀文化等内容。（库布其）

鄂尔多斯文化遗产

杨泽蒙　主编
鄂尔多斯市文物考古研究院　编
内新图准字〔2013〕1号
2013年
16开　222页

内容提要：本书分文化遗产保护、探索发现、社会关注、业务简讯、习作园地、研究动态、学林漫谈、文明寻踪、珍品鉴赏、保护传承、非遗拾珠、峥嵘岁月、旗区掠影13个部分，主要对鄂尔多斯文化遗产进行记述并做了相关研究。（其利格尔）

鄂尔多斯文化遗产

陈永志等　主编
文物出版社
ISBN 978-7-5010-4054-4
2014年8月
16开　337页　320.00元

内容提要：本书按照时代序列，分为旧石器时代、新石器时代、青铜时代、秦汉时期、魏晋南北朝时期、隋唐五代时期、宋辽夏金元时期、明清时期、近现代九个部分。每部分之下，大致依照古遗址、古墓葬、古建筑、石窟寺及石刻、其他文物分类顺序依次介绍。（荷梅）

鄂尔多斯：我心中的太阳

苏发祥　著
作家出版社
ISBN 978-7-5063-6207-8
2011年12月
32开　115页　18.00元

内容提要：本书收录作者创作的《多彩的梦境》《激情燃烧的岁月》《心灵的互换》《情系鄂尔多斯》四部诗集，展现出作者这个布衣诗人最本真、善良、孝义、厚道和不忘感恩的高尚而朴素的情怀。（其利格尔）

鄂尔多斯西部民歌

白世宽　著
中国民间文艺出版社
ISBN 7-5040-0266-6
1990年8月
32开　268页　4.00元

内容提要：本书是作者从近万首民歌中精心筛选出的2300多首民歌的集锦。全书分为昨天的曲儿、传统民歌、今天的日子比蜜甜、情歌、附录五个部分。（其利格尔）

鄂尔多斯项目介绍文化产业园

鄂尔多斯文化产业园开发有限公司　编
16开

内容提要：本画册分项目总体情况、项目分类两部分介绍了鄂尔多斯文化产业园相关项目总体概述、项目区位描述、项目规划思路、鄂尔多斯文化产业园主题演艺中心、鄂尔多斯文化产业园儿童游乐中心、鄂尔多斯文化产业园家庭休闲中心、鄂尔多斯文化产业园餐饮购物中心、鄂尔多斯文化产业园教育

实训中心、鄂尔多斯文化产业园数字传媒中心等内容。（其利格尔）

鄂尔多斯学概论

奇·朝鲁、陈育宁　主编
内蒙古人民出版社
ISBN 978-7-204-11657-7
2012年7月
16开　222页　68.00元

内容提要：本书是探讨鄂尔多斯学基本内涵、主要内容和学科建设的著作，分为导论、鄂尔多斯民族传统文化、独具特色的祭祀传统、生态演进的历史经验、鄂尔多斯经济的振兴飞跃、经济社会发展的软实力、敢为人先的鄂尔多斯精神、附录、后记等部分。（荷梅）

鄂尔多斯学论丛

潘洁　著
内蒙古人民出版社
ISBN 978-7-204-14671-0
2017年3月
16开　374页　72.00元

内容提要：本书收录近50篇论文，内容主要围绕鄂尔多斯经济、文化、生态，鄂尔多斯学的兴起、功能、贡献以及特点、个性等方面进行归结性、拓展性论述，且紧贴鄂尔多斯实际，较为系统全面地反映了鄂尔多斯学、地方学的运行轨迹与发展现状。（其利格尔）

鄂尔多斯羊绒衫厂

尹正业等　主编
当代中国出版社
ISBN 7-80092-338-X
1994年11月
32开　311页　28.90元

内容提要：本书记述了鄂尔多斯羊绒衫厂的历史沿革、经营决策与计划管理、技术引进与产品开发、原料的供应及管理、企业的生产、质量管理、外向型的市场营销、企业劳动、人事、分配制度的改革、逐步严密的财务管理、企业纯收入的分配、职工的收入与生活状况、企业的精神文明建设、回顾与展望、羊绒衫厂发展大事记、羊绒衫厂历届领导班子成员名单、简况、历年集体荣誉称号、先进人物名单、名优产品目录等内容。（其利格尔）

鄂尔多斯饮食

杨永锋　主编
内蒙古人民出版社
ISBN 7-204-04463-0
1998年10月
36开　261页　45.00元

内容提要：本书从热菜、冷菜、主食、地方民族风味、汤菜五个大类介绍了鄂尔多斯饮食。（荷梅）

鄂尔多斯游记（2017）

鄂尔多斯市旅游发展委员会　选编
16开　260页

内容提要：本资料汇编鄂尔多斯市

旅游发展委员会官方微信平台《游记》专栏发表的一批图文并茂、文字优美的介绍鄂尔多斯美景、美食的散文，并适当吸收其他媒体发表的个别作品，旨在让更多人了解鄂尔多斯、走进鄂尔多斯、爱上鄂尔多斯。（其利格尔）

鄂尔多斯园林绿化论文集（2015）

鄂尔多斯市城乡建设委员会园林绿化管理局、鄂尔多斯市园林绿化研究所、鄂尔多斯市推进创建国家生态园林城市工作领导小组　编

16开　198页

内容提要：本资料汇编了任光飞《站在新的起点上，科学谋划鄂尔多斯市园林绿化"十三五"发展事业》，吴剑雄、赵彬宇《适应新常态、开创鄂尔多斯市园林事业新局面》，吴剑雄、柴楠《关于鄂尔多斯园林研究所科研工作的初步探索》等论文。（其利格尔）

鄂尔多斯植物志

《鄂尔多斯植物志》编委会　编

内蒙古人民出版社

ISBN 978-7-204-09219-2

2007年7月

16开　1273页　680.00元

内容提要：本书共收录植物99科437属1054种，其中，正种949种、亚种9种、变种92种、变型4种，946种配有线条图，803种配有彩图，约150万字。全书分为序言、前言、鄂尔多斯植物研究的历史概述，科、属、种形态特征描述，分科、分属、分种检索表总汇，附录（补遗种），拉丁名、中文名索引和跋八个部分。在正文主体部分植物种的记载中，分别列述了中文名、拉丁名、蒙文名、别名、形态特征、生境分布、经济用途及线条图、彩图等内容。全书达到了摸清鄂尔多斯植物基因库存、种群数量、分布范围、珍稀濒危物种和重点保护对象的编写目的。尤其可喜的是，通过这次编志，发现了内蒙古没有被记载的植物16种。这一重要成果对鄂尔多斯今后的环境保护、生态修复、植被建设、生物资源开发利用有着不可估量的意义和价值。（其利格尔）

鄂尔多斯植物志

吴剑雄　主编

内蒙古人民出版社

ISBN 978-7-204-14753-3

2017年5月

16开　1700页　1280.00元

内容提要：全书收录了鄂尔多斯市的维管植物共99科437属1054种（木本220种、草本834种，包括常见栽培种及亚种、变种、变型等种下等级），还增加了在《内蒙古植物志》中没有记载而鄂尔多斯有分布的植物286种（不包括栽培种），以及内蒙古新分布植物18种。这是迄今为止记载鄂尔多斯植物种类比较齐全的一部文献资料。书中在植物种的记述上力求文字简洁，重点突出。946种植物均附有黑白线条图，并有803种植物加附彩图，使其色彩鲜明，

真实地反映野外生长状态，便于群众辨识，尽力做到文图并茂。对每种植物的分布范围更加具体，甚至详确地记载到旗区、乡镇（苏木）以及著名的山川河流等，注意了地区特点。此外，在每种植物的种名后面，还加有蒙古文名字，这将有利于蒙古族群众对植物的直接了解。在别名中也加进了一些当地群众常用的名字，以便于识别和应用。书中内容可为合理开发利用本市的植物资源，发展地区农、林、牧、水、医等各业以及为改善本地生态环境而进行植被建设提供基础的科学资料，也对进一步研究植物区系和植物地理具有参考价值。（其利格尔）

鄂尔多斯植物志补编

吴剑雄　编著
内蒙古人民出版社
ISBN 978-7-204-10797-1
2013年3月
16开　238页　300.00元

内容提要：本书共收录鄂尔多斯境内野生植物34科103属156种（含17种变种和2种亚种），其中152种配备了线条图，154种配备了彩图，共配彩图550幅。每一种野生植物分别列述了中文名、拉丁名、别名、形态特征、生境分布、经济用途及线条图、彩图等内容。（荷梅）

鄂尔多斯走进新世纪

李文　主编
鄂尔多斯市文学艺术界联合会　编
内新图准字〔2001〕118号
2001年10月
16开　170页

内容提要：本书以鄂尔多斯经济建设为主线，以图文并茂的形式，比较全面地反映了鄂尔多斯市的发展成就和前景。全书分两大部分，第一部分美丽富饶的鄂尔多斯，介绍鄂尔多斯市和各旗、区的概况、成就、未来的奋斗目标以及鄂尔多斯民俗风情；第二部分快速发展的辉煌事业，介绍全市农林牧水气象、工业企业、商业贸易、邮电通信、金融财税、科教文化、医疗卫生、城镇建设、交通旅游、政法建设等各行各业在快车道上奋进发展的情况。（其利格尔）

鄂托克改革

中共鄂托克旗委改革办　编
2017年12月
16开

内容提要：本资料是记录鄂托克改革详情的影集，主要包括领导视察、组织部署、交流学习、督查考核、重点改革、媒体聚焦等内容。（其利格尔）

鄂托克旗非物质文化遗产

白格日乐图　著
内蒙古大学出版社
ISBN 978-7-5665-1902-3
2020年12月
16开　180.00元

内容提要：本书分为非物质文化遗

产的概念、鄂托克旗非物质文化遗产项目简介两个部分，其中包括鄂托克旗地理环境和历史沿革、非物质文化遗产特点、民族习俗、传统技艺等内容。（荷梅）

鄂托克旗教育志（1778—2009）

《鄂托克旗教育志》编纂委员会　编
远方出版社
ISBN 978-7-80723-664-1
2011年12月
16开　590页　188.00元

内容提要：本书记述了鄂托克旗教育的发展变化，共24章，分别为庙学、私学，民国时期教育，机构沿革，教育体制改革，教育管理，教学，教师队伍，基础教育，民族教育，全旗公办中小学幼儿园建校时间，普及九年义务教育与"两基"达标，专业教育等等。（荷梅）

鄂托克旗民族综合职业中学简介

鄂托克旗民族综合职业中学　编
16开

内容提要：本资料是鄂托克旗民族综合职业中学短期培训中心的简介，主要介绍了鄂托克旗民族综合职业中学的党政教育基地、教师团队、总体课程设置和专业技术课程设置。（嘎拉贝日汗）

鄂托克旗文化志（1949—2010）

云苏米雅、那嘎耐　主编
鄂托克旗文化志编纂委员会　编
内新图准字〔2012〕71号
2010年
16开　229页　132.00元

内容提要：本书共11章35节，客观记叙1949年9月至2010年12月鄂托克旗文化文学艺术、广播电影电视工作发展进程及现状，着重记叙了改革开放以来的新变化和新事物。（荷梅）

鄂托克旗园林

鄂托克旗园林绿化局　编
16开　62页

内容提要：本资料分谋划篇、创建工作开展、人文篇、建设篇、管理篇五个部分，以图文形式展示了鄂托克旗园林的整体风貌。（其利格尔）

鄂托克旗园林

16开　42页

内容提要：本资料分鄂托克旗概况、谋划篇、建设篇、管理篇四个部分，采用图文形式展示了内蒙古自治区鄂尔多斯鄂托克旗园林的整体面貌。（其利格尔）

鄂托克前旗红色旅游

内蒙古鄂尔多斯鄂托克前旗　编
16开　51页

内容提要：本资料为画册，介绍了鄂托克前旗文化旅游地区及概况、红色旅游地区及概况、景区景点地区及概况、乡村旅游地区及概况、亮色旅游地区等。（其利格尔）

鄂托克前旗旅游手绘地图

鄂托克前旗文化和旅游局　绘制

内容提要：本资料为手绘地图，简单介绍了鄂托克前旗概况、地貌、环境、交通、资源、历史，并重点介绍了鄂托克前旗旅游景点景区。（其利格尔）

二十年

鄂尔多斯羊绒集团公司　编

32开　218页

内容提要：本资料分成就篇、人物篇、王林祥等人的讲话稿、鄂尔多斯集团公司及各成员企业简介、集团大事记（1979—2001），汇编了1981—2001年的鄂尔多斯羊绒集团的回顾与展望。（其利格尔）

二月春风

秦文茂　著

内蒙古人民出版社

ISBN 7-204-06518-2

2003年8月

32开　238页　30.00元

内容提要：本书收录了作者的小说、诗歌、散文、剧本和与人合创的作品综合集。（其利格尔）

"发现美好·记录幸福"网络征集大赛作品集

16开　302页

内容提要：本书汇编了鄂尔多斯市文联专家评委从2012年5月30日至9月30日中共伊金霍洛旗委宣传部举办的"发现美好·记录幸福"网络作品征集大赛活动中收到的各类作品中评审、评选出的25个获奖作品，内容涉及文字类、视频类、曲艺类、摄影类、绘画类。（其利格尔）

反邪教知识读本

鄂尔多斯市反邪教协会　编

32开　109页

内容提要：本资料介绍了一些识别和抵制邪教的基本知识，旨在提高广大群众对邪教的鉴别力和免疫力，进一步在全社会树立"崇尚科学、反对邪教、倡导文明、共建和谐"的良好社会风气，为建设更具实力、更加美丽、更富活力、更为幸福的鄂尔多斯做出贡献。（其利格尔）

飞花逐梦：鄂尔多斯电影剧本选

王茂荣　主编

张秉毅　执行主编

远方出版社

ISBN 978-7-5555-0265-4

2014年10月

16开　350页　35.00元

内容提要：本书收录五位作者的五部电影文学作品，分别是云照光《鄂尔多斯风暴》、石笑《走过荒原》、李文《望沙》、张雪妮《离歌》、张秉毅《漫瀚调》。（其利格尔）

纷飞的思绪

辛辽　著

内蒙古人民出版社

ISBN 7-204-06518-2

2004年3月

32开　140页　15.00元

内容提要：本书主要记录作者在商海中的经历。面对激烈的市场竞争和转瞬即逝的市场行情，作者思虑深沉，写下了一首首诗。不过，作为知识经济时代的商人所应具备的创新意念、冒险精神及人际交往的诸多素质、社会责任感、对事业的执着追求精神，也是书中表现出来的极大亮点。（其利格尔）

奋进的历程

　　杭锦旗中学　编

　　内蒙古人民出版社

　　ISBN 978-7-204-09436-3

　　2008年6月

　　16开　875页　160.00元

　　内容提要：本书真实记录了杭锦旗中学从1959年创建至2009年实施新课改的发展历史，比较全面地再现了鄂尔多斯西部区教育发展的真实面貌，真实地反映了学校历任领导当年的办学理念、办学思想、管理理念与兴校方略，集中展现了杭中人承先启后、薪火相继的拼搏奉献精神。（其利格尔）

奋进之路——包神铁路集团企业文化建设专辑

　　张文云　主编

　　16开　331页

　　内容提要：本资料作为包神铁路集团企业文化宣传的一个重要载体，通过"包神情、包神事、包神人"真实记录了集团企业文化建设的全过程。（其利格尔）

奋进中的准格尔城市园林

　　任志远　主编

　　准格尔旗园林绿化事业局　编

　　16开　54页

　　内容提要：本资料分前言、准格尔旗概况、领导关怀、建设篇、管理养护篇五个部分，以图文形式展示了准格尔旗城市园林绿化工作纪实。（其利格尔）

风流晚宴

　　焦世平　著

　　内蒙古人民出版社

　　ISBN 7-204-05204-8

　　2005年8月

　　32开　306页　29.60元

　　内容提要：本书分小说、报告文学两部分，表达了作者批判人形兽类，赞美把自己十分珍贵又极为有限的生命毫不吝啬地投入为人类的造福中的既有着人的形体，又有着一颗金子般心灵的思想。（其利格尔）

风雨人生路

　　杨效彩　著

　　2008年8月

　　32开　84页

　　内容提要：本书分童年时代、上学时期、踏上革命征途、离休后的生活与

工作、家庭五个部分，讲述了作者的工作与生活片段，并附有32张生活、工作、家庭照片。（其利格尔）

峰翠毅然

边峰毅　著

内蒙古人民出版社

ISBN 978-7-204-10947-0

2014年3月

16开　320页　38.00元

内容提要：本书是一部散文集，汇集了作者的童年旧事、校园趣事、军旅生涯、教书生涯以及神华就职过程中对得失、情感、军旅和风景的内心感言。（其利格尔）

烽云印记·伊金霍洛

张子珍　主编

杨勇等　编著

政协伊金霍洛旗委员会　组织编写

2021年

内容提要：本资料通过分享在鄂尔多斯发生的红色故事，让大家感受到身边的红色文化，更好地守护红色资源，赓续红色血脉。（荷梅）

凤鸣高岗

乔凤鸣　著

16开　84页

内容提要：本书是乔凤鸣书法作品集。内容有作者简介、书学论文、专家题字、书法作品等。（其利格尔）

府地凤凰

王春霞　主编

香港凤凰艺术出版社

ISBN 978-988-17048-9-6

2011年11月

64开　87页　128.00元

内容提要：本书是一本综合性介绍美丽富饶的鄂尔多斯康巴什新区的摄影图册，以图片的形式介绍了康巴什区的教育、文化、旅游、交通、商业等发展情况。（嘎拉贝日汗）

附中人讲附中故事

张伟　主编

内蒙古教育出版社

ISBN 978-7-5569-1561-3

2019年9月

32开　343页　25.00元

内容提要：本书是一部内蒙古师范大学附属中学建校65年的回忆录，书中以附中人讲附中故事的形式，再现了附中的历史。（其利格尔）

傅金栓学画作品

傅金栓　著

16开　29页

内容提要：本资料是傅金栓的学画作品，收录有《老梅抽新枝》《寿梅》《苍松不老》《梅香四溢》《搏击长空》《水乡泽国土》《鹏程万里》等作品。（嘎拉贝日汗）

改革·让城市生活更加美好

鄂尔多斯市城市管理行政执法局　编
2017年11月
16开　42页
内容提要：本资料是对鄂尔多斯城市管理执法体制改革介绍，以图文形式介绍了推进综合执法、环境治理、精细化管理、坚持依法行政、加强队伍建设等方面的改革工作成效。（其利格尔）

概览鄂尔多斯

郝海荣　主编
鄂尔多斯市接待办公室　编
16开　63页
内容提要：本资料包括鄂尔多斯市情要览、历史沿革、资源状况、旅游景区、重点产业、民俗文化、旗区概况、鄂尔多斯之最等内容。（其利格尔）

感受今天

全秉荣　著
内蒙古人民出版社
ISBN 7-204-06184-5
2002年1月
32开　444页　39.00元
内容提要：本书是作者从2001年1月1日到2001年12月31日每天净身、净思、净心写的日记，按月份分为12个部分。远到亘古域外、天涯海角，近到花鸟鱼虫、身边琐事，作者以当代人的眼光，用心捕捉那些今天习以为常，明天弥足珍贵，但又可能很快被人遗忘的生活细节。这细节，一头连着沉重的昨天，一头连着爽朗的明天。（其利格尔）

感谢生活

高璐　著
长征出版社
ISBN 7-80015-979-5
2007年7月
32开　198页　26.00元
内容提要：本书由小说、散文、诗歌、其他四个部分构成，记录了作者在工厂和基层社区的工作经历，以及她回眸乡村的感受，有痛苦，有欣喜，真实具体地记录了她在不同阶段的心路历程。（其利格尔）

干部人事档案工作条例

中共鄂尔多斯高新技术产业开发区工作委员会党群工作部　编
32开　43页
内容提要：本资料汇编了《中共中央办公厅关于印发〈干部人事档案工作条例〉的通知》（2018年11月20日）、《干部人事档案工作条例》、《努力做好新时代干部人事档案工作——中组部负责人就制定印发〈干部人事档案工作条例〉答记者问》等文件和条例。（其利格尔）

干净做事·清白做人

恩克吉日格勒、冯金艺　主编
准格尔旗人民检察院、内蒙古京泰发电有限责任公司　编
16开　209页

内容提要：本资料共分为五篇。第一篇《不越红线》主要介绍了十八大以来党风廉政建设和反腐败法规制度。第二篇《强本固基》主要介绍了电力行业廉政建设的规定。第三篇《贪腐鉴录》主要介绍了电力行业和国有企业贪污腐败的典型案例。第四篇《忏悔之音》主要是贪腐官员的忏悔书。第五篇《不踩底线》主要对贪腐方面的法律名词和罪名做了详细解释。本资料紧跟形势、主题明确、内容全面、针对性强，是广大党员领导干部集中、系统地学习、宣传、贯彻、落实党风廉政建设和反腐败法规制度的重要学习资料。（其利格尔）

钢铁雄心献人民

伊金霍洛旗森林草原防火指挥部办公室　编

16开

内容提要：本资料是一部影集，记录了伊金霍洛旗森林草原消防大队本着"为民、务实、清廉"的不懈追求，一直默默无闻奋战在伊金霍洛这块天骄热土上，紧紧围绕"预防为主，积极消灭"的森林草原防火工作方针政策，全力打造"信念坚定、敢于担当、训练有素、一专多能"的专业森林草原消防队伍精神。内容主要包括伊金霍洛旗森林草原重点火险区分布图、单位基本情况、预防宣传、领导视察、党建工作、火灾预防等单位信息和单位日常工作训练。（其利格尔）

高新区这一年

许增义　主编

鄂尔多斯市高新技术产业园区管委会、党工委　编

2013年1月

16开　112页

内容提要：本资料是鄂尔多斯市高新技术产业园区成立一周年征文汇编，内容包括园区干部职工一年来的感悟和心得，编写目的在于让全体干部职工以参与高新区建设和发展为己任，有所思、有所想、有所悟、有所为。（其利格尔）

高血压疾病与健康

红庆河镇中心卫生院　编

32开　14页

内容提要：本手册介绍了高血压的症状、高血压的病因与病机、高血压患者宜食食物、高血压患者饮食禁忌、高血压患者的食疗等内容。（其利格尔）

高玉良书法集

高玉良　著

内蒙古人民出版社

ISBN 978-7-204-09436-3

2013年3月

16开　225页　298.00元

内容提要：本书精选作者20多年中创作的200余幅书法作品。（其利格尔）

高原风——徐兴邦散文选

徐兴邦　著

内蒙古人民出版社
ISBN 7-204-01992-X
1992年9月
32开　232页　4.50元
内容提要：本书是徐兴邦散文作品选集，内容包括风吹草低见牛羊、魂系故乡眷眷情、看到黄河入牧野、春风化雨绿天涯、苍莽高原秋点章五个部分。（其利格尔）

高原礼赞
尚贵荣等　著
远方出版社
ISBN 7-80595-353
1997年7月
32开　528页　29.80元
内容提要：本书所收录文章，从不同角度对伊克昭盟、包头、兴安盟等地区默默奉献的企事业单位、行政部门、个人进行赞美，体现了时代精神，也体现出这些地区行业发展状况。（其利格尔）

高原杂感集
汪支平　著
远方出版社
ISBN 7-80595-888-2
2007年12月
16开　268页　57.00元
内容提要：本书是作者的诗词作品集，所收诗词记录了作者的随见、随感、随想、随悟。（其利格尔）

革命回忆录
忆述　高平
整理　郝新民
1981年7月
16开　286页
内容提要：本资料是解放战争时期鄂尔多斯武装斗争的回忆录，由战火、捷报、东进、曙光、剿匪五个部分构成。（其利格尔）

革新奋进——鄂托克前旗全面深化改革掠影
鄂托克前旗委全面深化改革领导小组　编
16开　41页
内容提要：本资料分全景前旗物华天宝人杰、大美前旗草原明天更美、创新前旗勇当改革先锋、德政前旗改革驱动发展四个部分，以图文形式展示了鄂托克前旗全面深化改革掠影。（其利格尔）

葛根庙镇发展历程
图雅　主编
中共葛根庙镇委员会葛根庙镇人民政府　编
16开　229页
内容提要：本资料客观记录了葛根庙镇儿女努力拼搏、奋发图强的人和事，系统阐述了葛根庙镇的政治经济、自然风貌、人文景观、民俗风情，从中可以考证葛根庙镇的历史变迁，管窥旧貌新颜。（其利格尔）

耕者无疆

王滟　著
经济日报出版社
ISBN 978-7-80257-638-4
2014年9月
16开　191页　38.00元

内容提要：本书从不同侧面描述了郭根荣扬鞭奋进、勇往直前的创业事迹，向读者展现了这位辛勤耕耘者艰苦创业的奋斗足迹。其中有他艰辛曲折的家族史、波澜起伏的成长史，更多的是他在创业路上辛勤耕耘十余年的成败与得失。（其利格尔）

工作的钥匙

千·蒙德　著
包头市蒙古语文工作委员会　编
NXTZZ-（94）50
1994年10月
32开　329页　13.10元

内容提要：本资料以蒙汉双语的形式编写，收录有关旗县改革开放、农牧业发展新思路、探讨审计工作等方面文章，旨在给广大干部群众的工作带来启示，启发工作思路，增强分析问题、解决问题的能力，促进各项事业发展。（其利格尔）

工作创新（2015）

鄂尔多斯市地方税务局　编
16开　124页

内容提要：本资料为鄂尔多斯市地方税务局秉承"创新驱动、久久为功"的绩效管理理念，首次在全系统内实行创新项目申报和现场展示工作的文件，展示了来自全市地税系统的18个基层单位所申报的35项创新项目。（其利格尔）

公职人员学法考试学习参考资料（2005）

达拉特旗普法依法治理领导小组办公室　编
32开　54页

内容提要：本资料汇编了宪法知识、行政许可法知识、行政处罚法知识、行政复议法知识、行政诉讼法知识、国家赔偿法知识、《宗教条例》及反邪教知识、《中华人民共和国道路交通安全法》。（其利格尔）

公共行政概论

全国干部培训教材编审指导委员会　组织　编
32开　347页

内容提要：本资料为全国干部学习读本，主要包括政府与公共行政、公共行政职能、公共行政体制、公共行政领导、公共政策、人事行政、公共财政、行政法治与行政监督、地方政府管理、政府绩效管理、行政改革与行政发展等公共行政知识与理论。（其利格尔）

公益文化润民心

何涛　主编
鄂尔多斯市东胜区委宣传部　编
32开　340页

内容提要：本资料为2008—2010年"和谐东胜·市民文化大讲堂"讲稿汇编。2008年1月17日，东胜区开办了为市民免费开放的"和谐东胜·市民文化大讲堂"，为了把这些名师的讲座珍藏下来，"和谐东胜·市民文化大讲堂"编委会成员把15位名家大师的讲座精选汇编成此书，内容涉及文化讲堂中的各个方面。（其利格尔）

共同的记忆

赵萍 著

远方出版社

ISBN 978-7-80723-541-5

2011年7月

16开 495页 55.00元

内容提要：本书是作者风雨40年的纪实散文集。回顾一段历史，记忆一段艰辛，记录一段真情。（其利格尔）

古代蒙古货币研究

虹宝音 著

辽宁民族出版社

ISBN 978-7-5497-0236-7

2011年11月

32开 251页 30.00元

内容提要：本书共分五章，附图536幅，包括蒙古货币概述、大蒙古国时代钱币、元代货币、四大汗国钱币、其他钱币的研究，重在阐述古代蒙古货币产生、发展情况。（嘎拉贝日汗）

故乡情

哈达奇·刚 编译

内蒙古人民出版社

ISBN 7-204-02085-5

1993年12月

32开 454页 21.80元

内容提要：本书是一部以汉文编译的当代蒙古族诗歌集，收录41位蒙古族诗人的150多首诗，其中包括16首组诗和一首长篇叙事诗，计12000多行。（其利格尔）

关爱后代·无私奉献

贾荣 主编

鄂尔多斯市关心下一代工作委员会 编

2012年8月

16开 177页

内容提要：本资料包括鄂尔多斯市关工委和各旗区关工委20年工作回顾、旗区和基层关工委工作经验总结、关工委大事记和组织沿革等几个部分，可供从事关心下一代工作的同志们参考。（其利格尔）

关爱生命·安全用药

伊金霍洛旗药品监督管理局 编

32开 43页

内容提要：本资料主要收录药物是怎样发挥治疗作用的，药物的剂量、治疗量、安全范围、常用量、维持量对指导用药有何意义，药物的耐药性、耐受性、成瘾性是怎么回事，怎样加以控

制，慎用与禁用有什么区别，如何正确阅读药品使用说明书等60个安全用药问题。（其利格尔）

观海拾贝——裴永锋自选集

裴永锋　著

内蒙古文化出版社

ISBN 7-80506-731-7

2006年4月

32开　302页　20.00元

内容提要：本书分理论研究、调查报告、典型报道、新闻评论四个部分，研究了达拉特旗经济发展之现状，探讨了社会进步之规律，评述了文化改革之现象。（其利格尔）

冠心病的预防与日常保健

红庆河镇中心卫生院　编

32开　16页

内容提要：本资料介绍了什么是冠心病、冠心病的主要表现、如何预防冠心病、冠心病患者的饮食方法等冠心病的预防与日常保健内容。（其利格尔）

管窥录

鲁德重　著

内蒙古人民出版社

ISBN 978-7-204-08950-5

2009年8月

32开　259页　28.00元

内容提要：本书为作者的杂文集，所选文章均为作者近几年来对发生在身边的、社会的乃至世界的时事所见、所闻、所思、所感、所叹，是一个有良知的知识分子强烈的社会责任感和对社会现实的深切关注，体现了正直的知识分子"刚简有大节，风格峻整，识性明悟，疾恶如仇"的气节与品德。（其利格尔）

光辉的足迹

中国人民政治协商会议内蒙古自治区委员会科教文卫体委员会　编

内蒙古大学出版社

ISBN 7-81015-736-1

1997年7月

32开　480页　20.00元

内容提要：本书简要介绍了工作在科技、教育和卫生战线上的2200多位支边科技人员的成果和事迹。旨在通过此书，进一步唤起全社会对知识、人才、老一代支边知识分子的尊重。（其利格尔）

国际交通员杨宝山的故事（第一辑）

鄂托克前旗红色足迹编委会　编

金城出版社

ISBN 978-7-5155-1543-4

2017年8月

16开　88页　320.00元

内容提要：本书以图文形式记录了杨宝山的生平事迹。他一生恪守着对党钢铁般的承诺："活着，烂在肚子里，死了，带进棺材里。"他是草原的传奇，也是在延安红色熔炉里得到淬炼的革命战士。他对党、对人民、对中华民族无限忠诚，对革命事业坚强不屈，百

折不挠，他的英雄事迹和高尚情操生动地展现了一名优秀共产党人的家国情怀。（其利格尔）

国土资源及相关知识讲座

鄂尔多斯市国土资源局　编

2006年9月

32开　436页

内容提要：本资料汇编了2004—2006年国土资源部举办的有关知识讲座材料，内容以国土资源知识为主，还包括与国土资源知识相关的资源科学、管理科学、领导科学、行政执法、宏观经济、可持续发展等方面的知识。（其利格尔）

国学启蒙经典

张为才　主编

康巴什新区第一小学　编

16开　176页

内容提要：本资料主要收录了《三字经》《百家姓》《千字文》《弟子规》等国学启蒙经典读本。（嘎拉贝日汗）

郭银维书法集

郭银维　著

中国文联出版社

ISBN 7-5006-7623-9

2007年

16开　96页　98.00元

内容提要：本书是郭银维书法作品选集。（其利格尔）

果树栽培技术手册（苹果、梨树部分）

伊旗果树基地建设服务站

32开　29页

内容提要：本资料分苹果、梨树两部分，讲解了梨树的整形修剪和苹果高产稳产栽培技术。（其利格尔）

哈日苏勒德威猛大祭

那楚格等　编著

成吉思汗研究院、成吉思汗陵祭祀文化办公室、成吉思汗基金会　编

16开

内容提要：本资料是一部画册，记录了2012年农历七月十四至十月初五在明安毛都举行的哈日苏勒德巡旅及威猛大祭全过程。（其利格尔）

翰墨情深达拉特

金立和等　主编

16开　79页　52.00元

内容提要：本资料收录了达拉特旗广大书画艺术工作者和爱好者的各类作品198幅。其中书法70幅（含蒙文书法7幅），绘画108幅（含静物4幅、版画5幅，皮画2幅，烫画1幅，儿童作品37幅），剪纸18幅（含儿童作品6幅），其他2幅（含浮雕1幅、泥塑1幅）。（其利格尔）

瀚海清音

漠南、漠北　著

中国作家出版社

ISBN 978-988-19560-0-2

2011年11月

32开　186页　58.00元

内容提要：本诗集在体例上分五个部分，前四部分是诗，有五言、七言、四言之长短句，亦有自由体，最后是漠北写的歌词，也可看作是一个附属。诗集的内容上，有写意即兴的，有游历记景的，有记事写实的，有寓意辩理的，也有不好归类的。然而，它们都是作者内心真情的表露，是一缕痕，是一思得。（其利格尔）

杭锦旗旅游指南

杭锦旗文化和旅游局　编

12开　48页　25.50元

内容提要：本资料介绍了杭锦旗的旅游概况、历史文化、草原风情、大漠风光、河套风情、名胜古迹、民族民俗、精品路线、管理机构等，是一部杭锦旗旅游指南。（嘎拉贝日汗）

好人丁新民

田培良　著

内蒙古人民出版社

ISBN 978-7-204-09640-4

2008年6月

16开　244页　66.00元

内容提要：本书主要讲述了丁新民与他的民工兄弟之间的感人故事，并全面反映了东方路桥集团公司10年来的发展和成就。（其利格尔）

好习惯成就学生

康巴什区第一中学　编

32开　148页

内容提要：本资料是康巴什区第一中学校教材，内容包括让孩子学会关爱、让孩子学会管理自己、让孩子修炼好品德、让孩子成为一个出众的人、让孩子微笑着学习、让孩子拥有一个健全的人格、让孩子做一个有教养的人、让孩子有一个乐观的心态、让孩子学会理财、让孩子体会劳动的艰辛、让孩子拥有成功11个部分，讲述了51个好习惯。（其利格尔）

郝万忠

公安部宣传局、内蒙古自治区党委宣传部、内蒙古自治区公安厅　编

群众出版社

ISBN 978-7-5014-5071-8

2012年11月

32开　200页　18.00元

内容提要：本书分所获荣誉、学习决定、事迹报告词、媒体评论及报道、郝万忠同志主要事迹和故事、郝万忠同志的学习心得六个部分，讲述了郝万忠的生平事迹。（其利格尔）

喝酒规则——冯春生小小说集之四

冯春生　著

内蒙古人民出版社

ISBN 978-7-204-09592-6

2008年12月

32开　146页　30.00元

内容提要：本书为作者的个人小说

集，分论坛之音、麻雀篇、蚂蚁篇、童年故事四个部分。作者通过生活中的一些现象揭示了喝酒中所蕴含的道理。（其利格尔）

和效大讲堂

鄂尔多斯电业局　编
16开　331页

内容提要：本资料精选和效大讲堂的60期课堂内容，涉及宏观形势政策、企业现代管理、员工职业成长、法律规章解读、弘扬国学精粹、健康和谐生活等多个方面。这些内容为鄂电人打开一扇开阔视野思维、更新观念、丰富知识、拓展思维、提升能力的大门。（其利格尔）

和效鄂电（2017）

鄂尔多斯电业局　编
2017年
16开　110页

内容提要：本资料记录了和效鄂电热点评说、特别关注、和效管理、和效观察、和效之约、基层动态、他山撷英、人物故事、微语集萃等内容。（其利格尔）

和效鄂电（2018）

鄂尔多斯电业局　编
16开　135页

内容提要：本资料分和效管理、和效观察、学与思、人物故事四个部分，以图文形式记录了鄂电人对和效管理和工作的独到见解、解读和思考以及鄂电人的人物故事。（其利格尔）

和效鄂电——记录一个供电企业的文化管理足迹

内蒙古电力（集团）有限责任公司鄂尔多斯电业局　编
中国水利水电出版社
ISBN 978-7-5084-9584-2
2012年3月
16开　311页　68.00元

内容提要：本书收录了2012年之前鄂尔多斯电业局干部员工关于企业文化建设的心得和体会，以及企业管理大事报道，从全新角度展示了鄂尔多斯电业局企业文化管理的经验和成果，为加强电力行业企业文化建设，更好地适应当前电力事业的迅速发展提供了参考。本书适合于电力行业人员，特别是管理人员阅读。（其利格尔）

和效风——鄂尔多斯电业局员工文学艺术作品集（壹）

王忠义　主编
16开　245页

内容提要：本资料分颂、魂、思、情、行、韵、苑、墨、影九个部分，汇编了鄂尔多斯电业局员工文学艺术作品，如小说、小品、书法作品、绘画作品、摄影作品、收藏品、工艺品、诗歌、散文等。（其利格尔）

和效风——鄂尔多斯电业局员工文学艺术作品集(贰)

张瑞江、王伟光　主编

鄂尔多斯电业局　编

16开　285页

内容提要：本资料分帆正扬、载梦行、鼓浪舞、流光映、云雾霁、苑海隅六个部分，汇编了和效风员工文学艺术作品。（其利格尔）

和效风——鄂尔多斯电业局员工文学艺术作品集(叁)

鄂尔多斯电业局　编

16开　263页

内容提要：本资料是鄂尔多斯电业局员工文学艺术作品第三次集结，共分听涛观海、静水流深、彼岸花开、撷英拾贝四个部分，内容包括散文、小说、诗词、书法、摄影作品。（其利格尔）

和效风——鄂尔多斯电业局员工文学艺术作品集(肆)

王玉良、王凤珍　主编

鄂尔多斯电业局　编

16开　201页

内容提要：本资料为鄂尔多斯电业局员工文学艺术作品集，分春华秋实、阳光不锈、诗水繁星、翰墨书香四个部分。（其利格尔）

和效人物故事(壹)

鄂尔多斯电业局文化管理办公室　编

16开　100页

内容提要：本书分责任担当、执着坚守、善学创新、凝聚团队四个部分，展现了和效鄂电人的感人瞬间，期望凝聚那一丝丝微弱的光，照亮更多前行的路。（其利格尔）

和效人物故事(贰)

鄂尔多斯电业局文化管理办公室　编

16开　76页

内容提要：本资料主要收集了2012—2014年鄂尔多斯电业局先进工作者标兵、鄂电先锋、道德模范等60个鄂电人的故事。（其利格尔）

和效人物故事(叁)

刘生显　主编

鄂尔多斯电业局文化管理办公室　编

16开　65页

内容提要：本资料分坚守——不曾褪色的誓言、青春——我为自己代言、讲堂——聆听他们的故事三个部分，讲述了30个鄂电人的故事，表达了对所有为鄂电美好明天无悔付出的鄂电人的谢意及敬意。（其利格尔）

和·效之道

鄂尔多斯电业局　编

16开　52页

内容提要：鄂尔多斯电业局将其企业文化称为"和·效"之道。本手册分别从"和·效"之道的提出与"和·效"之道的内容、文化核心、企业精神、管理语言等几个方面进行论

述。（其利格尔）

和谐东胜论

  刘荣　主编
  内蒙古人民出版社
  ISBN 7-204-08304-0
  2007年7月
  32开　265页　35.00元
  内容提要：本书为东胜区委党校校长、副教授刘荣同志组织领导本校教师撰写，旨在反映东胜区经济发展、城市建设、社会事业以及党的建设方面落实科学发展观，构建和谐社会。（其利格尔）

合理用药　科学预防——预防传染性非典型肺炎专家谈

  国家食品药品监督管理局、中华人民共和国卫生部、国家中医药管理局　编制
  2003年5月
  32开　83页
  内容提要：本资料从科学角度出发，对如何正确预防"非典"，合理使用预防传染性非典型肺炎药品等进行了详细阐述，供基层医药工作者和广大人民群众在预防传染性非典型肺炎时参考。（其利格尔）

和谐房地产业论

  赵敏、姚鸿起、刘荣　主编
  内蒙古人民出版社
  ISBN 7-204-08304-0
  2007年7月
  32开　246页
  内容提要：本书分综合篇、旗区篇、小区建设篇三个部分，针对鄂尔多斯房地产业存在的不和谐因素，如房价过高、户型构成不合理、物业管理不完善等因素进行探讨研究，致力建设"更具实力、充满活力、富有魅力、文明和谐的现代化鄂尔多斯"。（其利格尔）

河套文化论文集（三）

  王建平　主编
  内蒙古人民出版社
  ISBN 978-7-204-08299-5
  2008年10月
  32开　426页　45.00元
  内容提要：本书是以"河套文化——农耕文明与游牧文明之交融"为主题的学术研讨书籍，是2007年中国·河套文化研讨会理论研讨成果。书中收录了30余位区内外知名高校院所专家学者撰写的研讨文章。（其利格尔）

红腰带

  王亚伟　主编
  远方出版社
  ISBN 7-80595-387-2
  1997年8月
  32开　284页　18.60元
  内容提要：本书是东胜文学作品集，分小说、散文、诗歌三个部分。（其利格尔）

虹宝音货币研究文集

虹（索伦古德）宝音　著

作家出版社

ISBN 978-7-5063-3826-4

2007年12月

16开　217页　48.00元

内容提要：本书是一部从地域性货币史研究着手，对中华货币的整个历史予以重点研究的专著，具有重要的学术价值和史料参考价值。著者编撰这部书的目的，一是弘扬传承国家货币文化，二是为精神文明建设和社会经济发展服务，三是为研究货币本身的发展。（嘎拉贝日汗）

呼包鄂协同发展领导干部读本

呼和浩特市委党校、包头市委党校、鄂尔多斯市委党校　编

2017年1月

16开　285页

内容提要：本资料分关于"区域经济协同发展"的理论综述、自治区领导关于呼包鄂协同发展的指示、呼包鄂协同发展的提出与进展、党和国家关于区域协同发展的政策法规、党和国家领导人关于协同发展的论述、国内部分地区协同发展成功经验荟萃、附录、附图八个部分，涵盖了呼包鄂协同发展战略的全部主要内容。（其利格尔）

花一样的相逢

秦萍　著

中国社会出版社

ISBN 7-8014-486-3

2000年10月

32开　193页　23.00元

内容提要：本书为作者的个人作品集，分为散文篇、小说篇、报告文学篇三个部分。（其利格尔）

华章映晚霞

赵锦玺　忆述

肖箐　执笔

内蒙古人民出版社

ISBN 7-204-06330-9

2002年7月

32开　341页　18.00元

内容提要：本书主要忆述作者离休后的晚年生活，重点写了作者和一大批退休的老同志开展伊克昭盟老科技事业情况及对开发建设绿色产业的思考。（其利格尔）

画说健康99

李永明　主编

深圳报业集团出版社

ISBN 978-7-80709-180-6

2009年7月

24开　116页　24.00元

内容提要：本书是以日常生活场景中提炼出的99幅卡通漫画形象为图解，较为详细地介绍了健康的基本知识、理念和技能，图文并茂，相得益彰，集知识性、指导性、趣味性于一体，内容科学实用，语言通俗易懂。（嘎拉贝日汗）

画说森林防火

伊金霍洛旗森林草原防火办公室　编

16开　50页

内容提要：本书以中国森林防火吉祥物——虎威威为主人公，全面宣传介绍森林防火知识，一幅幅富有生活气息、艺术美感与警示教育意义的卡通漫画和森林防火标语警句，有助于加强森林防火宣传教育，推动森林防火知识"进学校、进社区、进乡村、进农户、进生产企业"，唤起全社会关爱森林，关注森林防火，共创人与自然和谐的绿色家园。（其利格尔）

幻海沧桑

宋文海　著

内蒙古人民出版社

ISBN 7-204-04064-3

1998年6月

32开　391页　16.50元

内容提要：本书为作者的作品集，分散文篇、小说篇、文论篇三个部分，作品主要展现社会众生相及人的心态。（其利格尔）

黄凤岐五体千字文

黄凤岐　著

远方出版社

ISBN 7-80595-692-8

2008年1月

16开　139页　66.00元

内容提要：本书为内蒙古书法名家黄凤岐的书法作品选，由铸魂、草书《千字文》、隶书《千字文》、行书《千字文》、楷书《千字文》、篆书《千字文》、学书自述（代后记）、《千字文》原文八个部分构成。（其利格尔）

黄河水土保持生态工程建设管理

汪习军　主编

黄河水利出版社

ISBN 7-80621-553-0

2002年6月

32开　289页　28.00元

内容提要：本书汇编了一系列有关黄河水土保持、生态工程建设管理的规定和规范性文件，以规范黄河水土、保持生态工程建设与管理秩序，确保工程建设的质量与效益，供水土保持管理部门和水土保持生态工程建设与管理工作者使用和参考，为实现规范化、科学化管理提供依据。〔其利格尔〕

黄河听涛

尚贵荣　主编

梁仓　著

远方出版社

SDN 7-80595-706-1

2012年5月

16开　281页　50.00元

内容提要：本书文字朴实无华，厚重凝练，字里行间洋溢着作者对真理的追求，对生活的热爱，对自然的亲近，对人性的剖析。作者对思想、性格、才情、禀赋折射出的闪光点，也因此有一篇篇真情实感的文学流诸笔端，让读者

读后无不感到亲切自然而又朴实动人，并于几番回味咀嚼之后产生深深的认同感。（其利格尔）

辉煌60年

宝力达　主编

内蒙古人民出版社

ISBN 978-7-204-11825-0

2012年8月

16开　303页　50.00元

内容提要：本书回顾和总结了内蒙古机电职业技术学院60年的发展历程和办学成就，可为内蒙古自治区高等职业教育发展的研究提供系统翔实的参考资料。（其利格尔）

回眸2009的鄂尔多斯

王湛清等　主编

内蒙古人民出版社

ISBN 978-7-204-09592-6

2010年12月

32开　30.00元

内容提要：本书是有关2009年鄂尔多斯市各方面建设、发展的综合性论文集，较全面地反映了2009年鄂尔多斯市全面发展的状况以及鄂尔多斯市委党校2009年的工作情况。（荷梅）

回眸2011的鄂尔多斯

王湛清等　主编

内蒙古人民出版社

ISBN 978-7-204-12920-1

2014年6月

16开　58.00元

内容提要：本书是由鄂尔多斯市委党校组织编写的有关2011年鄂尔多斯市各方面建设、发展的综合性论文集。主要包括物质文明建设、政治文明建设、精神文明建设、和谐社会建设、生态文明建设、旗区建设、党校建设几大部分，涵盖了鄂尔多斯市经济、社会、环境、教育等方方面面的内容，较全面地反映了2011年鄂尔多斯市的发展状况，并确定了新的起点，提出了新的发展方向。（荷梅）

回眸2013的鄂尔多斯

王湛清等　主编

内蒙古人民出版社

ISBN 978-7-204-13376-5

2015年2月

16开　256页　48.00元

内容提要：本书分物质文明建设、政治文明建设、精神文明建设、和谐社会建设、生态文明建设、旗区建设、鄂尔多斯市委党校建设、鄂尔多斯市委党校大事记八个部分，展示了2013年鄂尔多斯的建设成就。（其利格尔）

回眸2015的鄂尔多斯

王湛清等　主编

内蒙古人民出版社

ISBN 978-7-204-14674-1

2017年6月

16开　331页　48.00元

内容提要：本书从物质文明建设、

政治文明建设、精神文明建设、和谐社会建设、生态文明建设、旗区建设、党校建设等方面阐述鄂尔多斯2015年的发展情况。（荷梅）

回眸2016的鄂尔多斯

  王湛清等　主编
  内蒙古人民出版社
  ISBN 978-7-204-15189-9
  2017年12月
  16开　46.00元
  内容提要：本书是有关2016年鄂尔多斯市各方面建设、发展的综合性论文集，较全面地反映了2016年鄂尔多斯市全面发展的状况以及鄂尔多斯市委党校2016年的工作情况。（荷梅）

回眸2017的鄂尔多斯

  王湛清等　主编
  学苑出版社
  ISBN 978-7-5077-5698
  2019年6月
  16开　400页　80.00元
  内容提要：本书是中共鄂尔多斯委员会党校自《2009年的鄂尔多斯》开始每年出版一册的延续。此书多年来的连续出版，受到了鄂尔多斯市及区内外各级党委政府、企事业单位、科研院所等等领域的关注及好评。一致认为此书对深入了解过去一年中鄂尔多斯经济社会发展各个领域的情况能够提供较为客观准确的材料，并成为各级各类部门做决策、制订工作计划与研究的必备参考。（荷梅）

回眸2018的鄂尔多斯

  王湛清、奇海林　著
  中共中央党校出版社
  ISBN 978-7-5035-6687-5
  2019年12月
  16开　186页　46.00元
  内容提要：本书主要介绍了鄂尔多斯市2018年的经济建设、政治建设、文化建设、社会建设、生态建设、旗区建设、园区建设等内容。（嘎拉贝日汗）

回眸2009年——新闻媒体上的鄂尔多斯市

  中共鄂尔多斯市委宣传部　编
  2010年1月
  32开　206页
  内容提要：本资料汇编了《求是》《人民日报》《光明日报》《经济日报》《内蒙古日报》《香港大公报》，以及新华社、中央电视台等多家新闻媒体深入采访报道的大量反映鄂尔多斯各行各业蓬勃发展的新闻稿件，为鄂尔多斯经济社会发展营造了宽松的外部环境，提供了强有力的舆论支持。（其利格尔）

回眸与点评2010的鄂尔多斯

  王湛清等　主编
  内蒙古人民出版社
  ISBN 978-7-204-11924-0
  2013年1月
  16开　270页　48.00元

内容提要：本书分物质文明建设、政治文明建设、精神文明建设、和谐社会建设、生态文明建设、旗区建设、党校建设七个部分，对鄂尔多斯在2010年取得的成就进行了回顾与点评。（荷梅）

回眸2013年对外宣传报道集锦

伊金霍洛旗委宣传部外宣办　编

16开　217页

内容提要：本资料分讲话精神、重大活动、重要报道三个部分，以图文形式记录了新华社"走转改"基层活动联系点揭牌、2013伊金霍洛国际马拉松赛、伊金霍洛首届鄂尔多斯婚礼文化旅游节、2013年全市精神文明建设经验交流会等对外宣传报道。（其利格尔）

回眸2014年对外宣传报道集锦

伊金霍洛旗委宣传部外宣办　编

16开　217页

内容提要：本资料围绕践行党的群众路线教育实践活动、优化产业结构促进转型发展、改善民生品质、精神文明建设、荣誉伊金霍洛五个部分，记录了伊金霍洛旗2014年先后开展的"去机关化"、"惠民五送"、"乡风文明大行动"、《内蒙古日报》"亮丽风景线"等方面的对外宣传报道。（其利格尔）

回眸媒体眼中2016的鄂尔多斯

中共鄂尔多斯市委宣传部　编

16开　186页

内容提要：本资料汇编了中央、自治区及境外媒体记者1100多人（次）赴鄂尔多斯采访、播发的稿件，包括2400多篇（条）关于2016年鄂尔多斯发展足迹、成果的部分重要报道。（其利格尔）

回忆鄂尔多斯解放战争

高平　忆述

风暴　整理

1982年12月

16开　125页

内容提要：本书以回忆录的形式讲述了解放战争时期鄂尔多斯地区革命斗争史，包括走向鄂尔多斯，艰苦的岁月，鲜红的战旗，开赴东线、建立伊东根据地，大刀阔斧挺进伊北，打垮群匪，解放全盟、将革命进行到底七个章节。（其利格尔）

回忆伊盟解放战争

高平　著

中共伊盟盟委党史资料征集办公室　编

32开　219页

内容提要：本资料共七章，分别是走向鄂尔多斯、艰苦的岁月、鲜红的战旗、开赴东线、挺进伊北、解放全伊盟、将革命进行到底。（荷梅）

魂系桑梓

聂生有　著

远方出版社

ISBN 7-80595-668-5

125

2005年3月

32开　167页　30.00元

内容提要：本书是作者40多年革命生涯的真实感人的回忆。丹心恋故土，毕生报桑梓——这是作者一生的真实写照。聂生有同志这一部辉映着党的光辉、辉映着伊金霍洛旗变化历程的光辉和辉映着他人生奋斗历程的革命回忆录，方便读者了解祖国的昨天、伊旗的昨天、建设伊旗的今天，为实现伊旗无限风光的明天而奋斗。（其利格尔）

活人心

苏良　著

远方出版社

ISBN 7-80595-706-1

2016年6月

32开　176页　18.00元

内容提要：本书为作者的小说集，包括《记忆的碎片》《乡村笔记》《活人心》《诗人和戏戏》《平平淡淡的日子》《照片背后的故事》《债城》七篇小说。（其利格尔）

火花集

亢保卫　著

2014年11月

32开　239页

内容提要：本资料分为四个部分，即亲情篇、感悟篇、诗歌篇、博客篇。亲情篇记录作者对父亲和母亲的感恩之情；感悟篇是把一些散文和杂谈合在一起；诗歌篇则将或自由类或词牌类并为一处；博客篇是作者在博客上的回复和评论。（其利格尔）

机动车驾驶人（考试题库）

伊旗悦达驾校、新街亚亮驾校　编

32开　94页

内容提要：本资料包括机动车驾驶人科目一理论学习资料、安全文明驾驶知识考题等内容，为准备考取机动车驾驶证的人员提供参考。（其利格尔）

机动车驾驶人道路安全和文明驾驶（考试题库）

2013年

32开　94页

内容提要：本资料为机动车驾驶人道路安全和文明驾驶考试题库，主要包括违法行为综合判断与案例分析（共36题）、安全行车常识（共192题）、常见交通标志、标线和交警手势辨识（共215题）、驾驶职业道德和文明驾驶常识（共63题）、恶劣气候和复杂道路条件下驾驶常识（共165题）、紧急情况下避险常识（共94题）、交通事故救护及常见危化品处置常识（共35题）等各方面试题。（其利格尔）

基层声音——画说百姓生活

内蒙古自治区党委党的群众路线教育实践活动领导小组办公室、鄂尔多斯市委党的群众路线教育实践活动领导小组办公室、准格尔旗党委党的群众路线教育实践活动领导小组办公室　编

2014年1月

16开　38页

内容提要：改革开放以来，老百姓的生活发生了翻天覆地的变化，单从衣、食、住、行几个方面看，变化即十分明显，本资料就是以衣、食、住、行和生产发展、社会民生几个方面为切入点，从老百姓评述自己生活的真实"声音"中，择录出一部分凸显鲜明对比的内容，并配以漫画形象说明。（其利格尔）

基层声音——画说干群关系

内蒙古自治区党委党的群众路线教育实践活动领导小组办公室、鄂尔多斯市委党的群众路线教育实践活动领导小组办公室、准格尔旗党委党的群众路线教育实践活动领导小组办公室　编

2014年1月

16开　42页

内容提要：本资料围绕干群关系这一话题选录了中央领导关于党的干部服务群众的方式方法等方面的论述，同时选录了党员干部、群众阐述干群关系的话语，分为中央说、干部说和群众说三个部分。（其利格尔）

基层声音——画说干群作风

内蒙古自治区党委党的群众路线教育实践活动领导小组办公室、鄂尔多斯市委党的群众路线教育实践活动领导小组办公室、准格尔旗党委党的群众路线教育实践活动领导小组办公室　编

2014年1月

16开　42页

内容提要：本资料本着用民声说理、用民意警示的宗旨，收录了干部群众针对党员干部在"四风"方面存在的问题、怎样自谨自省等方面内容而发的真实之声，内容有讽有谏，有抑有扬，从画说形式主义、画说官僚主义、画说奢靡之风、画说享乐主义几个角度切入，配以形象的漫画，文图结合，让广大读者通过视觉体会个中韵味。只有通情才能达理，党员干部就是要真听意见、真察民情，从群众最不满意、最希望改的地方改起。立说能立改，才能取信于民，才能真心实意服务群众，才能把服务群众落到实处。（其利格尔）

基层声音——漫瀚新风新貌

内蒙古自治区党委党的群众路线教育实践活动领导小组办公室、鄂尔多斯市委党的群众路线教育实践活动领导小组办公室、准格尔旗党委党的群众路线教育实践活动领导小组办公室　编

2014年1月

16开　38页

内容提要：本资料力戒制度化、程式化的条条框框，选录了基层干部、广大群众原汁原味的"声音"，用内蒙古准格尔旗特有的民歌曲种漫瀚调来表现，有正面引导，有反面规谏。全篇分为四个篇章，"治村"部分，围绕如何治好村对村干部和村民分别提出不同要求；"持家"部分，指出农民持家所需具备的一些素养；"智养千口，力养一

人"，指出新时代下的农民不再等同传统意义上的农民，在面朝黄土背朝天的日子中自在生活，而是要跟得上时代节拍，要不断学习、不断提高自身素养，有好的理念，有可支撑持家立业的技能，才不会落伍；"厚亲睦邻"和"正风尚德"部分，内容涵盖尊老爱幼、邻里和睦、惩恶扬善等几个方面内容。（其利格尔）

几种常见动物疫病的危害及防控

鄂尔多斯市动物疫病预防控制中心　编

2015年11月

64开　37页

内容提要：本资料是动物疫病防控知识宣传资料，包括了包虫病、布鲁氏杆菌病、高致病性禽流感、高致病性猪蓝耳病、牛结核病、口蹄疫、狂犬病、马鼻疽、马传染性贫血病、绵羊痘和山羊痘、小反刍兽疫、鸡新城疫、猪瘟、非洲猪瘟等动物疫病的介绍、流行病学、症状和病理文化、诊断、防控、治疗等内容。（其利格尔）

记者朝夕论

齐凤元　著

内蒙古人民出版社

ISBN 7-204-01550-9

1991年8月

32开　196页　3.00元

内容提要：本书是写给记者、新闻通讯员和其他爱好写作的朋友的实用指导。这是作者多年来的人生小结，也是作者崇高职业的心灵体验，其多年来的采访、创作经验可给相关读者以一定的启示。（其利格尔）

继往开来

李玉林　主编

内蒙古达拉特旗史志征编办公室　编

内新图准字〔91〕第46号

1991年7月

32开　425页　40.00元

内容提要：本书从革命回忆录、专题史料、革命史话、人物传记、党史大事记五个部分全面、准确地反映了达拉特旗革命斗争的历史，既有史料价值，又是进行革命传统教育的地方性教材。（其利格尔）

驾临鄂尔多斯

陈浩、赵园　主编

鄂尔多斯市文化和旅游局、火把旅行、爱车环球自驾汽车文化（集团）俱乐部　编

32开　63页

内容提要：本资料以图文形式展示并介绍了鄂尔多斯旅游景点景区、风俗、旅游路线等内容，提供了自驾旅游指南。（其利格尔）

艰苦创业　改革奋进——伊克昭盟农业科学研究所成立三十周年

伊克昭盟农业科学研究所　编

1989年10月

16开　52页

内容提要：本资料包括《伊盟农科所建所三十周年座谈会盛况》《科学研究促进了伊盟的农业发展》《艰苦创业·开拓前进——伊克昭盟农科所建所三十年回顾》三篇文稿和建所30年的科研成果等。（其利格尔）

监督执纪问责核心法规

鄂尔多斯市纪委派驻市规划局纪检组　编

16开　146页

内容提要：本资料汇编了《中国共产党章程》《关于新形势下党内政治生活的若干准则》《中国共产党廉洁自律准则》《中国共产党党内监督条例》《中国共产党巡视工作条例》《中国共产党问责条例》《中国共产党纪律检查机关监督执纪工作规则（试行）》等核心法规。（其利格尔）

减轻企业负担工作文件汇编

伊盟物价局　编

1998年11月

32开　72页

内容提要：本资料汇编了《国家计委、财政部关于第一批降低22项收费标准的通知》《财政部、国家计委关于公示取消第一批行政事业性收费项目的通知》《内蒙古自治区物价局关于做好清费治乱减轻企业负担工作的通知》等减轻企业负担工作文件。（其利格尔）

建筑施工安全知识应知应会

鄂尔多斯高新技术产业开发区建设局　编

32开　8页

内容提要：本资料汇编了35项建筑施工安全知识应知应会知识。（其利格尔）

健康·安全·环保·低碳科普画册

伊金霍洛旗科学技术协会　编

32开　66页

内容提要：本画册为科普小丛书当中的一册，书中以直观形象的图画，生动有趣的小故事，配以简洁的文字说明，以通俗易懂、饶有趣味的语言向公众普及有关安全、健康、环保、低碳方面的知识，宣传约能源资源、保护生态环境、保障安全健康的意识和主张。（其利格尔）

健康人生12要素

柴慧灵　主编

鄂尔多斯市健康城市工作委员会办公室、鄂尔多斯市健康城市研究会　编

内蒙古文化音像出版社

2015年8月

32开　216页

内容提要：本书主要汇编了呼吸新鲜空气、饮用健康水、常晒太阳、营养膳食、戒烟限酒、科学运动、足量睡眠、笑口常开、读书修身、音乐怡情、情趣养心、快乐工作十二要素知识。（其利格尔）

交流经验·共享成果

  王丽珍　主编
  达拉特旗教研培训中心　编
  2009年9月
  16开　264页

  内容提要：本资料是达拉特旗教学成果展示经验集锦，也是达旗基础教育课程改革第六个年头的成果汇编，内容涵盖流程、案例、经验，论文荟萃，教学反思，教学随笔四个部分。（其利格尔）

教海悟道——教学艺术探索

  常来旺、张俊廷　编著
  内蒙古教育出版社
  ISBN 978-7-5311-9616-7
  2015年5月
  32开　438页　68.00元

  内容提要：本书包括特级教师对教学艺术的探索与经验，娓娓道来，深入浅出，引人深思。（荷梅）

教学散文选

  徐兴邦　著
  内蒙古人民出版社
  ISBN 7-204-06518-2
  2004年3月
  32开　255页　16.50元

  内容提要：本书收入作者在漫长的教学生涯中为教学、为学生撰写的教学散文，共100篇。这些散文是作者为指导学生作文、演讲、朗诵而撰写的范文，选材广泛，写法有记叙、写景咏物、抒情议论等多种体裁。本书在培养学生写作兴趣和写作能力方面起到促进作用，同时又贴近教学，贴近生活，也贴近当今现实，并为中国散文园地开辟了一个新的领域——教学散文。（其利格尔）

教育教学案例集锦

  杨生荣　主编
  伊金霍洛旗教育教学研究室　编
  2013年2月
  16开　286页

  内容提要：本资料是伊金霍洛旗教师教书与育人策略的集锦，包含128个动人的故事、数千名学生的成长经历，是课程改革的一个缩影。每一个感人的育人故事记录着教师成长的足音，每一个鲜活的教学案例架起了教学理论与实践之间的虹桥，每一幕师生间的短剧诠释出育人之理。它使理想中的教师自我同教师现实中的心灵自我达成共识，使教师对自己教学行为的反思意识与形成习惯之间不再有屏障，使"教书匠"走向"专家型"教师的通道更加顺畅。（其利格尔）

教子有方经验汇编

  康巴什新区关心下一代工作委员会　编
  32开　85页

  内容提要：本资料汇编了点滴之中蕴真爱、牵着孩子小手、感知大千世界、家长是孩子的第一任教师、如何培养孩子的阅读习惯、赏识、科学施教、

给孩子插上飞翔的翅膀、育儿心得体会、为孩子成长打好地基等20个教子有方经验。（其利格尔）

解读鄂尔多斯

王益民、王文元　主编

远方出版社

ISBN 978-7-80723-489-0

2011年2月

32开　327页　69.00元

内容提要：本书内容涉及鄂尔多斯的历史、自然、资源、经济、文化、教育、城市、名胜、民族、民俗、风情等各个方面，对于了解鄂尔多斯的历史文化、经济发展等各个方面具一定参考价值。（其利格尔）

借你一双选购慧眼

鄂尔多斯市食品药品安全委员会办公室、鄂尔多斯市市场监督管理局　编

16开　33页

内容提要：本书分科学饮食学问答、食材健康有讲究、食之有道三个部分，主要介绍了科学饮食方法、健康食材辨识、食材健康吃法。（其利格尔）

今日内蒙古畜牧业画册

内蒙古自治区畜牧局、内蒙古画报社　编

1987年5月

16开

内容提要：本资料是一部画册，主要记录了内蒙古自治区畜牧业取得的举世瞩目的成就，草原发生的翻天覆地的变化，以及生产力不断得到发展，畜牧事业日益兴旺，各族人民团结进步的画面。（其利格尔）

今日内蒙古·伊克昭

雷·额尔德尼　编著

内蒙古人民出版社

ISBN 978-7-2040-3553-3

1997年5月

32开　127页　28.00元

内容提要：本书是《今日内蒙古》丛书之一，意在向国内外读者朋友展示伊克昭盟近半个世纪以来的发展历程，展示伊克昭盟在改革开放与经济建设中所取得的巨大成就，展示伊克昭盟在资源、地缘及人文环境方面的优势，同时也和读者朋友一道站在新世纪的地平线上展望鄂尔多斯未来发展的前景。（其利格尔）

今日神东

《今日神东》栏目编审委员会、神华神东煤炭集团新闻中心　编

16开　105页

内容提要：本资料附带5张光盘，是新闻中心开办的一档纪实性电视专题栏目，对公司的某一新闻事件或者是重要工作进行比较全面、系统的报道，给广大职工提供一个深度了解新闻事件的平台。作品中融入了更多人文观照和深度思考。将神东历史的起伏和人物命运的变迁融合在一起，折射出时代变迁、企业发展和个

人命运交融的深刻意义。本资料共25集，每集15分钟左右。（其利格尔）

金候书法集

金候 著
内蒙古人民出版社
ISBN 7-204-05350-8
2004年12月
16开　40页　58.00元

内容提要：本书收录了作者创作的40余篇书法绘画作品。（库布其）

金光大道

王文明　编集
新华出版社
ISBN 7-5011-5843-6
2007年1月
32开　248页　32.80元

内容提要：本书主要给广大读者介绍如何适应新形势投身于市场经济大潮、如何增强商品经济意识、如何尽快增收致富、如何科学理财、如何科学教子以及增强安全意识等方面的内容。书中部分章节特意为广大农牧民介绍了如何科学种田、科学养牧，依靠科学经营走向致富的典型范例。这些文章贴近时代，贴近生活，贴近群众，文章长短不一，通俗易懂，融科学性、知识性、实用性、收藏性于一体，可作为"致富指南"或"致富之友"。（其利格尔）

金秋科苑论坛（第十五辑）

鄂尔多斯市老科学技术工作者协会　编
2017年11月
16开　178页

内容提要：本资料分调查研究、农牧业、林沙产业与生态建设、教育与科普、医疗卫生、综合、补白七个部分，展示了金秋科苑论坛的主要内容。（其利格尔）

警民反诈·共创平安

鄂尔多斯市公安局　编
32开　8页

内容提要：本资料主要从网络贷款诈骗、网络购物诈骗、冒充熟人诈骗、兼职刷单诈骗、网上投资理财诈骗、冒充公检法诈骗等诈骗方式入手，宣传"知骗、识骗、不被骗，时刻绷紧防范弦"教育活动。（其利格尔）

京煤机械

鄂尔多斯市京煤机械制造有限责任公司　编
16开　16页

内容提要：本资料以图文形式介绍了鄂尔多斯市京煤机械制造有限责任公司企业实力、产品介绍、煤矿的4S店、未来展望等内容。（其利格尔）

久恒美丽·荣耀人生

内蒙古久荣毯业有限责任公司　编
32开　6页

内容提要：本手册包括汉英双语形式的内蒙古久荣毯业有限责任公司简

介、创新发展理念、产品系列、招商引资等内容。（其利格尔）

酒场语言集锦
孙荣　著
长征出版社
ISBN 7-80015-979-5
2005年8月
32开　347页　30.00元
内容提要：本书主要介绍了不同酒场语言及与酒相关的知识，包括饮酒杂谈、劝酒词、酒场提议词、不同酒场的祝酒词等内容。（其利格尔）

居民生活垃圾分类科普手册
32开　20页
内容提要：本资料普及了居民生活垃圾分类的知识，分什么是生活垃圾分类、生活垃圾四色分类、生活垃圾分类方法、生活垃圾分类流程四个部分的内容。（其利格尔）

"巨力杯"——鄂尔多斯转型发展研讨会专辑
奇·朝鲁　主编
内蒙古自治区内部资料
15-001/C
2011年7月
16开　230页
内容提要：本书收录"巨力杯"——鄂尔多斯转型发展研讨会论文27篇，分为两部分：一是报告、讲话、致辞；二是研讨会入选论文，涉及宏观战略、关注民生、第一产业与城乡统筹、文化与文化产业、企业转型、技术进步、观念转型等。（荷梅）

聚变康巴什
中共鄂尔多斯市康巴什区委宣传部　编
16开　155页
内容提要：本资料以汉文为主，蒙古文、英文为辅，以图文形式介绍了康巴什的建筑、重大事件及人文景观。（其利格尔）

聚焦改革——伊金霍洛旗全面深化改革进行时
伊金霍洛旗委全面深化改革领导小组办公室　编
16开　70页
内容提要：本资料分深化经济体制与生态文明体制改革、深化民主法治领域改革、深化文化体制改革、深化司法体制与社会体制改革、深化党的建设体制改革、深化纪律检查体制改革六个部分，介绍了伊金霍洛旗27个全面深化改革项目。（其利格尔）

聚能领跑：神东党建企业文化进行时
贺生忠　主编
陕西人民出版社
ISBN 978-7-224-11852-0
2016年6月
16开　303页　48.00元
内容提要：本书分课题篇、实践篇、

故事篇三个部分，汇编了中国神华神东煤炭集团员工党建作品。（其利格尔）

崛起的苏里格

刘汉彬　编

16开　26页

内容提要：本资料以图文方式展示了苏里格经济开发区概况、区位图、领导关怀、资源优势、文化繁荣、生态工业发展等内容。（其利格尔）

崛起与辉煌

王卫东等　主编

内蒙古人民出版社

ISBN 978-7-204-09436-3

2010年11月

32开　495页　38.00元

内容提要：本书讲述在西部大开发战略的环境下鄂尔多斯创业者苦心经营、发展壮大企业品牌的故事，取材于东源宇龙王集团企业内部资料，旨在深度挖掘企业真实的运作。（其利格尔）

崛兴园地参天树

杨·道尔吉、蔺怀恩　主编

伊克昭盟财经学校

内新图准字（99）第48号

32开　19.00元

内容提要：本书是伊盟财校建校45周年暨复校20周年纪念报告文集，由振兴伊盟、育才为本、校情通报、校史简志、经济黄埔、铁肩担道义、深情回眸、桃李芬芳八个部分构成，总结了伊克昭盟财经学校45年来的经验，褒扬了不同时期为学校做出过贡献的教职工。（其利格尔）

军民同心·共圆新梦

鄂托克前旗拥军优属拥政爱民工作领导小组办公室、鄂托克前旗退役军人事务局　编

12开　141页

内容提要：本资料为2016—2019年鄂托克前旗"双拥"工作纪实画册。（其利格尔）

郡王府记忆

张子珍　主编

政协伊金霍洛旗委员会　编

内蒙古人民出版社

ISBN 978-7-204-13848-7

2015年12月

16开　288页　58.00元

内容提要：本书以历史记载、档案资料、政府文献以及公开出版物为依据，讲述了郡王府的故事，内容分为郡王府探源——历史脉络梳理、政事如棋局——公务活动、郡王府风云——命运关口、沧桑巨变——社会大变局、王府里的日子——贵族生活、品读郡王府——文化艺术精品五章。（荷梅）

康巴什2012年外宣手册

康巴什新区党工委宣传部　编

32开　46页

内容提要：本资料包括康巴什新区

简介、康巴什新区2011年成就、康巴什新区亮点、康巴什新区2012年目标、文章摘编等内容。（其利格尔）

康巴什处处有神奇

32开　72页

内容提要：本资料采用英汉双语、图文的形式介绍鄂尔多斯康巴什及其四季、生态、风情、动感、艺术、夜色、度假、印象、圣韵等各方面特点。（其利格尔）

康巴什旅游重点项目推介册

康巴什文化和旅游局　编

内蒙古鄂尔多斯市康巴什管委会

16开　46页

内容提要：本资料主要介绍了鄂尔多斯市康巴什区的旅游重点项目，包括鄂尔多斯会客厅、乌兰木伦石窟文化旅游区、乌兰木伦水岸风情街、康巴什之夜、康巴什游乐园、康巴什游学基地项目等多个旅游重点项目。（嘎拉贝日汗）

康巴什区家风家训故事选

李文　主编

康巴什区关心下一代工作委员会、康巴什区教育体育局、康巴什区教育体育局管委会　编

32开　399页

内容提要：本资料是收集康巴什区家风家训、传统美德的故事选，内容包括家风家训故事及一些家庭简介。（其利格尔）

康巴什区战疫文艺作品选

康巴什区委宣传部、康巴什区文联　编

2020年

16开　56页

内容提要：本资料收录新型冠状病毒疫情暴发，康巴什区动员征集的战"疫"文艺作品，包括歌曲、诗歌、绘画、快板、朗诵、摄影等类型。（其利格尔）

康巴什生活手册

鄂尔多斯委宣传部、康巴什新区党工委宣传部、内蒙古伊泰置业有限责任公司　编

32开

内容提要：本资料主要介绍了康巴什区位、人文、交通、生态、教育、美食、购物、酒店、休闲、医疗、便民、宜居等内容。（其利格尔）

康巴什智慧城市建设项目解决方案

正元地理信息有限责任公司　编

2017年6月

16开　90页

内容提要：本资料是正元地理信息有限责任公司编制的康巴什智慧城市建设项目解决方案。（其利格尔）

考考什那

那顺巴图　著

2009年8月

16开　71页

内容提要：本资料是那顺巴图的油

画作品，收录了《扭曲和渺小——关于那顺巴图的画》、《自然界是现实结构的一个抽象的空间》、《考考什那》、那顺巴图个人简历等。（其利格尔）

科技政策宣传手册

  康巴什区商务和科技局　编
  32开　61页
  内容提要：本资料包括《康巴什区商务和科技局科技职能职责》《鄂尔多斯市关于促进科技创新若干政策》《内蒙古自治区科学技术厅关于印发〈内蒙古自治区科技、计划项目管理办法（试行）〉的通知》《内蒙古自治区促进科技成果转化条例》《科技创新政策法规汇编目录》等文件。（其利格尔）

科普知识读本

  王玉梅　主编
  32开　34页
  内容提要：本资料紧紧围绕"节约能源资源、保护生态环境、保障安全健康生产生活"主题，以图文形式和简洁明了的语言阐述了日常科普知识。（其利格尔）

可爱的鄂尔多斯

  《可爱的鄂尔多斯》编委会　编
  内蒙古人民出版社
  ISBN 3089·211
  1985年3月
  32开　222页　1.40元
  内容提要：本书记录了鄂尔多斯的自然风貌、历史沿革、斗争历程、自然资源和建设成就。（其利格尔）

可爱的鄂尔多斯（续篇）

  《可爱的鄂尔多斯（续篇）》编委会　编
  内蒙古人民出版社
  ISBN 7-204-00069-2
  1987年5月
  32开　301页　2.45元
  内容提要：本书包括千古风流、精英荟萃、成陵祭奠、鄂尔多斯风情等部分。（荷梅）

可爱的鄂托克

  王晓东　主编
  中共鄂托克旗委员会、鄂托克旗人民政府　编
  12开　94页
  内容提要：本资料是一部展示鄂托克旗建设成就、多元文化、人民生活、美丽风景的摄影作品集，包括"清纯的净土，一曲感触自然神韵的牧歌""丰厚的沃土，一首感知时空变迁的史诗""沸腾的热土，一处感悟生命价值的舞台""和谐的乐土，一幅感受美好人生的画卷"四部分内容。（其利格尔）

可爱的准格尔

  赵德英　主编
  准格尔旗党委宣传部　编
  1992年8月
  32开　116页　3.00元

内容提要：本资料内容分为烂漫色调、乡村风采、奇观异景、山乡风味四章。（荷梅）

渴望草原

林青彪　著
内蒙古人民出版社
ISBN 978-7-204-14914-8
2017年8月
16开　210页　39.00元

内容提要：本书立足于时代与历史的交叉点，鸟瞰式地为我们展示了内蒙古的一整部文明史。透出历史烽烟，追寻民族灵魂的蜕变——即多民族文化碰撞、扬弃、融合的时代大趋势，为中华民族的复兴提供了宝贵经验，为中华民族精神的重构展示了光明的前景。（其利格尔）

库布其沙漠治理经验新闻素材汇编

中共鄂尔多斯市委宣传部　编
2018年7月
16开　158页

内容提要：本资料是为做好库布其沙漠治理经验重大典型宣传工作精心搜集整理而成的。内容包括库布其总体情况、中央领导同志讲话致辞、模式和典型人物故事、国内和国际影响等方面新闻素材，方便参加采访报道的新闻记者参考使用。（其利格尔）

跨进新千年的马背民族

宝彦　主编

内蒙古人民出版社
ISBN 978-7-204-05650-7
2000年12月
16开　159页　248.00元

内容提要：本书为一本画册，包括辽阔草原、草原意蕴、马背儿女、草原风情四大部分，所选作品集草原风光、牧区英姿、马背民族、草原风情于一体，展示了内蒙古自治区成立50多年来，特别是改革开放以来，马背民族在政治、经济、文化、教育、科技等方面发生的翻天覆地的变化。（其利格尔）

跨世纪的鄂托克

中国人民政治协商会议鄂托克旗委员会　编
内新图准字〔2002〕77号
2002年9月
16开　286页

内容提要：本书内容分为关怀与期望、光辉的历程、丰富多彩的民俗文化、雄浑的大漠风光、历史性的跨越、乡镇建设硕果累累六个部分，反映了鄂托克旗政协发展的各个历史阶段，浓缩政协半个多世纪的光辉历程，也反映了鄂托克旗以及鄂托克旗各苏木乡镇、行政、企事业单位在中华人民共和国成立以来，特别是改革开放后，经济建设和社会发展方面发生的巨大变化和新的精神风貌及远景目标。（荷梅）

跨越——鄂尔多斯铁路摄影展

贺斌、刘伟　编

16开　99页

内容提要：本资料共收录鄂尔多斯铁路摄影展的参展作品98个，所展作品从不同角度、不同侧面展现出铁路施工生产中铁路员工攻坚克难、爱岗敬业、拼搏奉献的风采，抒发了广大员工爱生活、爱自然、爱铁路的情怀和对美好生活的向往。（其利格尔）

跨越发展的鄂尔多斯公安

鄂尔多斯市公安局政治部宣传处　编
16开　48页

内容提要：本资料记录了鄂尔多斯市公安局在市委、市政府和上级公安机关的正确领导下，坚持以"三个代表"重要思想和科学发展观为统领，紧紧围绕"实施安全稳定工程，创建平安鄂尔多斯"总目标，充分发挥职能作用，抓住"三基"工程建设的历史性机遇，大力推进各项公安工作和公安队伍建设，取得可喜成绩的历程。主要包括维稳、严打、严防、严管、"三基建设"、素质建设、文化育警、科技强警、执法与服务、和谐警民情等内容。（其利格尔）

跨越式发展的鄂尔多斯

李文艺、奇海林　主编
远方出版社
ISBN 7-80595-965-X
2006年7月
32开　435页　35.00元

内容提要：本书分综合篇、第一产业篇、第二产业篇、第三产业篇四个部分，收录了鄂尔多斯市党校系统的专家学者创作的论文，从多个角度总结评价了鄂尔多斯市过去5年的发展成就、经验教训，并用不同方法研究、探索了未来5年的发展。（其利格尔）

矿工健康管理手册

张子荣等　编著
中国工人出版社
ISBN 978-7-5008-4664-2
2010年2月
16开　664页　120.00元

内容提要：本书共3册，主要根据对神华集团神东、宁煤、准格尔等矿区人群健康状况进行调查，并以此为发源点折射了整个矿工的健康状况和存在的问题，详细说明了合理的饮食、良好的生活习惯对矿工健康的重要性。第一册《昨天篇——矿工健康大盘点》，对矿工过去的健康状况做了严谨的调查统计，从中总结经验和教训；第二册《今天篇——让矿工健康长寿的生活方式》是对当前矿工健康问题的调查总结，从中发现问题；第三册《明天篇——健康生活让矿工无病一生轻》是从矿工的过去、现在提出今后的健康管理，疾病发现及养生防病的理念。（其利格尔）

劳模风采

鄂尔多斯市总工会　编
32开　784页

内容提要：本资料记录了21世纪鄂尔多斯市各行各业的全国劳动模范和先进工

作者、全国"五一劳动奖章"获得者、自治区劳动模范和先进工作者、鄂尔多斯市劳动模范和先进工作者的感人事迹，字里行间闪烁着创业、敬业、奉献的当代劳模风采，也充分展示了劳模的辉煌业绩和无私奉献精神。（其利格尔）

老一辈革命家与鄂尔多斯

王雪峰　主编

32开　75页

内容提要：本资料记录了老一辈革命家毛泽东、林伯渠、彭德怀、李富春、习仲勋、乌兰夫、王震等与鄂尔多斯的故事。老一辈革命家的理想信念、道德涵养、执政操守和清廉准则，正是"严"的内涵；老一辈革命家深入调查研究，奋力开辟道路，忠诚坦荡、敢于负责的担当精神，正是"实"的体现。学习与弘扬老一辈革命家崇"严"尚"实"的精神风范，是共产党人的三个境界，既是历史重任，也是现实要求，更是未来召唤。（其利格尔）

老总知行录——尚一波作品选

尚一波　著

内蒙古人民出版社

ISBN 7-204-05588-8

2001年5月

32开　448页　29.20元

内容提要：本书分报论、报思、报行、报感四个部分，收录了作者从新闻实践、办报实践、社会观察中体会到的观点、感想和相关新闻研究，也是鄂尔多斯地区主流思想的真实记载。（其利格尔）

魅力响沙湾——李恩中摄影作品集

李恩中　著

民族出版社

ISBN 7-105-06283-5

2004年9月

20开　67页　96.00元

内容提要：本书是作者的摄影作品集，收录62张展现响沙湾风土人情的摄影作品。（库布其）

李子清局长在全区地税工作会议上的讲话（2000年12月28日）

伊克昭盟地方税务局　编

32开　49页

内容提要：本资料收录了在2000年12月28日召开的全区地税工作会议上，李子清局长认真总结"九五"全区地税工作成就，对"十五"和2001年地税工作进行规划，对规范化管理二期工程提出更新更高的要求等相关内容。（其利格尔）

理论文苑——党建研究成果集

中共鄂尔多斯职业学院委员会、鄂尔多斯职业学院　编

16开　179页

内容提要：本资料分创新研讨、调研报告、思政成果三个部分，汇编了鄂尔多斯职业学院党建研究成果。（其利格尔）

立足成长　着眼未来　走向优秀——伊金霍洛旗教师专业成长文集

贺占平　主编
北京日报出版社
ISBN 978-7-5477-2931-1
2018年11月
16开　366页　38.00元

内容提要：本书精选了伊金霍洛旗教师的学术论文、学习随笔、研修成果和教学总结，分师爱无私滋养心灵、理论视点厚积薄发、学科争鸣精彩纷呈、研修引领体悟收获、案例设计淬炼成长五个部分，旨在为教育同行提供借鉴和参考。（其利格尔）

立足成长　着眼未来　走向优秀——伊金霍洛旗乡村教育提升足迹

贺占平　主编
燕山大学出版社
ISBN 978-7-81142-912-1
2019年9月
16开　248页　38.00元

内容提要：本书精选伊金霍洛旗乡村教师的学术论文、研修总结学习随笔和教学案例，旨在为教育同行提供参考和借鉴。（其利格尔）

廉政书画作品集

中共鄂尔多斯市委员会老干部局、鄂尔多斯市纪委监委派驻市委组织部纪检监察组
16开　124页

内容提要：本资料收录了廉政方面的书法作品、绘画作品、剪纸作品等119件作品。（荷梅）

廉洁教育手册

2019年8月
32开　100页

内容提要：本资料是中煤鄂尔多斯能源化工有限公司为进一步加强党风廉政建设，加强党员、干部，特别是党员领导干部的廉政意识和纪律观念编写的廉洁教育材料。共分为九个部分：第一部分为廉政规范，主要收录《中国共产党廉洁自律准则》《中国共产党纪律处分条例》《中国中煤能源集团有限公司关于实行党风廉政建设责任制的实施办法》《鄂能化公司构建"不能腐"体制机制实施方案》等条例和制度文件；第二部分为习近平总书记2017—2019年对坚持全面从严治党的重要论述摘编，2019年、2018年集团公司党风廉政建设和反腐败工作会议重要讲话摘编；第三部分为习近平总书记的廉政警句；第四部分为"应知应会"篇，主要是党风廉政、纪检监察关键词释义，以便党员领导干部能够正确理解各类文件和会议提出的廉政精神，严格落实各项廉政要求；第五部分和第六部分分别为廉政古训和廉洁警句；第七部分和第八部分为廉洁漫画和廉洁故事，提醒、告诫广大党员领导干部慎用手中权力，做到自律、自重、自省；第九部分为公司员工《廉洁从业承诺书》，通过对照承诺书进行经常性自我净化、自我完善、自我

革新、自我提高,确保廉洁从业。(其利格尔)

林业30年

呼格吉勒图 总编
中共鄂托克前旗林业系统党总支、鄂托克前旗林业局 编
ISBN 978-988-17048-5-6
2010年8月
12开 102页 168.00元

内容提要:本书是一部展示鄂托克前旗30年林业发展成就的画册,内容包括领导关怀、生态建设、能力建设、防沙治沙、产业建设、文化建设、林业资源、资源保护、建设成就、和谐发展等方面。回首30年,林业人负重奋进,展望未来,任重而道远。(其利格尔)

林业法律法规实用手册

韩玉飞 主编
鄂尔多斯市林业局 编
32开 196页

内容提要:本资料汇编了资源林政相关法律法规、业务办理知识、森林公安执法相关法律法规摘录,自然保护区、湿地保护相关法律法规摘录,森林防火相关法律法规摘录等林业法律法规,旨在让广大干部职工和农牧民深入了解林业法律、法规的基本常识,进一步提升林业系统干部职工依法行政的水平,增强广大林农的法律意识,提高人们的生态意识,推进态文明建设,共同维护生态安全。(其利格尔)

灵感与智悟

高林智 著
江苏文艺出版社
ISBN 978-7-5399-5375-5
2012年10月
16开 271页 42.00元

内容提要:本书是作者工作期间关于农牧、装饰、安全工作及思想工作等方面的论文集。(其利格尔)

领导国学智慧传习班讲义(首期班 二)

中国文化书院鄂尔多斯三智国学院 编
2014年9月
16开 41页

内容提要:本资料包括中国文化书院鄂尔多斯三智国学院简介、三智领导国学智慧传习班招生简章、中国文化院鄂尔多斯三智国学院领导国学智慧传习班首期班课程安排、课程安排表、李中华教授简介、唐纪宇老师简介、讲课内容提纲七个部分的内容。(其利格尔)

领悟政协

包俊臣 著
内蒙古人民出版社
ISBN 978-7-204-09114-0
2007年6月
32开 433页 26.00元

内容提要:本书收录包俊臣同志担任内蒙古自治区政协党组副书记、副主席以来所撰写的部分文稿。文集中既有对人民政协理论的探索,又有对人民政

协工作的研究，还有针对内蒙古经济社会发展实际提出的独到见解，从不同侧面真实地记录了作者近几年来的所学、所思、所悟、所得。（其利格尔）

留给历史的真实

戴学东 著
内蒙古人民出版社
ISBN 7-204-06518-2
2003年12月
32开 532页 35.00元

内容提要：本书分舆论导向篇、新闻评论篇、系列报道篇、新闻述评篇、经济报道篇、"三农"报道篇、典型报道篇、新闻精品篇、现场短新闻篇、"体验式"报道篇、专题新闻篇、强化服务篇、新闻策划篇13个部分，把作者自己近年来新闻实践中的一些感受和体会，加上部分评论、消息、通讯等，以新闻论文附作品的形式汇集成册，想为新闻采写爱好者提供一些力所能及的帮助。（其利格尔）

留心偶得

常来旺、张俊廷 编著
内蒙古教育出版社
IBSN 978-7-5311-9616-7
2013年12月
32开 244页 38.00元

内容提要：本书分群英荟萃、直抒胸臆两部分，收录了作者对工作中碰到的人物事迹和阅读经典著作之后的思考和感想。（其利格尔）

流金岁月

2021届雄鹰级部 编
16开 66页

内容提要：本资料是一部摄影作品集，也是内蒙古鄂尔多斯康巴什第二中学2021届雄鹰级部的毕业纪念册。（其利格尔）

柳沟村人

苏良 著
鄂尔多斯作家协会
2003年
32开 101页 10.00元

内容提要：本资料是作者在生活中有感而发，所创作的短篇小说集。（其利格尔）

柳谦歌曲选

柳谦 著
内蒙古人民出版社
ISBN 978-7-204-02307-2
1993年7月
32开 208页 4.30元

内容提要：本书收录了《祝福之歌》《牧民感谢共产党》《永远跟着共产党》等83首歌曲。（荷梅）

论地方学建设与发展——中国地方学建设与发展研究会文集

奇·朝鲁 主编
内蒙古人民出版社
ISBN 978-7-204-12822-8
2014年3月

16开　286页　58.00元

内容提要：本书从不同侧面介绍了各地地方学研究的最新成果，内容分为九月共识、致辞·讲话·综述、论文（Ⅰ）、论文（Ⅱ）四个部分。（荷梅）

落日余晖

李天成　著
远方出版社
ISBN 7-80595-706-1
2014年12月
32开　175页　29.80元

内容提要：本书是一部诗词集，收录诗词作品百余首，并以古今多位著名书法大家的笔体书写，将诗词与书法艺术融于一体。全书由教育情怀、锦绣河山、咏物抒怀、乡愁缕缕、尘世万象、情感世界、凭吊故人、人生感悟八个部分组成。（其利格尔）

落实"两个责任"业廉融合风险防控手册

中共鄂尔多斯电业局纪律检查委员会　编
2019年1月
16开　209页

内容提要：本资料分前言、鄂尔多斯电业局落实"两个责任""12345"工作体系建设情况、各专业领域落实"两个责任"业廉融合风险防控表三个部分，是电业局下发给各单位各部门的落实"两个责任"业廉融合风险防控手册。（其利格尔）

旅游胜地鄂尔多斯

袁庆中　主编
中国摄影出版社
ISBN 7-8007-880-9
2005年7月
大12开　96页　168元

内容提要：本书是一部画册，内容分为伊克昭盟地图、前言、风光、历史·古迹、风情、资源与建设六个部分。（库布其）

旅游饭店管理培训教程

乔明　主编
内蒙古人民出版社
ISBN 978-7-204-09436-3
2009年12月
16开　403页　48.00元

内容提要：全书共分八章，每一章都突出了岗位职责、工作规范、工作内容及标准，并备有案例分析。教程简明扼要，通俗易懂，力求理论联系实际，突出指导性、实用性、可操作性，使广大旅游饭店管理人员和服务人员能活学活用，为旅游管理部门提升旅游饭店管理水平和服务质量的培训教材。（其利格尔）

旅游风景道·醉美鄂前旗

16开　52页

内容提要：本画册以英汉双语编写，重点介绍了鄂托克前旗旅游风景，并简单介绍了鄂托克前旗地貌、环境、交通、资源、历史等各方面内容。（其

利格尔）

律动康巴什

王旭　主编
内蒙古人民出版社
ISBN 978-7-204-15856-0
2019年8月
16开　96.00元

内容提要：本书介绍了康巴什自然地理、远古历史、历史文化、名称由来、蒙古族婚礼、地方方言等内容。（荷梅）

绿色呼唤

包俊臣　编著
内蒙古人民出版社
ISBN 978-7-204-11506-8
2012年2月
16开　234页　58.00元

内容提要：本书分警钟长鸣——气候变化带来的挑战、低碳发展——危机中的觉醒、节能减排——应对挑战的正确抉择、循环经济——一个科学的命题、绿色能源——大自然的慷慨恩赐、碳汇经济——人类新结识的朋友、绿色新政——政府的责任担当、增减之间——内蒙古低碳发展的加减法八个部分，讲述了关于低碳发展的学习与探讨。本书目的在于通过提出问题，作为一种"绿色"倡导以期引起公众的意识和广泛的关注，把人们对地球的关爱和对生态价值的重视逐渐发展为"生态时尚"的主流；促进各类解决方案迅速走向政治、文化和经济决策的中心，助推各级政府在创造绿色经济过程中，加快制定标准、推动革新、调整投资计划；引导消费者和投资者大力支持政府低碳政策的实施，积极参与低碳行动。（其利格尔）

绿色康巴什

鄂尔多斯市康巴什新区园林绿化事业管理局　编
16开

内容提要：本资料是康巴什第一本关于城市园林绿化的宣传册，以近年来绿化建设成果和未来规划等内容为主图，并配以简要的文字说明，较为系统地展示了康巴什园林独特的景观风貌和丰厚的文化底蕴。同时，本书也反映了康巴什人民敢想敢干的进取精神和对美好明天的向往与追求，是向外界推介康巴什、宣传康巴什的一本生动形象的绿色画卷。（其利格尔）

绿色乌审

中共乌审旗委员会、乌审旗人民政府　主办
15-067/S
16开　28页

内容提要：本期刊以综合介绍美丽富饶的绿色乌审旗为主要内容，旨在宣传乌审旗近些年来在经济、社会生活等方面的发展变化。（嘎拉贝日汗）

绿色乌审

甄自明　编著
学苑出版社

2020年12月

16开　336页　106.00元

内容提要：本书分70年岁月的发展历程、翻天覆地的光辉成就、奋发图强的经验启示、美好未来的憧憬愿望四个部分。（荷梅）

绿色之梦：鄂尔多斯生态纪实

戴东辉　著

中国民族摄影艺术出版社

ISBN 978-7-5122-0563-5

2014年6月

12开　528页　798.00元

内容提要：本书是一部摄影集，分绿兮归来、医治地球环境癌症、传说中美丽的草原、地方政府的作为、黄色风沙线、绿色圣斗士、疯狂的犁铧、地球村公民、游弋的羊群、烽火·寺庙·烟、支柱的阴影十一个部分，整体展示了鄂尔多斯生态纪实。（其利格尔）

绿野轻吹

高峻　著

内蒙古人民出版社

ISBN 978-7-204-09592-6

2008年6月

32开　191页　38.00元

内容提要：本书为作者的诗文集，分沉思浅吟、黄河晚风、绿野轻吹、九月放牧四个部分。（其利格尔）

马克思主义民族理论与党的民族政策

于德水　主编

内蒙古人民出版社

ISBN 7-204-04503-3

1998年12月

32开　187页　10.00元

内容提要：本书体现了党的路线、方针和政策，突出了党的十一届三中全会以来党和国家关于社会主义时期的民族理论思想和民族工作基本原则，吸收了国内民族理论和民族政策研究的最新成果。（其利格尔）

马兰花草原

32开　29页

内容提要：本资料以图文并茂的形式介绍了国家AAAA级旅游景区马兰花草原，主要包括马兰花草原简介、娱乐项目、民俗文化、景色建筑等几个部分。（其利格尔）

马兰花开

中共鄂托克前旗委员会、鄂托克前旗人民政府　编

2020年

12开　157页

内容提要：本资料是一部摄影集，记录了鄂托克前旗40年波澜壮阔的发展历程，是献给鄂托克前旗成立四十周年的礼物。包括跨越经济巨变、共享幸福家园、传承文韵流香、底色美丽画卷、奋进初心如磐五个部分。（其利格尔）

漫瀚调

王世一、柳谦、张皇　编著

人民音乐出版社

ISBN 7-103-01017-X

1993年3月

32开　264页　5.85元

内容提要：本书介绍了漫瀚调概况、漫瀚调曲选、漫瀚调词选和民歌手等。（荷梅）

漫瀚调传承与发展

张发　主编

内蒙古大学出版社

ISBN 978-7-5665-0406-7

2013年7月

16开　440页　128.00元

内容提要：本书选编部分有关漫瀚调起源、生成、发展、现状、艺术特征等方面的理论研究文章，记载历年漫瀚调艺术活动情况，介绍有影响的漫瀚调歌手、乐手及乐队，选辑具有代表性的漫瀚调曲目、歌词和具有漫瀚调艺术风格的文学艺术作品，反映准格尔旗在保护传承漫瀚调方面所做的工作。（荷梅）

漫瀚调艺术研究

杜荣芳　主编

内蒙古人民出版社

ISBN 7-204-08111-0

2006年5月

16开　591页　120.00元

内容提要：本书包括漫瀚调的起源与形成，漫瀚调的民族性与群众性，漫瀚调的曲目与声腔，漫瀚调的歌词风格、特点，漫瀚调的展望等内容。（其利格尔）

漫瀚魂

孙俊良　著

内蒙古人民出版社

ISBN 978-7-204-09592-6

2008年6月

32开　186页　38.00元

内容提要：本书选编了作者以漫瀚调为主题、主调的诗集，以此歌颂漫瀚调，表达思念赞美家乡之情。（其利格尔）

漫游准格尔

高润华　主编

准格尔旗文化和旅游局　编

16开　87页

内容提要：本资料以图文形式展示了鄂尔多斯准格尔地区景区建筑、景观、民俗风情、特色民间工艺和旅游产品、旅游服务企业及旅游线路等内容。（其利格尔）

毛乌素沙区·天然柳湾林

吴剑雄　编著

内蒙古人民出版社

ISBN 978-7-204-14215-6

2016年12月

16开　462页　480.00元

内容提要：本书全面、深入和系统地阐述了鄂尔多斯柳湾林演化、演替和演变过程，在理论上丰富了柳湾林的基础研究，在实践上为柳湾林的科学保

护与永续开发提供了案例借鉴,具有十分重要的学术价值和广阔的应用前景。(其利格尔)

煤海放歌

高会武　主编
现代出版社
ISBN 978-7-5143-3884-3
2015年8月
16开　526页　88.00元

内容提要:本书选编了2008年8月至2015年3月在中央级媒体、省部级媒体和《神东煤炭报》、神东有线电视台、神东煤炭信息网等媒体发表的关于神东的优秀作品,其中包括消息、通讯、电视专题等。书中收录的新闻作品,立体化、全方位、多角度精彩生动地记录了两亿吨新神东再造再跨越的辉煌历程,既是中央及省部级媒体及记者送给共和国首个两亿吨煤炭生产基地神东的赞歌,也是公司媒体及记者、基层通讯员献给自己母企神东的颂歌。(其利格尔)

煤矿职工安全手册

神东煤炭分公司　编
2007年10月
32开　219页

内容提要:本资料应国务院颁发的《关于预防煤矿生产安全事故的特别规定》明令要求各煤矿企业应当向全体职工免费发放安全手册这一规定特别编写,旨在为公司广大煤矿职工提供科学规范的参考。本手册共有煤矿职工的权利、义务及入井须知,煤矿重大安全生产,隐患的情形和应急保护措施、方法,井工煤矿基本情况,安全生产方针与法规,东分公司安全监察局,地方安全监察部门联系方式五个部分。(其利格尔)

煤炭工业的一面旗帜:内蒙古伊煤集团公司发展经验研究

喻晓、赵咏峰　主编
北京大学国有企业课题组　编
中国经济出版社
ISBN 7-5017-5383-0
2001年10月
32开　557页　48.50元

内容提要:本书是内蒙古伊泰集团公司发展经验研究书。内蒙古伊克昭盟煤炭集团公司在张双旺总裁的领导下,利用13年时间创造了26.5亿元资产的国家大型企业集团。其创造的新型煤炭行业"掘采"与"营销"相分离的管理方法,得到了知名经济学家的高度评价,受到了国务院总理朱镕基、副总理吴邦国的肯定和赞扬,为困难中的煤炭行业树立了榜样,创造了经验。北京大学国有企业课题组会同中国社会科学院、中央、国务院各部门的经济学家以及伊煤集团公司的学者撰写了这部著作,相信会对国有企业的改革与发展带来新的启示。(其利格尔)

美丽富饶的鄂尔多斯

文鸣、朝阳　著

张荣之　顾问
内蒙古人民出版社
ISBN 978-7-204-02871-6
1995年8月
32开　345页　8.90元

内容提要：本书分为辽阔的鄂尔多斯，瑰丽的名胜古迹，古朴的民族风情，奇特的植物动物，丰富的土特名产，富饶的自然资源，繁荣的教育文化，腾飞的地方经济，新兴的名城重镇，独特的风味饮食，旅行社、饭店、名市场十一个部分。（荷梅）

美丽富饶的鄂托克

中共鄂托克旗委员会　编
内新图出准字（90）120号
1990年12月
32开　62页

内容提要：本书内容分为鄂托克旗概况、农牧林草、工交财贸、科技文卫、1980—1989年主要经济指标一览表五个部分。（荷梅）

美丽鄂尔多斯

《美丽鄂尔多斯》编辑委员会　编
16开　349页

内容提要：本资料介绍了鄂尔多斯代表性企事业单位简介和领导人物。（其利格尔）

美丽鄂托克前旗

中共鄂托克前旗委员会宣传部　编
16开　155页

内容提要：本资料展示了实施"城乡统筹，集中发展"战略中的富裕、幸福、文明、美丽鄂托克前旗的各方面发展情况。（其利格尔）

美丽杭锦我的家

冯春生　著
作家出版社
ISBN 978-7-5063-3826-44
2011年07年
32开　231页　26.00元

内容提要：本书是一本乡土教材，内容有杭锦概况、杭锦历史、杭锦民俗风情、杭锦名胜古迹、杭锦珍贵植物、杭锦旗作者文学作品选登。（其利格尔）

美丽神东——职工书画摄影作品集

蔚高升　主编
神东煤炭集团公司宣传部　编
16开　166页

内容提要：本资料包括职工摄影作品、职工书画作品、特邀作品和部分作品作家简介等内容。（其利格尔）

美丽通惠魂季刊

2017年3月
16开　82页

内容提要：本季刊全面、具体地展示了通惠集团所走过的艰辛风雨历程、通惠集团的成长，全方位地展示通惠人的精神风貌，饱含了辛勤通惠人的心血和汗水，折射出干部职工们艰苦跋涉的

身影。（其利格尔）

美文美诵
　　韩俊琴　主编
　　16开　156页
　　内容提要：本资料是伊金霍洛旗第二小学校本教材，包括按年龄段精心划分与编排的多篇经典美文及多条经典语言。（其利格尔）

门前一卜槐
　　田培良　著
　　作家出版社
　　ISBN 978-7-5063-5332-8
　　2010年5月
　　16开　236页　78.00元
　　内容提要：本书是一部长篇小说，分为13章，记述了对于主人公白进勤来说刻骨铭心的一天。（荷梅）

蒙古包：游牧文明的载体
　　郭雨桥　著
　　中州古籍出版社
　　ISBN 978-7-5348-8327-9
　　2019年3月
　　16开　192页　39.00元
　　内容提要：本书记述了蒙古包的历史演变、搭建与拆卸的特点、蒙古包蕴含的深厚文化、风俗与禁忌、蒙古包的装饰艺术等。（荷梅）

蒙古源流文化产业园区
　　32开
　　内容提要：本资料主要介绍蒙古源流文化产业园区的地理位置、蒙元历史文化展示区、影视旅游区、娱乐体验区和文化创意区，内容涵盖蒙元宫廷文化展示、影视拍摄与制作、大型室内外演艺、水上特色项目、娱乐互动体验、休闲度假、国内外学术论坛及文博展示等各个方面。（其利格尔）

蒙古源流文化产业园区
　　蒙古源流文化产业园区筹建办公室　编
　　16开
　　内容提要：本资料包括园区鸟瞰图、功能规划、影视文化项目、崇天门广场、元大都和元上都、哈喇和林、斡尔朵金帐、元朝小镇、计划运营项目、建设运营与管理、远景目标、招商计划等筹建计划和内容。（其利格尔）

蒙古源流文化产业园区
　　蒙古源流文化产业园区管理委员会　编
　　16开
　　内容提要：本书以图文形式介绍了蒙古源流影视文化建设项目。（其利格尔）

蒙古族村落及其音乐生活——鄂尔多斯都嘎敖包嘎查音乐生活的调查与研究
　　哈斯巴特尔　著
　　中国科学出版社
　　ISBN 978-7-5161-4881-5

2014年11月

16开　226页　46.00元

内容提要：本书以分析、解释和理解蒙古族嘎查的社会结构、经济文化类型以及传统音乐的形成和变迁为研究对象，对其进行了实地考察，在此基础上对蒙古嘎查的社会及其传统音乐的构成与表演方面做了深入探讨，概括了蒙古社会的民俗与音乐生活的变迁以及相关问题，从民族音乐学视域，结合社会民俗学理论与方法，对蒙古嘎查的社会生活及音乐生活分开进行探讨，对其文化功能和作用进行了论述。（荷梅）

蒙古族风俗

杨勇　编著

内蒙古人民出版社

ISBN 7-204-07934-5

2007年1月

16开　266页　128.00元

内容提要：本书主要收集整理了蒙古民族的风俗传统，从民族文化遗产的角度讲，具有抢救、保护、传承、发展、弘扬民族优秀传统文化的深远意义；从社会效益角度讲，它是一部具有普及性教育意义的蒙古民俗百科全书，是具有学习、教育、实践、认识、掌握蒙古族民俗的现实意义的佳作。（库布其）

蒙古族婚礼歌

特木尔巴根　译

苏赫巴鲁　整理

中国民间文艺出版社

10229·0058

1983年5月

32开　92页　0.30元

内容提要：蒙古族的婚礼仪式歌是在婚礼酒宴上说唱的祝词、赞词，是蒙古族人民传统的习俗歌。本书中收录了劝嫁歌、迎亲歌、求名宴、送亲歌、婚仪歌以及曲谱。（嘎拉贝日汗）

蒙西集团

16开　23页

内容提要：本资料以英汉双语、图文形式介绍了蒙西集团公司及其企业文化、产业链等内容。（其利格尔）

蒙祥

鄂尔多斯市四季青农业开发有限公司　编

16开

内容提要：本资料以图文形式介绍了鄂尔多斯市四季青农业开发有限公司及其厂区环境、优质产品等内容。（其利格尔）

蒙以养正·回归本源

乔凤萍　主编

16开　269页

内容提要：本资料记录了东胜区铁西实验幼儿园2009—2014年建园发展史，包括铁西实幼2009—2014发展变迁、铁西实幼2009—2014年事业发展统计、铁西实幼人五年成长、铁西实幼各

年度大事记四个部分。（其利格尔）

蒙语会话三百句

仁钦道尔吉　主编

鄂托克旗党委宣传部、鄂托克旗民委、鄂托克旗文化局、鄂托克旗教育局　编

32开　144页

内容提要：本资料共分三个部分：第一部分是蒙文字母和汉文对照的蒙文字母音节表；第二部分是包括日常生活用语、机关管理用语、科技法律用语在内的1200个蒙古语单词；第三部分为蒙古语会话，其中有日常生活用语120句、机关管理工作用语120句（包括农牧业生产用语60句、机关日常管理工作用语60句）、科技法律用语60句。（其利格尔）

梦的季节

杨文英　著

内蒙古人民出版社

ISBN 7-204-04646-3

2001年12月

32开　396页　25.00元

内容提要：本书是一部全景式反映当代中专校园生活的长篇小说。小说讲述了20世纪90年代北方某校一个特殊班集体里，一群天真活泼的少男少女在人生如梦多思、如花美丽的季节里演绎出的纯真故事，全面展现了当代中专校园风貌，凸显了中专生的人生观、价值观以及他们在成长过程中的奋斗追求与困惑迷茫。（其利格尔）

迷人的恩格贝镇

16开

内容提要：本资料介绍了恩格贝镇旅游景区，包括恩格贝镇旅游景点和恩格贝镇生态休闲俱乐部规划示意图。（其利格尔）

民歌600首

张承德　搜集整理

32开　64页

内容提要：本资料收录了600多首鄂尔多斯民歌，几乎都是漫瀚调歌曲，包括《听见哥哥唱一声》《请了个画匠画了你》《你那些心事我都知道》《哥妹创业心相连》《白刀子进红刀子出也不怕》等。（嘎拉贝日汗）

民心工程

石笑　著

内蒙古人民出版社

ISBN 7-204-05204-8

2001年7月

32开　199页　15.00元

内容提要：本书为伊金霍洛旗实践"三个代表"纪实文学的作品。（其利格尔）

民族地区财政问题研究

贺笙华　著

内蒙古人民出版社

ISBN 7-204-08304-0

2007年1月

32开　219页　30.00元

内容提要：本书从少数民族地区财政发展过程中出现的问题中选择了民族地区旗苏木财政管理体制研究、发展民族地区旅游经济的问题研究等几个典型课题做调查研究，并汇总研究结果。全书共分14章，约21万字。（其利格尔）

民族史学概论（增订本）

陈育宁　著
宁夏人民出版社
ISBN 7-227-03163-2
2006年5月
16开　374页　36.00元

内容提要：本书内容分为民族与民族史学、中国多民族国家的形成和发展、中华民族凝聚力、中华民族多元化一体格局、历史上的民族关系及其发展趋势、历史上的民族政策等11章。（其利格尔）

"敏盖"：内蒙古白绒山羊养殖技术百问百答

金亨一　主编
伊金霍洛旗科技特派员领导小组办公室，伊金霍洛旗苏布尔嘎镇党委、政府　编
2006年6月
32开　129页

内容提要：本资料针对选种、饲喂、繁育和疫病防疫等白绒山羊饲养管理技术，采用通俗易懂的文字、生动形象的配图，以"提问+回答"的形式讲解畜牧技术推广人员和白绒山羊养殖从业者常见的100个问题，对于提高白绒山羊科学养殖水平具有重要的指导意义和促进作用。（荷梅）

"敏盖"：内蒙古白绒山羊生产宝典（修订版）

中共苏布尔嘎镇委员会、苏布尔嘎镇人民政府　编
2007年1月
32开　59页

内容提要：本资料由党政决策、"敏盖"内蒙古白绒山羊生产管理真经、创业致富榜样三个部分组成。（嘎拉贝日汗）

名师华章汇医海

杨茂盛　主编
内蒙古鄂尔多斯市卫生学校　编
2009年9月
16开　412页

内容提要：本书收集了100余篇鄂尔多斯市卫生学校教师们的论文，涉及蒙医蒙药、行政管理、德育工作、护理工作、中医教学、文化体育、医学基础、临床实践等方面。（其利格尔）

名医就在身边——北京专家团长期入驻鄂尔多斯市第三人民医院

鄂尔多斯市第三人民医院　编
16开

内容提要：本资料以图文并茂的形式介绍了鄂尔多斯市第三人民医院、4个

北京专家团和4项顶尖医疗技术。（其利格尔）

模范人物先进事迹选编

内蒙古党的群众路线教育实践活动办公室　编

32开　89页

内容提要：本资料汇编了《激情燃烧的生命——党的好干部牛玉儒》《群众的事比天大——鄂尔多斯市准格尔旗公安局原局长郝万忠同志》等讲述模范人物先进事迹的文章。（其利格尔）

陌野华章：强农富农手册

高耀伟　主编

鄂尔多斯市委农村牧区工作部　编

16开　259页

内容提要：本资料记录和展示了内蒙古自治区开展农村牧区危房改造、安全饮水、嘎查村街巷硬化、村村通电及农网升级改造、村村通广播电视通讯、校舍建设及安全改造、嘎查村标准化卫生室、嘎查村文化活动室、便民连锁超市、农村牧区常住人口养老医疗低保等社会保障工程两年来，鄂尔多斯市加强"三农"工作的经验和成果，以期起到引导借鉴作用。（其利格尔）

蓦然楼文集

王仁定　著

远方出版社

ISBN 978-7-80723-298-8

2009年11月

32开　281页　25.00元

内容提要：本书是一部文学作品综合集，分蓦然楼随笔、闲人忆旧、书评数则、新诗三章、旧体诗词五部分，包含随笔、散文、诗歌等作品。（其利格尔）

漠南杏坛——鄂尔多斯市第一中学建校八十周年纪念文集

鄂尔多斯市第一中学　编

远方出版社

ISBN 978-7-5555-1335-3

2019年8月

16开　295页　60.00元

内容提要：本书由校友回访、回忆文章两部分组成，前者辑录了部分校友回访母校的珍贵照片，后者记录了校友思念母校的拳拳深情。全书从不同时期、不同角度记录了鄂尔多斯市第一中学的发展历史。（其利格尔）

漠野浮生

刘建增　著

内蒙古人民出版社

ISBN 7-204-04083-X

1999年4月

32开　431页　26.00元

内容提要：本书记述了作者在"只红不专"到"又红又专"的人生大道上拼搏奋斗时的思索、劳动、追求、体验、感受、经历等。（其利格尔）

墨香书院

高世峰　主编

杭锦旗城镇中学

2010年10月

16开　324页

内容提要：本资料为杭锦旗城镇中学七年级、八年级、九年级（上、下）的阅读理解题汇编。（嘎拉贝日汗）

木凯淖尔

马步萧　著

鄂尔多斯市委党史研究室、鄂托克旗木凯淖尔镇　编

内新图准字〔2006〕55号

32开　156页　18.00元

内容提要：本书是作者出于对文史资料征研工作的责任感和浓厚兴趣，怀着让人们比较全面地了解鄂尔多斯市历史的热切愿望，自2006年开始搜集整理的木凯淖尔地区的历史资料。（其利格尔）

牧民日记

高业生　著

远方出版社

ISBN 7-80595-668-5

2014年10月

16开　337页　58.00元

内容提要：本书是集乡土气息、民族气息和文化气息于一体的日记书。力求简洁、语言通俗、事例翔实，尽可能地展示作者和同龄人在不同时期的不同情怀和感悟。特别是通过日记，能让读者从中体会到建设中国特色社会主义新农村和新牧区给偏远牧区带来的新生活、新变化和新发展。讴歌与时俱进方能发展，统筹城乡才是和谐稳定的发展基石。本书共分十个部分，包括牧民日记、时事博览、生活拾萃、偶得感想、历史札记、往事回忆、书香文化、报刊剪辑、牧区新貌、养畜诀窍。（其利格尔）

牧人高歌颂改革

杨效彩　著

内蒙古人民出版社

ISBN 7-204-08304-0

2007年7月

32开　115页　45.00元

内容提要：本书为作者在国庆60周年之际，以60年亲身经历及所收集资料为据，给伊金霍洛旗畜牧业撰写的参考资料。本书以图文形式介绍了中华人民共和国成立前后、互助组初级社高级社时期、总路线大跃进人民公社时期、"十年动乱"期间、改革开放时期直到当今时代各个阶段的伊金霍洛旗畜牧业情况及牧人当中所流传的佳话。（其利格尔）

穆向阳诗选

穆向阳　著

中国文联出版社

ISBN 7-5059-3770-7

2001年3月

32开　412页　26.00元

内容提要：本书汇编了穆向阳先生的新诗和古体诗。（其利格尔）

难忘的历程——习仲勋延安岁月回访

忽培元　主编

《时代报告·中国报告文学》编辑部　编

ISSN 1003-2738/CN41-1413

16开　192页　18.00元

内容提要：本刊以严谨的纪实笔法，多侧面地展现了老一辈无产阶级革命家，尤其是习仲勋同志的革命生涯。作者通过对老同志齐心回陕北访问的详细记述和对大量历史事实的掌握，透过革命老人的情与思、爱与恨，将人们的视野和心绪带入那如火如荼的革命战争年代，展现了那段艰难而充满理想的峥嵘岁月。（其利格尔）

难忘的岁月

高志林　著

远方出版社

ISBN 978-7-80595-023-5

2008年7月

32开　297页　48.00元

内容提要：本书分为生活趣事、军旅生涯、异域观光、旧事重提、宏论杂谈、寄情山水、家族纪事等板块。所选篇目文体较为宽泛，散文、小说、政论、诗歌、谱系等均有涉及，充分体现了一个共产党员崇高的思想境界、坚定的政治立场、自然人的情怀，无疑是作者思想、性格、才情、禀赋、毅力折射出的闪光点。（其利格尔）

内蒙古"8337"发展思路解读

乌兰　主编

内蒙古人民出版社

ISBN 978-7-204-12290-5

2013年6月

16开　224页　30.00元

内容提要：内蒙古"8337"发展思路是贯彻落实党的十八大和全国"两会"精神，立足于全国发展大局和内蒙古实际，在深化区情再认识和总结内蒙古近年来的发展经验的基础上适应形势任务的发展变化，在广泛征求各方面意见并反复论证的基础上提出的。本书主要在于对内蒙古"8337"发展思路的解读。（其利格尔）

内蒙古党校　内蒙古行政学院学术报告集

内蒙古党校、内蒙古行政学院　编

远方出版社

ISBN 7-80595-999-4

2010年5月

18开　320页　26.00元

内容提要：本书围绕党的二十届三中全会精神以及内蒙古自治区发展战略展开深入研讨，涵盖了多场全国性学术研讨活动的精华内容。书中包含"边疆发展与中华民族共同体建设""推动边疆安全治理与应急管理创新发展""世界百年未有之大变局中的改革开放"等主题研讨成果。众多来自中央党校（国家行政学院）、中国应急管理学会、中国科学社会主义学会等研究机构的知名专家学者参与其中，带来了

前沿的理论认知与高层次的学术见解。（其利格尔）

内蒙古党校在职研究生毕业论文集

吕广明　主编
远方出版社
ISBN 978-7-80595-573-5
2008年1月
16开　656页　260.00元
内容提要：本书是内蒙古党校2004级党政干部在职研究生班的毕业论文汇编，集中展示了内蒙古党校在职研究生学院的学习成果。（其利格尔）

内蒙古东胜经济技术开发区

16开
内容提要：本资料以图文形式介绍了内蒙古东胜经济技术开发区各方面情况。（其利格尔）

内蒙古浩特环保工业发展有限责任公司企业概况

内蒙古浩特环保工业发展有限责任公司　编
2005年5月
16开
内容提要：本资料介绍了内蒙古浩特环保工业发展有限责任公司企业概况。（其利格尔）

内蒙古生态历程

雷·额尔德尼　编著
内蒙古人民出版社
ISBN 978-7-204-11734-5
2013年1月
16开　425页　128.00元
内容提要：本书收录了林业、农牧业、水利、气象等多个领域的资料，以期为关心、支持和从事内蒙古生态工作及生态研究的读者提供回顾性的参考资料。全书对内蒙古的气候资源、水利资源、林业生态、草原生态等基础条件进行了介绍，对内蒙古自治区成立以后的生态历程做了回顾，对内蒙古生态的前景做了简要的展望。（其利格尔）

内蒙古西部地区三十年代文学作品选

章叶频　编
内新图准字（95）第110号
32开　793页　28.00元
内容提要：本书编选20世纪30年代在绥远省会归绥市（今呼和浩特市）部分报刊、杂志上发表的文学作品和翻译文章，旨在反映当时绥远文艺界活动的全面情况。（其利格尔）

内蒙古自治区草原上已建水库鄂尔多斯市鄂托克旗八一水库整治方案

准格尔旗柏汇水务设计院有限责任公司　编
2020年12月
16开　32页
内容提要：本资料分综合说明、水库基本情况、水文、水库调度、水库功能效益发挥情况、水库对下游生态环境的影响分析、整治方案、结论与要求八

个部分，提出内蒙古自治区草原上已建水库鄂尔多斯市鄂托克旗八一水库的整治方案。（其利格尔）

内蒙古自治区草原上已建水库鄂尔多斯市鄂托克旗布隆1#水库整治方案

准格尔旗柏汇水务设计院有限责任公司　编

2020年12月

16开　34页

内容提要：本资料分综合说明、水库基本情况、水文、水库调度、水库功能效益发挥情况、水库对下游生态环境的影响分析、整治方案、结论与要求八个部分，重点介绍内蒙古自治区草原上已建水库鄂尔多斯市鄂托克旗布隆1#水库整治方案。（其利格尔）

内蒙古自治区草原上已建水库鄂尔多斯市鄂托克旗布隆2#水库整治方案

准格尔旗柏汇水务设计院有限责任公司　编

2020年12月

16开　34页

内容提要：本资料分综合说明、水库基本情况、水文、水库调度、水库功能效益发挥情况、水库对下游生态环境的影响分析、整治方案、结论与要求八个部分，提出内蒙古自治区草原上已建水库鄂尔多斯市鄂托克旗布隆2#水库的整治方案。（其利格尔）

内蒙古自治区草原上已建水库鄂尔多斯市鄂托克旗海流图水库整治方案

准格尔旗柏汇水务设计院有限责任公司　编

2020年12月

16开　33页

内容提要：本资料分综合说明、水库基本情况、水文、水库调度、水库功能效益发挥情况、水库对下游生态环境的影响分析、整治方案、结论与要求八个部分，提出内蒙古自治区草原上已建水库鄂尔多斯市鄂托克旗海流图水库整治方案。（其利格尔）

内蒙古自治区草原上已建水库鄂尔多斯市鄂托克旗其劳图水库整治方案

准格尔旗柏汇水务设计院有限责任公司　编

2020年12月

16开　32页

内容提要：本资料分综合说明、水库基本情况、水文、水库调度、水库功能效益发挥情况、水库对下游生态环境的影响分析、整治方案、结论与要求八个部分，提出内蒙古自治区草原上已建水库鄂尔多斯市鄂托克旗其劳图水库的整治方案。（其利格尔）

内蒙古自治区草原上已建水库鄂尔多斯市乌审旗七一水库排查整治工作方案

内蒙古自治区水利科学研究院　编

2020年12月

67开　34页

内容提要：本资料分综合说明、水库基本情况、水文、水库调度、水库功能效益发挥情况、水库对下游生态环境的影响分析、整治方案、结论八个部分，重点介绍内蒙古自治区草原上已建水库鄂尔多斯市乌审旗七一水库排查整治工作方案。（其利格尔）

内蒙古自治区草原上已建水库鄂尔多斯市乌审旗跃进水库整治方案

内蒙古自治区水利科学研究院　编
2020年12月
16开　76页

内容提要：本资料分综合说明、水库基本情况、水文、水库调度、水库功能效益发挥情况、水库对下游生态环境的影响分析、整治方案、结论八个部分，重点介绍内蒙古自治区草原上已建水库鄂尔多斯市乌审旗跃进水库整治方案。（其利格尔）

内蒙古自治区鄂尔多斯市东胜区城市有形文化策划与研究

任世民、杨·道尔吉　主编
北京科学技术出版社
ISBN 7-5304-1323-6
2006年12月
16开　134页　70.00元

内容提要：本书内容包括内蒙古自治区鄂尔多斯市东胜区城市有形文化策划与研究概述、东胜区城市有形文化资源的分析研究、东胜区城市有形文化策划方案、指定环境的景观及雕塑设计方案、东胜区城市有形文化规划与管理的分析研究等。（荷梅）

内蒙古自治区鄂尔多斯市造林总场森林分类区划界定报告（修订版）

鄂尔多斯市造林总场　编
2004年6月
16开　29页

内容提要：本资料包括内蒙古自治区鄂尔多斯市造林总场基本情况、森林分类区划界定的原则和依据、森林分类区划界定工作开展情况、森林分类区划界定结果、森林分类区划界定成果评价和分析论证、实施林业分类经营意见与设想等内容。（其利格尔）

内蒙古自治区鄂尔多斯市造林总场重点公益林区划界定报告

鄂尔多斯市造林总场　编
2004年6月
16开　19页

内容提要：本资料包括内蒙古自治区鄂尔多斯市造林总基本情况、重点公益林区划界定的原则和依据、重点公益林区划界定结果、保障措施等内容。（其利格尔）

内蒙古自治区鄂尔多斯乌审园林

16开　48页

内容提要：本资料分乌审旗概况、谋划篇、建设篇、管理篇四个部分，采用图文形式展示了内蒙古自治区鄂尔多斯乌审园林整体面貌。（其利格尔）

内蒙古自治区国家税务局金税三期工程（优化版1.0）业务操作手册

鄂尔多斯市税务局　编
2015年3月
16开　417页

内容提要：本资料分机构岗位职责、工作流操作说明两大部分，以13个小部分详细解说了内蒙古自治区国家税务局金税三期工程（优化版1.0）业务操作具体细节。（其利格尔）

内蒙古自治区新华书店志·鄂尔多斯市分卷（1951—2007）

张爱芝　主编
《内蒙古自治区新华书店志·鄂尔多斯市分卷》编志办　编
内蒙古人民出版社
ISBN 978-7-204-10211-2
2009年11月
16开　540页　380.00元

内容提要：本书共七章，记述了鄂尔多斯市新华书店的沿革、经销业务、企业管理、资产经营、党群组织、精神文明建设、人物等情况。（荷梅）

内蒙古自治区伊克昭盟农作物主要病虫害

伊克昭盟农业技术推广植保植检站　编
32开　135页

内容提要：本资料分病害、害虫、杂草三个部分，配图介绍了内蒙古自治区伊克昭盟农作物主要病虫害及其解决办法。（其利格尔）

内蒙古自治区中小学地方课程教材蒙古族民俗常识

内蒙古自治区教育科学研究所　编
内蒙古教育出版社
ISBN 978-7-5311-7941-2
2016年6月
32开　75页　4.31元

内容提要：本书作为对现行小学国家课程《品德与社会》教材乡土部分内容的有益补充，对增进学生了解少数民族文化，传承和弘扬中华优秀传统文化有着重要的现实意义。本教材依据内蒙古自治区基础教育发展要求，遵循新课程理念及义务教育阶段学生的认知规律，以培养学生民族团结意识，促进学生全面和谐发展为宗旨，选取了具有浓郁民族特色和代表性的优秀民俗事项，用通俗简练的语言和图文并茂的形式进行了介绍。全教材内容分为八讲，由22课组成，供小学高年级全年使用。（其利格尔）

能源高地·开放新城——伊金霍洛

中共伊金霍洛旗委员会、伊金霍洛旗人民政府　编
16开　41页

内容提要：本资料以英汉双语编写，以图文形式介绍了"财富热土——伊金霍洛城市概况""宜居美域——伊金霍洛市建设""能源高地——伊金霍洛工业发展""活力新城——伊金霍洛

第三产业"、"幸福家园——伊金霍洛社会事业"、"开放商都——伊金霍洛招商引资"等内容，并随书附带光盘一份。（其利格尔）

你是我的太阳

包·德博信其木格　著
作家出版社
ISBN 978-7-5063-3826-4
2010年4月
16开　224页　35.00元

内容提要：本书收录了作者近几年创作随笔和杂记。其中，《马背上的飞翔》《童年的画》《草原英雄》《花的香》等作品描述的是草原的景象和童年的家园。《颜色》《女人是一本书》《韦韦》《名牌》《女人的智慧》写的是当代女性的情感世界与生存的思考；《感恩》《爱情》《缘分》《快乐就在你手里》表达的是一种生活的智慧和心境；《最大的敌人》《隐形的翅膀》《你是我的太阳》《春天》《无畏的希望》《位置》等讲述的是一种哲思。此外，本书中收录了不少旅游题材的作品。（其利格尔）

凝心聚力、创新服务——伊金霍洛旗委老干部工作转型发展纪实（2013—2014）

伊金霍洛旗委老干部局　编
2015年1月
16开　72页

内容提要：本资料记录了2013—2014年伊金霍洛旗委老干部局以深入开展党的群众路线教育实践活动为契机，进一步完善"一二三四五"服务管理模式，使老干部工作成为全旗各镇、各行政事业单位一项常态化工作的情况。（其利格尔）

牛奶的选购与食用方法

鄂尔多斯市食品药品监督管理局　编
16开　36页

内容提要：本资料包括说牛奶、讲常识、牛奶怎样喝更健康、如何挑选和储存牛奶、特殊人群如何喝奶四个部分，用具体实例教大家如何科学选购和食用牛奶。（其利格尔）

农村牧区实用人才

鄂尔多斯市农牧业局　编
16开　49页

内容提要：本资料分搭建人才发展服务平台、培养农村牧区实用人才、农牧业高层次人才风采三个部分，展示了服务"三农"，引领带富的农村牧区实用人才。（其利格尔）

农牧金融发展与战略研究

周恒孝　主编
内蒙古自治区农牧金融学会　编
内新图准字（92）第105号字
32开　485页

内容提要：本书为伊克昭盟1991—1992年的论文选集，选编了伊克昭盟1991—1992年农牧金融理论研究方面的论文、工作研究和调查报告90篇，共分

改革论坛、理论探讨、工作研究、调查与分析、思想政治工作、职工教育、考察观后感七个部分。（其利格尔）

农牧民法律知识问答

乌兰　主编
内蒙古普法工作专项组办公室、内蒙古自治区司法厅　编
32开　208页

内容提要：本资料选取了与农村牧区日常生产生活联系紧密的法律知识和问题进行介绍，内容涵盖宪法、民族区域自治法、民商法、婚姻家庭继承法、刑法、经济法、行政法、民族与宗教事务、教育、医药卫生、食品安全、人口与计划生育、土地管理、环境保护、劳动和社会保障、法律救助、诉讼及非诉讼程序等各方面的法律规定和法律知识，贴近农牧民日常生活，通俗易懂，为广大农牧民了解法律知识、增强法治意识提供帮助，为农村牧区基层领导干部依法开展工作、合理调处民间矛盾与纠纷提供指引。（其利格尔）

农业政策性金融理论与实践探索

中国农业发展银行伊克昭盟分行　编
内新图准字〔1998〕11号
1998年
32开　179页

内容提要：本书是中国农业发展银行伊克昭盟分行成立三周年理论与实践研讨会论文集，选录了35篇论文。选录的论文涉及农业及农村经济、粮食流通体制改革、封闭运行管理、支持种植结构调整、农业政策性信贷风险防范、农发行自身经营管理、党的建设和精神文明建设等诸多方面内容。（其利格尔）

暖水民歌

王拴　著
内蒙古人民出版社
ISBN 978-7-204-09436-3
2014年7月
32开　282页　50.00元

内容提要：本书收录反映暖水乡党政机关、各村社落实群众路线教育的漫瀚调歌词，包含着暖水乡的山水地貌、植被覆盖、地方特产、人文历史、民族风情、地方民俗、男女恋情、自然环境、社会发展等内容。（其利格尔）

潘洁文学两卷集

潘洁　著
内蒙古人民出版社
ISBN 978-7-204-09436-3
2008年6月
32开　396页　40.00元

内容提要：本书是一部文学作品集，上集收小说与散文71篇，下集收诗歌、文艺评论与随笔、杂感和短论、寓言170多篇。（其利格尔）

品质三农

中共鄂托克前旗委员会、鄂托克前旗人民政府　编
2017年5月

16开　53页

内容提要：本资料以图文形式记录了鄂托克前旗"三农三牧"改革发展纪实，共由五个部分构成。（其利格尔）

蒲公英的梦想

康巴什新区第二幼儿园　编

32开

内容提要：本资料是庆祝鄂尔多斯市康巴什新区第二幼儿园开园一周年的图册。（嘎拉贝日汗）

棋盘井指南

内蒙古蒙西经济技术开发区管委会　编

16开

内容提要：本资料分发展现状、投资环境、投资导向、投资服务四个部分，以图文形式介绍了棋盘井的概况。（其利格尔）

旗委中心组理论学习读本（2011年）

中共伊金霍洛旗委宣传部　编

2011年

16开　144页

内容提要：本资料是中共伊金霍洛旗委宣传部为深入学习党的十七届五中全会及自治区、市、旗各级会议精神，了解党风廉政建设知识而编印，旨在为全旗广大干部职工开展理论学习、提高理论水平、用先进理论武装头脑、指导实践、推动工作提供引导和服务。（其利格尔）

旗委中心组理论学习读本

中共伊金霍洛旗委员会建设学习型党组织工作协调小组办公室　编

2012年

16开　145页

内容提要：本资料汇编了党的十七届六中全会精神、2012年中央经济工作会议精神、温家宝在第十一届全国人民代表大会第五次会议上的《政府工作报告》、2012年中央一号文件等文件。（其利格尔）

企业视觉识别系统

鄂尔多斯电业局　编

16开

内容提要：本资料为鄂尔多斯电业局视觉识别系统规范手册，是按照《内蒙古电力公司企业形象视觉识别管理系统应用手册》的总体规范和系统要求，结合鄂电实际，精心选择、补充、修订而成的，用来规范和统一鄂电的办公、公关、环境、广告和营业场所的标识应用。（其利格尔）

企业退休人员社会化管理服务工作手册

鄂尔多斯市社会保险事业管理局、鄂尔多斯聚益社保培训咨询服务中心　编

32开　117页

内容提要：本资料汇编国家、自治区、鄂尔多斯有关企业退休人员社会化管理服务方面的重要文件，供鄂尔多斯市各级社会保险机构、街道、社区从事

企业退休人员社会化管理服务工作的专业人员学习和使用以提高经办人员工作能力，提升服务质量。（其利格尔）

企业信用管理基础知识

鄂尔多斯市信用建设促进会　编
2009年9月
32开　7页

内容提要：本资料是鄂尔多斯市"2009诚信兴商宣传月"活动信用普及系列宣传资料，主要内容有企业信用管理基础知识、鄂尔多斯市信用建设促进会简介。（其利格尔）

恰如其分的美好

薛丽　主编
红旗出版社
ISBN 978-7-5051-4003-5
2017年1月
16开　264页　36.00元

内容提要：本书汇编神华集团女职工读书活动优秀作品，共85篇文章，分为"读书，让日子过成诗""书香，美丽了我的人生""书香，生命永恒的味道""生命在读书中丰腴""阅读，让人生更多彩""读书蕴家风""五月槐花香""我的幸福人生，无可复制""生命源于坚强""我的神华我的魂"10个部分。（其利格尔）

千古黄河育大漠

鄂尔多斯黄河文化经济发展研究会　编

内蒙古人民出版社
ISBN 7-204-06298-1
2002年5月
32开　968页　70.00元

内容提要：本书共三卷，分别为政令篇、成就篇、典型篇。其中尤以研究黄河文化为先。收入本书的文件及各类文章来自鄂尔多斯市档案馆、鄂尔多斯日报以及市直属机关、各旗区相关部门。（库布其）

千秋而立

李贵春　著
内蒙古人民出版社
ISBN 978-7-204-09372-4
2008年10月
16开　602页　98.00元

内容提要：本书是作者叙述自己家族历史和自己奋斗历程的自传体作品，由京都新居、祖宗世家、中学时代、农村的艰辛等15个部分构成。（其利格尔）

秦文平书法作品集

秦文平　著
内蒙古大学出版社
ISBN 7-81115-038-7
2006年11月
16开　112页　180.00元

内容提要：本书汇集了秦文平多年来创作的一些行草书作品，其中以草书为主。这些作品在形式上追求变化，可读性很强。（其利格尔）

青草果园

李忠英、荣赛娜　主编

东胜市一中语文教研组

1997年1月

32开　147页

内容提要：本资料是东胜市一中初一到高三学生1997年来的优秀习作选，还选编部分语文老师的作文，共79篇。（其利格尔）

青春放歌——学生风采录

中共鄂尔多斯职业学院委员会、鄂尔多斯职业学院　编

16开　104页

内容提要：本资料分思想育人成果篇、文化育人成果篇、实践育人成果篇、部分集体荣誉展示、部分优秀个人展示五个部分，以图文的形式展示了鄂尔多斯职业学院学生风采。（其利格尔）

青春誓言——国旗下的演讲

鄂尔多斯市第一中学　编

16开　380页

内容提要：本资料为鄂尔多斯市第一中学升旗仪式演讲稿合集。（其利格尔）

青春逐梦·扬帆起航·惜别思恩·明志行远

鄂尔多斯应用技术学院　编

2019年

16开

内容提要：本资料为鄂尔多斯应用技术学院2019届毕业生纪念册。（其利格尔）

清风岛

张学人　著

远方出版社

ISBN 7-80595-965-X

2005年12月

32开　216页　33.00元

内容提要：本书为作者的诗词、散文、书法作品集，旨在通过真实记录部分心路历程展示真、善、美。（其利格尔）

情系宝塔山

东胜区延安精神研究会　编

2019年9月

16开　468页

内容提要：本资料精选《东胜区延安精神研究会会刊》的内容，重新进行分类编排，分为11个部分。（荷梅）

情溢鄂尔多斯

徐钧　著

内蒙古人民出版社

ISBN 7-204-08304-0

2007年7月

32开　248页　35.00元

内容提要：本书是作者的文集，分支边风云、兵法初探、学会剪影、绿色呼唤、哲学管见、道统一班、商战种种、企业文化、景观设计、人物通讯、书评点滴、附录12个部分。（其利格尔）

擎旗领跑——神华神东煤炭集团公司创先争优先锋谱

赵咏峰　主编

2011年12月

16开　257页

内容提要：本资料汇编了神东煤炭集团公司党委受表彰的先进党组织和优秀共产党员及优秀党务工作者的创先争优经验、事迹。其目的一是为所属党组织和广大共产党员提供学习、交流、借鉴的平台；二是作为神东煤炭集团公司创先争优实践活动成果的展示；三是想把这些经验和精神财富作为今后深化活动的引路明灯，大力推广，从而形成推动神东煤炭集团发展的巨大精神支柱。（其利格尔）

请到鄂尔多斯来

王益民、王文元　主编

远方出版社

ISBN 7-80595-668-5

2008年5月

32开　274页　49.00元

内容提要：本书所选文章均由鄂尔多斯地区有关专家、学者及中青年知识分子撰稿，篇幅虽不长，但基本突出了鄂尔多斯独具特色的旅游资源、民族风情、美丽的传说、富饶的能源及可开发利用的水资源等。（嘎拉贝日汗）

庆祝人民政协成立70周年理论研讨暨履职经验交流会优秀论文集

呼和浩特市政协、包头市政协、鄂尔多斯市政协　编

2019年9月

16开　299页

内容提要：本资料共收集63篇优秀论文。这些论文由各级政协领导带头撰写，有各专家、学者潜心研究的成果，大部分是各级政协委员、理论研究会会员、民主党派成员和政协工作者理论与实践的结晶，在一定程度上反映了当前呼、包、鄂三市在这方面的理论研究水平。（其利格尔）

庆祝新中国成立70周年与弘扬延安精神理论研讨会论文集

中国延安精神研究会、内蒙古自治区延安精神研究会、鄂尔多斯市延安精神研究会　编

2019年9月

16开　450页

内容提要：本书汇编了《应该更加关注中国特色社会主义朝什么方向发展》《"生态优先　绿色发展"之路的鄂尔多斯探索》《必须正确认识毛泽东领导新中国前27年艰辛探索与改革开放之间的关系》等研讨会论文。（其利格尔）

求真务实团结拼搏DE哈巴格希

白海龙　主编

16开　61页

内容提要：本资料为一本图文集，主要介绍了哈巴格希街道在劳务经济，就业增收，保障民生，心系百姓，多彩

文化、引领健康、社会管理、构建和谐、社区服务、亲情贴心、民心党建、温暖民心、自身建设等各方面所做的具体工作及收获。（其利格尔）

区域水资源高效利用与可持续发展关键技术研究——以国家能源重化工基地鄂尔多斯市为例

李和平　主编
水利水电出版社
ISBN 978-7-5084-9386-2
2011年12月
16开　271页　55.00元

内容提要：本书包括水资源承载能力和短缺效应分析、农业节水、工业节水、GDP预测、需水量预测、农牧业产业结构优化、水草畜平衡控制指标、地区产业结构优化和用水效率分析、虚拟水贸易和综合评价、水资源优化配置、节水型社会制度建设、土地利用和生态环境监测与评价12个方面的关键技术问题，并在此基础上提出了五点建设性意见和七个创新点。（荷梅）

全区少数民族传统手工艺品研发制作培训成果汇编

鄂托克前旗民族职业高中　编
16开

内容提要：本资料主要包括2016—2019年全区少数民族传统手工艺品研发制作培训开班仪式、培训现场、培训结业作品和优秀学员创业之路等内容。（其利格尔）

全市扶贫开发现场观摩会学习材料

鄂尔多斯市扶贫开发办公室　编
2015年10月
16开　122页

内容提要：本资料分领导讲话、重要文件两部分，汇编了鄂尔多斯市扶贫开发现场观摩会学习材料。（其利格尔）

全羊颂

鄂托克旗人民政府接待办　编
32开　4页

内容提要：本资料主要包括全羊宴简介和全羊颂。（其利格尔）

群众文化工作手册

内蒙古伊克昭盟群众艺术馆　编
1984年6月
32开　257页　0.80元

内容提要：本资料主要分为文件汇编、美术、摄影、文艺辅导、图书管理、文化娱乐、体育运动、附录八个部分。（荷梅）

让爱住我家　家风家训故事文集（一）

康巴什区实验小学　编
16开　253页

内容提要：本资料汇编了康巴什实验小学通过"让爱住我家——家风家训"征文和班级、校级、区级家长逐级宣讲家风家训故事等活动的优秀讲稿，旨在使更多家长受到启发，并静下心来建设自己的家风家训，让良好的家风家训成为孩子们成长的精神路标和支柱。

（其利格尔）

让教育的灵魂舞动起来

杨生荣　著
中国市场出版社
ISBN 978-7-5092-1942-3
2021年1月
32开　283页　40.00元

内容提要：本书收录了作者在教育教学管理、新课程改革、教育教学研究等方面的论文、调研报告与总结等34篇，涉及教育行政与学校管理、教育教学与研究、教师专业化成长、校外教育、家庭教育以及教育教学热点问题探讨等不同领域。（荷梅）

让鸟儿飞——鄂尔多斯鸟类生态摄影作品集

中共鄂尔多斯市东胜区委宣传部　编
2018年6月
16开　168页

内容提要：本资料收集了鄂尔多斯野生鸟类摄影作品400余幅，涉及鸟类200余种，并增加了部分鸟种特征、分布、形态、习性等较详细的说明文字，赋予画册更多阅读体验感，使画册具备了鸟类生态知识科普和收藏价值。（其利格尔）

热爱伊金霍洛·建设伊金霍洛宣传读本（一）

伊金霍洛旗委宣传部　编
2001年8月

32开　91页

内容提要：本资料第一部分汇编了《邓小平提出的"两个大局"战略思想内容是什么》《中共中央为什么提出实施西部大开发战略》等西部开发与二次创业内容；第二部分汇编了《为什么说从1996年到2005年是中国现代化建设的关键十年》《"九五"时期我国克服哪些重大困难，各项经济指标达到了什么水平》等"九五"成就与"十五"蓝图内容；第三部分汇编了《怎样理解"三个代表"在发展马克思主义政党的学说中的重要地位》《如何理解我们党要始终代表中国先进生产力的发展要求》等"三个代表"与"下基层进万家心连心"内容。（其利格尔）

人生礼仪

乔志忠　编著
内新图准字〔2007〕105号
32开　264页

内容提要：本书共140节，涵盖了人生修养、品味人生、人格之鉴、气质、仪容、服饰、风度美的表现、人生哲理、处世交友、社交窍门、容止格言、交际艺术及生日、婚庆、祝寿、哀挽、兴业等各种礼仪。（其利格尔）

人生预测实用手册

冯隽　编著
内蒙古人民出版社
ISBN 7-204-08304-0
2013年12月

16开　345页　52.00元

内容提要：本书以《易经》理论为依据，通过多种简易方法专门预测人生。既有中国的传统算命方法，也有外国的预测方法；既可以从一个人的姓名预测，又可以从一个人的出生年、月、日、时预测；还可通过血型、指纹、花卉、脸部变化、举止、服饰、谈吐、动作、字迹、座位、梦境、电话号码等多个渠道预测吉凶运势，以便选择对比，互相印证，从中受益。其内容丰富，通俗易懂，实用性强。（其利格尔）

绒山羊养殖实用技术手册

鄂尔多斯市畜牧工作站　编
2020年8月
16开　73页

内容提要：本资料采用通俗易懂的文字对绒山羊品种、育种、繁殖、饲养、管理等方面的关键技术进行了阐述，将对绒山羊产业的发展提高起到促进作用。（其利格尔）

润物无声——园丁风采录

中共鄂尔多斯职业学院委员会、鄂尔多斯职业学院　编
16开　104页

内容提要：本资料详细介绍了鄂尔多斯职业学院工作人员的风采。（其利格尔）

塞上忠魂

贺西格布仁　著

作家出版社
ISBN 978-7-5063-3826-4
2010年8月
32开　259页　36.00元

内容提要：本书以蒙汉双语记载了44位在鄂托克前旗境内牺牲及境内参加过战斗而牺牲在外地的本旗籍革命烈士的生平事迹，包括抗日战争时期在鄂托克前旗牺牲的本旗籍烈士2位、外旗籍烈士4位，解放战争时期牺牲的本旗籍烈士22位、外旗籍烈士9位，抗美援朝时期的牺牲在朝鲜的本旗籍烈士1位，中华人民共和国成立后牺牲的本旗籍烈士2位、外旗籍烈士3位，还有1位姓郝的烈士，生平不详。（其利格尔）

塞北雄风：走进鄂尔多斯青铜器博物馆（2012）

安凤　总编
《塞北雄风》编辑部　编
内蒙古自治区15-005
2012年
16开　108页

内容提要：本书包括《走进鄂尔多斯青铜器博物馆》《关于发展鄂尔多斯市东胜区动漫产业的几点对策与设想》《鄂尔多斯市人民政府关于进一步促进中小微型企业发展的意见》《关于鄂尔多斯化解危机及城市发展战略的思考》等新闻、经济、生活特色、时评、社会、文化等内容。（其利格尔）

三字经·百家姓·千字文·古诗词·诸子百言

准格尔旗民族小学　编
32开　197页

内容提要：本资料是准格尔旗民族小学的校本教材，主要包括《三字经》《百家姓》《千字文》等。（其利格尔）

桑洁歌曲选

阿云嘎　编
中国文联出版社
ISBN 7-5059-3700-6
2000年10月
32开　361页　14.80元

内容提要：本书收录了桑洁同志创作的优秀歌曲。（库布其）

沙棘

水土保持通讯编辑部　编
1985年5月
32开　32页

内容提要：本资料具体介绍了沙棘这种野生植物生长的地理形态、经济价值，以及沙棘园的建立、抚育管护、开发利用等。（其利格尔）

沙韵·生态中华·艺术沙漠——百名艺术家库布其公益采风行

王文彪　主编
新华出版社
ISBN 978-7-5166-0577-6
2013年7月
16开　210页　198.00元

内容提要：本书选编了亿利艺术馆与亿利公益基金会精心策划的"生态中华，艺术沙漠——百名艺术家库布其公益采风行"的优秀活动中国内外艺术家创作完成近200幅作品。（其利格尔）

山羊绒毛学

赵永亮、张全祥　编
内蒙古东胜羊绒实业发展总公司
32开　154页　8.88元

内容提要：本资料是作者把学来的理论知识和在实践中的经验体会的汇集，分成山羊的起源和世界山羊简介、我国山羊业概况、我国各省市区山羊数量分布简介、山羊毛和山羊绒的主要性能、山羊常见病及其防治、我国山羊绒生产概述、山羊被毛的季节性变化、山羊绒的质量鉴定及其价格计算方法、山羊绒的识别及收购中应注意的问题、山羊绒的初加工及其他、我国羊绒生产概况、毛绒质量与剖绒、关于提高山羊产绒性能途径等问题、山羊绒的仓储10个部分，旨在向从事山羊绒教学、科研、生产以及进行技术推广的同志介绍我国山羊品种、绒毛收购方法及其成品加工对原绒的质量要求等。（其利格尔）

山野风

张中飞　著
内蒙古人民出版社
ISBN 7-204-06518-2
2003年1月
32开　226页　25.00元

内容提要：本书汇编作者从学生时代开始写的散文，也是作者走过的心路历程中的点点印痕。（其利格尔）

闪光的足迹——鄂尔多斯市开展保持共产党员先进性教育活动典型事迹选粹

鄂尔多斯市委保持共产党员先进性教育活动领导小组办公室　编

32开　303页

内容提要：本资料汇编了鄂尔多斯市开展保持共产党员先进性教育活动典型事迹。这些先进人物、先进事迹都感人至深，令人崇敬。在这些先进人物身上集中折射了共产党员的本色，他们是新时期共产党员、基层党组织模范践行"三个代表"重要思想，忠实实践先进性的生动教材，值得在全市推广，值得各级党组织和广大共产党员学习。（其利格尔）

善行天下——走出你的沙漠

16开　60页

内容提要：本书以图文形式记录了徒步穿过海拔1400米的库布其沙漠腹地的历程和路途景色。（其利格尔）

上半年度优秀"五小"成果汇编（2015）

神东煤炭集团公司　编

2015年12月

16开　239页

内容提要：本资料以图文形式展示了2015年上半年神东煤炭集团经公司"五小"及技术创新成果评比小组评选出的90项优秀成果。（其利格尔）

社会保险实用文件汇编

鄂尔多斯市社会保险事业管理局　编

2006年11月

32开　108页

内容提要：本资料汇编了《中华人民共和国国务院令（第259号）》、国发〔2005〕38号《国务院关于完善企业职工基本养老保险制度的决定》、鄂府函〔2006〕117号《鄂尔多斯市人民政府转发内蒙古自治区人民政府〈关于完善企业职工基本养老保险制度的实施意见〉的通知》等社会保险实用文件。（其利格尔）

社会主义好

王程　编

内蒙古教育出版社

ISBN 7-5311-4995-8

2002年11月

32开　271页　10.00元

内容提要：全书以党的十六大最新精神为基准，以邓小平理论和"三个代表"重要思想为指导，较为系统地介绍了建设有中国特色社会主义的基本理论和知识，较为全面地阐述了改革开放以来，特别是党的十三届四中全会以来我国社会主义现代化建设所取得的辉煌成就和基本经验，以及全面建设小康社会的目标和任务，较为充分地展示了中国特色社会主义的优越感和强大的生命力。同时，还联系鄂尔多斯实际，讲述了鄂尔多斯阔步前进在社会主义大道上所发生的大变化及所取得的成就和成功经验，是一本兼具知识性、科普性、指导性的通俗读本。（其利格尔）

社区那些人儿

周胜 主编
2014年12月
32开 88页

内容提要：本资料是作者零距离接触亿利金威社区人的生活，所记述的普通人的故事，为读者铺展开一幅社区生活的画卷。（其利格尔）

社区那些事儿

周胜 主编
2014年12月
32开 114页

内容提要：本资料记录了亿利金威社区营造的琴、棋、书、画兼具的文化氛围，展现了居民排歌舞、习太极、唱小戏的向上精神面貌，诠释了居民议事、尊老爱幼、邻里互助的民主和谐风尚，展现了社区老、中、青、少温馨的幸福生活。（其利格尔）

身边的法

高峻 著
远方出版社
ISBN 7-80595-710-X
2002年12月
32开 248页 20.00元

内容提要：本书汇编作者发表于各类媒体上的普法文章，主要涉及人民具体工作和生活的普法。（其利格尔）

深化教育改革·潜心立德树人

伊金霍洛教育体育局 编
16开

内容提要：本资料包括伊金霍洛旗教育治理体系顶层设计架构图、伊旗教育领域综合改革创新顶层设计架构图、伊金霍洛教育体育重点项目、媒体纪实、重要会议、教育事业成果等内容。（其利格尔）

神的花园——诗词鄂尔多斯

周彦文 著
东方出版社
ISBN 978-7-5060-7695-1
2014年8月
16开 186页 20.50元

内容提要：本书收入周彦文先生有关鄂尔多斯的诗词近300首。这些诗词大部分写于2008年冬至2011年秋，充满深情厚意、奇思妙悟，既天马行空、壮阔苍凉，又皓月当空、美人千里；既有对家国的思恋之情，也有对现实的深深拷问；乡土、人生和时代三者同构。（其利格尔）

《神东之路》十六集大型文献纪录片

神华神东煤炭集团有限责任公司、北京飞天电视艺术中心有限公司、北京飞天广告公司
煤炭工业出版社

ISBN 978-7-88039-055-1
2014年8月
16开 167页 1680.00元

内容提要：本书是《神东之路》16集大型文献纪录片的图书版，以图文展示了制作该片和神东集团的缩影。（其利格尔）

神东安全文化典型案例（第一部）

云飞 主编
神华神东煤炭集团有限责任公司 编
2014年8月
16开 231页

内容提要：本资料是近年来神东创新安全管理实践的经验总结和神东人践行安全理念的故事集锦。案例汇集了理性的思考、创新的方法和有效的措施，并体现了个人的成长、团队的活力和公司的魅力。（其利格尔）

神东安全文化典型案例（第二部）

云飞 主编
神华神东煤炭集团有限责任公司 编
2015年11月
16开 226页

内容提要：本资料是继2014年第一部《神东安全文化典型案例》之后的又一部典型案例集。（其利格尔）

神东故事（2007）

张永智 主编
神东煤炭集团公司 编
16开 200页

内容提要：本资料是神东煤炭集团公司广泛征文、精心整理加工，并请有关专家一一点评编辑而成的。其中大多数作品反映的是神东分公司最基层的人和事，是最基层的广大员工生活和工作的生动反映。这些作品中渗透了神东分公司企业文化的理念，既为神东企业文化建设积累了宝贵的文化资源，同时也是企业文化宣贯的一本生动教材。（其利格尔）

神东故事

张怀国 主编
神东煤炭集团公司 编
16开 172页

内容提要：本资料收集的小故事，都是发生在员工身边的平凡故事，但都充分体现出了神东"人本和谐、安全高效、规范执行、学习创新"的核心价值观，既为神东企业文化建设积累了宝贵的文化资源，同时也是企业文化宣传的一本生动教材。（其利格尔）

神东煤炭分公司优秀专业技术论文与总结报告汇编（高级技师和技师）

神东职业技能鉴定站 编
2007年8月
16开 95页

内容提要：本资料将高技能人才在本职岗位上多年来积累的技术进行总结，形成一套独到的理论见解和对设备常见故障的排除方法，并通过职业技能鉴定对高级技师和技师进行专业技术论文和专业技术总结报告答辩考核，筛选部分优秀专业技术论文和专业技术报告进行摘录汇编，供广大员工学习、参考和借鉴。（其利格尔）

神东煤炭集团公司党组织书记工作手册

神华神东煤炭集团公司编委会　编
2010年3月
16开　152页

内容提要：本资料分党组织书记工作职责、党建工作相关制度、党建工作相关流程、党建工作相关知识、附录五个部分，重点介绍神东煤炭集团公司党组织书记工作。（其利格尔）

神东煤炭集团公司煤矿常用电气设备实用读本

马苏洪　主编
2016年1月
16开　410页

内容提要：本资料是一本符合神东实际、知识涵盖全面、指导煤矿常用电气设备现场检修的参考书，方便各单位有针对性地开展专业培训，快速提升机电从业人员的技能水平。共分七章，主要内容包括三部分：第一部分为常用高、低压电器，高、低压开关；第二部分包括变电所10kV（6kV）供电系统和主通风机供电系统；第三部分包括煤矿安全供电和变（配）电所运行及常见故障处理。书中收罗了大量设备实物图片，并创新性地采用将供电系统图、电气原理图以实物"图解"模块的形式表现出来，使抽象深奥的电气原理更加直观，易于读者阅读理解，快速入门。本资料理论结合实际，突出"图解"特色，以实物元件为主线，以故障排除为基调，具有较强的指导性、实用性和参考价值。（其利格尔）

神东煤炭集团公司煤矿管理人员业务知识读本（班、组长篇）

田水承、李红霞　主编
神华神东煤炭集团有限责任公司、西安科技大学安全管理研究所　编
16开　255页

内容提要：本资料结合神东煤炭集团公司安全生产的实际情况及煤矿企业班组长的工作特点，在介绍煤矿生产法律法规、煤矿班组管理职责和技巧、安全常识的基础上进一步阐述了采煤班组、掘进班组、机电班组、运输班组、通风班组的安全生产基本知识，旨在满足煤矿班组长学习培训需求，是一本对现代煤矿班组长进行安全生产业务知识培训的综合性读本。本书体例清晰，内容丰富，案例典型，图文并茂，通俗易懂，体现了科学性、系统性、针对性、实操性的特点，既可作为煤矿企业班组长的工作参考书和煤矿企业班组长岗位培训用书，也可作为煤矿企业班组开展员工安全教育的知识读本。（其利格尔）

神东煤炭集团井下防爆开关使用手册

神东煤炭集团教育培训中心　编

2009年9月

16开　381页

内容提要：本资料为神东煤炭集团井下防爆开关使用手册，分隔爆型真空电磁启动器、矿用隔爆型真空馈电开关、综合保护装置、矿用隔爆型移动变电站四个部分。（其利格尔）

神东煤炭集团设备安全技术操作规程

神东煤炭集团教育培训中心　编

2009年10月

16开　35页

内容提要：本资料为神东煤炭集团下发的《设备安全技术操作规程》（神东〔2009〕140号）文件，供广大学员学习。（其利格尔）

神东天隆集团有限责任公司5年历程（2004—2009）

16开　79页

内容提要：本资料以图文并茂、英汉双语的形式介绍了神东天隆集团有限责任公司情况及其2004—2009年的发展历程。（其利格尔）

神华包神铁路有限责任公司年鉴（2002）

神华包神铁路有限责任公司史志编审委员会　编

2002年12月

16开　337页

内容提要：本资料是包神铁路有限责任公司第一部年鉴，由类目、分目和条目三个层次组成，是一部综合性、史料性的工具书。编辑过程中，为保证材料的连续性和完整性，收录了一些与当年有关的回溯性资料。本年鉴按照"三个代表"重要思想的要求，以"知往鉴来"贯彻编辑始终，全面真实地反映公司2001年度的各项主要活动。在充分总结成绩和经验的同时，对工作中存在的问题和不足做了实事求是的记载，力求达到资政、鉴戒、存史、教化作用，为读者查找资料提供借鉴。（其利格尔）

神华集团党建史（神东篇）

《神华集团党建史》编纂委员会　编著

红旗出版社

ISBN 978-7-5051-4150-6

2017年5月

16开　375页　98.00元

内容提要：本书讲述了神华神东煤炭集团公司自创建至2016年企业党的建设史，分为历史性伟大转折和世界级煤田的大发现、开发模式的革命性突破与党的工作体制确立、煤炭工业新纪元的开启和党的建设协同创新、领航煤炭工业新变革与加强党的先进性建设、建设世界一流煤炭企业与提高党建科学化水平、适应经济发展新常态与落实全面从严治党等六章。（其利格尔）

神华集团神府东胜煤炭有限责任公司辉煌五年（1998—2003）

16开　173页

内容提要：本资料以图文并茂、英汉双语的形式，介绍了神华集团神府东胜煤炭有限责任公司情况及其1998—2003年的发展历程。（其利格尔）

神华集团数字矿山规划研究

神华集团数字矿山规划项目组　著
煤炭工业出版社
ISBN 978-7-5020-4140-3
2012年12月
16开　168页　30.00元

内容提要：本书共分10章，包括井工矿和露天矿的数字矿山架构、建设内容、建设标准、关键技术、建设路线、组织保障以及预期效果和效益后评估等方面内容，全面系统地介绍了神华数字矿山规划的背景、规划依据与范围，介绍了国内外矿业企业以及神华集团所属井工矿和露天矿的数字矿山的建设现状，并尝试推测数字矿山的发展趋势。本书可作为矿业企业工程技术人员进行本企业数字矿山规划的实用参考书，亦可作为高等院校相关专业本科生和硕士研究生的教学参考书以及广大技术人员的培训与自学用书。（其利格尔）

神华军团进行曲（散文卷）

周启垠　主编
中国文联出版社
ISBN 978-7-5059-8299-4
2013年7月
16开　153页　19.80元

内容提要：本书收录了32篇获奖作品，作者来源于神华的各条战线，他们用文字讴歌劳动者的伟大及当代工人对生活的热爱，看起来是在不经意间抒写着作者的经历和感受，但所表现的多是人生感悟和思考，语言纯粹，内涵深刻，文字优美而富有诗意。（其利格尔）

神华神东煤炭集团公司机电设备运行管理奖罚办法（试行）

神华神东煤炭集团公司设备管理中心　编
2012年
32开

内容提要：本资料主要包括机电设备日常运行管理奖罚办法，事故、故障管理奖罚实施细则、设备运行管理奖罚办法，主通风机系统管理实施细则，设备检修维护奖罚实施细则，机电通用设备完好管理奖罚实施细则，设备标准化检修与EAM管理、预防性检修管理奖罚实施细则，大型部件管理奖罚实施细则，五小电器管理奖罚实施细则，数据采集传输系统管理奖罚实施细则，除铁器及铁器管理奖罚实施细则、奖励等内容。（其利格尔）

神华神东煤炭集团公司机电事故案例分析手册（2010—2012）

神华神东煤炭集团公司设备管理中心　编
16开　348页

内容提要：本资料分采煤机、三机、胶带机、其他类、洗选设备五个部分,汇编了2010—2012年发生的各类典型机电事故案例,能够让各生产单位有所借鉴,在学习中提高认识、在总结中提高水平,坚持"均衡生产""标准化检修"制度,合理安排"预防性检修"工作,保障机电设备的可靠运行。(其利格尔)

神华职工征文选集

张春耀、许百川 主编
神华集团公司党群工作部 编
16开 245页

内容提要:本资料为神华集团公司职工征文作品选集。这些作品是神华人对神华集团艰苦创业、高速发展、改革创新、不断攀登的实际感受,内容丰富,题材广泛,体裁多样,从不同角度、不同侧面艺术地摹写和再现了广大神华人坚韧不拔、争创一流的精神风貌。(其利格尔)

神秘的鄂尔多斯

傅万有、王文元 主编
内蒙古人民出版社
ISBN 7-204-07039-9
2003年10月
32开 445页 35.00元

内容提要:本书所选文章大都由当地学有专长的著名专家、学者撰写,共27篇,30余万字。本书寓知识性于新奇和趣味之中,其时间纵贯古今,内容广泛,涉及历史、政区、人口、交通、水文、地质、地貌、山水、气象、工农牧林业、水利、蒙医蒙药、旗(区)、文化、文物考古、方言、歌舞、传说、蒙古族风情、美食、名胜、沙漠、生物、花草、药材、矿藏、盐碱、人物、蒙汉名称、土壤等各方面,既是一部进行爱国主义教育的乡土教材,更是异地读者了解鄂尔多斯的一个窗口。(其利格尔)

神圣的鄂尔多斯

石玉平、乔明 编
内蒙古人民出版社
ISBN 7-204-08043-2
2006年10月
16开 272页 58.00元

内容提要:本书详细介绍了鄂尔多斯的风土人情、历史、民俗、风景。(库布其)

神奇阿尔寨——中国蒙古学·阿尔寨石窟国际学术研讨会文艺晚会节目单

中共鄂托克旗委员会、鄂托克旗人民政府、内蒙古电视台
2008年9月
16开 2页

内容提要:本资料是由中共鄂托克旗委员会、鄂托克旗人民政府、内蒙古电视台主办,鄂尔多斯市蓝天艺术学校、鄂尔多斯羊绒(集团)有限责任公司、北京满德海餐饮文化有限公司协办的"神奇阿尔寨——中国蒙古学·阿尔寨石窟国际学术研讨会"文艺晚会的节目单,包括14个节目。(其利格尔)

神奇的鄂前旗

鄂托克前旗委宣传部　编
香港皇光出版社
ISBN 978-988-17048-4-9
2010年8月
12开　65页　128.00元

内容提要：书是一部关于鄂托克前旗的摄影集，内容包含无限风光的美景、独具特色的民俗文化、悠久的历史。（其利格尔）

神圣的敖包

巴图吉雅　主编
16开　88页

内容提要：本资料是伊金霍洛旗第一部敖包资料汇编，以蒙汉对照和图文形式，记录了伊金霍洛旗境内100多座敖包的名称来历、类型、作用、方位及祭祀活动等信息。（其利格尔）

神圣的敖包

张子珍　主编
政协伊金霍洛旗科教文卫史委员会　编
2013年12月
16开　88页

内容提要：本资料是伊金霍洛旗敖包资料汇编，记录了伊金霍洛旗境内的100多座敖包的名称来历、类型、作用、方位及祭祀活动等信息，为今后进一步全面、深层次、多角度研究敖包文化提供了第一手资料。（其利格尔）

神圣的煤

肖峰　著
时代文艺出版社
ISBN 978-7-5387-2401-1
2008年4月
32开　246页　38.00元

内容提要：本书为作者的个人诗集，分为神圣的煤、神华之光、自然行踪、作家评论四个部分。作者以煤作为审美和书写对象，怀着敬畏之心和感恩之心，对煤追本溯源，进行深究。（其利格尔）

生命工程

阎乘忠　著
鄂尔多斯日报社
内新图准字〔2002〕74号
2002年8月
32开　330页　20.00元

内容提要：本书是作者的作品集，收入论文、散文、杂文短评和序跋等作品81篇，20多万字，旨在回顾、总结、展示自己的创作成果，为读者提供相关参考。（其利格尔）

圣地新辉煌——伊金霍洛旗经济与社会发展回顾

伊金霍洛旗统计局　编
16开　144页

内容提要：本资料共分旗情概况篇、综述篇、统计资料篇、成就剪影篇、大事记录篇、前景展望篇六个部分，以准确翔实的统计数据、朴实无华的语言文字、形象生动的数学模型、丰富多彩的摄影图片，实事求是地记录和描述了"十五"期间伊金霍洛旗经济建设和社会事业取得的辉煌成就，既是对"十五"成就的总结，对伊旗的宣传，又是各级党政领导、社会各界人士研究过去、把握未来、科学决策的可靠依据，也是人们了解伊旗、认识伊旗、解读伊旗的重要参考资料。（其利格尔）

"思想再解放、笃行新发展理念、推动高质量发展大学习大讨论"学习资料

鄂尔多斯市委统战部大学习大讨论领导小组宣传组　编

2019年5月

16开　244页

内容提要：本资料汇编了《习近平同志在中国共产党第十九次全国代表大会上的报告》《习近平同志关于加强和改进统一战线工作重要论述》等学习资料。（其利格尔）

诗歌曲韵律例粹

康明英　编著

16开　493页

内容提要：本资料是一部学习古典诗词的笔记。第一篇为逆序词语，编列古代诗词中常见的逆序词语。第二篇为当代、现代、古代诗词曲韵书汇编，列有七种规范。第三篇为格式，列有律诗、绝句的16种平仄押韵规则。（荷梅）

十年巨变话沧桑

潘洁　主编

1993年10月

32开　183页

内容提要：本资料是伊克昭盟化工研究所碱湖科学试验站建立十周年纪念书，分五部分，回顾、总结了伊盟化工研究所碱湖科学试验站建立十周年历程和成果，体会、感受了伊盟化工研究所碱湖科学试验站十年来的改变、艰辛，记述了伊盟化工研究所碱湖科学试验站建立10年来的英模事迹和社会舆论响应，收录了关于碱湖和伊盟化工研究所碱湖科学试验站的散文、诗歌等内容。（其利格尔）

十一届三中全会以来培养选拔优秀年轻干部文献选编

伊盟党委组织部　编

1999年7月

32开　113页

内容提要：本资料选编了十一届三中全会以来邓小平同志、陈云同志、江泽民同志关于培养选拔优秀年轻干部的部分重要论述及党的政策性文件，反映了十一届三中全会以来我们党培养选拔优秀年轻干部的历史脉络和工作历程，同时也是在新的历史条件下继续推进这项事业的宝贵思想财富和重要理论政策依据。（其利格尔）

石兰国画集

石兰　著

内蒙古人民出版社

ISBN 978-7-204-09436-3

2011年12月

16开　73页　169.00元

内容提要：本书为作者20多年的作品中采精撷理的部分作品的汇集。（其利格尔）

时光掠影

刘璞　著

远方出版社

ISBN 7-80595-668-5

2008年10月

32开　225页　30.00元

内容提要：本书是作者的处女作，按照内容分为八个章节，八个章节就像八个景点，每个景点又景中有景，峰回路转，曲径幽深，别有洞天。（其利格尔）

食品安全知识手册

鄂尔多斯市东胜区食品安全协调领导小组办公室　编

32开　73页

内容提要：本资料汇编了食品安全12条守则、饮食安全10条黄金定律、遇到食品问题如何进行有效投诉、关于健康饮食经典谎言等51条食品安全知识。（其利格尔）

食品标签里的秘密

鄂尔多斯市食品药品安全委员会办公室、鄂尔多斯市市场监督管理局　编

16开　37页

内容提要：本资料分四个部分，介绍了正确认识食品标签，解读食品标签，选对食品、从学会看食品标签开始，看准营养成分等。（其利格尔）

食品药品安全常识

鄂尔多斯市食品药品监督管理局　编

32开　92页

内容提要：本资料汇编了蔬菜农药中毒的危害、易受农药污染的蔬菜、九种能引起人体安全问题的蔬菜、减少农药残留吃放心蔬菜的方法等食品药品安全常识。（其利格尔）

食品药品安全手册

鄂尔多斯市食品药品监督管理局　编

32开　60页

内容提要：本资料分保健知识、食品安全知识、药品安全知识三个部分，主要目的是通过宣传、普及食品药品法律法规和安全知识，提高公众的饮食用药安全意识，帮助大家更合理地选购、消费食品药品，更好地提升健康素质和生活质量，使人人关心食品药品安全、人人参与食品药品安全成为一种社会风尚。（其利格尔）

食品药品安全知识宣传手册

康巴什区食品药品安全委员会办公室、康巴什区食品药品监督管理局　编

32开　44页

内容提要：本资料为食品药品安全知识宣传手册，分如何保证食品质量、

饮食卫生学问、食品安全常识40问三个部分，旨在创建国家食品安全城市，建设食美药安康巴什。（其利格尔）

世纪霞光

哈斯乌拉　主编
王静有　著
内蒙古人民出版社
ISBN 7-204-05204-8
2001年3月
32开　228页　24.00元

内容提要：本书是作者的文学作品集，分诗歌卷、散文卷、近作选三个部分。（其利格尔）

世纪征程

尚满堂　著
1998年12月
32开　226页

内容提要：本资料是作者的回忆录，文章用质朴的语言、真诚的笔触，原原本本地记叙了作者从参加革命到离休40年的真实经历，既是经历辗转曲折但忠诚于党的事业矢志不移的人生写照，又从侧面反映了同一时期东胜经济社会变迁的历史过程，不失为一部具有较强教育意义的史料。（其利格尔）

世界传媒眼中的《成吉思汗法典及原论》

内蒙古典章法学与社会学研究院　编
2008年
32开　141页　18.00元

内容提要：本资料包括有关《成吉思汗法典及原论》的国内主流媒体报道摘要、海外华文主流媒体报道摘要、内蒙古主流媒体报道摘要和英文版国际主流媒体报道摘要四个部分。（其利格尔）

世界是这样温暖

白跃武　著
内蒙古科学技术出版社
ISBN 7-5380-0809-8
2000年10月
32开　197页　25.00元

内容提要：本书分励志篇、创新篇、英雄篇三个部分，简述了王林祥的平生事迹及其事业发展。（其利格尔）

世界银行中国黄土高原水土保持项目可行性研究报告（送审稿）

黄土高原水土保持项目办公室　编
1992年9月
16开　139页

内容提要：本资料由项目背景、项目区选择与概况、项目建设、项目科研与推广、项目监理与评价、项目投资与分析、综合评价七个部分构成。（其利格尔）

视觉与美——兴安·鄂尔多斯摄影作品集

岳晓青　主编
兴安盟文学艺术界联合会　编
2012年11月
16开　109页　150.00元

内容提要：本书共收录以兴安盟、鄂尔多斯市为主题的摄影作品100幅，这些作品不仅展示了摄影之美、艺术之美、生活之美，同时也展示了兴安盟、鄂尔多斯市的地域魅力，并记录了两地摄影人的执着追求与探索思考。（嘎拉贝日汗）

首届王冠杯书法作品展作品集

  杭锦旗文化艺术研究院　编
  天津人民美术出版社
  ISBN 978-7-5305-7093-7
  2015年11月
  8开　200页　380.00元
  内容提要：本书为首届"王冠杯"全国书法作品展作品集。本次展览共收到投稿7983件，本书收录了获奖作品和入展作品共214件，希望借助书法艺术的魅力来推动杭锦旗经济文化的发展，同时为书法爱好者提供学习的范本。（荷梅）

守护正义历程回顾

  杨贵荣　主编
  伊金霍洛旗人民检察院　编
  12开　83页
  内容提要：本资料是一部影集，记录了伊金霍洛旗人民检察院的人员配置、历任领导、荣誉、重大事件。（其利格尔）

首届鄂尔多斯文化产业博览交易会

  鄂尔多斯市乌审旗政府　编

2016年9月
16开　64页
内容提要：本资料包括乌审旗整体情况介绍、审旗文化产业整体情况介绍、乌审旗文化产业招商项目等内容。（其利格尔）

书山有径·学海无涯——鄂尔多斯学研究会15年影集（2002—2017）

  杨勇　主编
  鄂尔多斯学研究会　编
  2017年9月
  16开　107页
  内容提要：本资料分为圣地热土为源、基业初步开创、团队实力雄厚、创新地方之学、编纂辞典概论等10个部分的内容。（荷梅）

书香法苑——鄂尔多斯法院文学书画摄影作品集

  鄂尔多斯市中级人民法院　编
  16开　214页
  内容提要：本资料包括鄂尔多斯各地区法院干警的散文、小小说、诗歌、剧本、摄影、绘画等各类作品，其中不仅凝聚了鄂尔多斯法院干警的智慧，也是对鄂尔多斯法院文化建设工作的一次小结，并展现了鄂尔多斯法院干警的工作和生活内容。（其利格尔）

数据桃力民抗日根据地

  薛智平、王劲楠　编著
  内蒙古大学出版社

ISBN 978-7-5665-1908-5
2020年12月
16开　449页　150.00元

内容提要：本书全面系统地梳理了桃力民抗日根据地的创建发展历程，记述了乌兰夫同志在桃力民地区的革命活动，总结了桃力民抗日根据地的历史地位和经验启示。全书分为"七七事变"后伊克昭盟的形势和党在伊克昭盟的工作、桃力民抗日根据地的创建、桃力民抗日根据地的发展、乌兰夫在伊克昭盟、艰难条件下坚持斗争和桃力民的解放、桃力民抗日根据地的历史地位和经验启示等六章。书后附有有关桃力民抗日根据地的档案史料，供研究者参考。（其利格尔）

水土保持科普知识读本

刘震　主编
水利部水土保持司　编
黄河水利出版社
ISBN 7-80621-669-3
2003年4月
32开　79页　18.00元

内容提要：本书汇编了水土流失的形成与危害、水土流失是我国的头号环境问题、水土流失有多种类型、水力侵蚀、重力侵蚀、风力侵蚀的不同侵蚀形态等79项水土保持科普知识，旨在更广泛地宣传普及水土保持知识，让全社会更加重视水土保持、珍惜水土资源，共同保护我们的生存环境，建设我们的美好家园。（其利格尔）

税法

国家税务总局注册税务师管理中心　编
32开　476页

内容提要：本资料为国家税务总局注册税务师管理中心所编的2004年度全国注册税务师执业资格考试指定教材，介绍了我国的所得税、财产税和行为税三类税收实体法的主要内容。（其利格尔）

瞬想沉思录

秦玉亭　著
内新图准字〔2000〕3号
2000年3月
32开　337页　15.00元

内容提要：本书分为三辑，第一辑为教育论文，包括教育论文、述评、讲义、讲话和实验方案等；第二辑为文艺作品，包括散文、诗歌、杂文、小说、解说词等；第三辑为杂感，包括思想评论、讲话稿等。（荷梅）

苏里格天然气博物馆

48开　6页

内容提要：本资料介绍了位于中国天然气之邦——内蒙古苏里格开发区、乌审旗乌兰陶勒盖镇的苏里格天然气博物馆的基本情况、功勋井——苏6井等相关内容。（其利格尔）

岁月

乔志萍　著
16开　285页

内容提要：本资料主要记录知青经历对作者生活、工作、学习、成长、从政等方面所产生的影响。（其利格尔）

碎玉拾零

张光耀　著
内新图准字〔2007〕61号
2007年10月
32开　311页

内容提要：本书是一部纪实文学作品，记录了作者的人生经历与体悟。（荷梅）

岁月悠悠忽吉图

王咏中、徐怀亮　著
溢华出版社
ISBN 962-549-013-2
1993年10月
32开　153页　10.00元

内容提要：本书是对忽吉图煤矿30多年发展历史的忠实记录。全书以图文形式介绍了忽吉图煤矿概况、解放前的忽吉图煤矿、忽吉图煤矿的雏形（1949—1958）、忽吉图煤矿艰难的起步（1959—1965）、"十年动乱"中的忽吉图煤矿（1966—1976）、在整顿中振兴企业（1977—1983）、在改革中前进的忽吉图煤矿（1984—1991）、从困境中崛起的忽吉图煤矿（1992），以及历年大事件、纪要、领导、投资和使用情况等有关忽吉图煤矿艰难发展的内容。（其利格尔）

踏歌行

张学人　著
内蒙古人民出版社
ISBN 978-7-204-09436-3
2008年5月
32开　242页　56.00元

内容提要：本书是作者的文学作品集，主要由诗歌、散文构成。（其利格尔）

唐风新声韵

王永雄　著
荣竹林　编
内蒙古人民出版社
ISBN 7-204-04138-0
2006年9月
32开　166页　18.00元

内容提要：本书是作者《唐风》诗集系列中的一本，收录作者利用新语言、新声韵创作的诗歌。（其利格尔）

桃力民故事

刘永祥　著
内新图准字2011第154号
2013年8月

内容提要：本资料是一部关于桃力民的作品汇编。（荷梅）

桃校春秋（1935—1985）

桃力民学校　编
16开

内容提要：本资料是桃力民学校建校50周年纪念册，内容包括《胡耀邦同志1956年7月26日给桃力民小学少先队的信》《胡志明主席的肖像和题词》《中国驻越南大使馆1958年5月6日给桃力民学校少先队的信》《中共中央办公厅秘书室1956年7月16日给桃力民学校少先队的信》，以及桃校春秋、桃力民学校历任领导等。（其利格尔）

特色组织工作成果

中共鄂尔多斯市委组织部　编
2013年1月
16开

内容提要：本资料以图文形式展示了鄂尔多斯市旗区特色组织工作成果。（其利格尔）

腾飞的翅膀

哈斯乌拉　主编
中国文联出版社
ISBN 7-5059-3337-X
1999年
32开　326页　19.60元

内容提要：本书反映的是改革开放时期伊金霍洛旗人民负重奋进的创业史。作者以高昂的激情，生动形象的笔调，多层次、多方位地反映了伊金霍洛旗各族人民艰苦创业、大胆进取的时代风貌，展现了飞速发展的伊金霍洛旗多姿多彩的崭新形象，既具史志价值，又富教育意义。入选本书的人物，尽管身份不同，经历各异，职务有高有低，贡献有大有小，但他们中的每一个都是一首弄潮的诗，一曲奉献的歌。他们是伊旗各族人民的优秀儿女，是伊旗腾飞的翅膀，是伊旗振兴的脊梁。（其利格尔）

天道酬勤集

李宏　著
内蒙古人民出版社
ISBN 7-204-06518-2
2003年8月
32开　356页　47.00元

内容提要：本书记录了鄂托克前旗的巨变和鄂托克前旗人的风采，分为人物篇、事迹篇和言论篇三个部分。均按时间顺序做了编排，便于读者查阅。（其利格尔）

天骄圣地·伊金霍洛

伊金霍洛旗旅游事业管理局　编
32开

内容提要：本资料以图文形式展示了伊金霍洛旗概况、伊金霍洛旅游简介、伊金霍洛旗重点旅游景区及分布图。（其利格尔）

天骄圣地——印象伊金霍洛2011美术书法作品集

赵宇飞　主编
政协伊金霍洛旗委员会　编
湖北美术出版社
ISBN 978-7-5394-4202-0
2011年8月
16开　135页　180.00元

内容提要：本书收录由伊金霍洛旗

政协主办，鄂尔多斯市政协书画院、市文学艺术界联合会协办的"天骄圣地·印象伊金霍洛2011美术书法作品展"的美术、书法作品。这些作品均来自全国知名美术家和书法家，作品以多样的风格和多元的话语，充分展示了新形势下伊金霍洛深厚的文化底蕴，展现了伊金霍洛旗人民群众丰富多彩的精神文化生活和积极向上的精神风貌。（其利格尔）

天骄圣地——伊金霍洛七网七业看伊旗

中共伊金霍洛旗委员会、伊金霍洛旗人民政府　编

16开　67页

内容提要：本资料以图文形式展示了伊金霍洛旗概况、七业建设、传统产业、七网建设等内容。（其利格尔）

天骄圣地·伊金霍洛旗

中共伊金霍洛委员会、伊金霍洛旗人民政府　编

16开　69页

内容提要：本资料以图文形式介绍了伊金霍洛旗，包括美丽乡村建设、环境卫生综合整治、产业发展及产业结构调整、乡村旅游、基层组织建设、百姓心声等内容。（其利格尔）

天骄诗歌集

天骄诗社　著

邓石良、王昱明　编

中国文联出版社

ISBN 7-5059-3337-X

1999年

32开　172页　22.00元

内容提要：本书为天骄诗社社员及其诗友的作品选集，收入社员和诗友的诗词、对联、新古诗、新诗共300余首，大多先后散见于各级报刊或诗歌专集，也有在全国或地区诗歌、联语等大赛中获奖的，或与海内外诗社交流唱和的作品。所收作品展露各作者多方面才华，抒发诗情画意，展示大漠淳风美俗，洋溢草原泥土芳香。（其利格尔）

天骄诗词集（续集）

鄂尔多斯诗词学会　编著

内蒙古人民出版社

ISBN 7-204-08304-0

2007年3月

32开　178页　28.00元

内容提要：本书是《天骄诗词集》续集，收录诗词、杂言诗、曲、赋、对联、新诗、书法、文摘等作品。（其利格尔）

天骄翰墨——鄂尔多斯市老年书画作品选集

白成英　主编

鄂尔多斯市老龄委员会　编

内新图准字〔2008〕53号

2008年6月

16开　120.00元

内容提要：本书收录了内蒙古自治区第十一届老年人"松鹤杯"书画联赛

中展出的绘画、书法作品。（荷梅）

天骄文明·德耀圣地

伊金霍洛旗文明办　编
2017年7月
32开　41页

内容提要：本资料包括社会主义核心价值观、八维——中华文化的"DNA"、我们的节日、中国志愿服务、中国二十四节气、中国历法、中国公民四德建设、伊金霍洛旗先进典型事迹、2017年日历、2018年日历等。（其利格尔）

天下准格尔

麻永飞　主编
海燕出版社
ISBN 978-7-5350-5129-5
2012年
32开　393页　680.00元

内容提要：本书是一部介绍准格尔旗地域文化的图书，以文化、地理、历史的视角呈现准格尔的现在与过去。全书包括四个部分和200余幅彩色图片，充分展现了一个多姿多彩的准格尔。（荷梅）

天之娇

天之娇高岭土有限责任公司　编
16开

内容提要：本资料包括天之娇高岭土有限责任公司概况和公司产品介绍等内容。（其利格尔）

挺进"十一五"　掀起"新风暴"

《鄂尔多斯日报》汉文编辑部　编
32开　226页　20.00元

内容提要：本资料分为贯彻落实市委一届九次全委会系列评论员文章、关键词点击、盘点"十五"见证辉煌、鄂尔多斯"十五"解读、展望"十一五"、集中开展笔会、开局之年七个部分，目的是更好地宣传、贯彻鄂尔多斯市委一届九次全委会和全市经济工作会议精神，营造良好的舆论环境。（其利格尔）

同心筑梦新时代——鄂尔多斯市脱贫攻坚工作纪实

鄂尔多斯市扶贫开发办公室　编
2017年12月
16开　159页

内容提要：本资料共收集28篇文章，分为脱贫成效、工作纪实、经典案例、调查研究和总结报告五个部分，包含了鄂尔多斯市脱贫攻坚进程中的部分工作成果，旨在全面梳理脱贫攻坚工作，进一步分析脱贫攻坚形势，理清工作思路，研判工作难点和重点，以便重点突破和推进工作创新，为全面建成小康社会和实现"两个一百年"奋斗目标中的第一个百年梦想夯实脱贫成效。（其利格尔）

统计从业人员统计信用档案管理办法

伊金霍洛旗统计局　编
32开　19页

内容提要：本资料汇编了统计从业人员统计信用档案管理办法。（其利格尔）

突围的鄂尔多斯财政

赵虎等　编
中国财政经济出版社
ISBN 7-5005-7262-X
2004年7月
32开　336页　28.00元

内容提要：本书收录2002—2003年度全市财政系统优秀科研成果评奖获得一、二、三等奖的论文20篇，两年来在《鄂尔多斯日报》《内蒙古财会》以及其他报纸刊物上公开发表的文章22篇，以及其他优秀文章3篇，共计45篇。这是两年来鄂尔多斯财政局、鄂尔多斯财政学会科研成果的检阅和展示，也是对鄂尔多斯专业和业余财政工作者辛勤劳动的鼓励与表彰。这些文章汇集成书，将进一步激励全市人民重视财政、研究财政、发展财政，把鄂尔多斯财政建设推向一个新的高潮。（其利格尔）

图叙多彩

宋虎军　主编
伊金霍洛旗布连小学　编
16开　139页

内容提要：本资料以图文形式介绍了伊金霍洛旗布连小学办学纪实，主要包括伊金霍洛旗布连小学的魅力校园、乐育团队、睿彩管理、精彩课程、五元课堂、炫彩德育方面内容。（其利格尔）

"土壤肥料"知识问答

鄂尔多斯市土壤肥料和节水农业工作站　编
2020年3月
32开　34页

内容提要：本资料从农牧民角度着手，解答土壤和肥料方面的相关知识，使农牧民能够在重新认识土壤和肥料的基础上，在农业生产中正确、合理地施用肥料，并对土壤资源进行科学管理，在控制农业生产成本的同时，对当地的生态效益、经济效益、社会效益进行协调，以实现农业生产综合效益的最大化，对资源环境保护、生态良性循环具有重要意义。（其利格尔）

土地增值税讲解

李永贵　主编
中国商业出版社
ISBN 7-5044-1875-7
1995年4月
32开　268页　8.00元

内容提要：本书采用讲解的形式，系统地介绍了土地增值税开征的意义、作用，土地增值税的征税范围、课税对象、纳税人、计税依据、适用税率、税额计算、纳税环节、纳税时间、纳税地点、征收管理以及如何履行纳税手续等；同时，对应当如何缴税、缴多少税、哪些情况可以享受减免税优惠等纳税人感兴趣的问题，也做了比较详尽的讲解；特别是对征纳双方都比较生疏的房地产评估方面的内容也做了介绍。为

方便查询，本书附录部分还收入一些与土地增值税有关的房地产方面的法规、名词解释及国外有关情况简介。（其利格尔）

团聚活力·牵手未来

2015年9月

12开　59页

内容提要：本资料是一部记录鄂尔多斯市财政局、国税局、地税局共同牵头举办的鄂尔多斯市首届财税系统职工运动会的影集，包括运动会机构职能、开幕式、赛事、闭幕式等内容。（其利格尔）

推行"三增三减"举措　优化政务服务环境

鄂尔多斯市康巴什区滨河街道康城社区　编

16开　15页

内容提要：本资料包括康巴什区滨河街道康城社区简介、康巴什区街道社区管理体制改革以及增服务内容、增服务渠道、减办事时间、减办理要件、增服务时间、减办事环节等"三增三减"举措、优化政务服务环境内容。（其利格尔）

完善鄂尔多斯市财政管理体制研究

刘建勋　著

民主与建设出版社

ISBN 978-7-80112-938-3

2009年8月

16开　215页　35.00元

内容提要：本书根据对以往财政管理工作的调查研究，对以后的财政管理工作的方法、制度进行完善。（其利格尔）

晚霞论文集

高青山　主编

鄂尔多斯市东胜区老科学技术工作者协会　编

2012年10月

32开　236页

内容提要：本资料共收集各类论文51篇，内容包括教育教学、管理、防病治病、健康教育、农技、林工、水利等方面。（其利格尔）

王凤仪嘉言录

王凤仪　著

中国华侨出版社

ISBN 978-7-5113-0493-3

2010年6月

16开　256页　29.80元

内容提要：本书内容分为王凤仪嘉言录、十二字薪传、修齐语录、讲演言行笔录、附录五个部分。（荷梅）

王凤仪言行录

王凤仪　著

中国华侨出版社

ISBN 978-7-5113-0206-9

2010年5月

16开　336页　29.80元

内容提要：本书内容分为行道实

录、讲道兴学录、有关活动简述三个部分。（其利格尔）

微笑的河流

付慧　著
远方出版社
ISBN 978-7-5555-0951-6
2017年9月
32开　184页　38.80元

内容提要：本书收录了作者近年来创作的84首自由体诗，表达了歌颂家乡、歌颂生活的情怀。（其利格尔）

为了孩子的明天

齐剑君　编著
远方出版社
ISBN 7-80595-668-5
2006年8月
32开　345页　18.00元

内容提要：本书针对教育孩子方面普遍存在的问题，从不同角度进行积极探究。全书分为三编六章，在写作方法上力求通俗易懂，让那些望子成龙、望女成凤的家长有机会进一步了解家庭教育的重要作用，借鉴、感悟一些成功的家教经验，少走弯路，尽早圆子女成才的梦想。（其利格尔）

慰问信

中共鄂尔多斯市委员会、鄂尔多斯市人大常委会、鄂尔多斯市人民政府政协、鄂尔多斯军分区　编
2002年1月
16开

内容提要：本资料是以英汉双语、图文形式给鄂尔多斯市各族工人、农牧民、知识分子、人民解放军指战员、武警部队官兵，离退休老红军、老同志，各民主党派、人民团体和无党派人士，烈军属及荣、复、转、退军人，归侨、侨眷和台胞眷属写的新春慰问信。（其利格尔）

温古诗选

温古　著
作家出版社
ISBN 978-7-5063-7842-0
2015年2月
16开　315页　34.00元

内容提要：本书按年份分1980—1990年、1990—2000年、2000—2014年三个部分，选编作者反映鄂尔多斯文化的诗作。（其利格尔）

文化产业投资指南

乌审旗人民政府　编
16开　20页

内容提要：本资料介绍了乌审旗旗情、人文资源、交通运输、产业基础、人居环境、优美蒙古传统工艺品制作项目、雕刻艺术品项目、甘霖乌苏旅游区建设项目、萨拉乌苏文化遗址公园旅游开发项目、察罕苏力德旅游区王府文化中心建设项目、陶尔庙旅游区陶尔庙民族祭祀休闲养生项目、乌审旗游客服务中心营运项目、亿超蒙古风情园旅游项

目、巴音淖尔草原旅游开发项目、年产5万吨奶酒及沙生植物发酵酒项目、布日都沙漠旅游开发项目、传统手工艺品、奶食品加工项目等内容。（其利格尔）

文化伊金霍洛（地名篇）

文化伊金霍洛丛书编委会　编
作家出版社
ISBN 978-7-5063-3826-4
2012年11月
32开　155页　240.00元

内容提要：本书搜集了伊金霍洛旗全旗范围内以蒙古语命名的地名250个左右。这些地名都是从江河湖海、寺庙、动植物等得来的。（荷梅）

文化伊金霍洛（美景篇）

文化伊金霍洛丛书编委会　编
作家出版社
ISBN 978-7-5063-3826-4
2012年11月
32开　127页　240.00元

内容提要：本书是一部摄影集，分为自然篇、历史篇、城市篇，呈现了伊金霍洛的美景。（荷梅）

文化伊金霍洛（美文篇）

文化伊金霍洛丛书编委会　编
作家出版社
ISBN 978-7-5063-3826-4
2012年11月
32开　166页　240.00元

内容提要：本书收录了《贺伊金霍洛》《三拍毛乌素》《鄂尔多斯三章》《鄂尔多斯风情》《伊金霍洛境内遗存敖包初考》《自豪吧，因为我是鄂尔多斯人》等20多篇美文。（荷梅）

文化伊金霍洛（民俗篇）

文化伊金霍洛丛书编委会　编
作家出版社
ISBN 978-7-5063-3826-4
2012年11月
32开　255页　240.00元

内容提要：本书介绍了伊金霍洛旗的日常生活民俗、岁时节日民俗、民间观念等，个别篇章列举了部分人生礼仪。（荷梅）

文化伊金霍洛（传说篇）

文化伊金霍洛丛书编委会　编
作家出版社
ISBN 978-7-5063-3826-4
2012年11月
32开　178页　240.00元

内容提要：本书精选了50篇故事，分成陵传说、人物春秋、召庙典故、趣闻逸事、地名传说和故事集萃六个部分，内容丰富、情节感人、语言优美、引人入胜，可读性强，体现了鲜明的民族风格和地方特色，是极其宝贵的精神财富。（荷梅）

文化伊金霍洛（名人篇）

文化伊金霍洛丛书编委会　编

作家出版社

ISBN 978-7-5063-3826-4

2012年11月

32开　157页　240.00元

内容提要：本书依据年代顺序，介绍了伊金霍洛籍（包括在此工作过的外籍人员）代表性人物的感人事迹，使他们成为广大人民群众学习的楷模，充分发挥其带头作用和示范作用。（荷梅）

文化伊金霍洛（艺术篇）

文化伊金霍洛丛书编委会　编

作家出版社

ISBN 978-7-5063-3826-4

2012年11月

32开　164页　240.00元

内容提要：本书收集了伊金霍洛旗书画家、音乐家和民间艺术家们的优秀作品。（荷梅）

文化伊金霍洛（影视篇）

文化伊金霍洛丛书编委会　编

作家出版社

ISBN 978-7-5063-3826-4

2012年11月

32开　245页　240.00元

内容提要：本书主要收入石笑先生具有代表性的剧本、老作家李文的《红杏》、高利先生的剧作等。（荷梅）

文明风采录

鄂尔多斯市东胜区精神文明建设委员会　编

32开　209页

内容提要：本资料站在全面建设小康社会的高度，通过科学发展的视角，以生动鲜明的人物事迹，经济社会的发展巨变，感人至深的创业经历，轰轰烈烈的创建活动，全面、准确、科学地记述了东胜地区"两个文明"建设的历程，集中展示了东胜经济社会协调发展，经济和环境可持续发展，物质文明和精神文明同步发展的丰硕成果。（其利格尔）

文明旅游出行指南

中华人民共和国文化和旅游部、鄂尔多斯市文化和旅游局、鄂尔多斯市旅游协会　编

2013年9月

64开

内容提要：本资料包括文明旅游行为准则、文明旅游攻略、常用标识与电话等内容。（嘎拉贝日汗）

窝阔台伊金祭祀文化旅游研讨会文集

奇·朝鲁、奇世业　主编

内新图准字〔2011〕154号

2011年3月

16开　148页　50.00元

内容提要：本书收录了窝阔台伊金祭祀文化旅游研讨会领导致辞、讲话各1篇，情况介绍2篇，汉文论文13篇，蒙古文论文1篇，图片30幅。（荷梅）

我的父亲我的家

亢和平　编著

16开　155页

内容提要：本资料是亢荣的回忆录，包括前言、荣誉篇、军旅篇、事业篇、家庭篇、后记六个部分。（其利格尔）

我的新闻体验

黎岚　著

内蒙古人民出版社

ISBN 7-204-05140-8

2000年11月

32开　439页　26.00元

内容提要：本书分体验荧屏、感悟报纸、自我体验三篇，包括捕捉"活鱼"、关注百姓、描绘风采、信笔天下、抒发情感、亮明旗帜等内容。（荷梅）

我的伊金霍洛

何向国　主编

中共伊金霍洛旗委员会宣传部

16开　192页

内容提要：本资料展示了伊金霍洛旗各方面的情况。（其利格尔）

我们的8年

鄂尔多斯学研究会　编

内蒙古自治区内部资料15-001/C

2010年9月

16开　160页

内容提要：本资料对"我们的8年"做了全景式的回顾与总结，对建会以来的成绩和贡献做了分镜头的展示，内容分为研究会履历纪要，研究成果荟萃，专著、研究丛书名录，附录四个部分。（荷梅）

我们的节日

伊金霍洛旗文明办　编

2009年6月

32开　94页

内容提要：本资料对春节、元宵节、清明节、端午节、中秋节等中华民族的传统节日分别做了详细介绍，旨意在回望传统，重温历史，凝聚人心，振奋精神。（嘎拉贝日汗）

我们的诗篇

大九　主编

远方出版社

ISBN 978-7-5555-0840-3

2016年12月

48开　732页　88.00元

内容提要：本书包括鄂尔多斯诗集和日历等内容。（其利格尔）

我喜爱的一本书征文选

桑洁　主编

鄂尔多斯市工商局　编

32开　104页

内容提要：本资料汇编了鄂尔多斯市工商局开展的"我喜爱的一本书"读书活动中干部职工所写的读后感。（其利格尔）

我行我思

盛瑞峰　著
作家出版社
ISBN 978-7-5063-3826-4
2009年7月
32开　120页　25.00元

内容提要：本文集是作者多年的心路历程，以及点点滴滴的感悟。（其利格尔）

我与鄂尔多斯

奇·朝鲁　主编
内蒙古人民出版社
ISBN 7-204-07139-5
2003年12月
32开　406页　90.00元

内容提要：本书是一些在鄂尔多斯工作生活过的老同志的回忆性文章合集，收录文章40篇，是他们为鄂尔多斯革命和建设事业，为鄂尔多斯改革开放和经济社会发展付出辛勤劳动收获丰硕成果的真实记录。（荷梅）

我与鄂尔多斯学

陈育宁　著
宁夏人民出版社
ISBN 978-7-227-04102-3
2009年2月
16开　320页　38.00元

内容提要：本书是作者为创立鄂尔多斯学而辛勤思索的真实记录，是其对鄂尔多斯进行全面系统研究的开端，对于促进鄂尔多斯学研究事业的持续健康发展起到应有的作用。（嘎拉贝日汗）

我与工商——纪念工商行政管理机构恢复建制30周年

鄂尔多斯市工商行政管理局　编
32开　92页

内容提要：本资料汇编在纪念工商行政管理机构恢复建制30周年之际，鄂尔多斯市工商局在全市系统内开展的主题为"我与工商"的征文暨演讲文章，包括征文13篇、演讲稿11篇，都是本系统中各级工商物价管理工作人员根据亲身经历所写的纪实性文学创作。（其利格尔）

沃野清流——鄂尔多斯诗歌选

王茂荣　主编
远方出版社
ISBN 978-7-5555-0264-7
2014年10月
16开　350页　35.00元

内容提要：本诗集共收录80多位作者的300余首诗作。全书由两部分组成，前半部分为自由体诗，后半部分为旧体诗。无论从自由体诗而言，还是从旧体诗而论，每位作者都在自己的作品中凸显了奇思妙想的构思灵气和巧妙调动语言、娴熟驾驭文字的天分和才智，使诗歌善于提炼、概括的特质表现无余。无论言情言志或是明理状物，都赋予了很强的寓意，音乐的美、节奏的美也无时不在诗间闪耀和跳动。（其利格尔）

乌海美术作品集

中共乌海市委宣传部、内蒙古乌海市文学艺术界联合会、内蒙古乌海市美术家协会　编

天马出版社

ISBN 962-450-259-5

2004年9月

16开　93页　116.00元

内容提要：本书共收录51位作者的91幅作品。这些作品凝聚了几代画家的心血。画家们将心目中的自然与生活用画笔表现出来，奉献给大家。画集中的作品有独具个性的视角，独具个性的表现手法，独具个性的对自然、对生活的认识深度。（嘎拉贝日汗）

乌兰夫回忆录

乌兰夫革命史料编研室　编

中共党史资料出版社

ISBN 7-80023-089-9

1989年10月

32开　287页　8.00元

内容提要：本书反映了中国共产党人领导蒙古族解放和建设所经历的光荣伟大而艰难曲折的斗争。同时，也反映出了乌兰夫同志经过革命斗争实践的锻炼历程，由一个普通的蒙古族农民的儿子成长为坚强的共产主义战士，为中国各民族的革命和建设而战斗，几十年如一日，坚持真理，实事求是，全心全意为人民服务，"鞠躬尽瘁，死而后已"的无产阶级革命家的光辉形象。（其利格尔）

乌兰木伦镇工业旅游规划与发展

大地风景国际咨询集团　编

16开　174页

内容提要：本资料以图文形式，从战略定位、规划设计、运营管理、工业旅游专题研究四个方面介绍了乌兰木伦镇的工业旅游规划与设计。（其利格尔）

乌审乌兰牧骑

《乌审乌兰牧骑》编委会　编

华文出版社

ISBN 978-7-5075-3017-9

16开　75页　280.00元

内容提要：本书包括蔚蓝的天空、红色的记忆、洁白的哈达、碧绿的视野、金色的希望五个部分的内容，从多方面展示了乌审乌兰牧骑的风采。（荷梅）

五老风采

鄂尔多斯市关心下一代工作委员会　编

2017年4月

16开　237页

内容提要：本资料汇编了近50名"五老"同志关心、关注下一代成长、成材的感人事迹，展示了他们桑榆为霞、老有作为的动人风采。他们之中有为党和人民事业鞠躬尽瘁的老干部，有为民族解放和国家安全出生入死的老战士，有春蚕般默默奉献的老教师，有术业专攻的老专家，有勤奋敬业的老模范。他们是鄂尔多斯市所有"五老"同志老有所为的代表。（其利格尔）

西部大开发决策回顾

曾培炎　著

中共党史出版社、新华出版社

ISBN 978-7-5098-0595-4

2010年3月

16开　446页　58.00元

内容提要：本书综述了作者的所见、所闻、所想，回顾西部大开发决策和实施10年走过的道路，记录下这段不平凡的历史，旨在为西部大开发今后的工作和全国区域经济协调发展，为重大经济决策及组织实施提供一些有益的参考和借鉴。（其利格尔）

西部骄傲·东胜

《西部骄傲·东胜》编委会　编

16开　95页

内容提要：本资料以图片形式展示了东胜，分"后土——东胜吸引力""美城——东胜承载力""强区——东胜发展力""乐园——东胜亲和力""拥抱——发展新春天"等内容，记录了东胜社会发展的方方面面。（其利格尔）

西部开发与特色经济规划

张丽君、李澜　著

东北财经大学出版社

ISBN 7-81044-573-1

2002年10月

32开　328页　24.00元

内容提要：本书包括引论、西部地区特色经济的构建、西部地区发展特色经济的市场条件、西部特色经济发展战略等内容。（其利格尔）

西部热土准格尔

杨玉铭　著

内蒙古人民出版社

ISBN 7-204-08565-5

2006年7月

16开　209页　50.00元

内容提要：本书是内蒙古首部研究县域经济强县的文集，通过多角度解读这个全国县域及经济百强的发展，为县域经济研究提供了典型个案，从而让读者走进准格尔大地，接触准格尔现象，领略准格尔特色，感受准格尔魅力，探寻这个贫困旗跨进全国县域经济百强的奥秘。（其利格尔）

西部人

李文　著

中国文联出版社

ISBN 7-5059-3337-X

1999年6月

32开　248页　16.00元

内容提要：本书浓墨重彩书写了伊克昭盟人民的创业史，表现艰苦创业的典型人物，展示创业的辉煌成就。（其利格尔）

西草地民间故事集

白世宽　编著

远方出版社

ISBN 7-80595-668-5

2005年10月

32开　219页　19.90元

内容提要：本书汇编了作者撰写和搜集整理的《在地愿为连理枝》《不如老娘脚后跟》《猪八戒外传》《不见黄蒿心不死》等过去的及现代的西地民间故事。（其利格尔）

习养教育读本

初中部教育处、北京师范大学鄂尔多斯附属学校　编

32开　76页

内容提要：本资料为一本培养好习惯、好教养的教育读本。主要包括按规则行动、做守纪附校人，合礼仪而为、做文明附校人，了解国防，热爱母校、做有情怀的附校人，讲安全第一、做珍爱生命附校人，学好《弟子规》、做新时代好少年等各方面内容。（其利格尔）

细说蒙古包

郭雨桥　著

东方出版社

ISBN 978-7-5060-3496-8

2010年8月

16开　330页　68.00元

内容提要：本书以图文方式向读者展示了现今内蒙古、新疆等地及蒙古国的蒙古包的起源、沿革、种类、结构与部件、陈设与布局、搭建、拆卸、搬迁、建造，在蒙古包里做客和坐卧规矩，蒙古包的风俗，蒙古包的发展与前途等内容。（荷梅）

县乡政府债务风险及其防范机制实证论要（鄂尔多斯地方财政实证论要）

戴连飞　著

民主与建设出版社

ISBN 978-7-80112-815-7

2007年12月

16开　188页　45.00元

内容提要：本书以地方性政府债务合理存在的经济学、财政学理论研究依据为基础，并以目前地方政府债务膨胀，"省直管县，乡财县管"的财政管理方式中县级地方政府财政权力相对扩张的现状为背景，提出了"县级地方性政府债务"的概念，并对县级地方性政府债务进行了分类。（其利格尔）

现代化亿吨矿区生产技术

王安　著

煤炭工业出版社

ISBN 7-5020-2653-3

2005年2月

16开　255页　38.00元

内容提要：本书系统论述了年产亿吨煤炭的神东矿区建设具有国际领先水平的"一井一面"千万吨矿井群的核心生产技术成果和本质安全型矿井的基本构架。（其利格尔）

相聚草原·社工论剑——国家治理体系和治理能力现代化进程中社会工作能力建设研讨会优秀成果及特色案例选编

中国·鄂尔多斯

2020年9月

16开　173页

内容提要：本资料汇编了《失地农民安置社区的社会工作融入研究——以康巴什区为例》《基层党建引领少数民族地区城乡社区治理创新探索与思考——以内蒙古伊金霍洛旗城乡社区治理为例》《多措并举夯实社工发展基础》《多元联动推进社工专业成长——东胜区社工人才队伍建设典型材料》等国家治理体系和治理能力现代化进程中社会工作能力建设研讨会优秀成果及特色案例。（其利格尔）

祥瑞阿尔寨·幸福鄂托克——首届鄂托克·阿尔寨文化高层论坛文集

鄂尔多斯学研究会　编
内蒙古大学出版社
ISBN 978-7-81115-942-4
2011年1月
16开　340页　48.00元

内容提要：本书是一部阿尔寨石窟文化研究论文集，收录阿尔寨文化研究的最新成果，汇聚了专家、学者的真知灼见，学术见解独特，有较高的学术价值。（荷梅）

想说就说想唱就唱

张爱　著
作家出版社
ISBN 978-5063-3826-4
2009年12月
32开　344页　26.00元

内容提要：本书是一本带有娱乐性的书，是以顺口溜、打油诗、快板等形式编写的，所汇编的内容可为各种表演提供素材。全书含八个方面，96个小题，几乎包括全部可以搜集到的各种娱乐形式的文字。就内容而言，这些作品有表扬、赞美、歌颂、提醒、警告、劝慰、指责、批评、讽刺、挖苦的成分，借助诙谐幽默的形式，写我们身边每天都能看到、听到、遇到和经历的事。（其利格尔）

潇洒人生

黎岚　著
内蒙古人民出版社
ISBN 7-204-02350-1
1993年9月
32开　315页　5.80元

内容提要：本书由须眉风采、巾帼神韵、高原荟萃、絮语杂章、荧屏拾零、电视短话六个部分构成。本书收入的作品，除了《荧屏拾零》与《电视短论》同作者所从事的电视新闻宣传有直接关系，其余全是她近10年挤时间勤奋写作的成果。（其利格尔）

小鼻烟壶里的大故事

鄂·巴音孟克、炜涯　著
乌雅泰、吉日嘎拉　译
内蒙古人民出版社
ISBN 978-7-204-10135-1
2009年11月
32开　489页　49.80元

内容提要：本书是一部童话故事

集，收录了《大自然的启迪变成了现实》《德力图和肉肉头去了聪耳小沙漠》《卓德格从地球右手捎来了话》《发生在地球上的几件大事》《暗藏在沙漠的海盗》《四个人的会议》等20余篇故事。（其利格尔）

肖亦农小说选

肖亦农　著
作家出版社
ISBN 978-7-5063-7848-2
2015年2月
16开　436页　39.00元

内容提要：本书收录了短篇小说《丹丹》《河边碎事》，中篇小说《红橄榄》《白木榇紫木榇》，长篇小说《黑界地》，以及《涅瓦河上（代后记）》。（其利格尔）

斜阳集

马苏棠　著
远方出版社
ISBN 7-80595-668-5
2006年9月
32开　302页　35.00元

内容提要：本书分采编实践篇、理论探索篇、文苑习作篇、播音故事篇四个部分。采编实践篇主要记录了作者作为一个年轻的播音员努力向编采同仁们学习、实践的心路历程；理论探索部分旨在对播音及编采实践进行经验总结和理论提升；文苑习作中收集的《高原寻古》与人物通讯、报告文学等篇目，是作者采访所到、所经之地的日记整理以及涉猎体写作的尝试；播音故事篇主要记录了作者在工作中发生的故事。（其利格尔）

携手共进三十年（1980—2010）

冯占平　主编
中国人民政治协商会议鄂托克前旗委员会　编
2010年8月
16开　302页

内容提要：本资料主要收录政协鄂托克前旗第一至八届委员会的工作文件，包括鄂尔多斯市、鄂托克前旗领导题词、图片资料、文字叙述。文字部分分两卷，第一卷为鄂托克前旗历届政协概况，包括历届全委会议，历届委员会组成情况，政协机关机构及组成人员，历届主席、副主席简介，大事记；第二卷为政协委员风采录，是本书的"重头戏"，主要记述了75位主席、副主席、新老委员的先进事迹或人生故事，展示了这些委员的精彩人生。（其利格尔）

携手美德·成就未来

伊金霍洛旗教育局、伊金霍洛旗关工委、伊金霍洛旗文明办、伊金霍洛旗团委、伊金霍洛旗妇联　编
2014年12月
16开　44页

内容提要：本资料以图文形式展示了第一至三届鄂尔多斯和伊金霍洛旗

"美德少年"和他们的事迹。（其利格尔）

写在大地上的文章

马耀荣　主编

伊盟基层工作办公室　编

1991年

32开　161页

内容提要：本资料汇编1990年干部下基层中的先进集体和先进个人的事迹，以激励各级干部更好地发扬党的优良传统和作风，下基层工作，积极奉献，搞好伊克昭盟经济建设。（其利格尔）

"心"闻——包神铁路集团改革发展五年新闻实录

贺晓梅　主编

刘宏标　总编

2018年7月

16开　352页

内容提要：本资料收录了包神铁路集团自2013年6月20日整合成立以来，内部新闻记者、通讯员采写的新闻作品，这些作品见证了包神铁路集团的改革发展之路，也记录了广大干部职工忠于职守、兢兢业业的追求和足迹。（其利格尔）

心海情韵

苏怀智　著

32开　352页

内容提要：本资料为一部诗集。作者将自己的个人经历随时随地用诗歌的形式记录下来，并将文学的触角深入生活的田野，捕捉自己独悟的灵感，借助笔墨抒发心灵灼见，将感性的知识凝聚成理性的文字。（其利格尔）

心灵甘露（一）

纳贡毕力格　编著

民族出版社

ISBN 978-7-105-13969-9

2015年7月

32开　296页　40.00元

内容提要：本书是作者对患者进行治疗的案例汇总，既是来自互动心理治疗特医的真实写照，又是每位与病魔做顽强斗争的健康勇士们的奋斗记事，还是由广大受益学员亲笔撰写的真情感悟。（其利格尔）

心灵涛声

高厚　著

远方出版社

ISBN 7-80595-944-7

2006年3月

32开　276页　33.80元

内容提要：本书为作者的作品自选集，包括散文、杂文、札记、游记、随笔、小说和诗歌。作者已过不惑之年，经历了不少的世事变迁，感受了一些人间冷暖，办理了不少案件，体察了案件背后的是非哀怨，触动之下，在工作之余将这些经历、观感予以记述，断断续续20多年。这部书记录了作者对自然美

的赞颂，对人间真诚的褒扬，对社会和人生的思索，对贫苦不平的忧伤及对虚假、丑恶的激愤。（其利格尔）

心路风景

包俊臣 著

内蒙古人民出版社

ISBN 978-7-204-09888-0

2011年6月

32开 312页 36.00元

内容提要：本书分上、下两篇，用格律诗词的形式记录了作者对人生世事的理解和感悟，以及履痕所至的域外寰中、大江南北的所见所闻。（其利格尔）

心语履痕

解益光 著

内蒙古人民出版社

ISBN 7-204-06518-2

2003年2月

32开 310页 20.00元

内容提要：本书是一部散文集，收散文70多篇，包括对往事的回忆、对人生的思考、对生活的感悟等。（其利格尔）

新常态下的鄂尔多斯

王湛清等 主编

内蒙古人民出版社

ISBN 978-7-204-13502-8

2015年6月

16开 346页 48.00元

内容提要：本书汇编了由鄂尔多斯市委党校主要领导牵头，组织老中青骨干教师，从党中央、国务院关于新常态的论述，国内外各界对新常态的各种高见，到鄂尔多斯市委、市政府对新常态的解读，所做的大量学术整理和归纳，并从新常态下鄂尔多斯经济发展的动力探究到活力研究和竞争力剖析进行了充分的理论论证，明确揭示了鄂尔多斯在新常态下如何实现转型发展的各种途径等内容。（其利格尔）

新概念医学健康教育讲座

纳贡毕力格 著

内蒙古人民出版社

ISBN 7-204-07172-7

2003年12月

32开 303页 28.00元

内容提要：本书用通俗易懂的语言、行之有效的方法和真实可靠的事例，叙述了作者对身心医学的独特理解。他从不同视角阐释了对现代医学模式的认识，提出了人天医学、环境医学、养生医学、心灵医学的新观点，其中也不乏医学理论研究的新启示。本书的难能可贵之处是在促进健康教育、普及医学知识方面进行了大胆的尝试，相信在今后的医学健康教育方面将起到积极的作用。（其利格尔）

新名贤集

侯元、李永祥、张俊廷 著

作家出版社

ISBN 978-7-5063-3826-4

2007年3月

32开 288页 40.00元

内容提要：本书内容包括人生、事业、立志、理想、劳动、幸福、道德、情操、生死、荣辱、处世、友谊、教育、治学、实践、真理、婚恋、家庭、勤俭、节约、修身、健康、经营、金钱等20多个条目。（其利格尔）

新企业所得税解读

鄂尔多斯市税务局 编

2008年3月

32开 222页

内容提要：本资料包括《中华人民共和国主席令（第六十三号）》《中华人民共和国企业所得税法》《新企业所得税法及其实施条例对照表》《新企业所得税法宣传材料》《新企业所得税法及其实施条例概要》《新企业所得税法及其实施条例解读》等内容。（其利格尔）

刑事法治实践与发展研究

旗·尔登其劳 主编

鄂尔多斯市法学会 编

32开 318.00元

内容提要：本书即着眼于从刑法学角度探讨我国刑法如何与民族地区相关风俗特点相互协调的问题，最终形成更符合社会主义的法治精神。（其利格尔）

行销晨风合订本（2001—2002）

李斌校 主编

中国人寿保险公司伊金霍洛旗支公司 编

32开 428页

内容提要：本资料分要闻专著、新闻集萃、典型报道、明星风采榜、业绩排行榜、经验论坛、管理之风、行销加油站、工作研讨、攻关论坛、绿园11个部分，汇编了2001年11月28日至2002年11月28日发表于《行销晨风》的作品。（其利格尔）

行政执法依据汇编

伊金霍洛旗人民政府法制办公室 编

2009年12月

16开 670页

内容提要：本资料是根据加强依法行政工作的现实需要，经过伊金霍洛旗人民政府法制办公室系统整理，将全旗61个行政执法单位的行政执法依据汇编而成的手册。（其利格尔）

行政执法与监督

布小林 主编

内蒙古人民出版社

ISBN 7-204-03583-6

1997年6月

32开 379页 20.00元

内容提要：本书比较系统地介绍了行政机关依法行政的基本知识，既是一部通俗实用的普法读本，又是一部具体指导和规范行政行为的工具书。（其利格尔）

杏花雨

张秉毅　主编

乔媛　著

《鄂尔多斯》（月刊）杂志社

CN15-1037

2019年3月

32开　234页　52.00元

内容提要：本书是一本散文集，共收入55篇小文，分为上、下两辑。上辑"千里乡情共明月"收集作者有关对乡土热爱之情的文章，下辑"翘首心梢独可爱"包括作者对生活思考的文章。这些文章记录了作者的岁月足迹，也涵盖了其对生活的感悟。（其利格尔）

杏林春满·慈济高原

杨茂盛　主编

2009年

16开　200页

内容提要：本资料是为鄂尔多斯市卫生学校50华诞（1959—2009）专门编纂的集文字、图片、表格等于一体的校志，不仅介绍了学校概况、历史沿革、办学成果，还收集了许多珍贵的图片和校友文萃。更值得一提的是书中还附了领导同志的题词，对学校50年取得的成绩给予了肯定和赞誉，对未来给予期望和鼓励，给人以蓬勃向上之感。（其利格尔）

杏坛春秋：鄂尔多斯市第一中学建校八十周年纪念册

鄂尔多斯市第一中学　编

远方出版社

ISBN 978-7-5555-1334-6

2019年8月

16开　208页　120.00元

内容提要：本书分为难忘的岁月（1939—1949）、风雨之征途（1949—1976）、光辉的里程（1976—2019）三个部分，以图文形式记录了鄂尔多斯市第一中学的发展历程。（荷梅）

杏坛余韵——刘风教育论集

刘风　著

内蒙古人民出版社

ISBN 978-7-204-09592-6

2008年

32开　242页　36.80元

内容提要：本书分阅读篇、作文篇、说话篇、附录四个部分，综述了作者研究教育方法、方式的研究成果。（其利格尔）

幸福，一直都在……

神华集团有限责任公司工会女工委员会　编

红旗出版社

ISBN 978-7-5051-2779-1

2013年7月

16开　319页　36.00元

内容提要：本书是神华集团书香"三八"读书征文活动优秀征文集。本次征文活动收集到的一篇篇美文，扑面而来的是温柔慈爱、美德品位、理智善良、自尊自爱，是做人做事的道理，是溢满真情的心灵吐露，既有文字之美，又有读书之乐，许多文章的字里行间体现了智慧女性和知识女性的风采和才华，展示了新时代女工积极向上、奋发进取的精神风貌。（其利格尔）

幸福的味道

洪岩　主编
陕西师范大学出版社
ISBN 978-7-5613-8007-9
2014年12月
16开　241页　29.80元

内容提要：本书是康巴什新区第二小学"幸福教育"文集，分为我与天使、我是班主任、课堂反思、家校工作、幸福絮语、教学论文六个部分，记录了学校老师实施"幸福教育"过程中的心得感想。（其利格尔）

幸福鄂托克

张涛　主编
中共鄂托克旗委员会、鄂托克旗人民政府　编
16开　105页

内容提要：本资料是介绍鄂托克旗的蒙古、汉、英三语画册，主要突出现代鄂托克的工业高端化、农牧业规模化、城镇特色化、物流产业化、旅游精品化、文化品牌化等特点，这些内容以图文形式展现给读者。（其利格尔）

幸福了吗

白岩松　著
长江文艺出版社
ISBN 978-7-5354-4632-9
2010年8月
16开　279页　29.00元

内容提要：本书是白岩松从三十而立到四十不惑期间的心灵成长记录，也是他10年间的生活点滴的随笔作品。本书共分17章，让读者从一个新闻人身上看到了中国的10年发展历程。（其利格尔）

学·悟·行——和效鄂电井冈山红色教育纪实

鄂尔多斯电业局　编
16开　468页

内容提要：本资料由寄语，毛泽东、朱德、彭德怀的革命诗词，红色故事及学员感悟心得构成，旨在更好地传播和践行井冈山精神，真实记录难忘的培训经历，展现参训学员的学习成果，激励全员坚定信念、提振精神、改进作风、创新思路、珍惜拥有、感恩企业、建功立业。（其利格尔）

寻踪忆语

王玉真　忆述
甘为纲　执笔
远方出版社
ISBN 7-80595-859-9
2003年11月
32开　227页　26.00元

内容提要：本书实事实写、实话实说，概括了王玉真自1948年参加革命工

作以来的人生经历。（其利格尔）

迅速崛起的农区畜牧业强乡榆林子

内蒙古达拉特旗榆林子乡人民政府 编

16开

内容提要：本资料包括榆林子乡概况、科技兴乡战略、产业富乡战略、项目强乡战略、基础设施建设各项社会事业、基层组织建设等内容。（其利格尔）

严肃换届纪律文件资料选编

鄂尔多斯市换届工作领导小组办公室 编

2017年9月

16开 147页

内容提要：本资料汇编党的十八大以来各级关于换届和干部选任工作有关文件资料，作为学习参考，以认真贯彻中央、自治区党委和市委有关要求，切实加强换届纪律教育。（其利格尔）

兖州煤业鄂尔多斯能化有限公司转龙湾煤矿项目筹建处文件汇编（2011.3—2011.12）

兖矿集团有限公司 编

2011年12月

16开 441页

内容提要：本资料汇编了兖州煤业鄂尔多斯能化有限公司转龙湾煤矿项目2011年筹建过程中形成的有关文件资料。其中包括发改委近一年来形成的各类文件资料、支持性文件160多份，即采矿权竞拍文件资料6份，矿权范围划定文件资料10份，项目核准文件资料25份，矿井可研及初步设计12份，矿井建设文件资料21份，水资源保护地文件资料13份，矿井用地文件资料16份，矿井供电文件资料15份，铁路公路文件资料10份，工程勘察委托书、发包申请书36份。（其利格尔）

砚兰江

哈斯乌拉 主编

丁耀西 著

内蒙古人民出版社

ISBN 7-204-06518-2

2004年1月

32开 295页 107.00元

内容提要：本书是一部反映国际现状和中国改革开放取得的成就与创业者紧密连接的小说。小说以当代动荡的国际形势为题，寻找和平发展受阻的根源，以曲折的故事描绘出热爱和平的每一个人为之做出或能够做出的事情为引线，以中欧贸易带动文化发展为基础，并以充分的想象力写下了中西方不同人群之间的交流往来。（其利格尔）

羊绒衫编织设备与工艺

候永旺 主编

32开 178页

内容提要：本资料是鄂尔多斯集团培训教材之一，内容包括纺织纤维、纱线、普通针织横机、电脑横机结构、羊

绒衫成衣和后整理及羊绒衫工艺设计等。（其利格尔）

杨靖轩教育文集

杨靖轩　著
作家出版社
ISBN 7-5063-1737-0
2001年5月
32开　342页　26.00元

内容提要：本书分为管理篇、教方篇、教学篇、叙事篇、创作篇五个篇章。（荷梅）

野草情韵

何知文　著
远方出版社
ISBN 7-80595-668-5
2006年6月
32开　457页　30.00元

内容提要：本书是作者1979年4月平反复职后所写各类文稿的选集，反映了社会变革和人民思想的真情记录，主要有作者散文走笔、小说戏文、杂感随笔、寓言故事、书痴说书、工作与调查、史海钩沉、文史浅议等内容。（其利格尔）

一年志愿旅·一生志愿情

余雯　主编
第十届全国少数民族传统体育运动会鄂尔多斯市筹备工作执行委员会社会工作部　编
16开　194页

内容提要：本资料的作者是全国少数民族传统体育运动会鄂尔多斯市筹备工作执行委员会志愿者，内容以作者的个人历练为主线，以中华人民共和国第十届全国少数民族传统体育运动会的筹备、开展、尾声为时间顺序，记述400来个日日夜夜中志愿者默默走过的历程。（其利格尔）

一季度技术现场交流会资料（2021）

16开　162页

内容提要：本资料是国家能源集团神东煤炭集团和中国矿业大学2021年一季度技术现场交流会资料，以图文形式展示了煤巷高效支护技术创新体系、基于关键层控制的充填开采技术、矿山固废充填采煤技术发展与应用等技术的详细信息和原理。（其利格尔）

一代天骄

康巴什区委宣传部、康巴什区文明办　编
2020年
16开　20页

内容提要：本资料为社会主义核心价值观宣传画册，由一代天骄成吉思汗故事的彩色笔图及文字组成。（其利格尔）

一滴海水——裴永锋自选集

裴永锋　著
世界华人艺术家出版社
ISBN 978-988-15634-2-2
2015年2月

32开　335页　38.00元

内容提要：本书分官样文章、记录生活、旅游偶感、评评时事、说说问题、研究见证六个部分。（荷梅）

一路小曲儿

李香桃　著

内蒙古人民出版社

ISBN 978-7-204-14845-5

2007年6月

16开　321页　52.00元

内容提要：本书分流年纪事、怀念父母、感情絮语、小家岁月、演讲词串、勤思浅悟、雅趣闲情、教育拾萃、学校工作报告七个部分，讲述了作者的生活和工作经历，作者的感恩之情也贯穿于全书当中。（其利格尔）

一片冰心在玉壶

苏桂荣　著

内蒙古人民出版社

ISBN 978-7-204-09592-6

2008年6月

32开　207页　45.00元

内容提要：本书一部记录作者一生峥嵘岁月的人生奋斗史；是一部记述一位钟爱自己终身从事的神圣的教育事业，钟爱她的一批又一批学生的老教师的感人至深的爱心曲；是一部高亢激越的赞美诗。（其利格尔）

一起走过的日子

曹国华　主编

32开　211页

内容提要：本资料是东胜区第一中学255班、256班学生作文集，主要包括校领导寄语、教师寄语、学生作文和附带的师生照片等内容。（其利格尔）

伊金霍洛旗重大项目开复工建设报道集锦（2017）

中共伊金霍洛旗委员会宣传部　编

2017年5月

16开　68页

内容提要：本资料汇编了2017年伊金霍洛旗重点项目集中开复工期间，《内蒙古日报》、内蒙古电视台、《鄂尔多斯日报》、鄂尔多斯广播电视台、《鄂尔多斯晚报》、"鄂尔多斯发布"公众号以及旗内媒体关于伊金霍洛旗重点项目集中开复工状况的报道。（其利格尔）

伊金霍洛旗城市水系建设报道集锦（2018）

中共伊金霍洛旗委员会宣传部　编

16开　153页

内容提要：本资料为展示伊金霍洛旗"三河两湖"内外循环的环城生态水系工程的建设成果，汇编了新华社、《内蒙古日报》、《鄂尔多斯日报》、《鄂尔多斯晚报》、鄂尔多斯广播电视台等各级主流媒体记者就伊金霍洛旗水系工程建设情况进行的全方位、多角度的采访报道。（其利格尔）

伊金霍洛民歌

白福祥　编集
内蒙古人民出版社
ISBN 978-7-204-09436-3
2014年1月
32开　302页　40.00元

内容提要：本书由伊金霍洛民歌山曲儿民歌、漫瀚调选段、二人台唱词选段、词曲选段组成，旨在展示鄂尔多斯的文化艺术发展。（其利格尔）

伊金霍洛农村劳动力转移就业引导性培训读本

伊金霍洛旗就业服务局　编
32开　146页

内容提要：本资料是专门为进城务工者编写的引导性培训使用教材，内容主要有进城务工前的准备、进城寻找工作、劳动合同、工资待遇、社会保险、安全生产、遵纪守法等知识以及《企业职工伤亡事故报告和处理规定》，各省、自治区、直辖市及部分城市就业服务机构名单和《中华人民共和国劳动合同法》。（其利格尔）

伊金霍洛旗创先争优活动辅导100问

中共伊金霍洛旗委员会创先争优活动领导小组办公室　编
32开　30页

内容提要：本资料汇编了科学发展观有关知识问答，中央、自治区、市、旗关于创先争优知识问答，"三大一创"工作部署的有关知识问答，创城创卫有关知识问答，"城乡互联，村企共建，百村结对，万户帮扶"知识问答，建设学习型党组织和学习型社会有关知识问答，伊金霍洛旗惠民政策知识问答等内容。（其利格尔）

伊金霍洛旗党史大事记（2002—2011）

苏翠芳　主编
中共伊金霍洛旗委员会党史旗志征编办公室　编
16开　127页

内容提要：本资料以伊金霍洛旗第十三次、第十四次、第十五次党的代表大会为主线，记述了各个时间制定、出台实施的重大决策、具体方针政策，党委、人大、政府、政协召开的重要会议，伊金霍洛旗主要领导的重大活动，鄂尔多斯市及自治区级以上领导来伊金霍洛旗考察、视察，历年的地区生产总值、增长率、城乡人均国民收入、财政收入等大事。（其利格尔）

伊金霍洛旗法治政府建设成果汇编（强化考核评价和督促检查）

伊金霍洛旗人民政府　编
16开　316页

内容提要：本资料汇编了伊金霍洛旗开展依法治旗督查活动材料、伊金霍洛旗依法治旗工作要点通知材料、伊金霍洛旗教育局校园安全检查活动材料、伊金霍洛粮食管理局双随机工作台账材料、伊金霍洛旗卫生和计划生育局法治政府建设督查材料、伊金霍洛旗城乡环卫管理中心法治政府建设材料、伊金霍洛旗人民防空办公室法治政府建设检查材料、伊金霍洛旗煤炭局法治政府重点工作检查材料、伊金霍洛旗城市管理行政执法局、法治政府建设材料、伊金霍洛旗质量技术监督局行政执法制度、法治政府建设材料、伊金霍洛旗发展和改革局、法治政府建设材料、伊金霍洛旗价格监督检查所、法治政府建设材料等伊金霍洛旗法治政府建设成果强化考核评价和督促检查材料。（其利格尔）

伊金霍洛旗改革开放40年（1978—2018）

张子珍　主编
内蒙古人民出版社
ISBN 978-7-204-15818-8
2019年1月
16开　303页　89.00元

内容提要：本书讲述了伊金霍洛旗各族人民群众40年来在伊金霍洛旗委、旗政府带领下，种草种树、轮牧禁牧、绿化山川的动人故事；讲述了央地大企业、中小微企业支撑起伊金霍洛旗现代化建设大厦的艰难过程；描绘了城乡一体化建设、全域旅游发展中打造出的天骄圣地北方古韵民族特色小镇景象。（其利格尔）

伊金霍洛旗国家税务局党的群众路线教育实践活动制度汇编

2014年9月
16开　174页

内容提要：本资料汇编了伊国税发〔2010〕89号《伊金霍洛旗国家税务局工作规则》、伊国税发〔2010〕90号《伊金霍洛旗国家税务局督促检查工作办法》、《伊金霍洛旗国家税务局关于印发〈伊金霍洛旗国家税务局信访应急预案〉等五个应急预案的通知》等伊金霍洛旗国家税务局党的群众路线教育实践活动文件。（其利格尔）

伊金霍洛旗经济社会发展成就综述

伊金霍洛旗统计局　编
16开　28页

内容提要：本资料综述了伊金霍洛旗经济社会发展成就，包括从"'一穷二白'到'全国百强'——经济规模不断扩大，综合实力与日俱增""从'一农独大'到'多产支撑'——经济结构优化升级、三大产业协调发展""从'凋敝落后'到'生态宜居'——城乡建设成就巨大、基础设施提档升级""从'温饱不足'到'全面小康'——居民生活日益改善、保障体系逐步完善""从'发展滞后'到'繁荣兴旺'——科教文卫齐头并进、社会事业全面进步"五个方面。（其利格尔）

伊金霍洛旗精品旅游线路

伊金霍洛旗文化和旅游局　编
32开　35页

内容提要：本资料由伊金霍洛旗旅游地图、重点景点景区、乡村旅游示范点、鄂尔多斯美味、民族特色纪念品的

相关图片和相应的文字介绍组成。（其利格尔）

伊金霍洛旗矿区中学十周年校交纪会（1991—2001）

32开　97页

内容提要：本资料包括伊金霍洛旗矿区中学简介、伊金霍洛旗矿区中学简史、教职工基本情况一览表、矿区中学历届毕业生花名册、矿区中学部分毕业生通讯录等内容。（其利格尔）

伊金霍洛旗人大代表风采录（回顾篇、理论篇、实践篇、文化篇）

伊金霍洛旗人大代表风采录编撰委员会　编

32开　1092页

内容提要：本资料是伊旗人大发展史上首部比较系统全面地反映人大工作情况的资料集成，具有较强的理论实践价值和史料价值。本资料是对伊金霍洛旗人大发展历程的一次阶段性回顾总结，也是人大代表建功立业的一次集中彰显，更是伊旗人大文化的一次真实记录。本资料收集整理了历届人大常委会的基本情况和工作业绩，编辑了人大代表工作文稿和理论文献，表现了代表在会议及闭会期间的各种履职活动和联系群众情况，展示了人大机关文化建设和代表在工作之余的精神风貌。本丛书可读性强，集史料性与实践性于一体，以翔实的资料、质朴的文字、鲜活的事例、珍贵的图片全面系统地反映了伊金霍洛旗人大的发展历史与代表的履职历程。（其利格尔）

伊金霍洛旗人大工作法律法规制度汇编

伊金霍洛旗人大常委会人事代表办公室　编

2000年

32开　186页

内容提要：本资料收入了《中华人民共和国宪法》及有关法律、内蒙古自治区关于人大工作方面的法规以及伊金霍洛旗人大常委会制定的各项工作制度。（其利格尔）

伊金霍洛旗脱贫攻坚报道集锦

中共伊金霍洛旗委员会、伊金霍洛旗人民政府　编

16开　346页

内容提要：本资料分四个部分，是2017—2020年伊金霍洛旗脱贫攻坚报道集锦。（其利格尔）

伊金霍洛旗文物志

伊金霍洛旗文物管理所　编

内新图准字〔2012〕83号

2012年9月

16开　348页

内容提要：本书内容分为区域概况、古生物化石、历史文物、民族文物、成吉思汗陵、非物质文化遗产名录、革命史绩及革命纪念地、文物事业八个章节，不仅勾勒出伊金霍洛旗人类历史的漫漫征程，而且揭示了本地区的古代文化在

中华文明的形成和发展过程中所发挥的巨大作用和历史地位。（荷梅）

伊金霍洛全域旅游地图

内容提要：本资料以图文形式简单地介绍了伊金霍洛旗概况、旅游简介、地图、酒店名录。（其利格尔）

伊金霍洛全域旅游画册

16开　30页

内容提要：本画册以图文形式介绍了伊金霍洛旗简介、旅游区、生态环境、人文景观和全域旅游地图。（其利格尔）

伊金霍洛体育季宣传集锦

中共伊金霍洛旗委宣传部　编
2012年
16开　176页

内容提要：本资料以图文形式介绍了2012年在伊金霍洛旗举办的马术比赛、竞走挑战赛、马拉松比赛、曲棍球、拳击挑战赛等国际性和全国性比赛。（其利格尔）

伊金霍洛之春——2011年中国现代著名书画家书法作品展

李春光、刘鹏胜　主编
2011年3月
16开　111页　100.00元

内容提要：本资料包括由内蒙古伊金霍洛旗人民政府主办，北京大澜国际艺术中心承办的"首区伊金霍洛之春——全国书画名家书法作品展"活动收集的100多幅作品及作者介绍。（其利格尔）

伊克昭盟"三五"普法统考复习题

伊克昭盟依法治盟领导小组办公室　编
32开　56页

内容提要：本资料分社会主义法治建设基本知识、基本法律知识、需掌握的客观性命题三个部分，汇编了伊克昭盟"三五"普法统考复习题。（其利格尔）

伊克昭盟畜牧业经济统计资料（1949—1970）

伊克昭盟畜牧局　编
32开　256页

内容提要：本资料包括1949年以后伊克昭盟畜牧业生产的牧业总产值、畜产品以头平均产量、全盟日历年度牲畜头数、全盟牧业年度生牲畜头数等基本数据。（其利格尔）

伊克昭盟教育志

《伊克昭盟教育志》编纂委员会　编
内新图准字（93）第100号
1994年2月
16开　422页　45.00元

内容提要：本书详细记载了伊克昭盟自清代以来的庙学堂学、私塾、普通教育、民族教育、职业教育、师范教育、高等教育、成人教育、教师队伍、学校管理、教育管理、教育设施、组织

机构、党群组织等情况。（荷梅）

伊克昭盟收费管理目录及收费标准

  伊克昭盟物价工商行政管理处　编

  1991年9月

  32开　272页

  内容提要：本资料是1985年10月伊克昭盟物价工商行政管理处编印的《物价选编》第三分册《非商品收费部分》的续集，分综合性文件、伊克昭盟收费管理目录、伊盟现执行的收费项目和收费标准三个部分。（其利格尔）

伊克昭盟文化艺术志（资料本）——伊克昭盟文化史料之一

  伊克昭盟文化处文化史料编审委员会、伊克昭盟文化艺术志编写组　编

  1900年

  32开　109页

  内容提要：本资料回顾了1990年以前伊克昭盟的文化艺术事业，包括盟直文化管理机构、民族民间文艺、戏剧、音乐、舞蹈、文化企事业、文艺团体、文艺刊物、文化馆、站与基层群众文化、群众节日喜庆活动、会演、调演及历年先进集体与先进工作者。（荷梅）

伊盟文化艺术大事记（资料本）——伊克昭盟文化史料之二

  伊克昭盟文化处文化史料编审委员会、伊克昭盟文化艺术大事记编写组　编

  1991年12月

  32开　62页

  内容提要：本资料以时间顺序记录了伊克昭盟文化艺术大事。（荷梅）

伊克昭盟戏曲志（资料本）——伊克昭盟文化史料之三

  伊克昭盟文化处文化史料编审委员会、伊克昭盟戏曲志编写组　编

  32开　142页

  内容提要：本资料用志书形式记录伊克昭盟民族戏剧、地方戏曲发展的历史和现状，展现了新中国成立以来伊盟戏曲历史及理论方面的成果。（荷梅）

伊盟民族民间器乐集成（资料本）——伊克昭盟文化史料之四

  伊克昭盟文化处文化史料编审委员会、伊盟民族民间器乐曲集成编写组　编

  32开　60页

  内容提要：本书共分民间器乐曲——笛子、民间器乐曲——宗教音乐、民间器乐曲——亚图嘎（蒙古古筝）、民间器乐曲——合奏曲四个部分。（荷梅）

伊克昭盟总揽

  单雄　主编

  远方出版社

  ISBN 7-80595-422-4

  1998年11月

  32开　667页　8.00元

  内容提要：本书以择要揽胜的笔法，从乡、苏木、镇到盟、市（旗），从地形地貌到历史沿革，从政区人口到

经济建设，从旅游景点到民俗风情，列述了伊克昭盟改革开放与经济建设取得的辉煌成就，宣传了伊克昭盟得天独厚的资源优势、巨大的发展潜力和美好的发展前景。（其利格尔）

伊盟财经学校423班同学录（1998—2008）

32开

内容提要：本资料是伊盟财经学校423班的毕业10周年同学聚会时编制的同学录，主要包括423班毕业生的照片生日、联系方式、工作单位、短评等内容。（其利格尔）

伊盟蒙古族中学志（1956—1996）

《伊盟蒙古族中学志》编纂委员会　编

内蒙古教育出版社

ISBN 7-5311-2832-2

1996年8月

32开　233页　18.00元

内容提要：本书详细记述了伊盟蒙古族中学的办学历史和教学情况，认真总结了学校在各个历史时期的办学经验。（荷梅）

伊盟师范四十年（1959—1999）

刘银兰、赵文华　主编

伊盟师范学校　编

内新图准字（99）第39号

32开　344页

内容提要：本书以时间为纵线，以各方面的工作为横线，采取"条块结合"的方法，记述了各个历史时期伊克昭盟师范学校的基本情况及主要工作，侧重记述了1984年以来学校的发展变化和所取得的成绩。其时间断限上限为1959年夏天，下限为1999年7月9日。由校史和回忆录两部分构成，意在回顾伊克昭盟师范学校成立40年来的坎坷历程，记述40年的辉煌成就，总结40年的办学经验，展示几代伊师人的精神风貌，从而更好地迎接新世纪的挑战，谱写未来壮丽的篇章。（其利格尔）

伊盟卫校四十年（1959—1999）

靳仁　主编

伊克昭盟卫生学校　编

32开　175页　26.00元

内容提要：本资料主要收录了伊克昭盟卫生学校建校40年以来历任校领导和历届校友简介、回忆文章、校友来稿选登、附录等。（嘎拉贝日汗）

伊盟医药1997年第1期（总第6期）

杜占义、李晓庆　总编

内蒙古伊盟医学会、内蒙古伊盟护理学　编

内新图准字（97）第36号

16开　111页

内容提要：本资料以总结交流工作经验，特别是促进基层卫生人员提高工作水平，为晋升技术职称的卫生技术人员创造条件，开展继续医学教育为目的编写，主要包括科研成果，学术成就，新技术报告、临床诊断、治疗经验、体会、护理经验、总结、误诊误治病例分析、病案综述、管理经验、制剂新药评价、名老中医（含已故名医）专病专方经验总结及与医学相关的内容。（其利格尔）

伊旗一中校友录（1959—1999）

16开　232页

内容提要：本资料为伊金霍洛旗一中1959—1999年校友录，包括伊旗一中简介、艰苦创业、学校管理、校园风采、课堂教学、第二课堂、勤工俭学、辉煌成就、校领导、教师名录、历届初中毕业生名录、历届高中毕业生名录、班毕业生名录等内容。（其利格尔）

宜居伊金霍洛

中共伊金霍洛旗委员会、伊金霍洛旗人民政府　编

12开　80页

内容提要：本资料是一部展示伊金霍洛的天蓝、地绿、水清、街净、路畅、灯明、墙洁、楼美、车齐、人和的画册，分六个部分，分别为建设全国经济最富裕地区之一、建设全国人居环境最优美的地区之一、建设全国文化氛围最浓厚的地区之一、建设全国基础设施最完善的地区之一、建设全国人民生活最幸福的地区之一、基层组织建设由经验型向制度型的根本性转变，实现组织保障最有力。（其利格尔）

宜居——伊金霍洛城市掠影

伊金霍洛旗住房和城乡规划建设局　编

2012年7月

16开　100页

内容提要：本资料展示了伊金霍洛城市建设总体情况、城市建筑、街道风景等城市掠影。（其利格尔）

以案说法

袁新宽、王瑞表　编著

中国法苑出版社

ISBN 7-5036-4913-8

2005年8月

32开　402页　19.00元

内容提要：本书通过搜集所审结的民商事典型案件，采用以案说法、一案一析、释惑解疑、警钟长鸣之方式，对不同类型案例采用案情、审判、评析编排体例，力求评语简练生动、通俗易懂，道理浅显易明，对读者具有可读性、实用性、指导性。（其利格尔）

亿吨神东的记忆

贺生忠　主编

经济日报出版社

ISBN 978-7-80180-703-8

2007年6月

16开　580页　58.00元

内容提要：本书选编了新闻中心记者1998年8月至2006年6月在中央媒体、省部级媒体和《神东煤炭》、神东有线电视台、神东煤炭信息网等媒体发表的

260多篇优秀作品、评论和企业图片，包括消息、通讯、评论、摄影、电视专题、论文、散文、诗歌等，总字数约40万字。（其利格尔）

艺海拾贝——教职工文学艺术作品集

中共鄂尔多斯职业学院委员会、鄂尔多斯职业学院　编

16开　104页

内容提要：本资料分诗歌、散文、摄影、绘画、书法、剪纸六个部分，汇编了鄂尔多斯职业学院教职工文学艺术作品。（其利格尔）

《易经》浅说

张荣泰　著

内蒙古人民出版社

ISBN 978-7-204-09592-6

2010年11月

32开　185页　50.00元

内容提要：作者以古今前辈对《易经》的研究论著为据，并阐述其学习《易经》的见解，有助于学《易经》者理解、掌握《易经》的要义。（其利格尔）

印象神华

南枫　著

大众文艺出版社

ISBN 978-7-80240-956-9

2012年6月

16开　130页　56.00元

内容提要：本书汇编为神华而写的55首诗歌。诗集从宏观角度，以诗的形式展现了神华建设发展的卓越成就。本书是神华集团企业文化建设取得的一项丰硕成果，作者不仅讴歌了从逆境中崛起，开疆拓土、奋发图强、打造世界一流企业的神华精神，更是用真挚的情怀，颂扬了我们中华民族优秀的品质和坚韧不拔的伟大民族复兴精神。（其利格尔）

荧屏文荟——鄂尔多斯电视论文选

高毅、全秉荣　主编

内蒙古人民出版社

ISBN 7-204-07144-1

2004年5月

32开　314页　30.00元

内容提要：本书包括鄂尔多斯电视台1985年以来在各级专业刊物上发表的各类获奖论文等作品。这些作品涉及鄂尔多斯的社会、经济、文化等各个领域，是对鄂尔多斯经济发展、社会进步的真实记录。（库布其）

荧屏之声——电视专题节目解说词集锦

伊盟党委组织部　选编

16开　17页

内容提要：本资料汇编了《新村短歌》《一个共产党员的追求》《红花绿叶赞》《针织女工》《人间重晚晴》《幸福的家庭》《鄂尔多斯婚礼》等电视专题节目解说词集锦。（其利格尔）

硬笔书法教材

乔凤鸣　著

中国书画函授大学鄂尔多斯分校、鄂尔多斯天骄书画碑林 编

16开 206页

内容提要：本资料是中国书画函授大学鄂尔多斯分校教材。随着素质教育的深入开展，书法教育也日益为人们所重视，特别是写字课已被列入教学大纲，为此，作者编写了这本硬笔书法教材。这本教材参考有关资料，采取由简到繁、由浅入深、循序渐进的方法，大致划分为书写姿势、执笔方法、基本笔画、偏旁部首、字形结构、纠字法等几个章节，分项安排，逐个讲解，归类练习。（其利格尔）

拥抱太阳的人们

李增亮 著

内蒙古人民出版社

ISBN 7-80071-440-3

1991年1月

32开 182页 3.20元

内容提要：本书为一部长篇报告文学，主要展现作者深入现实生活所描摹的风餐露宿、昼夜兼程地奋战在精煤矿区，推动鄂尔多斯建设事业发展的人群，具有鲜明的时代特征。（其利格尔）

永远怀念——云布龙画文集

王焕文 主编

远方出版社

ISBN 7-80595-906-4

2009年10月

16开 235页 68.00元

内容提要：本书以图文形式详细介绍了云布龙在担任内蒙古自治区人民政府主席期间为内蒙古的繁荣发展呕心沥血的公仆本色和朴实谦虚的高尚品格，从而激发人们向他学习，为把内蒙古建设得更加美丽富饶而贡献力量。（其利格尔）

咏叹集

汪支平 著

内蒙古人民出版社

ISBN 978-7-204-09592-6

2009年10月

16开 312页 58.00元

内容提要：本诗集分鄂尔多斯咏、感事吟、情愫咏、校园吟、廉政吟、故乡吟、沙棘叹、赠寄吟八个部分。（其利格尔）

用爱书写的诗行

王然彤 著

内蒙古人民出版社

ISBN 7-204-00796-4

1989年10月

32开 208页 2.15元

内容提要：本书是作者从1983年以来所写的通讯录中选编而成的。本书向读者介绍的是在不同的岗位，从事不同的工作，却以共同的高尚的爱，谱写出动人篇章，书写出感人诗行的先进人物，展示了北国精英的动人风采及崇高境界。（其利格尔）

用数字说话

鲍文彬 著

内蒙古人民出版社

ISBN 7-204-06518-2

2003年3月

32开 406页 45.00元

内容提要：本书汇编了作者的统计分析文章，计160多篇。全书按统计类型划分为综合篇、一产篇、二产篇、三产篇、统计篇和感悟篇六个部分，从宏观角度对鄂尔多斯社会经济发展与演变进行了整体描述，深入浅出，观点新颖，条理分明，不失统计分析的原貌。（其利格尔）

用心服务·情系职工

红庆河镇工会联合会 编

32开 6页

内容提要：本资料主要包括红庆河镇工会联合会简介、组织构架、职能、文体娱乐活动、真心关爱会员、做职工贴心人工作等内容。（其利格尔）

优秀作文选

鄂尔多斯市康巴什新区关心下一代工作委员会 编

2013年8月

32开 117页

内容提要：本资料汇编了"了解康巴什、热爱康巴什、奉献康巴什"主题中小学优秀作文大赛的获奖作文。（其利格尔）

游黄河峡谷·品漫瀚文化

鄂尔多斯市准格尔黄河大峡谷文化旅游有限公司 编

32开 6页

内容提要：本资料介绍了鄂尔多斯市准格尔旗黄河大峡谷景区概况、景色、美食、旅游路线。（其利格尔）

游戏·竞技——历史上的北方少数民族体育

鄂尔多斯博物馆等 主编

内蒙古大学出版社

ISBN 978-7-5665-0809-6

2015年7月

16开 219页 268.00元

内容提要：本书分为"中华体育源远流长——体育缘起""金戈铁马崇军尚武——军事武艺""精骑善射纵横驰骋——骑射运动""箭穿两虎背落双燕——狩猎活动""力量碰撞技巧角力——摔跤活动""公平竞争娱乐健身——竞技休闲"六个单元。（荷梅）

有效课堂学习行动

黄大英 编著

作家出版社

ISBN 978-7-5063-3826-4

2007年3月

16开 204页 34.80元

内容提要：本书是研究个性化教育与多角度、多样化、多层次的课程资源的书，以妙趣横生的文学语言、引人入胜的人文案例和个性化的研究经验将目标策略、计划策略、高效能的学习策略、创造课程资源的策略、活动策略、评价策略等有机地串成一条新型的教学策略链，作为文化礼物、精神套餐献给辛勤劳动的一线教师们。（其利格尔）

淤地坝规划

黄河上中游管理局　编著
中国计划出版社
ISBN 7-80177-272-5
2004年1月
32开　218页　45.00元

内容提要：本书全面系统地阐述了淤地坝规划的原理、方法、关键技术、工程技术经济、投资估算与效益分析、规划报告编制格式及要求，详尽地列举了典型小流域和典型支流淤地坝规划案例。本书涵盖了淤地坝规划的各个方面，具有系统完整、技术先进、科学实用的特点，是迄今为止国内第一部淤地坝规划的专业书籍，可为从事水土保持、淤地坝规划的技术人员及管理干部提供参考，也可作为培训教材和大专院校师生参考用书。（其利格尔）

渔业实用技术

伊金霍洛旗水产工作站、伊金霍洛旗农业广播电视学校　编
32开　92页

内容提要：本资料汇编了春季水产养殖管理技术、池塘的改造方法、适宜准格尔旗的养殖模式、春季放养鱼种的规格和密度、春季鱼类发病的原因及防治措施等渔业实用技术。（其利格尔）

与改革一路走来——东方人的二十年

东方控股集团　编
2018年12月
16开　157页

内容提要：本资料以图文形式展示了东方控股集团的艰苦创业、确立航向、迅猛发展、战略转型、发展历程、领导关怀、东方英模谱等内容。（其利格尔）

与天地共生——鄂尔多斯生态现象透析

张秉毅　主编
内蒙古人民出版社
ISBN 7-204-05577-2
2000年12月
32开　259页　16.00元

内容提要：本书主要内容包括鄂尔多斯原始生态的残存，沙漠化和生态失衡的因果，以及近半个世纪以来人们为改变环境做出的努力及抗争。（其利格尔）

员工劳动管理手册

神华万利煤炭分公司布尔台煤矿　编
2008年
32开　182页

内容提要：本资料的编写参考国家和神华万利煤炭公司有关的现行劳动政策，结合了布尔台煤矿劳动组织实际，整理和摘录了与广大员工相关的部分日

常劳动管理知识。期望通过学习，使全体员工能够全面、系统、完整、准确地掌握运用公司和矿的劳动管理制度，更好地普及劳动管理知识，让全体员工树立起劳动法律意识，增强劳动者依法维权的能力。（其利格尔）

阅读鄂尔多斯

  孙炜东 著
  远方出版社
  ISBN7-80595-864-5
  2015年
  32开 201页 12.80元
  内容提要：本书主要包括鄂尔多斯历史、成吉思汗陵、鄂尔多斯经济现象、鄂尔多斯工业化、鄂尔多斯煤炭、鄂尔多斯天然气、鄂尔多斯羊绒衫、鄂尔多斯生态、鄂尔多斯沙漠、鄂尔多斯水资源、鄂尔多斯旅游、鄂尔多斯婚礼等内容。（嘎拉贝日汗）

韵语心声

  胡英多 著
  作家出版社
  ISBN 978-988-19560-2-6
  16开 322页 68.00元
  内容提要：本书收集作者在内蒙古30年间所创作的大量诗词作品中的465首，是作者第一部公开发表的诗词作品集。本书是作者在古典诗词研究和创作当中的一次较为系统的总结，同时也是对作者阳光心态和思想的集中展示。本书分为实话"诗"说章、老"游"所得章、"节"纳万象章三个部分。（其利格尔）

《在官法戒录》选译

  段永亮 译注
  中国文史出版社
  ISBN 978-7-5034-7304-3
  2016年3月
  16开 220页 36.00元
  内容提要：本书是《五种遗规》之一，共四卷，卷一为总论，辑录史上名人对吏治的精辟论述；卷二、卷三分别为法录上、下，列举史上清官循吏的事迹，以供为官者效法；卷四为戒录，记录前朝贪官酷吏的行径，以供为官者警戒。这也是《在官法戒录》取名的由来。全书共308条，作者在每一条之后都做了精要的点评。（其利格尔）

再造秀美山川——全国水土保持生态文明县准格尔旗

  吴德 主编
  16开 50页
  内容提要：本资料是准格尔旗水土保持生态建设事业发展的真实记录和历史见证，记录了准格尔旗水土保持生态建设事业跬步求索、迎难前行、铸就辉煌的实践开拓。在全景式的展示中，使读者体味到准格尔大地的沧桑巨变，感受到绿色写意在古老的高原上的肆意挥洒，回味并领悟准格尔旗水土保持生态建设生命线的历史嬗变。（其利格尔）

责任与情怀

王秉军　编著

内蒙古人民出版社

ISBN 7-204-07139-5

2004年12月

32开　286页　32.00元

内容提要：本书包括三部分内容：第一部分是来鄂尔多斯市从事领导工作以后，结合分管工作中需要思考、研究、解决的问题，从实践中形成的一些粗浅的思路，主要包括对鄂尔多斯工业经济、文教卫生工作方面的思考；第二部分内容主要是在企业担任领导职务时对企业管理方面的体会；第三部分主要是对人生时事的杂感。这些既是工作所得，也是工作的写照和人生的一些记录。（其利格尔）

展翼·鄂尔多斯民航

鄂尔多斯机场管理集团有限公司　编

16开　48页

内容提要：本资料用英汉双语、图文形式展示了鄂尔多斯市简介、民航发展历程、机场改扩建、数字见证奇迹、国际口岸、市场开拓、员工风采、临空产业、通用航空、鄂尔多斯机场管理集团有限公司、国际口岸等内容。（其利格尔）

张秉毅小说选

张秉毅　著

作家出版社

ISBN 978-7-5063-7845-1

2015年2月

16开　423页　39.00元

内容提要：本书收录了作者的短篇小说《旧乡》、中篇小说《黑蘘》、长篇小说《烽火美人》等作品。（其利格尔）

昭君出塞

胡刃　著

民族出版社

ISBN 7-105-07322-5

2006年1月

32开　213页　16.00元

内容提要：本书为以"昭君出塞"这一历史事件为主题的长篇小说，分少女昭君、宫女昭君、塞上昭君三个部分，用叙事的方式记录历史以及历史背后的曲折故事。（其利格尔）

珍藏记忆

柳秀　编著

内蒙古人民出版社

ISBN 978-7-204-09886-6

2010年1月

16开　183页　220.00元

内容提要：本书是一部摄影集，以图文形式记录了作者60多年来的人生历程、奋斗足迹，分为日常工作、陪同领导、外事往来、家庭生活、学校生活、其他、年表、后记八个部分。（其利格尔）

真诚善美

李贵春　著

16开　469页

内容提要：本资料收集了作者40多篇文章，均为警世、喻事、明理之说。作者围绕"道德传家，十世以上；金钱传家，不过三代"，阐述了真实诚笃、与人为善，才能使人和善美丽、名利双收，而伪善作恶、金玉其外、败絮其中者和作恶多端、刁钻奸猾者即使功成一时也会昙花一现的道理。（其利格尔）

真情纪录——中天电视专题作品选

王忠田　著

内蒙古人民出版社

ISBN 7-204-07157-3

2003年12月

32开　436页　38.00元

内容提要：本书收录作者多年来创作的纪录片、专题片、系列片、电视访谈、散文、系列调查、创作体会等作品。（其利格尔）

真实的故事

东胜区铁西实验幼儿园　编

16开　84页

内容提要：本资料介绍了东胜区铁西实验幼儿园所及其办学思想、组织管理、队伍建设、课程构建、蒙氏教育、团队文化等。（其利格尔）

箴言慧语·雅质儒行——家长共读书感悟合集（一）

康巴什区实验小学　编

2018年

16开　168页

内容提要：本资料是康巴什实验小学家长、学生在共同读书活动中积累起来的读书感悟合集。合集中有家长的典型发言、感悟等。这些发言及感悟对部分家长教育孩子的过程中所遇到的问题可提供一定借鉴。（嘎拉贝日汗）

箴言慧语·雅质儒行——家长共读书感悟合集（二）

康巴什区实验小学　编

2019年

16开　241页

内容提要：本资料是康巴什实验小学家长、学生在共同读书活动中积累起来的读书感悟合集。合集中有家长的典型发言、感悟等。这些发言及感悟对部分家长教育孩子的过程中所遇到的问题可提供一定借鉴。（嘎拉贝日汗）

正是山花烂漫时

鄂尔多斯市东胜区第一小学　编

2006年7月

32开　374页

内容提要：本资料收录鄂尔多斯市东胜区第一小学小学生作文，从不同角度体现了当代小学生的生活风貌。（其利格尔）

政府会计准则和会计制度（2018）

中华人民共和国财政部、康巴什区财政局　编

2018年

16开　258页

内容提要：本资料汇编了《财政部关于印发〈政府会计准则第1号——存货〉等四项具体准则的通知》《财政部关于印发〈政府会计准则第5号——公共基础设施〉的通知》《财政部关于印发〈政府会计准则第6号——政府储备物资〉的通知》《财政部关于印发〈政府会计制度——行政事业单位会计科目和报表〉的通知》等政府会计准则和会计制度。（其利格尔）

知识的摇篮

夏日　主编

热·图们等　著

内蒙古大学出版社

ISBN 7-81015-605-5

1996年3月

32开　459页　17.80元

内容提要：本书以汉蒙两种文字合璧的形式，以比较翔实丰富的内容，反映了伊克昭盟第一所全日制蒙古族中学伊克昭盟第二中学（即现在的伊克昭盟蒙古族中学）这所学校培养人才的历程，歌颂了人民教师的辛勤劳动，记录了师生们的创业精神。（其利格尔）

职场疲劳的自我调养健康教育知识

康巴什区滨河街道康城社区卫生服务中心　编

32开　32页

内容提要：本资料主要介绍用眼过度引起的干眼症、常吹空调易患空调病、身体疲劳易患感冒、小心办公室辐射等30项自我调养健康教育知识。（其利格尔）

职业健康监督管理工作相关文件选编

伊金霍洛旗安全生产监督管理局　编

2012年7月

16开　149页

内容提要：本资料汇编了《用人单位职业健康检查执法告知书》《职业卫生工作流程图》《关于做好建设项目职业卫生"三同时"审查工作的通知》等职业健康监督管理工作相关文件。（其利格尔）

职业培训工作政策文件汇编

鄂尔多斯市就业局　编

2011年1月

32开　192页

内容提要：本资料分国务院文件、国务院各部门文件、内蒙古自治区文件、鄂尔多斯市文件四个部分，汇编了国发〔2008〕5号《国务院关于做好促进就业工作的通知》、人社部发〔2009〕48号《人力资源和社会保障部财政部关于进一步规范农村劳动者转移就业技能培训工作的通知》、内政发〔2008〕107号《内蒙古自治区人民政府关于进一步做好促进就业工作的通知》、鄂劳社发

〔2010〕134号《关于印发〈鄂尔多斯市职业技能培训定点机构认定暂行管理办法〉的通知》等文件。（其利格尔）

只为明天更美好

贺海云　主编

16开　470页

内容提要：本资料是一本全面反映东胜教育探索与发展的资料性读物，具体内容包括简介、报告篇、综合篇、政策篇、教育篇、校园篇、园丁篇、媒体篇、展望篇九个部分。全书立足教育发展，寄托着东胜各族人民和全区广大教师的共同心声。（其利格尔）

治学有绩·岁月无痕——鄂尔多斯学研究会10年影集

鄂尔多斯学研究　编

内新图准字〔2011〕154号

2012年7月

16开　147页

内容提要：本资料是一部收录了200多幅图片的影集，展示了鄂尔多斯学研究会的全貌，记载了鄂尔多斯学研究会的学术研究状况、丰硕成果及历年获得的荣誉。（荷梅）

智胜的力量

阮东平　著

企业管理出版社

ISBN 978-7-80255-760-4

2011年3月

16开　482页　57.00元

内容提要：本书通过作者自身工作实践和对企业管理的深刻感悟，深入浅出地将企业创业、发展、做强、做大的过程，结合实例进行有益的探索与诠释。书中运用经典故事、寓言、格言等鲜活的语言方式，与读者一同揭示那重重迷雾之下企业强盛的根基和强势战略所具有的雄浑魅力。（其利格尔）

中共伊盟党史资料档案目录

杜成心　主编

1993年6月

48开　244页

内容提要：本资料收录1992年6月伊克昭盟各旗市委党史办上报盟办的篇目资料。编写本目录的意义在于：第一，作为工具书供今后各级党委、组织部门、党史研究、档案部门以及社会各界查阅伊盟地方党史资料之便利；第二，作为党史研究成果，本目录集中体现了全盟党史系统广大干部在各级党委的领导、支持下，10年来征集编研地方党史资料过程中辛勤工作的成果。（其利格尔）

中国·内蒙古·鄂尔多斯影视拍摄区介绍

内容提要：本手册主要包括城市区位、自然环境、蒙古源流文化产业园、鄂尔多斯影视产业试验区、拍摄优势等内容。（其利格尔）

中国·内蒙古鄂尔多斯酒业集团

16开

内容提要：本资料包括鄂尔多斯酒业集团简介、领导人物、辉煌历程、大事记、生产流程、销售网络、分支机构、企业文化、产品介绍等内容。（其利格尔）

中国鄂尔多斯

《中国鄂尔多斯》编委会　编

16开　425页

内容提要：本资料以汉英两种文字编号，分为概念鄂尔多斯、活力鄂尔多斯、魅力鄂尔多斯、和谐鄂尔多斯、开放鄂尔多斯、实用资讯、各界风采七个部分，以图文形式从不同角度展现了鄂尔多斯的历史沿革、人文景观、自然、地区特色文化，以及改革开放以来，特别是走进新世纪以来，鄂尔多斯市坚持科学发展观，在经济建设、社会进步、文明发展诸多方面取得的成就。（其利格尔）

中国鄂尔多斯

中共鄂尔多斯市委宣传部、中共鄂尔多斯市委外宣办、鄂尔多斯市政府外事办、鄂尔多斯市政府接待办　编

2006年7月

48开　237页　58.00元

内容提要：本资料分为概念鄂尔多斯、活力鄂尔多斯、魅力鄂尔多斯、和谐鄂尔多斯、实用信息六个部分，涵盖鄂尔多斯的历史沿革、自然、人文景观、地区特色等内容。（其利格尔）

中国教育学会2017年度课堂教学展示与观摩系列活动暨第七届全国中小学校体育课教学观摩展示活动教案集

2017年7月

16开　182页

内容提要：本教案集由参加大会展示体育课、健康教育课任课教师简介，体育课教案，健康教育课教案三个部分构成。（其利格尔）

中国历史上的伟大王朝——元朝

巴拉吉尼玛等　编著

内蒙古文化出版社

ISBN 978-7-5521-1319-8

2017年7月

16开　249页　68.00元

内容提要：本书是一部由蒙古源流博物馆策划和编写的面向大众的通俗读物，汇集了近年来蒙元学家发表的关于元朝的新认识、新观点、新评论，包括学者评论、专家访谈、媒体热议和附录四个部分。（其利格尔）

中华人民共和国第十届少数民族传统体育运动会安保工作掠影

鄂尔多斯市公安局　编

2015年

12开　110页

内容提要：本资料是一本摄影集，记录了第十届民族运动会安保工作的过程，集中展示了公安机关"四项建设"的丰硕成果，公安队伍敢打硬仗、能打硬仗、善打硬仗的坚强战斗力，公安民

警、消防武警现役官兵特别能吃苦、特别能奉献的优良作风，人民警察执法规范、服务周到的良好形象。（其利格尔）

中华人民共和国第十届少数民族传统体育运动会安全出行手册

鄂尔多斯市公安局交通管理支队 编
32开 19页

内容提要：本资料为中华人民共和国第十届少数民族传统体育运动会安全出行指南手册，主要包括第十届全国少数民族传统体育运动会简介、火炬传递活动交通管控示意图（康巴什新区）、火炬传递活动交通管控示意图（伊金霍洛旗）、火炬传递活动交通管控示意图（东胜区）、第十届全国少数民族传统体育运动会开（闭）幕式交通管控措施示意图、民族大联欢交通管控示意图（康巴什新区）、第十届全国少数民族传统体育运动会城市公交营运线路一览、道路交通安全行车常识、行人安全出行常识、文明乘坐公交车常识、夏季行车常识等。（其利格尔）

中华人民共和国第十届少数民族传统体育运动会赛前训练指南

国家民族事务委员会、国家体育总局 主办
内蒙古自治区人民政府 承办
2015年8月
16开 46页

内容提要：本资料为中华人民共和国第十届少数民族传统体育运动会赛前训练指南手册，主要包括板鞋竞速项目赛前训练日程表、高脚竞速项目赛前训练日程表、花炮项目赛前训练日程表等各个比赛项目的赛前训练日程表。（其利格尔）

中华人民共和国第十届少数民族传统体育运动会志愿者工作手册

中华人民共和国第十届少数民族传统体育运动会鄂尔多斯市筹备工作执行委员会社会工作部 编
64开 56页

内容提要：本资料由基础知识篇以及其他四个部分组成。主要内容有证件使用规范、岗前准备工作规范、仪容仪表规范、工作秩序规范、会议行为规范、那达慕大会的过程规范、鄂尔多斯市情介绍等。（嘎拉贝日汗）

中国人民政治协商会议鄂托克旗委员会发展历程（1950—2015）

中国人民政治协商会议鄂托克旗委员会 编
2015年11月
16开 139页

内容提要：本资料以图文形式集中表现出鄂托克旗政协从1950年到2015年为止65年来的变化和发展，由关怀期望、历届领导、服务发展、委员风采、自身建设五个部分组成。（其利格尔）

中国神华神东精益化管理指导手册（综采部分）

　　杨成龙　主编
　　神华神东煤炭集团公司上湾煤矿　编
　　2012年10月
　　16开　162页
　　内容提要：本资料分综采队精益化目标分析、生产组织优化、材料消耗控制、队伍能力素质管理、6S现场管理、科技创新管理、精益文化落地七个部分，讲述了中国神华精益化管理内容。（其利格尔）

中国新煤都

　　刘法新、王广德　主编
　　中国传媒大学出版社
　　ISBN 7-81085-579-4
　　2006年5月
　　16开　293页　48.00元
　　内容提要：本书以科学的态度，从神东矿区的基本概况、煤炭储量、产销量、生产技术、管理方式、安全生产、环境治理、地域文化、发展现状等方面对其进行了全面的综合性描述，为我国煤炭企业的发展提供了可借鉴的经验。（其利格尔）

中华名人与酒

　　高明毅　著
　　中国文史出版社
　　ISBN 978-7-5034-2252-2
　　2009年1月
　　16开　362页　36.00元

　　内容提要：本书分七个部分，收录了我国历史人物与酒的渊源，旨在通过研究分析中华名人在饮食中的饮酒行为来了解他们内心的精神世界，也为中国酒文化研究者提供丰富翔实的资料。（其利格尔）

中华劝世歌谣三百首

　　康明英　书写
　　2015年
　　32开　242页
　　内容提要：本资料精选300余首健康向上、优美动听的劝世歌谣，以行楷书写，供读者在欣赏经典歌谣的同时深刻领悟其中为人处世的道理和方法。（其利格尔）

中华人民共和国统计法　中华人民共和国统计法实施条例

　　伊金霍洛旗统计局　编
　　32开　41页
　　内容提要：本资料包括《中华人民共和国主席令（第十五号）》《中华人民共和国统计法》《中华人民共和国国务院令（第681号）》《中华人民共和国统计法实施条例》等内容。（其利格尔）

中华人民共和国新工会法　中华人民共和国妇女权益保障法

　　鄂尔多斯市高新技术产业园区管理委员会　编
　　2016年4月
　　32开　26页

内容提要：本资料汇编了《中华人民共和国新工会法》（全文）和《中华人民共和国妇女权益保障法》（修正）。（其利格尔）

中华人民共和国药品管理法实施条例（2016）

鄂尔多斯市食品药品监督管理局 编

2017年5月

32开 38页

内容提要：本资料汇编了《中华人民共和国药品管理法实施条例》《内蒙古自治区食品生产加工小作坊和食品摊贩管理条例》等内容。（其利格尔）

中煤集团全国劳模风采

中煤集团企业文化部 编

16开 86页

内容提要：本资料分中央精神、评论、劳模风采、劳模报告会采风四个部分，以图文形式展示了《胡锦涛同志在2010年全国劳动模范和先进工作者表彰大会上的重要讲话（摘要）》和中煤集团全国劳模风采。（其利格尔）

中小学生守则解读本（2015年修改）

康巴什新区第三小学 编

32开 128页

内容提要：本资料分为爱党爱国爱人民、好学多问肯钻研、勤劳笃行乐奉献、明礼守法讲美德、孝亲尊师善待人、诚实守信有担当、自强自律健身心、珍爱生命保安全、勤俭节约护家园九个部分，体现了对中小学生思想品德和日常行为的基本要求，对学生树立社会主义核心价值观、养成良好行为习惯、促进身心健康发展有着重要指导作用。（其利格尔）

中央企业数字档案馆建设与发展

云天宝 主编

中国经济出版社

ISBN 978-7-5136-4762-5

2017年11月

32开 230页 68.00元

内容提要：本书在解读数字档案馆基本理论的基础上，比较系统地讲解了企业数字档案馆建设的要点，如建设模型、规范体系、信息系统与技术、建设过程与步骤、系统测试等，每一部分都附了神华数字档案馆的案例，还包括作者对于企业数字档案馆深层的、本质的理解和思考。（其利格尔）

中药饮片处方应付目录

王爱芳 主编

鄂尔多斯市中医院 编

32开 47页

内容提要：本资料共收载常用中药506种，按主要功效分为21章分别进行介绍，以供临床医师和药师借鉴。（其利格尔）

中医事宜技术手册（刮痧篇）

红庆河镇中心卫生院 编

32开 32页

内容提要：本资料介绍了刮痧基础、刮痧五注意、刮痧过程等与刮痧相关的知识。（其利格尔）

众志成城——康巴什新区住建局创城工作掠影

康巴什新区住建局　编

16开

内容提要：本资料分"领导重视，认真组织""全方位宣传，营造创城工作氛围""加大业务工作力度，提高工作的有效性"三个部分，展示了康巴什新区住建局创城工作掠影。（其利格尔）

逐渐远去的往事：鄂尔多斯老检察官回忆录

宋剑云、佘爱平　主编

中国广播影视出版社

ISBN 978-7-5043-7342-7

2014年12月

32开　200页　28.00元

内容提要：本书收集了部分长期或曾经在鄂尔多斯检察机关工作奋斗的老检察官提供的回忆文章，时间跨度整整60年。这些文章当中有的是对难忘往事的追忆，有的是对一起经历风雨考验的老同事、老战友的怀念和敬仰，既有对几十年从事检察工作成败得失的总结和反思，也有对新一代鄂尔多斯检察人深切的希冀和期盼。但更多的是记录了几代鄂尔多斯检察人艰苦奋斗、不懈努力、甘于奉献的精神，淡泊名利、埋头苦干、朴实无华的风骨。（其利格尔）

逐梦青春——学生社团宣传册

中共鄂尔多斯职业学院委员会、鄂尔多斯职业学院　编

16开　31页

内容提要：本资料共七卷，收集各类文章86篇、图片520幅，分思想政治类社团、学术科技类社团、创新创业类社团、文化体育类社团、志愿公益类社团五个部分，力求从校园建设、师生风貌、理论研究、文学艺术、社团活动等不同侧面，尽可能地展现鄂尔多斯职业学院校园文化创建工作的生动实践。（其利格尔）

祝福准格尔

孙俊良　著

内蒙古人民出版社

ISBN 7-204-08304-0

2006年

32开　191页　30.00元

内容提要：本书分青春故里、激情古韵、牧笛短歌三个部分，主要汇编了作者2003年以后创作的自由诗和古体诗。（其利格尔）

转型发展的鄂尔多斯

王湛清等　主编

内蒙古人民出版社

ISBN 978-7-204-13292-8

2014年12月

16开　341页　48.00元

内容提要：本书汇编了奇海林《转型发展的理论观点与实践经验》、苏永

清《以科学发展观为指导，助推鄂尔多斯转型发展》、王湛清《鄂尔多斯转型发展的机遇》等有关鄂尔多斯转型发展的思考和解读。（其利格尔）

壮丽70年·奋斗新时代

鄂尔多斯电业局　编

16开　122页

内容提要：本资料讲述了国家的70年历程、鄂尔多斯电业局的70年历程和他们的奋斗足迹、鄂电人的情怀。（其利格尔）

追寻绿色的梦

韩广源　主编

16开　279页

内容提要：本资料以图文形式记录了鄂尔多斯市农牧学校的历程，收录了众多学员的回忆录，以此庆祝鄂尔多斯市农牧学校建校35周年。（其利格尔）

准格尔报社志

《准格尔报社志》编委会　编

2017年

16开　165页

内容提要：本资料是一部反映准格尔报社创建和发展历程的地方党委机关报史志，分12辑，包括准格尔报社的发展历程、新闻采编、版面设置、队伍建设、设施设备、经营管理、辅助工作、人物简介、荣誉、获奖作品、报社历任领导名录、大事记。（荷梅）

准格尔方言拾遗

孙俊良　著

内蒙古人民出版社

ISBN 978-7-204-09436-3

2017年11月

32开　202页　50.00元

内容提要：本书是在2011年出版的《准格尔方言》（上卷）、2012年出版的《准格尔方言》（中卷）、2013年出版的《准格尔方言》（下卷）的基础上，研究、收集、整理遗漏的准格尔方言编辑而成。（其利格尔）

准格尔风光

李根万　摄影

2007年9月

ISSN 1684-5846

16开　102页　198.00元

内容提要：本刊所收作品反映的是摄影师工作、生活的鄂尔多斯高原的风貌和风土人情。摄影师以独特的视角和摄影语言讲述鄂尔多斯高原的历史沧桑与雄浑壮阔，以及新时代的风采。（其利格尔）

准格尔民俗

韩来福　主编

远方出版社

ISBN 978-7-5555-1215-8

2018年12月

16开　328页　88.00元

内容提要：本书梳理和概述了准格尔旗现当代民俗，记述了有关民俗方面

的衣食住行、节日节庆、婚丧嫁娶、礼节规矩等内容。（荷梅）

准格尔旗风俗

  王拴　编著
  内蒙古人民出版社
  ISBN 978-7-204-13613-1
  2016年1月
  32开　334页　50.00元
  内容提要：经过本书多年的研究整理收集了大量散存于准格尔地区民间的关于衣、食、住、行、婚、生、寿、丧方面的遗事趣闻。（其利格尔）

准格尔旗文化旅游项目推荐

  准格尔旗文化旅游产业委员会　编
  16开　19页
  内容提要：本资料着重介绍准格尔旗重点旅游项目招商引资优惠政策、准格尔旗委进一步加快文化建设的实施创意，同时也展示并推荐了包子塔旅游项目、万家寨旅游项目、太子滩旅游项目、小滩子旅游项目等准格尔旗文化旅游项目。（其利格尔）

准格尔旗扎萨克衙门档案基督宗教史料（汉文、蒙古文）

  苏德毕力格　主编
  广西师范大学出版社
  ISBN 978-7-5495-0429-9
  2011年3月
  16开　668页　998.00元
  内容提要：本书系广西师范大学出版社出版的《中国基督宗教史料丛刊》的一种，辑录清光绪四年至宣统三年（1878—1911）准格尔旗扎萨克衙门与基督宗教有关的原始蒙古文档册档案，共508份。这些档案是以扎萨克为首的旗府各级官员经手处理的各类公文、书札，内容翔实可靠，真实记录和展现了外国传教士在当地的活动，给当地生活、风俗、宗教信仰等各方面带来的影响和冲击，客观反映了当地民众应对这种冲击和变化所持有的态度及采取的举措。本书为蒙古文原文影印，同时挑选重要的文书进行汉译，并制作了传教士人名索引，方便专家学者使用。（其利格尔）

准格尔书画集

  准格尔旗老年书画研究会、准格尔旗文学艺术联合会、准格尔旗党委老干部局　编
  16开　109页
  内容提要：本资料共收录110幅优秀作品，包括摄影作品、硬笔画、剪纸、美术作品、书法作品、特邀作品等，均出自准格尔旗籍和曾在准格尔旗工作的老同志之手。（其利格尔）

紫金府

  16开
  内容提要：本资料为上海证大房产入驻鄂尔多斯后发放的房地产开发宣传册，以房屋开发、规划、设计图为主，重点宣传公司始终坚持的差异化品牌战略——建筑艺术生活。（其利格尔）

自治区党委第七巡视组巡视伊金霍洛宣传报道集锦

  伊金霍洛旗巡视工作联络办　编
  2016年1月
  16开　54页
  内容提要：本资料分三部分，汇编了自治区党委第七巡视组巡视伊金霍洛相关报道集锦、署名文章、巡视工作动态等内容。（其利格尔）

综合行政执法教程

  布小林　主编
  内蒙古人民出版社
  ISBN 7-204-06362-7
  2002年12月
  32开　436页　36.00元
  内容提要：本书作为对行政执法人员进行培训的专用读本，总结和吸收了近年来立法、执法、法治监督的实践经验，具有一定的理论水平和较强的指导性，是一本很好的行政执法教材，可供全区广大行政执法人员认真学习，切实提高执法能力和水平。（其利格尔）

走出你的沙漠

  李鑫、闻敬　编撰
  善行天下出版
  16开　177页
  内容提要：本资料记录了2012年"走出你的沙漠——善行天下徒步活动之鄂尔多斯达拉特旗"活动前期策划工作和活动历程。（其利格尔）

走过从前

  赵萍　著
  内蒙古人民出版社
  ISBN 7-204-05350-8
  2004年12月
  32开　346页　42.00元
  内容提要：本书是作者多年来在工作之余撰写的几十篇文章整理而成的，是作者多年来在基层不同岗位上为计划生育事业辛勤工作的历程和心得体会，也是与作者一起为这项"天下第一难"的事业辛勤奋斗过的同事真诚和感激心境的一种倾诉。（其利格尔）

走进东胜

  李芸　主编
  2011年9月
  8开　96页
  内容提要：本资料主要包括"中国21世纪能源续接地"鄂尔多斯市东胜区的简介、街景、建筑、人文、地理等内容，由与之牵手、爱之博大、同之相拥、行之恒远四个部分内容组成。（其利格尔）

走进西部

  夏日　著
  内蒙古人民出版社
  ISBN 7-204-08553-1
  2006年6月
  32开　529页　35.00元
  内容提要：本书是继《走出内陆》后的第二本研究西部的文集，内容分五

个部分，收集了作者自1994年以来的论文、演讲稿、调研报告和部分会议发言整理稿，共66篇，30余万字。（其利格尔）

走进西部（内蒙古卷）

石健、刘明　编著
远方出版社
ISBN 7-80595-706-1
2002年12月
32开　532页　86.00元

内容提要：本书是一部报告文学作品集，记录"九五"以来，西部大开发过程中涌现的优秀单位、个人和感人事迹，赞扬他们在创造物质财富的同时，也为人们留下了崇高的精神财富。（其利格尔）

走向灿烂

王然彤　著
内蒙古人民出版社
ISBN 7-204-02063-4
1992年12月
32开　327页　6.60元

内容提要：本书是一部记述真实人生的报告文学集。书中记录了旭日干从出纳员起步，走向财政厅长的岗位的过程。在数字与金钱的不断组合与分解过程中，他使塞外财政向贫困告别。他大刀阔斧地改革，呕心沥血地工作，清正廉洁，开明豁达，闪光的业绩把人生推向灿烂辉煌。（其利格尔）

走向繁荣与发展

韩广臻　主编
内蒙古人民出版社
ISBN 7-204-07144-1
2004年8月
32开　326页　25.00元

内容提要：本书是为了纪念鄂尔多斯市社科联成立20周年而编纂的，主要记录了鄂尔多斯市哲学社会科学伴随着经济社会快速发展不断走向繁荣发展的历程以及所取得的成就和经验。（其利格尔）

走向世界的鄂尔多斯

2009年
16开　74页

内容提要：本资料包括领导关怀、概述、历史沿革、自然资源、牧业经济、工业发展、第三产业、基础建设、风土人情、旅游观光、民族饮食、城市风采等内容，以图文方式记录并展现了鄂尔多斯各方面的发展状况。（库布其）

最爱鄂尔多斯文化旅游口袋书

王凯等　编
2016年6月
64开　111页

内容提要：本资料内容包括鄂尔多斯概况、鄂尔多斯精品景区介绍、鄂尔多斯精品旅游线路、鄂尔多斯自驾游精品线路、舌尖上的鄂尔多斯、鄂尔多斯旅游商品、鄂尔多斯文化、鄂尔多斯乡村旅游、鄂尔多斯住宿、常用号码、文

明旅游提示等内容。（其利格尔）

最美乡村故事——请到我们村里来

伊金霍洛旗文化体育广播电影电视局　编
2015年12月
32开　168页

内容提要：本资料汇编了阿拉腾席热镇、乌兰木伦镇等地区各村的地名由来和相关乡村故事。（其利格尔）

最新土地矿产法律政策知识手册

袁新宽　主编
法制出版社
ISBN 9-6282-6159-2
2007年8月
32开　317页　39.80元

内容提要：本书是鄂托克人民政府汇编的最新土地矿产法律政策知识，主要由国有土地使用相关知识、集体土地征用审批程序、农村集体土地使用相关知识问答、矿产资源安全生产管理、土地政策司法解释、土地违法处罚速查表六个部分构成。本书紧密结合鄂托克旗土地和矿产资源使用的实际，以生动的实例、通俗易懂的语言阐释了有关法律、法规、政策的本意，具有较强的可读性、实用性和指导性，既是土地、矿产资源管理工作者的工具书，也是广大群众用以维权的实用教材。（其利格尔）

醉美鄂前旗

鄂托克前旗文化和旅游局　编
2009年
32开　171页

内容提要：本资料是一本探寻鄂托克前旗的多彩风光，呈现乡土人文气息的读本，包含鄂托克前旗社会生活、自然风光的方方面面，由城市之魅、草原之恋、乡村之美、红色之情、沙水之舞、人文之秀、节庆之娱、美食之诱、风物之盛、旅游线路等部分构成。（其利格尔）

左手工作·右手健康

张少静、王秀坤　编著
中国言实出版社
ISBN 978-7-80250-707-4
2012年3月
16开　219页　32.00元

内容提要：本书是写给忙忙碌碌的上班族的一本书，是一本具有指导意义的健康指南和工作指南，旨在教会上班族应该如何去科学工作，合理安排工作时间，以及人们应该如何去在日常生活中保护自己的身体健康。其结论在于，每个人都要经历漫长的职业生涯，只有在工作和健康之间找到平衡点，才能享受更加灿烂、更加美好的人生。（其利格尔）

作家眼中的经济世界

刘建增　著
经济科学出版社
ISBN 978-7-5058-9628-4
2010年7月

16开　148页　23.00元

内容提要：本书是以作家的身份，站在作家的角度和立场看经济世界，内容涵盖从中国的经济问题到美国的华尔街风暴，从涉及老百姓具体生活的产品到国家层面的经济体制，从雇工到老板，从富民到强国，从经济理论到经济政策，从客观物质世界到主观精神领域，从资本主义到社会主义。（其利格尔）

做会呼吸的教育

刘建国　主编
北京师范大学出版社
2013年12月
ISBN 978-7-88105-025-6
16开　352页　68.00元

内容提要：本书集结了作者多年的教育思想、管理策略、实践经验、部分师生成果，希望以自己所学为康巴什新区、鄂尔多斯市、内蒙古自治区乃至整个西部基础教育事业做出一点贡献，用北京师范大学先进的基础教育理念和办学思想去辐射和影响本地和周边地区。（其利格尔）

做良心事·办公正案——鄂尔多斯市中级人民法院院训征集作品选

鄂尔多斯市中级人民法院　编
2012年12月
16开　268页

内容提要：本资料选编鄂尔多斯市中级人民法院工作人员在征集院训期间创作的各类文章，是鄂尔多斯法院人为实现"立足全区前列，争创全国一流"目标而满怀激情地奋斗和坚定信念的表达。（其利格尔）

AH　语言、文学

365个太阳

刘振文　著
远方出版社
ISBN 7-80595-668-5
2004年11月
32开　420页　36.00元

内容提要：本书收入《回顾与展望》《学习国际重大新闻》《工作思路》《道德教育应形成合力》《勿忽视环境污染》《交流出国感受》《制衣》《合理膳食》《适量运动》《戒烟限酒》《心理平衡》《目标管理考核验收》《部务会议》等200多篇文章。（其利格尔）

爱的漠流

全秉荣　著
内蒙古人民出版社
ISBN 7-204-00098-6
1987年12月
32开　336页　1.65元

内容提要：本书分为时代足音、大漠觅踪、生活浪花、高原漫步、家乡风韵、科普撷英、荧屏音话、文苑絮语八个部分，共收录80篇散文。（库布其）

八字步闲人诗集

赵树林　著

2017年

32开　148页

内容提要：本资料收诗百首，内容丰富，写人记事、出行记游、所见所感、咏物抒怀，乃至"无题"之诗，皆兼而有之。（荷梅）

巴音杭盖

张凯　著

中国文联出版社

ISBN 7-5059-3337-X

1999年6月

16开　169页　26.00元

内容提要：本书是一部小说集，收入长篇小说《巴音杭盖》和中篇小说《白鸽》。（荷梅）

白色的源流

全秉荣等　著

内蒙古人民出版社

ISBN 7-204-00709-3

1989年4月

32开　172页　2.20元

内容提要：本书以纪实文学形式多面介绍了我国最大的山羊绒加工基地——内蒙古伊克昭盟的毛纺工业。全书以其新颖别致的构思、流畅明快的语言和真实感人的情节把人们引向鄂尔多斯草原的纺织厂。（嘎拉贝日汗）

白塔

马洁、马健　著

内蒙古人民出版社

ISBN 978-7-204-11693-5

2012年7月

32开　507页　38.00元

内容提要：本书讲述了大学毕业生柳若惠被分配到内蒙古的小镇莱城，与冯德彰等一群来自全国各地的知识分子齐聚莱城中学。这100多人的教师队伍虽成分复杂，却都怀揣振兴教育的梦想，尽管不停地经受着暴风骤雨的洗礼，也曾有过挥之不去的沮丧和悲伤，但他们依旧热爱生活，与当地民众和谐乐观地生活在一起，并凭着自己的聪明才智与为人师表的良心，勇敢坚定地实现着知识分子对文化的守候，在边远的小县城度过了他们最美丽的青春岁月。（荷梅）

百里长川诗歌选

柳苏　主编

北岳文艺出版社

ISBN 978-7-5378-5122-0

2017年1月

16开　145页　30.00元

内容提要：本书为鄂尔多斯准格尔旗巴润哈岱村百里长川创作基地的诗人们所创作的诗歌选集，每一篇作品当中都渗透了对百里长川的热爱，以及对诗歌创作的热情。（荷梅）

百年长川

蒋殊　著

北岳文艺出版社

ISBN 978-7-5378-5457-3

2017年12月

16开　188页　36.00元

内容提要：本书内容分为百里长川卷、回望先祖、百里长川展望三个部分。（嘎拉贝日汗）

百味人生

康明仲、康明英　编

2019年7月

16开　275页

内容提要：本资料主要收录了作者以及学者朋友的生活经验、自身经历和成功的心得。（荷梅）

伴你远行

张华　著

中国广播电视出版社

ISBN 7-5043-2261-X

1995年6月

32开　180页　6.00元

内容提要：本书按照题材分为八个部分，收入作者两年来创作的诗歌109首。诗集所选的多数诗歌可以引导读者在平淡中进行多指向、深层次联想和思考。（荷梅）

傍河而居

蔺怀恩　著

内蒙古人民出版社

ISBN 978-7-204-15858-4

2019年9月

16开　342页　44.00元

内容提要：本书的内容大体为三部分，包括作者对童年的农村生活的回忆、参加工作后及进城后的生活见闻、对于鄂尔多斯的时代新人和新事物的客观采写。（荷梅）

北方的时光

王万里　著

长江文艺出版社

ISBN 978-7-5354-7736-1

2014年12月

16开　255页　35.00元

内容提要：本书是一部诗集，主要收录了《小米故乡》《云朵奔跑着一粒雨的爱情》《只有秋风才能吹动天空》《月光是一剂良药》《原来大海就是一滴水》等诗歌作品。（其利格尔）

比较研究与集成创新——鄂尔多斯学学科建设探索

包海山　著

九州出版社

ISBN 978-7-5108-3707-4

2015年6月

16开　207页　48.00元

内容提要：本书是作者关于鄂尔多斯学学科建设的研究著作。内容分为比较研究　探索规律、集成创新　再论资本、创建学科　服务社会三个部分。（嘎拉贝日汗）

冰魂·雪梦

杜逯、温源　著

内蒙古人民出版社

ISBN 7-204-02386-2

1993年12月

32开　160页　6.80元

内容提要：本书是两位作者的诗词集。诗词具有民族与现代的特点，作者以多层次、全方位的角度去观察、体验、提炼、升华现实生活，从而创造出具有中华民族现代派特点的新诗。（库布其）

草原春晓

王文明　著

新华出版社

ISBN 7-5011-5843-6

2005年1月

32开　252页　18.00元

内容提要：本书收入作者采写的讴歌伊金霍洛旗及神东矿区崭新风貌的通讯、特写、专访、报告文学47篇，散文、随笔、杂谈19篇，共66篇。（其利格尔）

草原的晨曦

热·图们　著

民族出版社

ISBN 978-7-105-11172-5

2010年10月

32开　416页　32.00元

内容提要：本书是蒙古文版长篇小说《麻黄草地的蜃楼》的汉文版，讲述了一个抗美援朝时期的爱情故事。（库布其）

草原孩子的歌

王文明　著

新华出版社

ISBN 7-5011-5843-6

2003年3月

32开　154页　15.60元

内容提要：本书是一部儿歌作品集，对于提高孩子们的教养、欣赏水平、表达能力和陶冶性情、开发智力有促进作用。（其利格尔）

草原是挥动的天空

高荣堂　著

作家出版社

ISBN 978-7-5063-6171-2

2011年11月

16开　192页　29.80元

内容提要：本书共五个部分，分别是"情绪，有时就泛起泡沫""草原，可能是一个永远的痛""生命，讲出了唠唠叨叨的话语""岁月，开始佝偻着身躯""前行，永远是活着的一种姿态"。（荷梅）

晨暮集

齐凤元　著

内蒙古人民出版社

ISBN 7-204-01550-9

2002年9月

32开　553页　30.00元

内容提要：本书是一部多种文体的合集，共收入120篇文章。（库布其）

成吉思汗传奇

甄达真、子强　编著

内蒙古人民出版社

ISBN 7-204-06518-2

2004年7月

32开　233页　15.00元

内容提要：本书收录了《良辰诞生》《吉利定亲》《磨难》《水中藏人》《毛车的秘密》《定报夺妻之恨》《神牛送国》《马头琴》《文化神探秘》等50多篇故事，为读者提供了一个多层面了解成吉思汗的窗口。（嘎拉贝日汗）

成就圆满人生的智慧

王生贵　著

天津人民出版社

ISBN 978-7-201-10350-1

2016年5月

32开　163页　32.00元

内容提要：本书分为人生圆梦　要会做人、人生圆梦　启迪心灵和智慧、人生圆梦　自强自立三个部分。（荷梅）

成长

冯春生　著

内蒙古人民出版社

ISBN 978-7-204-12757-3

2014年11月

32开　235页　50.00元

内容提要：本书是一部小小说集，分为大千世界、百味人生、荒诞世相、化石系列四个部分。（其利格尔）

川上

张冷习　著

内蒙古人民出版社

ISBN 978-7-204-15872-0

2019年6月

16开　293页　41.50元

内容提要：本书是作者十多年来写草原和家乡的诗歌集。分为三辑，第一辑围绕着"川"这个意象，写出了作者心中对故乡的眷恋；后两辑围绕草原和旷野、动物和植物、时序和风情等，写出了作者的爱恨、情怀、感触。（荷梅）

村东那座老油坊

李文　著

内蒙古人民出版社

ISBN 978-7-204-15690-0

2018年9月

16开　369页　30.00元

内容提要：本书收入了《村东那座老油坊》《柠条花开了》等中篇小说和反映北方农村生活的电影剧本。（荷梅）

窗外事儿

张玉福　著

内蒙古人民出版社

ISBN 7-204-07144-1

2004年8月

32开　220页　25.00元

内容提要：本书是作者的文学作品集，不仅记录了作者的人生历程、家庭生活片段，还记录了一些值得思考、颇有启示意义的事例。（其利格尔）

春风的足迹

邱亮 著

内蒙古人民出版社

ISBN 7-204-05770-8

32开　310页　28.00元

内容提要：本书是一部新闻作品集，收录了作者多年以来的勘查、调研作品。（嘎拉贝日汗）

春归库布其

和谷、杨春风 著

辽宁人民出版社

ISBN 978-7-205-09553-6

2019年3月

16开　256页　46.00元

内容提要：本书是一部呈现库布其沙漠治理模式的纪实作品，以联合国"地球卫士终身成就奖"得主王文彪的治沙实践为主线，全景式描述了库布其沙漠生态修复的艰辛历程和取得的丰硕成果。（荷梅）

春天来了

李伊赫 著

内蒙古人民出版社

ISBN 978-7-204-11176-3

2012年8月

32开　161页　48.00元

内容提要：本书是学生作者李伊赫作文与诗歌作品集，其用笔感受四季变迁，感悟亲情友情，感怀生活生命，反映了少年儿童热爱生活、向往美好未来的纯洁心灵和感情。（库布其）

长河落日

肖亦农 著

作家出版社

ISBN 978-7-5063-5379-3

2010年9月

16开　260页　60.00元

内容提要：本书为作者的散文集，收录了《说不尽写不完的黄河湾》《善待长江》《准格尔情愫》《绿色壮歌》《感受迪拜》《魂与情》等30多篇散文。（荷梅）

长城内外

王建中　编著

山西人民出版社

ISBN 978-7-203-10321-9

2018年2月

16开　236页　184.00元

内容提要：本书是《漫瀚长歌》系列丛书的一部分，书中所写的达拉特旗与准格尔旗原为鄂尔多斯左翼前后旗，二者关系密切。达拉特地区早在春秋战国时期即为中原诸侯国占据，秦汉在此地设郡并直接管理。此处为中原与草原地区的交会处，许多游牧民族均在此地生活繁衍，并与汉民族相互交流、融合，也促成了中原文明与草原文明的交汇与融合。文中所举达拉特旗现存的诸多文物古迹就是对这一现象的诠释。（荷梅）

达拉特金色与绿色变奏曲

乌雅泰 著

民族出版社

ISBN 978-7-105-15143-1

2018年6月

16开　218页　69.00元

内容提要：本书的主要内容是达拉特旗党委和政府带领全旗各民族人民几十年如一日地坚持开展群众性植树造林，向库布其进军，改造沙漠，改善农牧业生产条件，发展新型林沙产业，使地区经济有了突飞猛进的发展，农牧民走上了致富道路。（其利格尔）

大河上下

王建中　编著

山西人民出版社

ISBN 978-7-203-10322-6

2018年2月

16开　174.00元

内容提要：本书为《漫瀚长歌》系列丛书之一，主要讲述了准格尔旗的历史发展脉络和从此处走出去的著名历史人物。（荷梅）

大地集

汪支平　著

远方出版社

ISBN 978-7-80723-673-3

2015年10月

32开　36.00元

内容提要：本书收录作者近百篇散文作品和十多篇诗歌，抒发了作者对生活、对工作、对人生的感悟。（荷梅）

大风

张凯　著

内蒙古人民出版社

ISBN 978-7-204-15060-1

2018年4月

16开　320页　28.00元

内容提要：本书是一部描写鄂尔多斯十年变迁史的长篇小说，是一幅关于当下中国土地、农村、农民斑斓多彩的画卷。作者主要立足于生命与土地的重要关系，通过复杂的矛盾纠葛，刻画了一人一牛、一孩童一村人在21世纪时代发展大潮中上演的一幕幕话剧。（荷梅）

大漠忠魂

刘玉祥　著

远方出版社

ISBN 7-80595-705-3

2002年12月

32开　533页　28.00元

内容提要：本书记述了奇治民的楷模人生，生动展现了一个党员领导干部的精神风貌。（其利格尔）

滴水藏海——校园每周寄语集锦

王桂仙　著

中国科学文化出版社

ISBN 978-988-77847-3-9

2017年10月

16开　104页　20.00元

内容提要：本书内容丰富，既有中外格言、古今名句，也有校长的期盼、老师的关怀；既凝聚着先贤名家的非凡

智慧，也渗透了从校长到老师的辛勤汗水。其内容宽广，涉及生活、工作、学习等各个方面。（嘎拉贝日汗）

第三十七计

王建中 著
海燕出版社
ISBN 978-7-5350-4930-8
2012年3月
16开 132页 25.00元

内容提要：本书是一部小说集，包含《第三十七计》等中、短篇小说所选小说作品反映了中国农村一段时期的生活状态，具较强的故事性及可读性。（荷梅）

电视解说词散论

全秉荣 著
《鄂尔多斯》增刊
CN15-1037
1990年7月
32开 85页 2.00元

内容提要：本书内容包括解说词与观众心理、解说词与镜头画面、解说词破解技巧、解说词蒙太奇效应、解说词散文化风格、解说词主题寻找与提炼、解说词主题寻找与提炼、解说词细节刻画、解说词的主线与层次、解说词采访倾斜、解说词语言七戒10个部分。（荷梅）

短信情诗300首

王振荣 著
远方出版社
ISBN 978-7-80723-541-5
2011年7月
32开 207页 25.00元

内容提要：本书分为现代诗、近体诗等两部分，共收入现代诗197首、近体诗114首。（荷梅）

鄂尔多斯1943

莫·哈斯巴根 著
马英 译
作家出版社
ISBN 978-7-5063-7659-4
2014年12月
16开 676页 73.00元

内容提要：本书围绕1943年的"伊盟事件"，以起义部队连长洛瑞和草原勇士阿尔宾朝格图两个核心人物的命运为两条交织的线索，谱写了一曲感天动地的大漠史诗。（荷梅）

鄂尔多斯本土企业的文化个性

尚铁兵、尚一波 著
作家出版社
ISBN 978-7-5063-3826-4
2011年7月
32开 278页 58.00元

内容提要：本书分为创业之星、奉行厚道、文化基因三个部分，记述了鄂尔多斯具有代表性的本土企业的创业之路、企业价值观、社会责任感、企业文化等内容。（荷梅）

鄂尔多斯传奇故事

包海山　著

九州出版社

ISBN 978-7-5108-5857-4

2017年10月

16开　198页　35.00元

内容提要：本书内容分为鄂尔多斯文化、鄂尔多斯学研究两个部分，共41节。（荷梅）

鄂尔多斯的风暴

云照光　著

内蒙古人民出版社

10089.181

1959年11月

32开　0.30元

内容提要：本书是一部电影文学剧本。乌力吉的父亲是"独贵龙"运动的领导者敖其尔，父亲被杀后，乌力吉为寻求正义，开始了反抗。然而，由于缺乏正确的引导，他起初的斗争走了弯路。后来，在党的指导下，他组织人民，建立起武装力量，勇敢地与封建王公和国民党进行了坚决的斗争。（荷梅）

鄂尔多斯革命老区

郝崇理　著

远方出版社

ISBN 7-80595-668-5

2007年10月

32开　412页　45.00元

内容提要：本书记载了中国共产党在鄂尔多斯地区的革命斗争历程。（其利格尔）

鄂尔多斯革命老区（续篇）

郝崇理、乔礼　著

远方出版社

ISBN 7-80595-668-5

2007年10月

32开　216页　40.00元

内容提要：本书内容分为鄂尔多斯民族民主革命运动、中国共产党创建的红色区域、附录、民歌、选录与专栏、旅途步韵。（荷梅）

鄂尔多斯汉语方言集

苏怀亮　著

内蒙古人民出版社

ISBN 978-7-204-11059-9

2011年7月

32开　379页　80.00元

内容提要：本书收集鄂尔多斯地区二字以上汉语方言词条3880条，按汉语拼音字母顺序排列。（库布其）

鄂尔多斯汉语方言俗语集

郑贤　主编

中国言实出版社

ISBN 978-7-80250-924-5

2012年6月

32开　638页　260.00元

内容提要：本书内容分为鄂尔多斯民间串话、鄂尔多斯歇后语、鄂尔多斯民谚、鄂尔多斯方言称谓、鄂尔多斯方言词汇五章。（荷梅）

鄂尔多斯解放演义

甄达真 著

中国文联出版社

ISBN 7-5059-3770-7

2001年3月

32开 360页 20.00元

内容提要：本书是一部描写鄂尔多斯解放历程的章回体长篇小说，其内容分为王永清乌拉尔反水、赵通儒海流图被捕、特木尔投敌叛变、高平设计除奸、新街会师建军区、部队出征追穷匪等18个部分。（荷梅）

鄂尔多斯酒场笑话

孙荣 编著

内蒙古人民出版社

ISBN 7-204-05350-8

2003年1月

32开 256页 25.00元

内容提要：本书收录鄂尔多斯酒场方面的笑话，其中不乏日常生活中的一些幽默。（荷梅）

鄂尔多斯快车

尚一波 著

内蒙古人民出版社

ISBN 7-204-05588-8

2001年6月

32开 484页 29.80元

内容提要：本书分为鄂尔多斯、鄂尔多斯人、鄂尔多斯现象三个部分。（荷梅）

鄂尔多斯骆驼

宁牧 著

天马出版有限公司

2015年

16开 754页 48.00元

内容提要：本书记述了一名知青在草原上的生活历程，介绍了鄂尔多斯蒙汉牧民的生活习俗和风土人情，力图再现当年的情景。作者用发自内心的笔触讴歌了豪爽、纯朴的马背民族，讴歌了民族的团结与和谐，介绍了鄂尔多斯这块神奇土地的悠久历史、醇厚文化，以及今日的腾飞和巨变。（荷梅）

鄂尔多斯旅行记

全秉荣 著

远方出版社

ISBN 7-80595-067-9

1994年7月

32开 234页 6.80元

内容提要：本书收录了龙腾古高原、塞外新城东胜、阿勒腾席热镇、神游响沙湾、黄河母亲等内容。（库布其）

鄂尔多斯民间故事

郭永明 收集整理

内蒙古人民出版社

7089·158

1980年8月

32开 192页 0.40元

内容提要：本书分为三辑，收录了《珍珠》《宝蛋》《聪明的媳妇》《聪明的孩子》等民间故事。（荷梅）

鄂尔多斯民间故事

艾厚国　收集整理
内蒙古人民出版社
ISBN 7-204-00540-6
1989年11月
32开　390页　3.60元

内容提要：本书收录了流传于鄂尔多斯地区的民间故事、传说、寓言、笑话等。（荷梅）

鄂尔多斯民间故事集萃

何知文　主编
远方出版社
ISBN 7-80595-936-6
2006年10月
32开　605页　45.00元

内容提要：本书精选31位作者的340余篇作品，分为地名趣闻、神话传说、民俗花絮、生活光盘、史海浪花、宦海剪影、笑话揽胜、智者巴拉根仓传奇、笑星杨三换的故事、动物故事10个栏目，从各个角度广泛、全面地搜集整理了鄂尔多斯民间故事。（其利格尔）

鄂尔多斯情缘

孙万祥　著
内蒙古人民出版社
ISBN 7-204-05561-6
2002年3月
32开　368页　23.80元

内容提要：本书内容分为沸腾的沃土、群星璀璨、评论言论、实践与思考四个部分。（嘎拉贝日汗）

鄂尔多斯诗选

穆向阳等　编
内蒙古人民出版社
ISBN 7-204-01719-6
1992年8月
32开　188页　3.70元

内容提要：本书收录了周雨明、杨啸、穆向阳、安源等29位作家的诗作。（荷梅）

鄂尔多斯史诗

浩斯巴雅尔、勒·哈斯巴雅尔、乌拉　编
赵文工　译
内蒙古大学出版社
ISBN 978-7-5665-0057-1
2011年12月
32开　400页　42.00元

内容提要：本书收录了《阿拉腾嘎鲁海可汗》《阿力亚胡》《善良的孩子吉雅》等14篇史诗故事。（荷梅）

鄂尔多斯市脱贫攻坚文艺作品集

鄂尔多斯市文化和旅游局、鄂尔多斯市文化艺术创作研究所、鄂尔多斯市乌兰牧骑联盟　编
2020年6月
16开　367页

内容提要：本资料收录全市以脱贫攻坚为主题的小戏小品、歌曲、曲艺等具有鲜明时代特征、观众喜闻乐见、适

合基层演出的原创文艺作品。通过一批接地气、有温度、有影响力的文艺作品，更好地宣传党的脱贫攻坚政策，提振信心，让全市广大人民感受到党的关怀和温暖，为全面打赢脱贫攻坚战提供强大内生动力。（其利格尔）

鄂尔多斯通史稿

梁冰 著

内蒙古大学出版社

ISBN 978-7-81115-608-9

2009年7月

16开　1251页　150.00元

内容提要：本书记录了从远古时期至中华民国时期的鄂尔多斯历史。（嘎拉贝日汗）

鄂尔多斯小说选

穆向阳、巴·哈斯牧仁、张秉毅 主编

溢华出版社

ISBN 962-549-003-5

1994年2月

32开　550页　13.00元

内容提要：本书为一部小说作品集，收录了《奇人趣事四题》《洁白的羽毛》《梦》《在洮尔河上空萦绕》《大漠歌》《河路汉子》等40多篇小说。（库布其）

鄂尔多斯小说选

布林 主编

香港大道出版社

ISBN 962-85924-7-5

2006年9月

16开　535页　48.00元

内容提要：本书收录了鄂尔多斯18位作家的22篇小说。（荷梅）

鄂尔多斯笑话

孙荣、王振荣 编著

内蒙古人民出版社

ISBN 7-204-05350-8

2003年3月

32开　166页　23.00元

内容提要：本书是鄂尔多斯人创造出来的具有独特风格的笑话作品集，是鄂尔多斯人在丰富多彩的经济生活和社会生活中以特有的眼光发现、挖掘、加工、编排、传讲而成的，是鄂尔多斯地区的文化特产。（嘎拉贝日汗）

鄂尔多斯笑话

张俊廷、王振荣 编著

内蒙古人民出版社

ISBN 7-204-05350-8

2004年5月

32开　186页　15.00元

内容提要：本书汇编了鄂尔多斯地区流传甚广，为大众所喜闻乐见，有极强的艺术性和生命力的笑话。它是特定时期出现的一种新文化现象之结晶，内容健康、文明，富有哲理性、广泛性和群众性，充满诙谐、幽默、讽喻，乡土气息浓厚，时代烙印明显，文字优美流畅，语言通俗精炼。（其利格尔）

鄂尔多斯笑话

孙荣　编著

远方出版社

ISBN 7-80595-965-X

2009年1月

32开　226页　40.00元

内容提要：本书收录了《卖驴》《洗澡》《夸职业》《自抠精神》《分月饼》《汽车配牛》等100多篇笑话。（其利格尔）

鄂尔多斯笑话

唐和、张俊廷　编著

内蒙古人民出版社

ISBN 7-204-05350-8

2012年9月

32开　56页　20.00元

内容提要：本书是杨三换创作的具有独特风格的笑话合集。（荷梅）

鄂尔多斯研究文集（第一辑）

米吉森格　译

内蒙古自治区伊克昭盟档案馆　编

1984年8月

32开　227页

内容提要：本资料为鄂尔多斯区域历史研究文集，收录比利时学者田清波研究鄂尔多斯蒙古族的《厄尔呼特人——鄂尔多斯蒙古基督徒后裔》《鄂尔多斯蒙古部名考》《对萨冈彻辰的曾祖父库图克任·彻辰·洪台吉的说明》《对萨冈彻辰的一份原文的说明》《传说中的萨冈·彻辰》《有关成吉思汗的两部鄂尔多斯传说》《16首鄂尔多斯民歌》《〈额尔德尼-因·托卜赤-蒙古编年史〉导论》八篇论文。（荷梅）

鄂尔多斯演义

甄达真　著

远方出版社

ISBN 7-80595-7086-1

2006年9月

32开　432页　22.00元

内容提要：本书以纪实性章回体小说的形式，以历史发展的脉络为主线，书写了1473—1949年鄂尔多斯历史，展现了众多历史人物的风采。（荷梅）

鄂尔多斯谚语

王拴　编著

内蒙古人民出版社

ISBN 978-7-204-13613-1

2019年8月

32开　186页　40.00元

内容提要：本书分为鄂尔多斯谚语初探、鄂尔多斯谚语选录两个部分，共选录3398条谚语。（荷梅）

鄂尔多斯增刊（文学集）

乌雅泰　主编

CN15-1037

1987年8月

32开　125页　1.00元

内容提要：本刊收录了中篇小说《第三把手》《草原明珠》《村东那座

老油坊》《黄与绿》、诗歌《律诗百首》五篇文学作品。（荷梅）

鄂尔多斯之恋

周维先 著
中国书籍出版社
ISBN 978-7-5068-5969-1
2017年2月
16开 713页 88.00元

内容提要：本书是一本爱情长篇小说，讲述了一位来自南京的艺术家吴天然，与《盅碗舞》传人阿丽玛在阿尔巴斯草原的蓝海子边邂逅并相爱的故事。（荷梅）

鄂尔多斯民歌的由来

萨日娜、敖云娜 编著
玉明、萨日娜 译
内蒙古人民出版社
ISBN979-7-204-10858-9
2010年12月
32开 338页 20.00元

内容提要：本书介绍了鄂尔多斯民歌的由来，解释了鄂尔多斯民歌的大义、出处、创作者。（库布其）

鄂尔多斯民间幽默笑话故事集锦

尔德木图 编译
内蒙古人民出版社
ISBN 978-7-204-11803-8
2012年1月
32开 244页 46.00元

内容提要：本书收录了鄂尔多斯地区广为流传的哲理性强、趣味性浓的经典笑话故事160余篇，充满了浓郁的地方文化特色。故事集译文蓝本为《故事家朝格日布故事集》，由白音其木格、马龙录音，由道·照日格图、陶克彤、格根塔娜、萨仁高娃、巴音其木格记录，白音其木格审校，包含26个故事原稿编成。（库布其）

鄂托克民间故事

扎·玛格苏尔扎布、仁钦道尔吉 搜集整理
乌云格日勒 译
民族出版社
ISBN 978-7-105-13883-8
2015年6月
16开 352页 52.00元

内容提要：本书分为民间故事、神话传说两大部分，收集了在鄂托克旗范围内广为流传的或有较大影响的动物故事、幻想故事、宗教故事、生活故事、笑话、趣事以及神话、人物传说、地名传说、节俗传说124则。这些故事反映了鄂托克人民鲜活的生活画面和多彩的精神世界，有着很强的教育娱乐价值、艺术欣赏价值及语言民俗研究价值。（荷梅）

法撼边地

李天成 著
作家出版社
ISBN 978-7-5063-3826-4
2009年10月

32开　300页　38.00元

内容提要：本书是作者原创的长篇纪实小说。素材来源于原伊克昭盟盟七旗一县1985—2000年所发生的颇具影响的、令人震惊的大案、要案、难案、疑案、凶案和惨案。作者将收集筛选出来的案件，通过虚构和描绘，将每一起案件的来龙去脉、事由情节、发生发展的过程以小说的形式记录下来，并剖析了不同嫌犯由贪婪到凶残的不同犯罪心理，为惩鉴和预防青少年犯罪提供了极好的反面教材。（其利格尔）

帆影

樊晓东　著
内蒙古人民出版社
ISBN 978-7-204-09436-3
2010年4月
32开　254页　34.00元

内容提要：本书包括情感在线、爱已成歌、世情诗话三辑内容。（其利格尔）

风骨篇

鲁德重　著
新华出版社
ISBN 7-5011-5843-6
2002年10月
32开　306页　20.00元

内容提要：本书共收杂文103篇，分四辑，旨在揭露与抨击腐败、封建思想，批评文艺界的不良倾向。（库布其）

风景这边独好

齐凤元、石生岐等　编
远方出版社
ISBN 7-80595-041-5
1993年12月
32开　245页　6.00元

内容提要：本书是一部散文、报告文学集，收录了伊克昭盟文艺工作者、新闻工作者发表于《鄂尔多斯日报》文艺副刊《牧笛》及专刊《可爱的鄂尔多斯》上的70篇作品。（库布其）

风生水起

秦文茂　著
内蒙古人民出版社
ISBN 978-7-204-10303-4
2010年1月
16开　280页　28.00元

内容提要：本书主要讲述了新上任的县长对果树湾村干部们的贪污腐败行为亮剑，从此掀开了建设社会主义新农村的新篇章。（荷梅）

风雪扎萨克

莫·哈斯巴干　著
华文出版社
ISBN 978-7-5075-3017-9
2010年5月
16开　303页　20.00元

内容提要：本书是一部革命历史题材的小说集，主要收录了长篇小说《风雪扎萨克》，中短篇小说《美丽的T》《野马》《枣树梁》《布达尔亥梁》等

小说。(库布其)

风雨伊东：揭秘鄂尔多斯能源发展变局

朱日岭 著
人民日报出版社
ISBN 978-7-5115-3619-8
2016年3月
16开 336页 48.00元

内容提要：本书共分变革从阵痛开始、生存、最艰难的日子、成长、与时代同步、发展、转型进行时、跨越、大集团战略、未来，已然站在变革的风口五部分，以伊东集团为蓝本，描写了民营企业在过去30年里抓住中国经济飞速发展的机遇，最终发展成为中国500强企业的风雨故事。(荷梅)

风中歌谣

王建中 著、摄影
作家出版社
ISBN 7-5063-1630-7
2002年6月
16开 225页 38.00元

内容提要：本书是作者的小说作品集，以乡村题材为主。(其利格尔)

风俗风情

王建中 主编
山西人民出版社
ISBN 978-7-203-10324-0
2018年2月
16开 308页 248.00元

内容提要："漫瀚"是蒙汉的谐音，是北方多民族融合过程中诞生的富有地域特色的文化现象。本书集中展现了内蒙古自治区鄂尔多斯市准格尔旗当地的风俗风情，从蒙古族传统饮食、服饰、住所、节日到生产生活方式，作者用充满情感的文字描绘出既有历史厚重感，又有时代感的漫瀚地区风土人情。它属于漫瀚文化中十分重要的一部分。(荷梅)

风习娱游

王建中 编著
山西人民出版社
ISBN 978-7-203-10328-8
2018年2月
16开 244页 186.00元

内容提要："漫瀚"是蒙汉的谐音，是北方多民族融合过程中诞生的富有地域特色的文化现象。本书集中展现了内蒙古自治区鄂尔多斯市准格尔旗当地的乡野玩乐，作者用充满情感的文字描绘出既有历史厚重感，又有时代感的漫瀚地区风土人情。它属于漫瀚文化中十分重要的一部分。(荷梅)

烽火美人

张秉毅 著
复旦大学出版社
ISBN 978-7-309-14433-8
2019年8月
32开 174页 35.00元

内容提要：本书是一部描写抗日战争的长篇小说，内容分为青山、平川、

大河三部分。（荷梅）

抚摸岁月

乔明芳　著
远方出版社
ISBN 7-80595-706-1
2009年12月
32开　368页　19.00元

内容提要：本书收录作者从1990年开始创作的160多篇散文和诗，分为岁月的痕迹、年轻的思绪、心灵的吟唱三辑。（其利格尔）

负重的双翼——当今教育之反思

苏怀亮　著
新华出版社
ISBN 7-5011-5843-6
2002年10月
32开　255页　25.00元

内容提要：本书是一部有关教育问题的散文集，思考和总结了教育事业的经验和存在的问题。（库布其）

放飞的高原

齐剑君　著
内蒙古人民出版社
ISBN 978-7-204-15871-3
2019年9月
16开　265页　40.50元

内容提要：本书是以梅生祥的成长经历为主线的长篇小说，着力描写高原市随着国家放开了煤炭调控政策，迎来了大开发、大建设、大发展的春天，展示了一幕幕令人陶醉让人心动的精彩大片，演绎了一个个淘金追梦者的造富神话。（荷梅）

敢问库布其

马玉明、吕荣　著
远方出版社
ISBN 978-7-5555-0208-1
2014年7月
16开　347页　48.00元

内容提要：本书是一部科学报告文学，通过采写的方式讲述库布其沙漠治理，记述了参与沙漠治理的大批模范人物和企业，歌颂了他们坚忍不拔的治沙精神，探索了内蒙古的治沙之路。（其利格尔）

感受武汉

汪支平　著
内蒙古人民出版社
ISBN 7-204-05614-0
2001年5月
32开　190页　11.00元

内容提要：本书为作者在武汉挂职锻炼期间撰写的随笔、札记合集，分为收获篇、武汉篇、江岸篇、诗歌篇四辑。（荷梅）

感悟平凡

贾埃厚　著
中华文献出版社
ISBN 962-870-125-8
2005年10月

32开　244页　28.00元

内容提要：本书共11辑，从岁月长河中的本土乡情、唯物哲理、警示箴言、赋诗偶得等不同侧面，流露出对平凡人、平凡事、平凡生活精心解读后的情愫。（其利格尔）

高原　高歌　高人

韩雄亮　著

内蒙古人民出版社

ISBN 7-204-03017-6

1995年12月

32开　226页　13.80元

内容提要：本书是一部讴歌杭锦旗人创业史的报告文学集，共34篇，分为风流人物录、高原大合唱两辑。（库布其）

高原的星空——鄂尔多斯优秀科技人才风采录

赵峰　主编

内蒙古科学技术出版社

ISBN 978-7-5380-3222-2

2020年6月

16开　203页　36.00元

内容提要：本书以记录鄂尔多斯优秀科技人才的故事为主，展现了27位获得国家级奖项或奖励的科技工作者的光辉形象。（其利格尔）

高原美韵

王振荣　著

内蒙古人民出版社

ISBN 7-204-05204-8

2002年4月

32开　288页　20.00元

内容提要：本书分为心旅展痕、高原美韵、异域采风三部分。（荷梅）

高原青枫

王万里　著

作家出版社

ISBN 978-7-5063-7065-3

2013年9月

16开　251页　40.00元

内容提要：本书为作者的诗集，共收录其创作的诗歌作品119首，分为骨肉里的村庄、时光的背影、旋转的世界、嫩绿的阳光、悠扬的牧歌五辑。（荷梅）

高原舞巨龙

康明英　主编

作家出版社

ISBN 978-7-5063-3826-4

2013年6月

16开　228页　29.80元

内容提要：本书收录作者发表于刊物和报纸上的关于鄂尔多斯地方铁路的文章，辑录东乌、三新铁路公司的年终总结，挑选准东（一期）、东乌、三新等铁路的图片。内容分为准东铁路建设、东乌铁路建设、三新铁路建设、铁路建设管理相关论文、东乌铁路管理年终总结摘要、三新铁路管理年终总结摘要六个章节。（荷梅）

孤岛

肖亦农　著
作家出版社
ISBN 978-7-5063-5379-3
2010年5月
16开　264页　380.00元

内容提要：本书为《肖亦农文集》之一，收录了《孤岛》《河路汉子》《同路人》《红蜻蜓》《山间轶事》《父亲的辉煌》等十多部中、短篇小说作品。（荷梅）

古风今韵

穆向阳　著
内蒙古人民出版社
ISBN 7-204-02861-9
1995年8月
32开　119页　5.90元

内容提要：本书是一部诗集，作品多是对改革开放以来沙园新面貌的赞美，对新人、新景、新鲜事物的讴歌。（其利格尔）

古人不见今时月

张秉毅　主编
张雪妮　著
《鄂尔多斯》（月刊）杂志社
CN15-1037
2015年3月
32开　171页

内容提要：本书是一部小说、电影文学剧本集。小说部分有《相思树》《鱼非鱼》，电影文学剧本部分有《归玉门》《离歌》。（其利格尔）

古塬新韵

王守城　主编
准格尔煤炭工业公司党委宣传部　编
1996年9月
32开　221页

内容提要：本资料记录了准格尔煤炭工业公司项目建设一期工程2000多个日夜的战斗场景和6年的光辉历程，共收入25篇作品。（其利格尔）

挂在树上的银幕

张秉毅　著
内蒙古人民出版社
ISBN 978-7-204-15863-8
2019年3月
16开　336页　43.50元

内容提要：本书是一部电影文学剧本选集，收录七部剧作。剧作内容有历史题材、有现实题材，主要描写了发生在鄂尔多斯的故事。（荷梅）

管见集

罗成懋　著
内蒙古人民出版社
ISBN 978-7-204-09592-6
2014年12月
16开　246页　33.00元

内容提要：本书为个人作品合集，内容包括散文、通讯、工作研究、调研报告等，分为故乡情结篇、教学心得篇、教育园丁篇、社教扶贫篇、督查探

索篇、督查调研篇、趣闻逸事篇七个部分。（库布其）

郭氏蒙古通

郭雨桥 著
作家出版社
ISBN 978-7-5063-1737-5
1999年8月
32开 536页 25.00元

内容提要：本书内容包括去发宴、婚礼宴、葬礼宴、节日、祭祀、居住、服饰、饮食、畜牧、狩猎、交通等蒙古族风俗。（荷梅）

哈布图哈萨尔的花苏力德

热德那班斯尔 整理
孛儿只斤·青克勒达来 译
内蒙古人民出版社
ISBN 978-7-204-10858-9
2010年12月
32开 137页 20.00元

内容提要：本书内容分为哈布图哈萨尔传略及其花苏力德的来历、花苏力德的形状及祭祀供奉之礼节、有关花苏力德的传统文化、有关花苏力德的忌讳、有关花苏力德所属的敖包和与其有关的供奉、复苏复祭的花苏力德、有关花苏力德的公文及采访记九个章节。（荷梅）

瀚海凭栏——郝诚之作品集

郝诚之 著
内蒙古人民出版社
ISBN 7-204-07008-9
2003年11月
32开 725页 48.00元

内容提要：本书是由作者近40载塞外生活的调研成果汇集而成的，既是作者对人生历程的回顾，也是对文字美感的追求。全书分六个部分，即求索写意、草原沉思、文化寻根、名人跟踪、科普随笔、大漠访谈。（其利格尔）

杭锦漫话

吕宝柱 著
内蒙古人民出版社
ISBN 978-7-204-16242-0
2019年12月
16开 230页 40.00元

内容提要：本书是一部散文集，收录了《杭锦旗印象》《沿河公路平又平》《变化中的家乡》《牧区生活》《穿沙公路》《蒙古族文化的独特风景——玛尼宏》等90多篇散文。（荷梅）

杭锦民歌

白世宽 搜集整理
杭锦旗业余文联 编
1985年4月
32开 113页

内容提要：本资料为献给内蒙古自治区成立40周年而编，收录了《山曲儿头》《甜美的日子开了头》《计划生育就是好》《要说我不想你》《劝你快把心放宽》等民歌。（荷梅）

何以奔流

王建中 著

内蒙古人民出版社

ISBN 978-7-204-16199-7

2019年6月

16开 356页 44.00元

内容提要：本书内容分为用月色畜草、子在川上、一册山河、向人间借一盘雪、白云煮雨五个专辑。（荷梅）

河套往事

武洲 著

内蒙古人民出版社

ISBN 978-7-204-15689-4

2019年9月

16开 296页 41.50元

内容提要：本书共收录22篇小说，讲述了发生在大河套地区的事。所收小说既可单独成篇，又可视为系列长篇。（荷梅）

河韵

曹俊清 著

内蒙古人民出版社

ISBN 978-7-204-15865-2

2019年6月

16开 238页 39.50元

内容提要：本书是一部诗集，分为三辑。第一辑为思考的芦苇，用诗的语言阐述生活中的点滴发现，字里行间隐含着人生感悟、哲理思考以及积极的人生态度。第二辑为大自然的孩子，即游历中的所见、所思、所感。第三辑为灵魂的印迹，描述亲情、爱情、乡情，以及诗人对自身灵魂的发现和挖掘。（荷梅）

河套地下革命斗争回忆录

张宇 主编

远方出版社

ISBN 978-7-80723-569-9

2011年6月

32开 520页 35.00元

内容提要：本书收录了42篇回忆文章，多是当年参与河套地区地下斗争的亲历者忆述。本书旨在系统有序地集中记载当年党在河套开展地下斗争的史实，反映当年地下革命斗争的状况，深切缅怀在地下斗争中献出生命的革命先烈和已经辞世的参加过河套地下斗争的革命前辈。（荷梅）

贺希格巴图诗集

葛云鹏 翻译

策·哈斯毕力格 搜集整理加注

哈·丹毕扎拉森 校订

内蒙古教育出版社

ISBN 7-5311-5237-1

2003年11月

32开 288页 22.00元

内容提要：本书收录了《高高的蓝天》《双马并驰》《会唱歌的雏鸟》《乌审旗的独贵龙》《呈席尼喇嘛的一首诗》等50多首诗。（荷梅）

贺政民小说选

贺政民　著

作家出版社

ISBN 978-7-5063-7846-8

2015年2月

16开　405页　38.00元

内容提要：本书分长篇小说、中篇小说、短篇小说三个部分，收录了作者的小说作品。（其利格尔）

贺政民自选集

贺政民　著

内蒙古人民出版社

ISBN 978-7-204-05562-4

2002年3月

32开　392页　30.00元

内容提要：本书收录有《北方寡妇》《黄河风景》《观泰山日出》《思想的企业与企业的思想》等小说、散文、诗词、理论文章等。（荷梅）

黑界地

肖亦农　著

百花文艺出版社

ISBN 7-5306-2291-9

1996年8月

32开　366页　16.00元

内容提要：本书是一部描绘黑界地面上的生活的长篇小说。主角是以金老万为首的一群忠诚的农民，他们试图通过非法种植来改变生活，却遭到垦局、洋人的压迫和利用。在经历一系列的欺辱后，他们意识到了尊严和生活受到威胁，于是发起了坚决的反抗。最终，黄河水洗刷了黑界地面。（荷梅）

红橄榄

肖亦农　著

作家出版社

ISBN 978-7-5063-0303-5

1989年11月

32开　344页　4.10元

内容提要：本书收录《红橄榄》《孤岛》《残阳》《赵"精巴"的精巴事》《丹丹》《同路人》等小说。（荷梅）

红柳河

哈斯乌拉　主编

中国文联出版社

ISBN 7-5050-3337-X

2000年7月

32开　286页　19.50元

内容提要：本书选编了1980—2000年在鄂托克前旗工作、学习、生活或鄂托克前旗籍的创作者的诗歌、散文、小说等作品。（其利格尔）

话说准格尔

准格尔旗史志编纂委员会办公室　编

2003年8月

16开　531页　100.00元

内容提要：本资料是一部汇集该地区政治、经济、文化、教育、人文等方面史实的著作，全面而生动地展现了准格尔旗先辈们艰苦拼搏的经历以及社会

各方面发展的脉络。（荷梅）

黄河儿女

贺政民　著
内蒙古人民出版社
10089·128
1978年3月
32开　1.10元

内容提要：本书是一部长篇小说，以黄河岸边杨柳大队两个阶段、两条道路、两条路线尖锐激烈的斗争为缩影，通过曲折生动的故事情节、栩栩如生的人物形象、幽默风趣的语言描述，深刻地反映了这一时代背景下的矛盾和斗争，展现了英雄的黄河儿女波澜壮阔的战斗生活画卷，热情地歌颂了无产阶级革命路线的伟大胜利。（荷梅）

黄河浪花

梁仓　著
远方出版社
ISBN 7-80595-706-1
2006年7月
32开　224页　25.80元

内容提要：本书内容分为行者抒怀、黄河浪花、工作感悟三辑。（荷梅）

黄河情怀

梁仓　著
远方出版社
2010年1月
16开　242页　40.00元

内容提要：《黄河情怀》主要讲述了作者参加治黄工作40年来的经历与收获，以及从事领导工作的认识和思考。（荷梅）

黄河在咆哮——抗战中的鄂尔多斯

袁志忠　编著
内蒙古人民出版社
ISBN 978-7-80130-929-4
2005年8月
32开　285页　29.80元

内容提要：本书是为了纪念中国人民抗日战争暨世界反法西斯战争胜利60周年而编，记述了全民族抗战时期鄂尔多斯地区的抗日斗争。（荷梅）

灰腾梁

肖亦农　著
作家出版社
ISBN 7-5063-5379-3
2010年5月
32开　280页　380.00元

内容提要：本书为作者的小说集，收录了《灰腾梁》《失落在河谷的爱》《浪漫黄昏》《秋之惑》《秋风萧瑟，春风也萧瑟》《漂泊》《双四老汉的爱情、死亡及其他》七篇小说。（荷梅）

回旋与奏鸣

默然　著
辽宁民族出版社
ISBN 978-7-80527-291-7
1992年12月

32开　312页　6.50元

内容提要：本书是一部报告文学集，分为重铸辉煌、北方星空、时代雕像三辑，反映了鄂尔多斯高原在改革开放的大潮中的新人、新事。（库布其）

魂牵梦绕的草原

于新芳等　主编

中共鄂托克前旗委员会、鄂托克前旗人民政府　编

内新图准字〔2008〕47号

2008年7月

32开　420页　68.00元

内容提要：本资料收入作者在鄂托克前旗插队时的回忆文章，由回忆文稿、历史图片和附录三部分组成。（荷梅）

火的蒎

张冷习　著

《鄂尔多斯》杂志社

ISSN 1008-5203

2011年8月

16开　269页　35.00元

内容提要：本刊是一部散文诗集，分为动物家园篇、十二生肖图篇、远去的驿站、对剑当歌、奔跑的火焰、高天厚土、肌肤上的褶纹、蒙古风情八个部分。（嘎拉贝日汗）

魂兮归来

李美霞　著

内蒙古人民出版社

ISBN 978-7-204-15864-5

2019年12月

16开　303页　42.00元

内容提要：本书收录了作者创作的6篇中篇小说和2篇短篇小说，内容涵盖乡村故事、爱情故事、创业故事、生态故事和官场故事。（荷梅）

欢乐的鄂尔多斯婚礼

白歌乐　译著

内蒙古人民出版社

ISBN 978-7-204-11189-3

2011年11月

32开　144页　210.00元

内容提要：本书记录了鄂尔多斯婚礼的民族特色、浓郁的生活气息、悠扬的歌舞形式和热烈隆重的场面，对研究蒙古族民俗文化具有很高的参考价值。（库布其）

洁白的珍珠

赛音吉日嘎拉、哈斯其伦　搜集整理

乌云格日勒、孟克　译

内蒙古人民出版社

ISBN 978-7-204-10858-9

2010年12月

32开　448页　20.00元

内容提要：本书记述了蒙古族的传说和故事，包括地名传说、传说故事、动物故事、幽默故事、老故事等。（库布其）

记忆的碎片

苏良 著

暨南大学出版社

ISBN 978-7-5668-2129-4

2017年6月

32开 188页 29.80元

内容提要：本书是一部笔记类文集，主要取材于鄂尔多斯市伊金霍洛旗，反映了当地的地域文化。（其利格尔）

见证（1992—2012）

裴永锋 主编

《见证》编纂委员会 编

16开 220页

内容提要：本资料选编有关达拉特旗委、旗政府工作和全旗经济社会发展过程中的重大事件报道。（荷梅）

见证——伊克昭盟老领导访谈录

奇·朝鲁 主编

内蒙古人民出版社

ISBN 978-7-204-13939-2

2016年1月

16开 356页 68.00元

内容提要：本书汇编伊克昭盟老领导的访谈和回忆录等，内容分为访谈录、回忆录、附录三个部分。（荷梅）

见证者录（1992—2012）

裴永锋 主编

《见证》编纂委员会 编

16开 87页

内容提要：本资料收录了70名在达拉特报社工作过的人编写的文章、作品。（荷梅）

健康预报

王文明 编著

内蒙古人民出版社

ISBN 978-7-204-09436-3

2010年6月

32开 282页 40.00元

内容提要：本书荟萃了众多名医预防与保健的养生之道、健康之道、长寿之道，介绍了各种疾病发生的早期信号及预防疾病的知识，告诉人们注重讲好心理卫生的重要性，学会了解及注意自己的身体变化，增强应对和解决各种健康问题的能力。（其利格尔）

接待处长日记（1990—2012）

敖特更·格日勒 著

中国青年出版社

ISBN 978-7-5153-1140-1

2012年10月

16开 321页 38.00元

内容提要：本书筛选极具典型性的150余篇工作日记，抓住公务接待这一敏感问题，以第一人称的视角记录了我国公务接待活动20年来的不断发展和完善，探讨了存在的问题和改革的必要性。（荷梅）

金石梦

赵咏峰 著

内蒙古科学技术出版社

ISBN 7-5380-0809-8

2000年10月

32开　161页　22.00元

内容提要：本书记录了模范人物张双旺的创业历程，分出身贫寒、半世坎坷，维艰创业、勇谋发迹，超人本色、再造辉煌，趁势上市、业界称王，伊煤经验、内涵几何，高尚人格、魅力无穷，张氏学说、引人注目七个部分。（其利格尔）

经典诵读

张雪峰　主编

2014年2月

32开　325页

内容提要：本书汇编《三字经》《增广贤文》等书的经典名句，并进行翻译和解读。（其利格尔）

经历

武杜平　著

16开　420页

内容提要：本书以日记的形式展现了作者的人生历程，由写在前面的话、我的小传和感言、知青日记、工作记事、亲情记忆、后记六个部分构成。（其利格尔）

精美情诗100首

王振荣　著

内蒙古人民出版社

ISBN 978-7-204-09592-6

2008年6月

32开　124页　25.00元

内容提要：本书收录了《假如你还爱着我》《假如我们没有相遇》《只有你一朵花在绽放》《你是一条河流》《有一种缘分叫回眸》等100首情诗。（荷梅）

警世格言集

刘志全　著

内蒙古人民出版社

ISBN 7-204-05006-1

2000年1月

32开　127页　26.80元

内容提要：本书共三册。第一册汇集关于人生的格言，第二册汇集关于社会的格言，第三册汇集关于家庭的格言。（库布其）

旧乡

张秉毅　著

远方出版社

ISBN 7-80595-327-9

1997年4月

32开　228页　16.80元

内容提要：本书是作者的小说选集，包括《旧乡》《黄土高坡》《雷阵雨》《老土》《童谣》《远天远地》等十多篇小说。（荷梅）

今月曾经照古人

张雪妮　著

内蒙古人民出版社

ISBN 978-7-204-16247-5

2019年12月

16开　226页　39.00元

内容提要：本书是一部中短篇小说集，共10篇作品，包括3篇现实题材作品和7篇历史类小说。（荷梅）

康润清诗词集

康润清　著

远方出版社

ISBN 7-80595-965-X

2005年12月

24开　157页　96.00元

内容提要：本书是作者的格律诗词集，包括记游咏怀、鄂尔多斯吟、盛世心声、咏物寄意、多彩人生、友人唱和六个部分。（库布其）

康润清诗选

康润清　著

作家出版社

ISBN 978-7-5063-7841-3

2015年2月

16开　367页　38.00元

内容提要：本书分情系山河、鄂尔多斯吟哦、国是心波、闲情野趣、良师益友、酬唱交游六个部分，收录了作者的七绝七律、五律五绝诗。（其利格尔）

苦乐人生

高玉魁　著

东胜区文联　编

15-024/C

2006年7月

32开　366页　28.80元

内容提要：本书是自传体文学，是高玉魁同志工作、生活的精彩片段及对亲人经历的真实写照。全书共分六章，记述了高玉魁同志高风亮节的一生。（库布其）

库布其沙梦

亦农　著

五洲传播出版社

ISBN 978-7-5085-2929-5

2014年12月

16开　193页　56.00元

内容提要：本书中讲述了亿利资源集团7000多位治沙人，面对大自然最严峻的考验，治理库布其沙漠，植树种草发展沙漠生态产业的艰辛历程。王文彪带领亿利人，把原来寸草不生、沙尘肆虐的漫漫荒漠，变成了现在碧草丰美、湖光旖旎、"风吹草低见牛羊"的沙漠绿洲沃土。（荷梅）

快乐老年

袁志发　著

光明日报出版社

ISBN 978-7-80206-229-0

2006年5月

16开　456页　46.00元

内容提要：本书内容分为老年与事业篇、健康与快乐篇、养生与养心篇、家庭与生活篇、情感与性格篇、友谊与知人篇、回忆与思考篇、晚节与情操

篇、感悟与忠告篇。（荷梅）

老科协论文选

乌审旗老科学技术工作者协会　编著
榆林报社印刷
2007年10月
32开　384页

内容提要：本书为乌审旗老科学技术工作者论文选，收录了乌审旗老科学技术工作者的十多篇论文。（荷梅）

老王说文

王新刚　著
中国文史出版社
ISBN 978-7-5034-3928-5
2013年4月
16开　341页　59.00元

内容提要：本书是作者长期从事秘书工作所著文章的集子，分五个部分：第一部分是关于鄂尔多斯秘书学会会员论文和全市行政公文评选的点评文章，第二部分是关于学会工作的文章，第三部分是作者在各类报刊上发表的论文，第四部分为随笔类小品文，第五部分是《鄂尔多斯文秘》2003—2012年各期卷首语。（其利格尔）

烙印——南京知青与鄂尔多斯

刘蔚林　编撰
内蒙古鄂托克前旗
2008年8月
16开　591页

内容提要：本资料分为大背景下的大行动、大草原上的大激情、大趋势下的大返城、大距离间的大真情、大运动后的大反思五个章节，反映了南京知青在鄂尔多斯支边的全过程以及南京知青与草原人民结下的特殊情谊，具有一定的史料价值。（其利格尔）

李凤钢书画作品集

唐华伟　主编
中国民族摄影艺术出版社
ISBN 978-7-80069-807-1
2007年10月
16开　80页　88.00元

内容提要：本书是李凤钢先生的书画作品，既体现了他深厚的传统书画功底，又展示了其独特的艺术创新。（荷梅）

流浪的云霓

尚贵荣　著
内蒙古人民出版社
ISBN 7-204-00496-5
1989年3月
32开　284页　2.40元

内容提要：本书是一部散文集，分四辑，收录《鄂尔多斯，神奇的土地》《察汗淖尔——一个并非杜撰的传说》《乞丐的哲学》《治沙老人》《萨拉乌素河》《关于酒的断章》等80多篇散文。（荷梅）

流失在三轮车上的岁月

其其格、乌·苏伊拉　主编
刘志成　著

内蒙古教育出版社
ISBN 978-7-5311-7674-9
2009年12月
32开　158页　15.00元

内容提要：本书是一部散文集，分为灵魂中的另一种疼痛、边地上的穿越、留在心园里的阳光、流失在三轮车上的岁月四个部分。（其利格尔）

流水的生活——一个鄂尔多斯普通人家的经历和见闻

乔志荣　著
作家出版社
ISBN 978-7-5063-3826-4
2008年12月
32开　394页　35.00元

内容提要：本书是一部个人文集，内容一是对家族的追怀和对父母的纪念，二是对作者在杭锦旗生活时段的记述，三是圆作者的写作梦想。（库布其）

流星集

王永雄　著
内蒙古人民出版社
ISBN 978-7-204-02137-6
2010年9月
16开　189页　30.00元

内容提要：本书是一部诗集，共收录200多首诗，分为短歌杂咏、江山多娇、诗苑闲题、史林漫笔等八辑。（库布其）

流星雨

王永雄、高建忠　著
内蒙古人民出版社
ISBN 978-7-204-11039-1
2011年8月
32开　129页　50.00元

内容提要：本书为二位作者的诗集，收录了王永雄的格律诗和高建忠的现代诗歌。（库布其）

六胡州——鄂托克前旗唐代历史研究论文集

高荣堂　编
线装书局
ISBN 978-7-5120-2039-9
2015年12月
32开　300页　48.00元

内容提要：本书收录了《六胡州古城址的发现及其环境意义》《康待彬起义初探》《论毛乌素沙漠形成与唐代六胡州土地利用关系》等有关"六胡州"的文章。所谓"六胡州"，是唐朝初年为安置归附的少数民族部众而设置的6个羁縻州的总称。（荷梅）

龙泉村

王建忠　著
内蒙古人民出版社
ISBN 978-7-204-10662-2
2010年9月
32开　209页　380.00元

内容提要：本书叙述了改革开放后，在建设社会主义新农村的大潮中，

一群养奶牛专业户从四面八方汇聚到一个民营企业兴建的养殖园区，依靠养殖致富的故事。（荷梅）

龙泉湾轶事

郝蕴光　著

内蒙古人民出版社

ISBN 978-7-204-11058-2

2011年8月

32开　320页　67.80元

内容提要：本书以自传形式回忆童年及青少年在龙泉湾成长过程中的生活往事，从平凡小事入手展开描写，充分展示了当时乡间孩子们天真烂漫、自由活泼的生活。（荷梅）

龙泉湾

郝蕴光　著

内蒙古人民出版社

ISBN 978-7-204-15866-9

2019年6月

16开　216页　38.00元

内容提要：本书是一部带有自传色彩的回忆性散文集。作者以自己童年时期的一段小镇生活经历为题材，勾勒、审视和解读了一群孩子的生活、学习、心理和情境。（荷梅）

龙山谣

李旺山　著

中国社会出版社

ISBN 978-7-5087-5705-6

2017年7月

32开　451页　32.00元

内容提要：本书以鄂尔多斯市乌审旗沿河公社大庙大队龙山小队为背景，通过对20世纪60—70年代回乡知识青年生活、学习、劳动等具体描绘，刻画了赵金山、李玉琴等回乡知识青年的形象。当改革大潮席卷大地的时候，他们人生最美好的时光虽已逝去，但他们凭着坚忍的意志，用自己的不懈努力谱写出一代人的壮美人生。（荷梅）

禄马追溯

曹纳木　整理

郭雨桥　译

内蒙古人民出版社

ISBN 978-7-204-10858-9

2010年12月

32开　295页　20.00元

内容提要：本书收录了《论"禄马"之不能当"风马"译》《禄马略考》《双杆禄马本事》《禄马飞腾》等70多篇文章。（嘎拉贝日汗）

裸坦的渴意

刘志成　著

内蒙古文化出版社

ISBN 978-7-80675-981-3

2012年3月

16开　412页　48.00元

内容提要：本书收录《怀念红狐》《裸坦的渴意》《露水河漂流》《沙柳蓊蓊在生命的高地上》《遥远的秃尾河》《祭奠白鸭》《灵魂中的另一种疼

痛》等作品。（库布其）

绿染大漠

强占华　著
远方出版社
ISBN 7-80595-936-6
2006年1月
32开　361页　38.00元

内容提要：本书是一部描写沙漠的长篇小说，讲述了以刘树为代表的英雄群体为了绿染大漠，英勇顽强斗风沙，生死离别不忘绿的英雄事迹，深刻而全面地展示了沙漠地区人民的精神风貌。（其利格尔）

露珠·绿叶·泥土的情怀

任俊祥　著
内蒙古人民出版社
ISBN 978-7-204-15867-6
2019年6月
16开　188页　37.50元

内容提要：本书是作者的诗歌作品集，分为大地的恩情、情感的花园、亲情的绽放、绿叶的怀念、美丽的家园、露珠的叹息、生命的短笛、泥土的情怀等部分，表达了作者对花朵，对大自然的爱情有独钟，对美好生活充满无限的向往。（荷梅）

麻山通婚考

甫澜涛　著
内蒙古人民出版社
ISBN 978-7-204-15672-6
2019年6月
16开　285页　41.00元

内容提要：本书收录了《紫山岚峡谷》《两代人的歌声》《别了，古道牛车》《麻山通婚考》《船女》《值班羊羯西》《五保哈拉沁》等17篇短篇小说。（荷梅）

马兰诗集

郭彦星　著
内蒙古人民出版社
ISBN 978-7-204-16160-7
2019年12月
16开　219页　38.00元

内容提要：本书是一部诗集，收录了敖晨、十九、高娃、赛罕塔拉、苏怀亮等鄂尔多斯市60多名现代诗人的代表作，旨在为诗人间的相互学习和交流、为诗歌爱好者提供学习和比较的诗歌文本。（荷梅）

马兰花开——师生文集

刘建国、张芝　主编
北京师范大学鄂尔多斯附属学校
16开　128页

内容提要：本资料收录了北京师范大学鄂尔多斯附属学校小学、初中、高中教师和学生的作文。（其利格尔）

满巴扎仓

阿云嘎　著
哈森　译
重庆出版社

ISBN 978-7-229-07537-8
2014年9月
16开　276页　32.00元

内容提要：本书是一部长篇小说，故事背景设定在元末明初，讲述了元上都被烧毁后，一部珍贵的蒙医药典被从大火中抢救出来，并最终被保管在鄂尔多斯北部的满巴扎仓。小说的主线围绕着寻找这部药典展开，通过几股势力不择手段地争夺药典的线索，推动情节发展。小说中成功塑造了扎仓堪布、楚勒德木、金巴等富于智慧、不畏牺牲的人物形象。（荷梅）

漫瀚史话

王建中　主编
山西人民出版社
ISBN 978-7-203-10323-3
2018年2月
16开　192.00元

内容提要：本书搜集、记录了准格尔旗的历史文化、各民族风土人情和蒙汉人民用漫瀚调创作的文艺作品。（荷梅）

玫瑰河

何明亮　著
中国文联出版社
ISBN 7-5059-3337-X
1999年
32开　171页　12.00元

内容提要：本书汇集作者自选诗作88首，分为爱情花雨、大地行吟、从天而颂、世纪之星、雾里花影五辑。（其利格尔）

玫瑰树

刘虾　著
内蒙古人民出版社
ISBN 978-7-204-15686-3
2019年6月
16开　309页　42.00元

内容提要：本书以抚养同母异父的孤儿弟弟而失学的少女安易为核心人物，讲述一个家族几代人的爱恨情仇与悲欢离合。（荷梅）

民风中的鄂尔多斯

刘志成　著
内蒙古人民出版社
ISBN 978-7-204-16161-4
2019年12月
16开　200页　38.00元

内容提要：本书是作者从2009年以来，潜心研究鄂尔多斯蒙古族民情风俗八年，六次在乌审旗、鄂托克前旗、鄂托克旗、伊金霍洛旗等蒙古族聚居地体验生活，四易其稿而创作的散文集。（荷梅）

毛乌素绿色传奇

肖亦农　著
远方出版社
ISBN 978-7-80723-677-1
2012年3月
16开　272页　28.00元

内容提要：本书分为"苍鹰盘绕的

灰沙梁呀，那是我的家乡""毛乌素沙漠，一片远去的云""青色雾霭笼罩的远方啊，那是牧人的梦想""草原上最诱人的花香，是那五月开放的玫瑰""骏马似箭掠过草浪，高亢的嘶鸣留在路上"五章。（荷梅）

煤都破晓

全秉荣、尚一波等　著
中国卓越出版公司
ISBN 7-80071-285-0
1990年10月
32开　193页　3.85元

内容提要：本书收录了《打破万古荒寂》《包神线之歌》《乌兰木伦交响曲》《大煤田的呼唤》《煤海先声》等文章。（荷梅）

蒙古族禁忌汇编

曹纳木等　编辑整理
莫·呼和乎　译
白歌乐　审
内蒙古人民出版社
ISBN 978-7-204-11189-3
2011年11月
32开　206页　210.00元

内容提要：本书收录蒙古族有关吃穿行住、生产、人生、宗教信仰、祭祀祭奠等忌讳方面内容。（荷梅）

蒙古族故事家朝格日布故事集

白音其木格、策·哈斯毕力格图　搜集整理
乌云格日勒　译
内蒙古人民出版社
ISBN 978-7-204-11789-5
2012年8月
32开　460页　36.00元

内容提要：本书里收集的朝格日乐扎布故事来源多元、内容丰富、题材多样、结构独特。故事分为动物故事、魔法故事、生活故事、幽默与笑话以及民间故事五个部分，收录超过七十则故事。（荷梅）

蒙古源流

萨囊彻辰　原著
子强、甄达真　译
内蒙古人民出版社
ISBN 7-204-06518-2
2004年4月
32开　204页　14.00元

内容提要：全书以编年体的形式，回溯了蒙古部落的兴起以及成吉思汗王权的发源，同时将额讷特克、吐蕃特等诸王的世系也纳入讨论，接着阐述了蒙古、元、北元直至清初蒙古的历史文化以及佛教的传播。书中详细记录了蒙古、元、北元历代大汗的历史，其中北元蒙古部封建主的纷争占据了全书的半数内容。对于北元达延可汗巴图蒙克和阿拉坦汗时期的政治、经济、宗教以及领土划分、各部战争和可汗的世系、称号、生卒年以及人名、地名、官职等的描述，在所有蒙古史的文献中，这部书是最为详尽的。此外，书中还收录了大

量的蒙古民间故事、诗歌以及藏、梵、汉、满等民族的语言资料。（嘎拉贝日汗）

蒙古源流

  萨冈彻辰　著
  包额尔德木图、乌仁塔娜　译
  内蒙古人民出版社
  ISBN 978-7-2041-6104-1
  2020年4月
  16开　252页　64.00元
  内容提要：本书是一部成书于17世纪的蒙古编年史，上溯蒙古部落的崛起及成吉思汗王统的起源，并与额讷特克、吐蕃特诸王世系联系到一起，下述蒙古、元、北元至清初蒙古的历史文化及佛教传播，历述历代蒙古大汗的史记，其中有关北元蒙古各部封建主纷争的内容占全书之半。书中对北元达延可汗巴图蒙克及阿拉坦汗时期政治、经济、宗教以及领地划分、各部战争和诸可汗世次、名号、生卒年及人地诸名、职官等记载详细。书中还收录了很多蒙古族民间传说、诗歌及藏、梵、汉、满等语言资料。（其利格尔）

蒙汉植物名称

  奇·金锁、浩日勒玛　编
  内蒙古人民出版社
  ISBN 7-204-06830-0
  2003年12月
  32开　230页　20.00元
  内容提要：本书用蒙汉两种文字记录植物名称、生长环境、生长条件、作用等。（库布其）

名人养生格言

  吴凤海　著
  内蒙古人民出版社
  ISBN 7-204-05350-8
  2003年5月
  32开　243页　28.00元
  内容提要：本书汇集了古今中外关于健康养生的名言妙语和警句格言，分为健康篇、运动篇、情绪篇、饮食篇、心理卫生篇、睡眠篇、药物篇、长寿篇、预防篇九个部分。（其利格尔）

漠南诗影集

  汪支平　著
  远方出版社
  ISBN 978-7-80595-855-6
  2003年6月
  32开　168页　88.00元
  内容提要：本书收录了100余首诗歌，并配以风景图片，以此将乌审旗独特的风情展示给世人。全书分为感悟篇、风情篇、咏赞篇、情义篇、针砭篇、随笔篇五个篇章。（荷梅）

默念的少年

  宝上越　著
  九州出版社
  ISBN 978-7-5108-1100-5
  2011年12月
  32开　261页　25.00元

内容提要：本书是一篇长篇小说。主人公和越锡因中考取得优异成绩，就读于被公认为是"贵族中学"的当地第一家由民间资本成立的高标准中学，小说以他的见闻经历，铺展了一段鄂尔多斯经济成长初期的"小历史"。（嘎拉贝日汗）

木石村庄

苏怀亮 著

内蒙古人民出版社

ISBN 978-7-204-09436-3

2009年6月

32开 240页 35.80元

内容提要：本书分村里的营生、村里的能人、村里的道具三部分，用图文记录了作者所知道的和所经历的乡村生产、生活用具和生活场景。（其利格尔）

牧笔高原

郭雨桥 著

内蒙古教育出版社

ISBN 978-7-5311-7676-3

2009年12月

32开 155页 15.00元

内容提要：本书是作者的散文集，分为牧笔高原、草原美学、为狼说情、牧区忆吃、民俗笔记五个部分，共47篇散文。（荷梅）

牧笛文学作品精选（散文卷）

詹剑彬 主编

16开 270页

内容提要：本书精选了30多作家的近90篇优秀散文，忠实地记录了鄂尔多斯半个多世纪以来如火如荼的创业史和翻天覆地的变化，记录了鄂尔多斯人民团结拼搏的精神风貌和博大情怀。（嘎拉贝日汗）

牧业诗影

王君 著

作家出版社

ISBN 978-7-5063-3826-4

2008年3月

32开 256页 38.00元

内容提要：本书是作者的散文诗集，其作品兼有散文的风度和诗歌的质地，把精致、潇洒、灵动，充满奇异而瑰丽的美巧妙地结合在一起。（库布其）

纳林河春早

杨桓彪等 著

1995年10月

32开 171页 10.00元

内容提要：本书是散文合集，包括《纳林河春早》《公仆风采》《沙漠的味道》《无定河边柳》《大漠米丘林》等文章。（嘎拉贝日汗）

嫩绿的阳光

王万里 著

民族出版社

ISBN 978-7-1051-6211-6

2021年1月

16开　324页　108.00元

内容提要：本书是一本诗集，内容分六辑。"母亲坐在灯花里"这一辑，表达了作者对亲人深厚的感情，诗歌中的真挚情感和朴实的语言让人深受感动。"露珠滚动着时钟的清香"这一辑，作者对草原的热爱之情溢于言表。"秋风里的电波"这一辑，作者对生活中的各种事物进行了深度思考。"我只要一屋子光明"这一辑，作者展现了对弱势群体的关爱。"祖国在我血液里沸腾"这一辑，作者赞美了祖国的壮丽河山，并表达了对为祖国做出贡献的人们深深的敬意。"西藏游记：安详地坐在一粒雪花之中"这一辑，作者记录了他在西藏的经历和感悟，充满了深度的思考。（荷梅）

凝望时光

张明星　著

2018年9月

32开　197页

内容提要：本书是作者在鄂尔多斯工作和生活将近9年的心路历程的描写，既有对学生时代的深深怀念，也有对成陵岁月的不舍眷恋，更有从事统一战线工作后的深刻思考。（其利格尔）。

暖水长流

张国英　主编

伊克昭盟记者协会　编

内新图准字（90）第35号

1992年2月

32开　168页

内容提要：本资料分为暖水情（诗·散文）、暖水人（报告文学）两部分，其中包括文学性质的诗歌、散文，还有新闻性质的特写、通讯，赞美了党的农村政策，歌颂了暖水普通劳动者，是集思想性、新闻性、知识性、艺术性于一体的一本书。（其利格尔）

暖水镇

齐永平　著

内蒙古人民出版社

ISBN 978-7-204-15859-1

2019年12月

16开　260页　40.00元

内容提要：本书主要记述了鄂尔多斯高原东麓的丘陵沟壑山区的暖水镇里一群小人物演绎的人生故事。（荷梅）

爬山歌

何知文　收集整理

乌审旗文联　编

1986年12月

32开　167页

内容提要：本资料收集整理40首鄂尔多斯地区的爬山歌，分为三辑。（荷梅）

品味人生

王永诚、康明英　编纂

2019年10月

16开　278页

内容提要：本书选录作者2017年之

前创作的500余篇文章，涉及为人处世、修身养性、治家、经商、聚财智慧等内容。（荷梅）

铺路石子

刘杰　著
内蒙古人民出版社
ISBN 7-204-06518-2
2005年6月
32开　194页　25.80元

内容提要：本书是作者的散文集，分为雨丝风片、世象杂拾、艺学心语三辑。（其利格尔）

七角羊

娜仁高娃　著
作家出版社
ISBN 978-7-5212-0585-5
2019年9月
16开　208页　36.00元

内容提要：本书是作者的中短篇小说集。作者植根于人迹罕至的偏远沙窝子地，塑造了沉默寡言的青年巴岱、独自一人在沙漠深处过活的艾琳戈、年迈的阿云达玛额吉等人物，描写了他们的生存环境与生活状态。（荷梅）

七月雨

贺政民　著
内蒙古人民出版社
10089·322
1985年7月
32开　252页　1.10元

内容提要：本书是一部长篇小说，讲述了20世纪80年代北方农村实行土地联产承包责任制的故事。（荷梅）

青铜时代

王建中　主编
山西人民出版社
ISBN 978-7-203-10286-1
2017年3月
16开　448页　138.00元

内容提要：本书介绍了鄂尔多斯准格尔旗出土的青铜器。这些青铜器形制多样，典型造型、代表性器物、铸造工艺技术蕴含的文化背景、文化及历史意义，对了解我国青铜文化及北方游牧民族文化具一定史料价值。（荷梅）

青苹果园——师生作品集

李程春、李彩云　主编
鄂尔多斯东胜区一中　编
2006年5月
32开　178页

内容提要：本资料是鄂尔多斯东胜区一中语文教师的随笔和初一到高三学生的优秀习作选。（其利格尔）

青涩

杜奎、王默初　主编
北京师范大学鄂尔多斯附属学校　编
16开　215页

内容提要：本资料记录了北京师范大学鄂尔多斯附属学校2014届高三（2）班三年的学习生活，包括学生作文和学

校生活照。（其利格尔）

情系鄂尔多斯——南京知青插队鄂尔多斯50周年纪念图文集

南京插队鄂尔多斯知青　著
2018年8月
16开　464页　38.00元

内容提要：本资料是南京插队鄂尔多斯知青所作的回忆文集，有《我用一生来爱你》《知青饮食账》《坚强的爱》《奶茶炒米最香甜》等文章。（荷梅）

情系鄂尔多斯作文大赛获奖作文选

千阿木尔等　主编
内新图准字（92）第174号
1997年3月
32开

内容提要：本资料收录了东胜地区首届大中专、中小学生获奖作文。（荷梅）

情系黄土地

王振荣　著
张秉毅　编
香港溢华出版社
ISBN 962-549-006-X
1993年7月
32开　219页　4.50元

内容提要：本书选编了作者的散文、文艺通讯、报告文学等作品，分为高原揽胜、塞外风流两个部分，旨在展现鄂尔多斯大开发建设的辉煌时代。

（其利格尔）

情依大松树

甄达真　著
作家出版社
ISBN 978-7-5063-3826-4
2008年9月
32开　295页　16.00元

内容提要：本书是一部漫瀚调叙事长歌作品集。全书围绕千年古松，描写发生过的许多惊心动魄的斗争，展示主人翁的智慧和勇气，反映了他们追求生态和谐的理念，也反映了鄂尔多斯地区几百年的社会变迁。（其利格尔）

情与罪

哈斯布拉格　著
华文出版社
ISBN 978-7-5075-3017-9
2010年5月
16开　317页　120.00元

内容提要：本书是一部长篇小说，讲述了20世纪80年代发生在一个戈壁劳改农场的故事。小说塑造了乌泥图这个监狱负责人的形象，反映了监狱的改革，体现了人性化、文明化的劳教，填补了内蒙古法治文学的空白。（库布其）

情语

孙万祥　著
内蒙古人民出版社
ISBN 7-204-06518-2
2004年6月

32开　267页　18.00元

内容提要：本书是作者40多年来的笔记合集，突出了以"人"为中心，以"情"为依托，以"精"为宗旨，以"短"为见长，旨在向世人敞开心扉，思索如何为人处世。（其利格尔）

穹庐

肖亦农　著

作家出版社

ISBN 978-7-5212-0162-8

2018年12月

16开　432页　58.00元

内容提要：本书是一部长篇小说，全景式展示了蒙古民族中的布里亚特部落，在"十月革命"时期，历经八千里艰难征战，从西伯利亚回归祖国的故事。小说气势沉雄，波澜壮阔，民族地域特色鲜明，故事荡气回肠，元气淋漓，别开生面，令人震撼，实现了苍茫历史叙事与澎湃诗情表达、史的书写与思的呈现、写史与写人的三重融合，具有史诗性品质，写出了作家心中的历史、可感的历史、活的历史，满足了人们对于历史题材民族题材长篇小说创新的审美期待，将当代长篇小说写作提高到一个新的境界。（荷梅）

秋实集——《高原风》特刊

何知文　著

东胜区文联　编

《高原风》杂志社

15-024

2010年9月

32开　242页　30.00元

内容提要：本书由人物史记、随感留痕、诗草拾零、歌谣撷穗、附录五个部分构成。（其利格尔）

全秉荣散文选

全秉荣　著

作家出版社

ISBN 978-7-5063-7839-0

2015年11月

16开　448页　40.00元

内容提要：本书内容分为爱的漠流、牧笛轻吹、塞上风情、天籁回音、往事如诗、序跋书评六个部分，收录了120多篇散文。（其利格尔）

泉石庐诗集

孟金龙　著

江苏人民出版社

ISBN 978-7-214-24852-7

2020年9月

16开　216页　58.00元

内容提要：本书是当代文学诗集，由芬芳的流年，行走中的风月，随心往事，静默如花、心生禅雨四个部分构成。（其利格尔）

群众文化论文选

内蒙古伊盟群众文化学会　编

1987年12月

32开　95页

内容提要：本书共收入伊克昭盟群

众文化战线有关领导和业务人员关于群众文化的论文21篇。（嘎拉贝日汗）

人生的味道

杨生荣 著

2020年

32开 259页

内容提要：本书分为两部分内容。第一部分为人生杂谈，解读千百年来流传于世的警世之言，阐述为人处世之道，探讨人生的意义。第二部分为记忆碎片，是作者人生回忆的心路历程。（荷梅）

人文感赋——全秉荣诗词书画集

全秉荣 著

内蒙古人民出版社

ISBN 7-204-06184-5

2004年6月

16开 116页 110.00元

内容提要：本书是全秉荣诗词书画集，不仅展示了全秉荣先生的艺术成就，还为广大读者提供了一扇了解中国传统文化和艺术的窗口。通过阅读这本书，读者可以品味诗词的韵味，欣赏书法和绘画的美感，感受艺术家的人文情怀。（库布其）

人在岁时——节气·节日·生肖大观

苏怀亮 编著

内蒙古人民出版社

ISBN 978-7-204-09592-6

2009年6月

32开 325页 46.00元

内容提要：本书包括二十四节气、农业谚语、二十四节气与习俗、二十四节气诗词歌赋、二十四节气的故事传说、十二生肖、传统节日等内容。（库布其）

萨岗箴言

萨岗彻辰等 著

春蕾 译

内蒙古人民出版社

ISBN 978-7-204-10858-9

2010年12月

32开 226页 20.00元

内容提要：本书内容分为《萨岗箴言》《对〈萨岗箴言〉的补充及删除说明》《释解〈萨岗箴言〉三段诗》《〈蒙古源流〉结尾诗中的哲学思想》《〈蒙古源流〉著者思想剖析》《〈蒙古源流〉研究三题》等10篇文章。（库布其）

塞北云

傅金拴 著

远方出版社

ISBN 7-80723-186-6

2007年8月

32开 227页 35.00元

内容提要：本书是作者的散文集，分为生活情趣、凡人琐事、说长道短、名山秀水四个部分。（其利格尔）

塞外村歌

何知文 著

新华出版社

ISBN 7-5011-5843-6
2004年8月
32开　252页　25.00元
　　内容提要：本书是一部个人诗集，收入作者创作的1100余首新体诗。（其利格尔）

塞外牧歌——办场纪事
　　贾瑞鸿　著
北京艺术与科学电子出版社
ISBN 978-7-900722-72-0
2008年10月
32开　402页　35.00元
　　内容提要：本书是一部草原气息浓厚的文学作品集，主要根据作者在内蒙古锡林郭勒盟草原的工作经历改编而成，再现了20世纪年富力强的建设者们为祖国的建设群策群力的奉献精神。（荷梅）

塞外随笔
　　尚贵荣　著
远方出版社
ISBN 7-80595-706-1
2004年12月
32开　321页　32.80元
　　内容提要：本书是作者关于人生、社会和文学思考的文章，分为主编寄语、散文、关于文学创作的品论文字、一组序跋文字四辑。（其利格尔）

三叶风
　　何知文、艾厚国、杨虎祥　合著

作家出版社
ISBN 978-7-5063-3826-4
2009年7月
32开　451页　100.00元
　　内容提要：本书是一部民间传说故事集，收录了传说寓言故事、巴拉根仓传奇和伊金霍洛传奇故事。（其利格尔）

三只鸟风景
　　默然　著
内蒙古人民出版社
ISBN 7-204-00871-5
1989年12月
32开　237页　3.55元
　　内容提要：本书是作者的诗集，分为三只鸟风景、无主题变奏、虹与石头、高原构图四辑。（库布其）

森吉德玛与野情谣
　　郭雨桥　著
内蒙古教育出版社
ISBN 978-7-5311-3805-1
1999年12月
32开　344页　22.00元
　　内容提要：本书分三卷，收录了作者的散文、散文诗和童话寓言。（荷梅）

沙暴
　　布林　著
作家出版社
ISBN 7-5063-1630-7
1999年12月
32开　212页　16.00元

内容提要：本书是作者的小说作品集，共收入11部短篇小说。这些小说内容丰富，从不同层面对蒙古族历史与现实生活进行了生动描写，具有可感的生活质地，展示了历史的变迁和社会发展对人心与环境的影响。（库布其）

沙海明月

卢凤岐　著

内蒙古人民出版社

ISBN 7-204-01661-0

1991年12月

32开　176页　2.85元

内容提要：本书是作者的散文集，共收入35篇散文。这些散文或抒写家乡风情，或礼赞大漠绿色，或咏叹生活见闻，或速写故乡人物，都色彩轻淡，语言朴实，情思隽永，富于哲理，给人以思想的启迪和美的熏陶。（其利格尔）

沙漠著绿：王文彪治沙团队的故事

李炳银　主编

唐哲　著

希望出版社

ISBN 978-7-5379-7609-1

2017年6月

32开　253页　25.00元

内容提要：本书生动描述了王文彪带领自己的治沙团队，沿黄河南岸种树建起240多千米的防风固沙锁边防护林带，把寸草不生的沙漠变成生机盎然的绿洲，绿化面积6000多平方千米，并带动当地农牧民脱贫致富的真实故事。（荷梅）

山里人家

王建忠　著

内蒙古人民出版社

ISBN 978-7-204-12863-1

2014年5月

32开　280页　45.00元

内容提要：本书是一部长篇小说，分为大山之恋、老屋新春、山道弯弯、峰回路转、山乡巨变五个部分，刻画了三个境遇不同的家庭，三对性格迥异的夫妻，为了一个共同的愿景——改变山乡的落后面貌走到了一起，成为要好兄弟、好姐妹的故事。描写了山里人家在改革开放中的发展变化，歌颂了劳动人民淳朴善良、吃苦耐劳、团结互助的精神风貌。（荷梅）

山泉集

杨森　著

15-283

2014年6月

32开　187页

内容提要：本书由作者的诗歌、词曲、家谱、书法作品构成，分为五辑。（其利格尔）

师魂：我心中的上帝

梁伯琦　著

远方出版社

ISBN 7-80595-078-4

1994年9月

32开　219页　7.60元

内容提要：本书记述了作者在鄂尔多斯高原36年的教师生涯。36年来，他时刻不忘自己是一个支边知识分子，以他的勤奋、惊人的毅力和聪明才智，争分夺秒，全心全意为伊克昭盟的教育事业奋斗。（其利格尔）

诗咏准格尔

张丽荣　主编

远方出版社

ISBN 978-7-5555-0490-0

2015年8月

16开　285页　98.00元

内容提要：本书分为律诗、贺诗、绝句、词、现代诗等不同栏目，是一部扎根生活、扎根人民，反映现实生活、体现时代精神的诗集，讴歌了准格尔旗的历史文化、风土人情、建设成就等。（荷梅）

诗情时代

翟冬梅　著

内蒙古人民出版社

ISBN 978-7-204-15861-4

2019年6月

16开　157页　35.50元

内容提要：本书收集了作者近20年创作生涯中的散文作品，这些内容迥异、风格也有变化的作品，展现了一位女作家的心灵成长之路。（荷梅）

十二连城传奇

邹慧芳　著

民主与建设出版社

ISBN 978-7-5139-0513-8

2014年12月

16开　39.80元

内容提要：本书是一部描写宋朝杨家女将与西夏作战的历史小说。杨宗保与西夏交战时阵亡，宋朝无人领兵作战，杨家佘太君带穆桂英请战，由穆桂英挂帅出兵西夏。经过一番艰苦作战，最终战败西夏，签订了两国和约，此后宋与西夏和平共处了四五十年。（荷梅）

时光低处的遥望

柳苏　著

内蒙古人民出版社

ISBN 978-7-204-15862-1

2019年6月

16开　198页　37.50元

内容提要：本书是作者2010—2017年间发表，入选各诗刊、诗歌年选的作品汇编。（荷梅）

时风掠影

王茂荣　主编

远方出版社

ISBN 978-7-5555-0266-1

2014年10月

16开　45.00元

内容提要：本书精选95位鄂尔多斯地区优秀作家的散文作品，反映了鄂尔多斯地区如火如荼的经济建设、社会发

展和淳朴的风土人情。（荷梅）

世情滴翠

王茂荣　著

内蒙古人民出版社

ISBN 978-7-204-11909-7

2012年11月

32开　190页　27.00元

内容提要：本书以古体诗为主，是一本由五言、七言和自由体诗构成的诗歌集。全书收录作者的各类诗作170首。（库布其）

世情漫语

王茂荣　著

作家出版社

ISBN 978-7-5063-6732-5

2012年11月

32开　239页　27.00元

内容提要：本书是一部诗集，分为晨钟暮鼓、大野情怀、鸣泉滴翠、凡尘心曲四辑。（库布其）

世情诗话

王茂荣　著

内蒙古人民出版社

ISBN 978-7-204-09436-3

2008年10月

32开　203页　90.00元

内容提要：本书收录了作者近200首诗作，多为五言、七言诗，其次为长短句，还有少量的自由体诗歌。（库布其）

试笔集

汪支平　著

远方出版社

ISBN 7-80595-833-5

2003年10月

32开　416页　28.00元

内容提要：本书收入了作者1986—1996年创作的感赋诗作、游记随笔、报告文学、论文心得等作品。（荷梅）

誓言在燃烧——报告文学集

王然彤　著

远方出版社

ISBN 7-80595-158-6

1995年10月

32开　354页　15.80元

内容提要：本书是一部报告文学作品集，讲述了20多位不同行业、不同岗位、不同身世、不同经历的誓言实践者的事迹，展现了他们的世界观、人生观、价值观，以及理想、品德、情操和志趣。（库布其）

松风万里

王万里　著

内蒙古人民出版社

ISBN 978-7-204-11623-2

2012年6月

16开　244页　32.00元

内容提要：本书是个人诗歌作品集，收录诗歌作品100余篇，分为故土记忆、民族风情、人生思绪、绿色放歌、风雨晨昏、心灵絮语、父母恩情七章。

（库布其）

苏怀亮散文选

苏怀亮　著
作家出版社
ISBN 978-7-5063-7844-4
2015年11月
32开　370页　36.00元

内容提要：本书是一部散文集，分为木石村庄、童年趣事、心灵独白、临轩品鉴四个部分。（库布其）

随感集

汪支平　著
远方出版社
ISBN 978-7-80723-673-3
2014年4月
32开　304页　36.00元

内容提要：本书收录了作者多年来创作、发表的百余篇散文，描写了大学生活、教育工作、大草原等内容，抒发了作者对生活、对工作、对人生的感悟。（荷梅）

岁月情韵

于瑞池　著
作家出版社
ISBN 978-7-5063-3826-4
2012年6月
32开　544页　38.00元

内容提要：本书收入作者的诗词、散文、杂文、日记摘要、论文、书法等，这些作品不仅展示了他在文学和艺术领域的深厚造诣，还体现了他丰富的人生阅历和对生活的独特感悟。（荷梅）

岁月熔金

宋有富　著
内蒙古人民出版社
ISBN 978-7-204-09177-5
2015年8月
16开　520页　56.00元

内容提要：本书是一部回忆录式的散文随笔集，记述了作者从青少年直到退休后的人生经历。（嘎拉贝日汗）

岁月如歌

乔明　著
远方出版社
ISBN 7-80595-706-1
2003年7月
32开　127页　19.80元

内容提要：本书是作者的作品集，分为诗歌、歌词、散文诗、散文四类。（其利格尔）

岁月滩头

柳苏　著
北岳文艺出版社
ISBN 978-7-5378-5121-3
2017年1月
16开　304页　39.00元

内容提要：本书是作者的诗歌精选集。作品中所倡导的"现实主义精神"，不仅仅体现在诗意方面，更主要

的是表现在对生活的检索、梳理与热爱，写出诗人的昂扬正气，具有立场鲜明的现实描摹和对生命认知的深广。（荷梅）

岁月悠悠漫杂谈

杨效彩 著
2014年7月
32开 175页

内容提要：本书是作者的文集，分三部分记述了革命前辈的事迹，记录日常工作生活中的见闻和感想，描绘旅游时见到的祖国大好河山和各地的风土人情。（其利格尔）

岁月的记忆

乌力吉胡图格 著
弓生淖尔布 译
内蒙古人民出版社
ISBN 978-7-204-10858-9
2010年12月
32开 235页 20.00元

内容提要：本书是蒙古文散文集的汉文版。全书分三部分。第一部分记录作者的亲身经历，第二部分记录发生在作者身边的事，第三部分记录关于医生或是发生在伊克昭盟的事。（库布其）

太阳石——故乡的曙光

郝生荣 著
1992年
32开 151页

内容提要：本书是一部反映伊金霍洛旗第一代铁路建设者风采和铁路建设为伊旗带来的巨大变化的报告文学作品，展现了伊旗铁办干部职工的艰苦奋斗、知难而进的工作作风。（嘎拉贝日汗）

蹚过一千条河流

李红梅 著
内蒙古人民出版社
ISBN 978-7-204-15870-6
2019年12月
16开 315页 42.50元

内容提要：本书共收录作者20年来创作的散文、游记100余篇，分为四辑，其中，"行游鄂尔多斯"收录了近几年创作的有关鄂尔多斯风景及文化的游记，"草原记忆"收录故乡怀旧散文，"行走的世界"收录各地游记散文，"随行笔谈"为生活随笔和读书感悟。（荷梅）

唐风

王永雄 著
内蒙古人民出版社
ISBN 978-7-204-11541-9
2012年5月
16开 112页 35.00元

内容提要：本书收录了《青城春雨》《人家》《古长安》《行路》《无题》《个性》《代人作》等100多首诗歌作品。（库布其）

特一日记

鄂·巴音孟克　著

天津人民美术出版社

ISBN 978-7-5305-7224-5

2016年1月

32开　465页　58.00元

内容提要：本书讲述了命运多舛的主人公特一不甘沉沦，自立自强，以坚韧不拔的顽强毅力战胜一切艰难险阻，赢得了他人的尊重和瞩目的经历。（荷梅）

天鹅泪

肖亦农　著

作家出版社

ISBN 978-7-5063-5379-3

2010年5月

32开　230页　60.00元

内容提要：本书收录了《天鹅泪》《深深的黄河情》《珍惜》《邻居》《风中的羽毛》等10篇小说。（荷梅）

天骄情韵

杨生荣　著

远方出版社

ISBN 978-7-5555-0989-9

2017年12月

32开　242页　38.00元

内容提要：本书是一部诗集，分为倾诉礼赞、德操全谣、节日感怀等八章内容。（其利格尔）

天籁的回音

全秉荣　著

内蒙古人民出版社

ISBN 978-7-204-00827-8

1990年3月

32开　233页　2.75元

内容提要：本书内容分为人籁篇、地籁篇、天籁篇三篇。（荷梅）

天上没有铁丝网

阿云嘎　著

哈森　译

译林出版社

ISBN 978-7-5447-5824-6

2019年12月

32开　192页　39.00元

内容提要：本书精选蒙古族作家阿云嘎进入21世纪后创作的六部中短篇小说。作品从各自角度出发，集中表达了作者对蒙古地区文化传统与人文精神的颂扬与询唤。（荷梅）

晚秋集

高永清　著

伊金霍洛旗文联　编

2015年

32开　456页

内容提要：本资料分资政论坛、延安情怀、人物轶事、社区治理、往事记忆、书刊浅评、人生杂谈、闲情偶记、孙辈童年九部分内容。（荷梅）

万千珍珠落玉盘

苏桂荣　编著

2012年

32开　92页

内容提要：本资料汇编了教育名言警句。这些名人教育名言警句蕴含哲理，启迪深邃，催人奋进。（其利格尔）

王爱召之歌

武贵华　著

作家出版社

ISBN 978-7-5063-8115-4

2015年9月

16开　323页　39.00元

内容提要：本书是一部长篇小说，作者以20世纪20年代在鄂尔多斯达拉特旗开始流行的"上房嘹一嘹，嘹见王爱召"这首民歌为主线，设计了王云青、贾芬、沙木特、可王、尼王等诸多人物形象，讲述了围绕这首民歌展开的跌宕起伏、引人入胜的故事。（荷梅）

往米年

王建中　著

中州古籍出版社

ISBN 978-7-5348-3134-8

2010年4月

32开　288页　26.00元

内容提要：本书以展示内蒙古、晋、陕边地生活为背景，以典雅和略带惆怅的语言描绘了一种远逝的生活、悠远的氛围、白描的笔触、精细的刻画、散淡的人生、温暖的情怀、淡淡的哀愁，仿佛徐徐展开的一幅幅世态人情画。（荷梅）

忘不了的乌审——纪念赴鄂尔多斯插队四十周年

2008年6月

16开　82页

内容提要：本资料分为绿色的乌审、古老的乌审、多情的乌审、腾飞的乌审、深情的乌审五个部分。（荷梅）

我的库布其

王墨　主编

内蒙古杭锦旗文联　编

32开　160页

内容提要：本资料是一部鄂尔多斯西部草原风情歌词选，是向党的十九大和内蒙古自治区成立70周年的献礼作品。（其利格尔）

我和我的杭锦

冯春生　著

鄂尔多斯学杭锦旗研究会　编

2019年9月

32开　381页　40.00元

内容提要：本资料是作者记录杭锦往事的文章合集。（荷梅）

我与我的杭锦情结

达木林扎布　著

远方出版社

ISBN 978-7-5555-0427-6

2015年5月

32开　184页　36.00元

内容提要：本书为作者的个人文集，书中有作者成长过程中的酸甜苦辣，也有求学的经历，最重要是包含了作者工作多年的经验，对工作的总结和对社会发展的诸多建议。（荷梅）

我热恋的故乡

石笑等　著

天则出版社

ISBN 962-7655-26-0

1992年12月

32开　126页　3.50元

内容提要：本书是一部报告文学作品，向读者介绍了伊金霍洛旗新庙乡的山水地貌、物产资源、风土人情和稀有景观。（嘎拉贝日汗）

我与红领巾——康巴什区纪念中国少年先锋队建队70周年征文比赛获奖作文选集

康巴什区关心下一代工作委员会、康巴什区教育体育局　编

2019年9月

16开　173页

内容提要：本书是"我与红领巾——康巴什区纪念中国少年先锋队建队70周年征文比赛"获奖作品选集。这些作品孕育着少先队员的期盼、渴望和梦想，释放着少先队员的思考、情怀和才气，沸腾着少先队员的欢乐、幸福和思想。（嘎拉贝日汗）

乌兰夫纪念诗词

伏来旺　主编

内蒙古人民出版社

ISBN 978-7-204-10337-9

2012年5月

16开　221页　169.00元

内容提要：本书是纪念乌兰夫的诗词作品集，表达了广大民众对乌兰夫同志的怀念。（嘎拉贝日汗）

乌审旗电影发行放映大事记

牛玉林　主编

乌审旗萨拉乌苏草原文化促进会、乌审旗文化广播电影电视局　编

32开

内容提要：本资料以大事记的形式记录了乌审旗电影发行放映史上的大事。（荷梅）

乌审诗歌选

韩怀德、韩国亮　主编

远方出版社

ISBN 978-7-5555-0565-5

2015年12月

16开　440页　58.00元

内容提要：本书收入了150多位作者的近300篇作品，从各个侧面表现了乌审旗的变化。（荷梅）

乌审召牧民诗选

乌审召公社编辑组　编

川之、王进璞　译

内蒙古人民出版社

10089·62
1975年6月
32开　124页　0.28元
内容提要：本书选编乌审召公社牧民创作的诗歌35首，热情歌颂了伟大领袖毛主席、伟大的中国共产党，反映了乌审召人民改造沙漠取得的光辉胜利。（荷梅）

西草地

张凯　著
中国文联出版社
ISBN 7-5059-3337-X
1999年6月
16开　254页　33.00元
内容提要：本书收录了《一种观注》《高原的叙述者》《马蹄声声》《西草地》《地骨》《生命内容》等十多篇小说。（荷梅）

西皮流水

苏怀亮　著
内蒙古人民出版社
ISBN 7-204-04646-3
1998年8月
32开　192页　13.00元
内容提要：本书是一部散文集，分为野旷天低、烟云桑梓、缥湘春语、长河掬水四辑。（库布其）

小作家优秀作文集（2015）

党建锋　主编
内蒙古人民出版社

ISBN 7-204-08304-0
2015年6月
16开　297页　68.80元
内容提要：本书是鄂尔多斯市小学生优秀作文合集，共收录297篇优秀作文。（嘎拉贝日汗）

鲜卑时代：拓跋力微

阿云嘎　著
内蒙古人民出版社
ISBN 978-7-204-09321-2
2008年1月
16开　180页　26.00元
内容提要：本书是作者用汉文创作的第一部长篇小说，主讲述了4世纪鲜卑首领拓跋力微一生戎马征战，建功立业的故事。（荷梅）

心潮——乔布英诗歌选

乔布英　著
远方出版社
ISBN 7-80595-668-5
2008年7月
32开　393页　58.00元
内容提要：本书按时间顺序，分为学生时代、热火年代、非常年代和新的年代四个阶段，记录了各个阶段的历史、生活和自己的思想感情。（库布其）

心潮——乔布英诗歌选（续）

乔布英　著
鄂尔多斯市东胜区文联　编

内蒙古15-024/C
2014年5月
32开　268页　38.00元

内容提要：本书内容分为现代诗歌、旧体诗词、附录三部分。现代诗歌部分主要是以白话诗的形式写的，旧体诗词部分是用格律诗的形式写的，反映了作者的思想感情。（库布其）

心路如歌
杨治中　著
作家出版社
ISBN 978-7-5063-3826-4
2010年10月
16开　772页　98.00元

内容提要：本书记录了作者真实的成长轨迹、本真的心路历程和真率的深邃之思。作者透过这些不加掩饰的平实文字，透过这些发自心底的质朴情感，透过这些略显稚嫩的思想语言，看到了一个真实的自我。（荷梅）

心香一缕——"魅力包神　美丽女工"
刘宏标　总编
神华包神铁路集团有限责任公司工会委员会　编
32开　133页

内容提要：本资料是包神铁路集团女职工的文学作品集，内容包括对先进人物的纪实描写、对好书好文的感悟理解、山水游记、心灵感悟等。（嘎拉贝日汗）

新闻行思
马利军　著
远方出版社
ISBN 978-7-5555-0429-0
2015年4月
16开　876页　100.00元

内容提要：本书是作者撰写的新闻报道、通讯精选集，分为浅论、新闻、纪实、深度、杂感五章，涉及鄂尔多斯经济发展、社会现象、教育文化等方面。（荷梅）

新闻絮语
张旭日　著
内蒙古人民出版社
ISBN 978-7-204-09592-6
2008年6月
32开　333页　68.00元

内容提要：本书收录作者20多年来在新闻战线辛勤耕耘的作品，展现了作者对新闻职业和鄂尔多斯人民群众的热爱，也是鄂尔多斯从一个封闭落后的传统农牧业地区发展成为一个全方位开放的现代能源化工基地的见证和记录。（其利格尔）

新译校注《蒙古源流》
萨囊彻辰　著
道润梯步　译校
内蒙古人民出版社
11089·36
1980年10月
32开　478页　1.75元（平装）　2.85

（精装）

内容提要：本书从蒙古文原文版《蒙古源流》直接译出，主要记录了蒙古从奴隶制向封建领主制度转化的过程，也有若干文学描写和对战争情况的记录。（嘎拉贝日汗）

乡土物语

王建中　编著
山西人民出版社
ISBN 978-7-203-10319-6
2017年3月
16开　448页　138.00元

内容提要：本书为《漫瀚长歌》系列丛书的一种，主要讲述了准格尔旗的民间故事与乡土风俗。（荷梅）

行吟集

汪支平　著
远方出版社
ISBN 978-7-80723-673-3
2016年10月
32开　280页　36.00元

内容提要：本书是作者的诗集，表达了作者生活中的各种感悟。（荷梅）

行走荒草地

张凯　著
内蒙古人民出版社
ISBN 7-204-04646-3
1999年5月
32开　231页　18.00元

内容提要：本书介绍了鄂尔多斯民族风情，主要包括祭苏力德、禄马风旗、乌查之宴、跳鬼、赛马以及颂歌祝词等内容。（库布其）

幸福的味道：康巴什新区第二小学"幸福教育"文集

洪岩　主编
陕西师范大学出版社
ISBN 978-7-5613-8007-9
2014年12月
16开　248页　26.00元

内容提要：本书是康巴什第二小学践行"幸福教育"的老师们撰写的教育随笔集。本书记录了教育过程中师生的感受，既有教师对教育、对学生的热爱和对教育方法的研究，也有学生自己写的对"幸福教育"的感受。（荷梅）

幸好遇见你

其木格　著
上海文艺出版社
ISBN 978-7-5321-6681-7
2018年5月
16开　160页　26.00元

内容提要：本书是一部当代诗歌集，主要收录了作者《风信子》《那么远，那么近》等100篇诗歌。（荷梅）

序跋文选

全秉荣　著
远方出版社
ISBN 7-80595-668-5
2008年1月

32开　328页　50.00元

内容提要：本书选编作者创作的20多篇序跋，包括给自己的文集所作序跋和为友人文集所作的序跋。（其利格尔）

学府集

汪支平　著

远方出版社

ISBN 978-7-80723-673-3

2012年4月

16开　380页　30.00元

内容提要：本书分为校园吟、感事吟、情愫吟、出行吟、沙棘吟、赠寄吟、文论七个部分。（荷梅）

眼下的牵牛花

乔小玲　著

内蒙古人民出版社

ISBN 978-7-204-10135-1

2011年10月

32开　355页　48.00元

内容提要：本书分为"情韵脉脉　晨钟暮鼓""心韵潺潺　地久天长""乡韵悠悠　好山好水"三个部分，表现了乡村、田园的美景，表达了对亲人的思念，抒发了作者的内心情感。（其利格尔）

野潮集

鲁德重　著

远方出版社

ISBN 7-80595-418-6

1997年11月

32开　306页　18.00元

内容提要：本书是一部直陈肺腑、思想内涵深刻的杂文集。本集所收杂文，短小精悍，爱憎分明，嬉笑怒骂，给读者保留思索与启迪。（其利格尔）

一半海水　一半沙漠

余雯　著

内蒙古人民出版社

ISBN 978-7-204-15664-1

2019年9月

16开　295页　42.00元

内容提要：本书是一篇长篇小说，又名《鄂尔多斯情缘》，内容分为说破产就破产了、梦中的草原、黄河的这头牵绊大海的那头、春剑的心事等40章，主要讲述了男女主人公南北情缘的心路历程，每一个异地恋经历者都可以借此观照到自己曾经的影子。（荷梅）

一个人的年代

白才　著

内蒙古人民出版社

ISBN 978-7-204-10371-3

2010年10月

32开　231页　38.00元

内容提要：本书选入作者于区内外公开发表的37篇作品，既彰显了鄂尔多斯地域的人文景观和时代风采，也彰显了作者的真诚梦想和豪迈襟怀。（库布其）

一年

李凤奇　著

安徽人民出版社

ISBN 7-212-01966-6

2011年4月

16开　412页

内容提要：本书是作者2010年的日记。（嘎拉贝日汗）

一起学蒙语

康巴什新区民族宗教事务所　编

64开　154页

内容提要：本资料是由鄂尔多斯市康巴什区民族宗教事务局主办编制的学习蒙古语的小手册。内容有蒙古语字母表，以及称呼、数量、单位、颜色、地点、服饰、交通工具、水果、植物等日常用语。（嘎拉贝日汗）

伊金霍洛旗校园艺术作品集萃

张子珍　主编

鄂尔多斯市伊金霍洛旗教育局　编

16开　64页

内容提要：本资料荟萃了伊金霍洛教师和学生的200件绘画、书法、版画、艺术设计、手工制作等佳作，全面展示了伊金霍洛校园艺术教育发展的整体水平。（其利格尔）

伊盟社科优秀论文选（第一辑）

贾荣昌　主编

远方出版社

ISBN7-80595-188-8

1996年3月

32开　383页　28.00元

内容提要：本书收录了有关伊克昭盟改革、建设和为经济发展献计的理论文章，包括《关于企业体制创新的理论思考》《加快伊盟资源转换的若干思考》《加强草牧场基本建设》等55篇文章。（荷梅）

伊盟社科优秀论文选（第二辑）

贾荣昌　主编

远方出版社

ISBN7-80595-188-8

1996年3月

32开　379页　28.00元

内容提要：本书收录了有关促进伊克昭盟社会全面发展的理论文章，包括《加大力度解放思想更新理念创建伊盟快速发展的环境与气候》《抓住机遇求实创新　全面推动党建工作》《浅论社会主义市场经济与精神文明建设》《企业文化经营初探》等48篇文章。（荷梅）

阴山千里雪

秦文茂　著

内蒙古人民出版社

ISBN 978-7-204-15688-7

2019年9月

16开　176页　36.50元

内容提要：本书是一篇长篇小说。内容分为劫、匪与寇、系列单选题、人身上的动物性、男儿泪女儿娇、隔奸巧

过招、拒敌城外、逃与追、缘九个章节。（荷梅）

影

娜仁高娃　著
作家出版社
ISBN 978-7-5063-9825-1
2017年12月
32开　222页　32.00元

内容提要：本书是一部长篇小说，讲述了一个人的成长故事。蒙古族青年阿岩夫生长在偏僻的沙窝地，一次与城里人四姐的偶然交集，开启了他对爱情的朦胧向往，并因此只身来到大漠城。生存的艰辛与爱情的缥缈，使得他的城市生活举步维艰。阿岩夫不得已成为讨债人，过上了游走在边缘的"影子"生涯。他在善恶正邪、朋友间的扶持与背叛、爱情的甜美与残酷中几经沉浮，艰难地进行着自我认识、自我塑造，渐渐从莽撞青涩走向独立刚强。（荷梅）

游者手记

乔明　著
内蒙古人民出版社
ISBN 978-7-204-13814-2
2015年12月
16开　197页　68.00元

内容提要：本书是由作者在鄂尔多斯市文化和旅游局工作期间编写的23篇随笔和相关图片整理而成，按写作时间顺序排列，是作者从事多年旅游工作的记录和总结。（嘎拉贝日汗）

愚智之间

冯春生　著
内蒙古人民出版社
ISBN 7-204-06518-2
2004年4月
32开　154页　16.00元

内容提要：本书是作者的小小说合集。作者善于观察与发现，因而其作品的生活气息浓厚、现实性强。（其利格尔）

语言保持及语言转用研究——基于鄂尔多斯市部分地区蒙古族语言状况进行的社会语言学调查

邬美丽　著
中央民族大学出版社
ISBN 978-7-5660-1205-0
2016年8月
16开　337页　66.00元

内容提要：本书旨在研究"城镇化进程中蒙古族言语社区语言保持、语言转用及语言态度"，以语言田野调查为基础，并依托于教育部基金项目的资助。在2013—2015年，研究者深入内蒙古自治区鄂尔多斯市各地进行社会语言学的语言调查，调查内容包括当地蒙古族的语言使用、语言保持、语言转用及语言态度等，并在此基础上对言语社区中语言使用的代际差异、语码转换、语码选择、语言教育态度、双语态度、语言态度等进行详细的分析归纳。研究中使用SPSS软件对数据进行整理分析，得出的数据翔实可靠，为理论论证提供了极好的论据基础。总之，此书是语言田野调查领域一部资料翔实、分析细致、有理有据的社会语言学专著。（荷梅）

玉泉喷绿

贺政民　著
作家出版社
10020·1685
1963年8月、1965年9月
32开　514页　1.27元

内容提要：本书是伊克昭盟第一部长篇小说。上部于1963年、下部于1965年由作家出版社出版。上部描写了农业合作化初期曲折、复杂的斗争，歌颂了那种大公无私、艰苦踏实、奋发图强、自力更生的精神。下部继续描写农业合作化初期两条道路的斗争。作者以他擅长的白描手法和幽默的风格，展现了贫下中农青年成长的历程。作品保留了上部的优点和特色，充满浓郁的农村生活气息，不仅反映了贫下中农坚定的革命精神，更烘托出社会主义新农村朝气蓬勃的景象。（荷梅）

幼林花语——东胜区第一中学学生优秀作品集

徐斌　主编
2010年
32开　398页

内容提要：本资料收录了东胜区第一中学学生优秀作品，分高中部优秀作品和初中部优秀作品两个部分。（嘎拉贝日汗）

月下情诗随风来

王振荣　著
内蒙古人民出版社
ISBN 978-7-204-09592-6
2008年6月
32开　224页　25.00元

内容提要：本书内容分为短信自由诗、短信近体诗、短信民歌三个部分。（荷梅）

在鄂尔多斯北边——阿斯哈村田野杂记

弓生淖尔布　著
内蒙古人民出版社
ISBN 978-7-204-11189-3
2011年11月
32开　353页　210.00元

内容提要：本书记录了鄂尔多斯市黄河南岸的一个蒙古族聚居的行政村阿斯哈村的人和事。全书分为《阿斯哈村的人们》《阿斯哈村的事情》《阿斯哈人进城》三篇。（库布其）

在达尔扈特部落

梁冰　著
内蒙古人民出版社
ISBN 10089·302
1985年4月
32开　457页　1.55元

内容提要：本书是一部反映抗日战争时期我党在鄂尔多斯高原发展抗日民族统一战线、创建民族武装的长篇小说。

作者用浓重的色彩描绘了鄂尔多斯自然风物的奇观胜概，以细腻的笔触写了蒙古民族的社会生活、精神风貌，以及古老的传统习俗。在广阔雄浑的背景上，以保卫成吉思汗灵柩为中心，展现了那一特定历史时期错综复杂的社会矛盾和风云变幻的斗争现实，着力塑造了我党地下工作者和达尔特部落牧民的英雄形象，情节曲折，引人入胜，具有鲜明的地区特点和民族特色。（库布其）

周雨明诗选

周雨明　著

作家出版社

ISBN 978-7-5063-7843-7

2015年11月

16开　423页　39.00元

内容提要：本书是周雨明的诗选，分为绿色图腾、边塞新咏、天涯诗旅、万象心语四辑。（库布其）

周雨明诗选集

阿云嘎　编

中国文联出版社

ISBN 7-5059-3770-7

2001年3月

32开　338页　25.00元

内容提要：本书是周雨明的诗选，分为绿色图腾、边塞新咏、天涯诗旅、万象心语四辑。（库布其）

装点此河山：鄂尔多斯生态报告

张秉毅　著

作家出版社

ISBN 978-7-5063-7582-5

2014年9月

16开　188页　26.00元

内容提要：本书分为回黄转绿和美丽家园两卷。主要内容包括：传说中美丽的草原、黄色风沙线、疯狂的犁铧、游弋的羊群、烽火·寺庙·炊烟、"支柱"的阴影、地方政府的作为、绿色圣斗士、地球村公民、医治"地球环境癌症"、绿兮归来等。（荷梅）

追求

侯贵荣　著

内蒙古科学技术出版社

ISBN 7-5380-0809-8

2000年10月

32开　83页　15.00元

内容提要：本书是《高原风骨》报告文学系列丛书的一种，讲述了劳动模范赵永亮的创业故事。内容分为"引子""学而不止、奋斗不息""创业需要雄才大略，而他恰恰是这一论断的注释者""赵永亮是一本书，一本不可多得的百科书""奉献社会体现价值是他一生所求""这仅仅是一个开头"六个部分。（其利格尔）

指间沙

孙改鲜　著

内蒙古人民出版社

ISBN 978-7-204-15857-7

2019年6月

16开　280页　41.00元

内容提要：本书为作者的散文诗集。内容以记录大地上的山水草木为主，并兼顾一些个人体验和感受。（荷梅）

绽放

王生荣等　主编
远方出版社
ISBN 7-80595-936-6
2007年12月
16开　416页　50.00元

内容提要：本书分小说卷、散文卷、诗歌卷、戏剧卷、报告文学卷五个部分。（荷梅）

最言坛

杜奎　主编
北京师范大学鄂尔多斯附属学校　编
16开　226页

内容提要：本资料记录了北京师范大学鄂尔多斯附属学校2014届高三（5）班三年的高中生活，包括学生作文和学校生活照。（其利格尔）

准格尔的黎明

刘银顺　忆述
马步萧　整理
内新图准字（95）第7号
1995年1月
32开　160页　5.60元

内容提要：本书反映了全民族抗日战争和解放战争时期党在准格尔地区对敌斗争的历史，内容分为准东风云、准西星火、战地黄花三部分。（荷梅）

准格尔民间故事

张俊廷　编著
内蒙古人民出版社
ISBN 7-204-08304-0
2007年7月
32开　400页　40.00元

内容提要：本书收录了580多篇在准格尔地区流传的民间故事、传说、寓言和笑话。（荷梅）

准格尔旗民间故事

铁木尔布和　主编
搜集整理　张俊廷
内蒙古教育出版社
ISBN 978-7-5311-9616-7
2013年12月
16开　282页　56.00元

内容提要：本书是准格尔旗民间文学研究会主席张俊廷老先生搜集整理的民间故事集，包括传说、故事、笑话、寓言，共300多篇。（荷梅）

准格尔山曲儿

张皇　收集整理
伊盟群众艺术馆、伊盟文艺创研室、准格尔旗文化局　合编
1986年12月
32开　266页

内容提要：本资料选编了流行在准格尔地区的2000首表现爱情的民歌。（荷梅）

准格尔俗语谚语

孙俊良　主编
内蒙古人民出版社
ISBN 978-7-204-09436-3
2019年7月
32开　195页　50.00元

内容提要：本书收录了1000多条准格尔旗谚语。（荷梅）

紫燕归来时

郝美英　著
东胜区民间文化艺术协会　编
2006年　32开

内容提要：本书是由100多篇诗歌、散文、随笔和人物小传组成的作品集。作品中表达了作者对美好生活的向往和赞美；对家乡往事的怀念；对生命的感悟和对人生价值的思考，体现着崇德向善的美好心灵和积极向上的人生价值观。（荷梅）

走出内陆

夏日　著
中共中央党校出版社
ISBN 7-5035-0980-6
1994年2月
32开　340页　8.80元

内容提要：本书收入作者1990年下半年在乌海改革试验区任职以来的43篇文稿，重点是探索中西部内陆少数民族地区如何加快发展、走出内陆的理论与实践问题。（其利格尔）

走近绿色——东胜林业"十一五"回眸

东胜林业局　编
ISBN 978-8218-1585-8
2010年6月
32开　296页

内容提要：本书记录了东胜林业"十一五"期间建设与发展的辉煌历程，展示了东胜各族人民打造生态和谐、宜居宜业的"首善之区"进行艰苦奋斗的生动画面，展现了一个人居环境优美、生态系统稳定、林沙产业发达、生态文化丰富的绿色东胜。内容分为成就篇、人物篇、理论篇、媒体篇、展望篇五篇。（荷梅）

走西口与漫瀚调

李克仁　编著
内蒙古人民出版社
ISBN 978-7-204-10684-4
2010年10月
32开　460页　35.00元

内容提要：本书包括中国历史上人口大迁徙的关注点之——话说走西口、走西口走出来的新歌种——话说漫瀚调、来自内蒙古档案馆的馆藏信息——解放前的西口外三部分。（其利格尔）

走向辉煌——达拉特旗第一中学建校50周年纪念（1956—2006）

达拉特旗第一中学　编
内新图准字〔2006〕65号
2006年8月
32开　352页　158.00元

内容提要：本书梳理和总结了达拉特旗一中50年发展历程，其中有创业的艰辛、发展的困难和改革的阵痛，而更多的是达拉特旗一中老师默默的耕耘、无私的奉献、创新的激情、奋进的歌声和成功的喜悦。（荷梅）

走向天国第九台阶

刘耀纲等　著
中央编译出版社
ISBN 978-7-5117-0569-3
2010年12月
16开　265页　99.00元

内容提要：本书是一部传记文学作品。1978年，奇禄义发誓一定要到天的那边去看看，8岁时，他终于迈出了脚步。他在内蒙古、宁夏、山西、陕西与甘肃等省份接壤的西部行走，一走就是8年。16岁返回伊金霍洛旗后，奇禄义曾三次试图改变自己的命运，均失败了……多年来，奇禄义虔诚信仰佛教，捐助寺庙修缮，并石刻了《大藏经》，供奉在著名藏传佛教圣地青海湖畔贡宝东神洞前，一步步走向了他为之向往的天国。（荷梅）

AI　历史、地理

阿尔寨石窟

巴图吉日嘎拉、杨海英　著
三大方　审校
阿尔寨石窟保护研究所　编

内新图准字〔2006〕33号
2006年6月
16开　160页　200.00元

内容提要：本书主要介绍了阿尔寨石窟概况及其环境、《蒙古秘史》中的阿尔寨石窟、阿尔寨石窟是成吉思汗的佛教纪念堂等内容。（荷梅）

阿尔寨石窟壁画

鄂托克旗文化广播电视电影局　编著
内蒙古人民出版社
ISBN 978-7-204-09048-8
2010年7月
8开　159页　588.00元

内容提要：本书是一部展现阿尔寨石窟精美壁画的图册，共收录了北魏、西夏、蒙元、明朝时期绘制的保存较好的近200幅壁画，其中包括表现祭礼的《成吉思汗家族受祭图》，表现忽必烈汗封八思巴为帝师、国师的《八思巴讲经图》《佛道辩经图》，表现元代各族人民团结和睦，实现盛世统一的《各族僧俗人等礼佛图》等等。（库布其）

爱在冰雪纷飞时

肖亦农　著
作家出版社
ISBN 978-7-5063-5379-3
2011年3月
16开　393页　380.00元

内容提要：本书是一部电视剧本，讲述了知青在黑龙江山河农场的故事。（荷梅）

八百年不熄的神灯——祭祀成吉思汗的鄂尔多斯蒙古族历史文化

鄂尔多斯博物馆 编
内蒙古大学出版社
ISBN 978-7-5665-0771-6
2015年4月
16开 288页 288.00元

内容提要：本书通过对13世纪以来鄂尔多斯蒙古族民族文物的展示，表现了以成吉思汗祭祀为核心的鄂尔多斯蒙古族文化的独特魅力。内容分为成吉思汗与鄂尔多斯、成吉思汗祭祀文化、鄂尔多斯传承的蒙古汗国宫廷文化、独具特色的游牧民族文化四章。（荷梅）

巴图巴根在伊盟

齐凤云 主编
内蒙古人民出版社
ISBN 7-204-03397-3
1997年2月
32开 202页 8.00元

内容提要：本书共14章59节，记录了伊克昭盟1973—1979年的历史，更记录了巴图巴根与鄂尔多斯人民共创伟业的艰辛以及他在这段经历中的荣辱得失，以便教育后人，警示未来。（荷梅）

百年风云

袁志忠 著
内蒙古人民出版社
ISBN 7-204-04996-9
1999年12月
32开 456页 35.00元

内容提要：本书巧妙地运用白描手法，以章回体形式清晰地再现了19世纪末和20世纪上半叶内蒙古鄂尔多斯地区的近百年历程。（荷梅）

北方河流

张华 著
内蒙古人民出版社
ISBN 7-204-04646-3
32开 170页 13.00元

内容提要：本书共分阅读星辰、举荐家园、跨越世纪、燃烧的翅膀、众鸟起飞、圣洁之光六个部分。（荷梅）

遍地传说

杨占林 主编
远方出版社
ISBN 7-80595-328-7
1997年4月
32开 272页 16.20元

内容提要：本书收录了《山风》《准格尔女人》《走月亮》《少年乡村》《灯火》《野玫瑰》等十多部作品。（荷梅）

冰点

越保中 著
内蒙古人民出版社
ISBN 978-7-204-09436-3
2008年8月
32开 248页 38.00元

内容提要：本书共四辑，分别是守

望原野、漠南圣景、轻盈步履、世态风韵。（荷梅）

草原敦煌——阿尔寨石窟探秘

潘照东　主编

内蒙古新经济研究会、鄂尔多斯市鄂尔多斯学研究会　编

内新图准字〔2002〕72号

2002年7月

32开　196页　15.00元

内容提要：本书收录了《百眼窟石窟》《阿尔寨石窟佛教文化遗址概述》《百眼窟·藏传佛教·成吉思汗》《百眼窟石窟寺遗址》等24篇文章。（荷梅）

草原胜地鄂尔多斯

《草原胜地鄂尔多斯》编写组　编

内蒙古人民出版社

ISBN 978-7-204-01472-3

1991年6月

32开　195页　4.10元

内容提要：本书介绍了鄂尔多斯草原的名胜古迹、绚丽多姿的草原风光、奇异的大漠景观等。（荷梅）

曾是大庙的地方

苏文　著

清华大学出版社

ISBN 978-7-302-42412-3

2016年2月

16开　392页　52.00元

内容提要：本书是一部纪事纪实文学作品。2001年2月28日，国务院批准撤销伊克昭盟，决定设立鄂尔多斯市。本书以"伊克昭盟纪念碑"历史图像为背景，回忆伊克昭盟时代的悲凉与沧桑、神秘与宁静、抽象与真实、生动与呼啸、壮阔与喧闹。（荷梅）

沉默的鹅卵石

娜仁高娃　著

作家出版社

ISBN 978-7-5063-3826-4

2008年10月

32开　233页　28.00元

内容提要：本书是作者第一部小说集，写人生与人性、爱情与生活、美丽与丑陋、高洁与善良、雅健与温情、深沉与豪爽，内容题材广泛，主题明晰突出，情节设置，故事结构，人物内心世界的刻画，将丰富的情感凝聚在笔端，对美好生活、幸福人生的企盼和寄托，揭示了心灵境界和实现着创作生活的美好追求。（荷梅）

成吉思汗传说

苏赫巴鲁　著

吉林人民出版社

10091·971

1984年8月

32开　228页　0.80元

内容提要：本书取材于民间传说，描写了铁木真从青少年时代到统一蒙古的成长历史，用优美生动、神奇浪漫的故事和富有哲理的语言，形象地展示出这位军事家、政治家的思想、品质、性

格和才能。（库布其）

成吉思汗风云录

贾佩　著
内蒙古人民出版社
ISBN 7-204-08304-0
2006年12月
16开　485页　56.00元

内容提要：本书从成吉思汗创建丰功伟业时的伟大人格、坚定个性、超群才智和重视知识、尊重人才、从谏如流、宽容大度、用人不分地域等个性因素，力求得全方位、全角度、全场景破迷释疑，较全面地揭示一个由目不识丁的草原牧童成长为中华民族发展史上推动民族融合的千年伟人的传奇人生，从而在存史资治教化的同时实现与现实的对接。（库布其）

成吉思汗祭祀歌及鄂尔多斯歌来源

巴音、永荣　编著
内蒙古教育出版社
ISBN 978-7-5311-8482-9
2013年1月
16开　387页　128.00元

内容提要：本书以客观的角度和尊重的姿态详尽编写整理了鄂尔多斯地区流传的蒙古族祭祀歌和民歌的来源出处，以文字的形式有效地完成了保护和传承，是一部难得的好书。（荷梅）

成吉思汗陵

旺楚格　编著
成吉思汗陵旅游区管理委员会、成吉思汗陵园管理局
2005年7月
32开　488页

内容提要：本资料对过去700多年来有关成吉思汗诸多疑问给予了系统的解答，对于世人了解成吉思汗，了解八白室及成吉思汗陵寝，了解鄂尔多斯，推动鄂尔多斯及蒙古民族历史文化研究，继承和弘扬民族优秀文化具有深远的意义。（嘎拉贝日汗）

成吉思汗秘史

甄达真、子强　译
内蒙古教育出版社
ISBN 7-5311-5237-1
2003年4月
32开　213页　14.00元

内容提要：本书是《蒙古秘史》的译本，是成吉思汗及其家族的秘史，栩栩如生地再现了他艰苦多难的童年、颖异聪慧的青年、铁马金戈的壮年和老年，凸显了他的思想性格、爱情生活、军事思想、组织和指挥才能，以及一步步走上成吉思汗尊位的人生历程。（其利格尔）

成吉思汗在中原的后裔

王云青　著
远方出版社
ISBN 7-80595-726-6
2006年3月
32开　505页　36.00元

内容提要：本书记录了成吉思汗后裔在中原的生活状况，分为悲壮的史诗、定居河南、楷模精神对元朝的影响、寻根篇、民族团结篇、纪念篇、蒙古族的习俗篇、去伪存真篇、蒙古学篇、人物篇、河南各支蒙古族的分布、家谱12个部分。（荷梅）

成吉思汗中外画集

阿勒得尔图　主编

内蒙古教育出版社

ISBN 978-7-5311-6609-2

2007年7月

12开　63页　199.00元

内容提要：本书是一部成吉思汗画集，收集出自世界各地的成吉思汗画像。（库布其）

穿越

王君　著

内蒙古人民出版社

ISBN 978-7-204-14031-2

2016年7月

32开　253页　38.00元

内容提要：本书共三辑，分别是"心灵，一座丰美的牧场""物语，证明一片高贵的天空""故乡，割舍不下的牵挂"。三个部分内容都将人生感悟、世象箴言、乡土情结多重协奏、完美构建，揭示出真善美的真谛，洋溢着哲思的涟漪。诗性的光芒，在良知的心灵暖意中熠熠生辉。（荷梅）

创新点亮不老人生

李宏　著

内蒙古人民出版社

ISBN 978-7-204-09592-6

2009年8月

16开　70页　50.00元

内容提要：本书记述了武金山同志的创新、科学养蓄的事迹和方式方法，值得深入地宣传、学习、推广，从而召唤更多的一线创新型人才脱颖而出。（库布其）

创业者风采——记鄂尔多斯蒙古族企业家

阿·乌云、查·乌云达来　编著

黄小英　译

内蒙古人民出版社

ISBN 978-7-204-11539-6

2012年5月

16开　248页　68.00元

内容提要：本书详细叙述了30位成功的蒙古族企业家的创业经历，深度记录了他们的成功经验和辉煌业绩。（荷梅）

锤音集——李忠英格律诗词

李忠英　著

32开　223页

内容提要：本资料共四个部分，分别是七律、五律、七绝、词。（荷梅）

雌性的原野

娜仁高娃　著

内蒙古文化出版社

ISBN 978-7-5521-0557-5

2013年12月

32开　220页　30.00元

内容提要：本小说集共收录10篇短篇小说，其中《玛楠河左岸》《白驼》《天脉》《雌性的原野》等多篇都发表于《草原》等杂志，内容均围绕玛楠河沙窝子地，以魔幻与民间故事结合的形式编写，作品中的人物生活在偏僻的沙窝子里，延续沙漠蒙古部落几百年来一成不变的生活，安分守己，在恶劣环境中坚强地生活着。（荷梅）

从北向南

山豆　著

广东人民出版社

ISBN 978-7-218-14553-2

2021年6月

32开　291页　42.00元

内容提要：本书包括短篇小说、散文随笔、诗歌、著作序言等作品。（荷梅）

达拉特旗地名文化

白永　主编

《达拉特旗地名文化》编委会　编

蒙图2017031

2017年6月

16开　409页

内容提要：本书内容由达拉特旗地名、自然实体及主要河流名称、名胜古迹、旅游景点名称、自然村、社老旧地名、达拉特旗部分地名考释、达拉特旗蒙古语地名国际音标、名词注释、达拉特旗地名的蒙汉译写探讨等组成。（嘎拉贝日汗）

达拉特旗政协志（1955—2009）

政协达拉特旗委员会　编

内新图准字（95）第57号

2010年6月

16开　335页

内容提要：本书记录了1955—2009年达拉特旗政协的发展史，是达拉特旗第一部记述人民政协诞生、成长和发展历程的资料。本资料的编写遵循实事求是、去伪存真的科学态度，力求内容具体、资料翔实、记述客观，对于革故鼎新、继往开来大有裨益。（荷梅）

达拉特旗志

达拉特旗史志征编办公室　编

远方出版社

ISBN 7-80595-965-X

2006年8月

16开　800页　300.00元

内容提要：本书全面系统地记载了达拉特旗从古至今政治、经济、文化、社会和自然等方面的发展变化情况，内容分为政区、自然环境、人口、民族民俗　宗教、农业、林业、治沙、畜牧业等28编。（荷梅）

达拉特文史（第一辑）

中国人民政治协商会议达拉特旗委员会文史资料委员会　编

内新图准字（95）第57号

1995年6月

32开　144页

内容提要：本书遴选文稿39篇，15万余字，分为11个栏目，分别为史事纵横、塞外忆往、大地沧桑、文教长廊、宗教史迹、王公史话、人物春秋、委员风采、改革奋进、好望角、译林点滴。（荷梅）

达拉特文史（第二辑）

中国人民政治协商会议达拉特旗委员会文史资料委员会　编

内新图准字（95）第57号

1997年4月

32开

内容提要：本资料主要分为史事纵横、塞外忆往、大地沧桑、教育长廊、宗教史迹、人物春秋、委员风采、星河之光、改革奋进、区外文选、铁蹄印痕11个章节。（荷梅）

达拉特文史（第六辑）

中国人民政治协商会议达拉特旗委员会文史资料委员会　编

内新图准字（95）第57号

2012年7月

32开　416页

内容提要：本资料选编了解放前达拉特旗境域建制、王公世袭以及达拉特旗蒙古族生活习俗、文化教育、宗教信仰等史料，并对达拉特旗的召庙、敖包、蒙古族服饰用品和"独贵龙"运动做了介绍。（荷梅）

达拉特文史（第七辑）

政协达拉特旗委员会文史委员会　编

中国文史出版社

ISBN 977-7-5034-4612-2

2013年12月

16开　245页　68.00元

内容提要：本书收录了《达拉特赋达拉特史话》《达拉特旗的"独贵龙"运动》《我的军旅生涯》《瞭见王爱召》等37篇文章。（荷梅）

达拉特文史（第八辑）

中国人民政治协商会议达拉特旗委员会文史资料委员会　编

中国文史出版社

2014年12月

16开　272页　75.00元

内容提要：本书收录了《达拉特旗革命斗争史略》《寻访西军墓》《治穷致富的一个重要途径》《我的民办教师生涯》《来自学生的动力》等30多篇文章。（荷梅）

达拉特文史（第九辑）

达拉特旗政协文史委员会　编

中国文史出版社

ISBN 978-7-5034-7834-5

2016年6月

16开　276页　52.00元

内容提要：本书收录了《在希望的田野上》《中和西"井黄双灌"模式的艰辛实践》《三上银肯沙》《记忆中的

岁月》等30多篇文章。（荷梅）

达拉特文史（第十辑）：走出家乡的达旗人

达拉特旗政协文史委员会　编
中国文史出版社
ISBN 978-7-5034-9559-5
2017年10月
16开　280页　55.00元

内容提要：本书收录的文稿以个人传略或对家乡的回忆性文章为主，共收录了30多名杰出人物，大家笔下流淌出来的对这片土地深沉、浓烈的爱，是一脉相承的、发自内心的。（荷梅）

达拉特文史（第十一辑）：芳华岁月——达拉特中学回眸

达拉特旗委政协文化文史和学习委员会　编
中国文史出版社
ISBN 978-7-5205-2670-.8
2020年11月
16开　234页　68.00元

内容提要：本书为达拉特旗文史资料，记录达拉特中学发展历史文集，主要文章有《大漠忠魂》《我经历的达拉特旗第一中学初建和发展》《万紫千红乐耕耘》《芳华系揽达中情》《直挂云帆济沧海》《苦心励志的焙炉》《古稀难忘初中时》《我心中的丰碑》《大漠彩虹》《不忘初心忆达中》《岁月沧桑，生命如歌》《师恩难忘寄深情》《达中情怀，感恩母校》《悠悠我心忆达中》《绿树成荫话达中》《永恒的记忆》《我参加的熬碱劳动》《马蹄嘚嘚，催我奋进》《心底攫微情深深》《达中的恩泽，一生的恩情》。（荷梅）

大地之光

肖峰　著
太白文艺出版社
ISBN 7-80605-780-3
1999年5月
32开　237页　18.00元

内容提要：本书是一部诗集，分黄土风情和黑色旋律上、下两部，记录了作者人生两个阶段的感悟。（荷梅）

大河人家

赤耳　著
内蒙古人民出版社
ISBN 978-7-204-15920-8
2019年4月
16开　460页　58.00元

内容提要：本书所收作品时间跨度70余年，通过父辈逃荒、新建家园、呵护家园的情感与人生经历，纵情讴歌了中华人民共和国；通过下一辈求学、成长、治理沙漠的经历，反省沙化与人祸之间的内在联系，进而揭示自然界的沙漠治理固然急迫，人心的沙漠治理更加刻不容缓。（荷梅）

大美鄂尔多斯

白明德　主编

内蒙古人民出版社
ISBN 978-7-204-14597-3
2017年2月
16开　401页　78.00元

内容提要：本书主要介绍了伊金霍洛旗史迹、英雄、祭祀、故事、民俗、文艺、信仰、赞颂、旅游九部分的美。（荷梅）

大漠赤子·民族精英——吴占东纪念文集

奇·朝鲁等　主编
内蒙古人民出版社
ISBN 978-7-204-12161-8
2013年3月
16开　409页　68.00元

内容提要：本书是一部纪念吴占东同志的书，分为珍贵镜头篇、子女缅怀篇、战友记忆篇、部属追念篇、报告讲话篇五个部分，展示一位大漠赤子的真实形象，显现一位民族精英的质朴精神。（荷梅）

大漠情思

韩怀德　著
中国文联出版社
ISBN 7-5059-3337-X
1999年6月
32开　213页　16.00元

内容提要：本书共七个部分，分别是绿色的沙漠、草原上采撷的鲜花、田野里收获的歌、心灵的轨迹、旅途杂咏、短歌集萃、愚人哲言。（荷梅）

丹心化雨

布仁　著
内蒙古人民出版社
ISBN 7-204-07139-5
32开　135页

内容提要：本书是一部摄影作品集，收入了近几年来鄂前旗基层组织建设摄影经典之作，生动活泼地勾画出了鄂前旗基层组织建设工作中的多彩画面，反映了鄂前旗基层党组织建设的成果。（嘎拉贝日汗）

地质神韵——内蒙古鄂托克旗地质公园

本书编委会　主编
内蒙古鄂托克旗国土资源局　编
2008年8月
16开　150页

内容提要：本书分为发现鄂托克、鄂托克旗地质公园简介、查布恐龙足迹化石、恐龙足迹的研究和保护、沧海桑田鄂托克、古生物化石、动植物、风景如画鄂托克、历史文化、民族风情10个章节，介绍了鄂托克地质公园。（荷梅）

地域文化的资源与开发

陈育宁　著
内蒙古人民出版社
ISBN 978-7-204-11689-8
2012年7月
16开　207页　68.00元

内容提要：本书是一部深入探讨鄂尔多斯学和鄂尔多斯地域文化的内涵、特征及发挥其功能的路径，研究鄂尔多

斯地区历史，以及考察了宁夏、山西、陕西、甘肃等地区地域文化的文集，共收入30多篇文章。（库布其）

地质画卷

鄂尔多斯市国家地质公园管理局　编

12开　191页

内容提要：本资料是一部影集，展示了鄂尔多斯国家地质公园的各类景观。（其利格尔）

抵达与返回

山豆　著

中国文联出版社

ISBN 7-5059-4588-2

2005年8月

32开　160页　14.00元

内容提要：本书收录了《想念家乡》《准格尔民歌》《马头琴》《人生》《为谁而歌》《在春天的边缘》《有一种声音》等90多首诗歌。（荷梅）

点一盏心灯

周建国　著

内蒙古人民出版社

ISBN 978-7-204-13388-8

2015年3月

32开　160页　28.00元

内容提要：本书收录了《在泥土中永恒》《成山头》《准格尔——我们热爱的地方》《请不要这样离我而去》《放歌鄂尔多斯》《船过老牛湾》等40多篇文章。（荷梅）

电花集——达拉特发电厂文学作品集

达拉特发电厂政治部　编

32开　155页

内容提要：本资料是达拉特发电厂职工文艺作品集。（荷梅）

调查河套报告书

督办运河工程总局编辑处　编辑

内蒙古大学出版社

ISBN 978-7-5665-1231-4

2017年6月

16开　522页　199.00元

内容提要：本书影印北京京华印书局1931年出版的《调查河套报告书》，主要内容有调查报告、调查缘起、调查记录、特件、旅行日记等。（嘎拉贝日汗）

东胜市地名志

黄开学　编

1987年8月

265页

内容提要：本书是一部介绍东胜市地名的志书。地名的选取以行政区划及自然村、自然地理实体、名胜古迹、革命纪念地、主要专业团体和部门等为主。共收录地名716条，其中蒙古语地名154条、藏语地名2条、满语地名2条、印度语地名1条。另外还编制东胜市各乡地图11幅，城区示意图5幅，城区和乡村文化、教育、卫生分布图1幅。本志引用的各种数据，以统计部门提供的

为主。（库布其）

东胜市志

李世义　主编
《东胜市志》编纂委员会　编
内蒙古人民出版社
ISBN 7-204-01337-9
1997年11月
16开　995页　186.00元

内容提要：本书是一部如实记述截至1990年底东胜市自然、社会各方面历史和现状志书，由概述、大事记、专志和附录组成，专志共设行政区域、自然环境、居民、城乡建设、经济综合管理、工业、农业、畜牧、养殖、林业、教育、科技、司法等29篇，共144章，374节。（嘎拉贝日汗）

东胜文史资料（第六辑）

政协鄂尔多斯市东胜区委员会学习文史提案委员会　编
2003年10月
32开　198页

内容提要：本资料记录了东胜经济社会发展的方方面面，分为政体沿革、千秋功业、历史回眸、委员风采、风景名胜、两岸亲情、名人逸事、资料介绍八个部分。（库布其）

东胜文史资料（第八辑）

政协鄂尔多斯市东胜委员会学习文史委员会　编
内蒙古人民出版社
ISBN 978-7-204-11238-8
2011年11月
32开　356页　28.00元

内容提要：本资料记录了东胜经济社会发展的方方面面，分为流金岁月、历史回眸、建设足迹、社情民意、委员论坛、建言献策六个篇章。（荷梅）

东胜文史资料（第十辑）第一卷：东胜史话

《东胜文史资料第十辑》编委会　编
远方出版社
ISBN 978-7-5555-1023-9
2018年1月
16开　364页　185.00元

内容提要：本书分为历朝历代、清史拾遗、民国往事、红色记忆、建国后、人文地理六个篇章。（荷梅）

东胜文史资料（第十辑）第二卷：文学史存

《东胜文史资料第十辑》编委会　编
远方出版社
ISBN 978-7-5555-1107-6
2018年1月
16开　412页　185.00元

内容提要：本书内容分为史海启航、蒙古族记忆、风景谈、人物志、胜州今朝五个篇章。（荷梅）

东胜文史资料（第十辑）第三卷：高原风情

《东胜文史资料第十辑》编委会　编

远方出版社

ISBN 978-7-5555-1108-3

2018年1月

16开　408页　185.00元

内容提要：本书内容分为高原风情、风情故事两个篇章。（荷梅）

东胜文史资料（第十辑）第四卷：胜州笔谈

《东胜文史资料第十辑》编委会　编

远方出版社

ISBN 978-7-5555-1114-4

2018年1月

16开　392页　185.00元

内容提要：本书内容分为企业方阵、小城故事、时代楷模、协会风采、文艺群英、历史文化、社会万象、举案说法、同舟共济、理论天地10个篇章。（荷梅）

东胜文史资料（第十辑）第五卷：议政建言

《东胜文史资料第十辑》编委会　编

远方出版社

ISBN 978-7-5555-1109-0

2018年1月

16开　588页　185.00元

内容提要：本书内容分为政协东胜县、市、区历届委员会简介及主席、副主席、常委、委员名单，历届政协会议提案，历届大会发言展示，历届政协调研报告汇编，八届政协这五年，民主党派在东胜六个篇章。（荷梅）

东胜文史资料（第十一辑）第一卷：画说东胜

鄂尔多斯市东胜区政协学习文史委员会　编

2019年12月

16开

内容提要：本资料以"图说"的形式再现了东胜经济社会发展成就，内容包括历版规划、史事图述、经济元素、文化印象、社会实录、城市记忆、沧桑巨变、还看今朝八个部分。（荷梅）

东胜文物志

田国平　主编

内蒙古鄂尔多斯市东胜区文物保护管理所　编

内新图准字（95）第68号

2002年12月

32开　244页　38.00元

内容提要：本书是一部集知识性、史实性、资料性于一体的全面反映东胜民族史、革命史、自然史的系统的工具书，涵盖了东胜区域概况及地质活动与古生物演化进程，详尽介绍了东胜境内经多年发掘整理形成的历史文化遗存、民族文物、革命史绩、革命纪念地、民族风俗、风景名胜等。（荷梅）

多梦的高原

周晨曦　著

香港天则出版社

ISBN 962-7655-64-4

1992年10月

32开　214页　4.50元

内容提要：本书共四辑，分别是高原神韵、大漠风姿、生活浪花、塞外风流。（荷梅）

鄂尔多斯财政历史文物史话

鄂尔多斯青铜器博物馆　编

故宫出版社

ISBN 978-7-5134-1379-4

2021年2月

16开　317页　460.00元

内容提要：本书是以鄂尔多斯财政历史陈列为基础，在充分尊重和分析历史资料的基础上，结合当前财政工作成就，融合了鄂尔多斯中外考古发掘成果，以物见史、以文载史、以数记史，与以往的研究成果相交融，将财政历史文化研究纳入历史文化研究框架体系，为研究鄂尔多斯财政、经济社会发展提供了更加生动翔实的背景资料。（荷梅）

鄂尔多斯大牛地气田致密砂岩气成藏理论与勘探实践

郝蜀民、陈召佑、李良　著

石油工业出版社

ISBN 978-7-5021-8317-2

2011年8月

16开　301页　80.00元

内容提要：本书总结了大牛地气田高效勘探的方法与经验，提出了鄂尔多斯盆地上古生界"近源"成藏组合已成为我国近中期最重要的天然气勘探开发领域，伊陕斜坡的广大地区是近源成藏组合最重要的发育区。（库布其）

鄂尔多斯地区早古生代岩相古地理

冯增昭等　著

地质出版社

ISBN 978-7-116-00758-X

1991年1月

16开　190页　12.70元

内容提要：本书是一部鄂尔多斯地区早古生代岩相古地理研究著作，分为绪言、地震、岩石、岩相古地理研究方法、早寒武世岩相古地理、中寒武世岩相古地理、晚寒武世岩相古地理、早奥陶世岩相古地理、中奥陶世马家沟期岩相古地理、中奥陶世平凉期岩相古地理、晚奥陶世锅山期岩相古地理、鄂尔多斯地区早古生代岩相古地理演化、从岩相古地理论鄂尔多斯地区油气生储盖条件及潜景、参考文献、附图、英文摘要、图版说明、图版19个部分。（荷梅）

鄂尔多斯的文博人：鄂尔多斯文博事业发展历程回顾

王志浩、窦志斌　编

科学出版社

ISBN 978-7-03-067851-5

2020年12月

16开　282页　228.00元

内容提要：本书收集了鄂尔多斯老中青文博工作者的近30篇文章，讲述了文博人自己的经历和感受、对前辈及同仁的敬仰和情谊，以及对文博事业的认知和探索。本书图文并茂，饱含着文博人对鄂尔多斯文博事业发展历程的回忆，记录了鄂尔多斯文博事业从无到有、从有到精的发展历程，质朴感情铺陈出每一位文博工作者对文博工作奉献的初心和无悔的热爱。（荷梅）

鄂尔多斯短调民歌

《鄂尔多斯短调民歌》编委会　主编
色·苏雅拉图、额尔毕黑　搜集整理
内蒙古人民出版社
ISBN 978-7-204-16747-0
2021年5月
16开　655页　360.00元

内容提要：本书对濒危失传的鄂尔多斯短调民歌曲目进行抢救性记录，在词曲梳理的基础上，增加五线谱、故事情节叙述等内容。收录的歌词内容包括赞美民族英雄，反动垦荒，歌颂共产党、八路军，歌颂新时代、新生活等，题材众多、丰富多彩、折射出鄂尔多斯人民热爱祖国、热爱生活、热爱家乡的思想境界。（荷梅）

鄂尔多斯发展论——纪念改革开放三十周年

姚鸿起　著
内蒙古人民出版社
ISBN 978-7-204-09592-6
2008年7月
32开　262页　35.00元

内容提要：本书汇集整理了作者对鄂尔多斯研究的主要成果，内容分为发展战略论、全面小康论、科学发展论、和谐发展论、文化支撑论、发展保障论六个章节。（荷梅）

鄂尔多斯烽火

郝崇理　著
鄂尔多斯市延安精神研究会　编
32开　159页　16.00元

内容提要：本资料回顾了战争年代中国共产党在鄂尔多斯地区的活动史，概括地记述了旧民主主义革命时期蒙古民族反帝国反封建的革命运动，主要内容是鄂尔多斯人民反洋教斗争、独贵龙运动、延安光辉照耀鄂尔多斯等章节和附录两则。（嘎拉贝日汗）

鄂尔多斯高原及其邻区历史地理研究

陕西师范大学中国历史地理研究所　编
三秦出版社
ISBN 978-7-80736-391-0
2008年6月
16开　381页　60.00元

内容提要：本书收录了《鄂尔多斯高原战国秦汉时代族群地理》《试论鄂尔多斯式青铜器的特点及其他》《唐代鄂尔多斯地区城址的等级与形制》《鄂尔多斯高原自然背景和明清时期的土地利用》等文章。（荷梅）

鄂尔多斯革命斗争史料

王静有 编

当代中国出版社

ISBN 978-7-80170-575-4

2008年1月

16开　943页　180.00元

内容提要：本书真实地再现了民主革命时期鄂尔多斯蒙汉人民在中国共产党的领导下为追求民族解放独立，前仆后继、不甘屈辱、浴血奋战的艰苦历程，资料翔实，内容丰富。忆述者既有老一辈无产阶级革命家，地方党的早期工作者、组织负责人，如乌兰夫、李维汉、白如冰、白成铭和王铎等，也有普通的干部、战士，他们是许多重大历史事件的亲历者和见证人，读来真实朴素、亲切感人。（库布其）

鄂尔多斯革命史

萨楚日勒图 编著

内蒙古人民出版社

ISBN 7-204-08199-4

2006年1月

32开　827页　60.00元

内容提要：本书共分六章，全面系统地记述了鄂尔多斯人民自1828年首发的"独贵龙"运动至1949年获得解放的革命斗争史。全书客观地记载了清朝末年、北洋军阀统治时期、国民党统治时期等120多年以来的鄂尔多斯社会变革、历史发展及一系列重大历史事件，人物逼真，内容丰富，史事详尽，文风朴实，表述适中。（荷梅）

鄂尔多斯古树名木

吴剑雄 主编

内蒙古人民出版社

ISBN 978-7-204-14716-8

2017年7月

16开　264页　320.00元

内容提要：本书收录了鄂尔多斯地区的古树名木信息，还收录近500幅照片，还记载了与这些古树相关的名人轶事、民间故事、神话传说以及旅游文史资料，展示了鄂尔多斯市光辉灿烂的树木文化，具有较高的学术研究和收藏价值。（嘎拉贝日汗）

鄂尔多斯骄子：传奇郭三祥

穆艳梅、邹兵艳 著

华龄出版社

ISBN 978-7-80178-887-0

2011年11月

16开　193页　68.00元

内容提要：本书分"苦难少年、独特尽显""跌宕起伏、凤凰涅槃""心怀感恩、饮水思源"三个部分介绍了郭三祥的生平。（荷梅）

鄂尔多斯历史大事要略

梁冰 编著

内蒙古大学出版社

ISBN 978-7-81015-572-5

1996年4月

32开　164页　6.00元

内容提要：本书分史前至周、春秋、战国、秦、汉、三国、晋、南北朝

等14个章节，概述了鄂尔多斯历史上的大事。（荷梅）

鄂尔多斯历史管窥

梁冰 著
内蒙古大学出版社
ISBN 7-81015-047-2
1989年8月
32开 477页 4.95元

内容提要：本书共三个章节，分别为历史演变、盟旗王公制度、喇嘛教。（荷梅）

鄂尔多斯历史文化读本

2016年9月
16开 109页 50.00元

内容提要：本资料介绍了鄂尔多斯的历史文化，展示鄂尔多斯丰厚的历史文化底蕴，以传承和弘扬中华民族优秀传统文化。（荷梅）

鄂尔多斯历史沿革四言长歌

奇忠义 著
作家出版社
ISBN 7-5063-1737-0
2000年5月
32开 80页 22.00元

内容提要：本书以四言诗的形式讲述鄂尔多斯的历史，表达了对家乡的热爱之情。（荷梅）

鄂尔多斯历史研究

汤晓芳 主编
内蒙古人民出版社
ISBN 978-7-204-11689-8
2012年7月
16开 68.00元

内容提要：本书收录了关于《鄂尔多斯》《鄂尔多斯溯源》《鄂尔多斯的由来》《阿尔寨石窟——鄂尔多斯文化明珠》《解读朱开沟文化》等35篇文章。（荷梅）

鄂尔多斯历史与文化

宝斯尔等 著
中央民族学院出版社
ISBN 7-81001-039-5
1989年10月
32开 153页 2.40元

内容提要：本书分奇异沉浮的陆海、世界闻名的河套人、晶莹璀璨的匈奴文化、伊克昭盟旗市历史沿革等10个部分内容。（荷梅）

鄂尔多斯蒙古王爷——沙克都尔扎布

弓生淖尔布 著
内蒙古人民出版社
ISBN 978-7-204-16266-6
2020年1月
16开 304页 68.00元

内容提要：本书是介绍蒙古王爷沙克都尔扎布的专著，沙克都尔扎布是原扎萨克旗的第九任扎萨克。他在位的是清末到抗日战争即将结束的时期，社会动荡、政局多变，内外危机丛生，作为伊克昭盟盟长、绥境蒙政会委员长，他周旋于各种政治势力中，苦撑危局，千方百计维持王公制度。他是许多重大历史事件的深度参与者。编著者用丰富的历史资料、档案资料和访谈资料复原了沙王的形象和性格，揭示了其内心深处的政治文化密码。（嘎拉贝日汗）

鄂尔多斯蒙古族民间故事

彤格乐　著
内蒙古人民出版社
ISBN 7-204-08371-7
2006年12月
32开　220页　26.00元

内容提要：本书共收集了60篇民间故事，多以惩恶扬善、歌颂马背民族的英武剽悍为主，也兼有其他主题的作品。（荷梅）

鄂尔多斯民谚

栗治国、栗济深　著
远方出版社
ISBN 7-80595-936-X
2006年8月
32开　176页　18.00元

内容提要：本书汇集了鄂尔多斯地区汉族传统谚语2901条，全都是当地老百姓使用最多、流行最广的民间谚语。内容分为农谚和社会谚两编。（荷梅）

鄂尔多斯盆地大面积致密砂岩气成藏理论

杨华等　著
科学出版社
ISBN 978-7-030-49176-3
2016年6月
16开　378页　298.00元

内容提要：本书理论与勘探实践相结合，在系统总结、提炼长庆油田对鄂尔多斯盆地上古生界致密砂岩气藏的相关研究成果基础上，阐述致密砂岩气成藏理论的基本、介绍致密砂岩气藏的研究技术方与勘探经验。全书共11章。（荷梅）

鄂尔多斯盆地西缘麻黄山探区延安组碎屑岩储层测井评价

赵永刚等　著
中国地质大学出版社
ISBN 978-7-5625-5001-3
2021年4月
16开　232页　98.00元

内容提要：本书综合地质、钻井、录井、测井等资料，对麻黄山探区延安组储层的测井评价方进行了研究与应用。主要内容包括麻黄山探区延安组砂岩储层的小层划分与对比以及各小层的分布特点，储层的孔渗特、岩与电特征分析，低电阻率储层的成因；泥浆侵入的影响与校正方，延安组储层参数测井计算方与流体识别技术。本书可供从事测井地层评价、油气藏勘探与开发等方向的科研人员和高校师生阅读。（荷梅）

鄂尔多斯盆地西缘掩冲带构造与油气

杨俊杰　主编
甘肃科学技术出版社
ISBN 978-7-5424-0277-3
1990年9月
16开　160页　12.00元

内容提要：本书包括《用解析构造观研究逆冲推覆构造》《鄂尔多斯盆地西缘地质构造与油气前景》《鄂尔多斯地块西缘地质构造演化特征》等11篇论文。（荷梅）

鄂尔多斯青铜器

王志浩、杨泽蒙　主编
鄂尔多斯博物馆　编
文物出版社
ISBN 7-5010-1972-X
2006年8月
16开　348页　680.00元（精装）880.00元（珍藏）

内容提要：本书收录了《鄂尔多斯青铜器》专题展览展出的全部展品，还包括向内蒙古博物馆、内蒙古文物考古研究所等单位借展的部分精品，许多展品是第一次公开面世，是国内规模最大、数量最多、品种最全、档次最高的一次鄂尔多斯青铜器的展示。图录还附有3万余字鄂尔多斯历史梗概、系统介绍鄂尔多斯青铜器的文章及数十幅辅助照片。（荷梅）

鄂尔多斯青铜器国际学术研讨会论文集

本书编辑组　编
科学出版社
ISBN 978-7-03-026208-0
2009年12月
16开　766页　185.00元

内容提要：本书是2008年9月在内蒙古鄂尔多斯召开的鄂尔多斯青铜器国际学术研讨会的论文集，共收集来自国内外专家、学者的论文47篇和相关讲话及综述7篇，对"鄂尔多斯青铜器研究""中国北方青铜时代和早期铁器时代考古学文化研究""鄂尔多斯青铜文明与华夏青铜文明研究""欧亚草原之路研究"等诸多课题展开了多领域广泛、深入的研讨，展示了近些年世界各地对于包括鄂尔多斯青铜器在内的中国北方长城沿线地带以及欧亚草原地区，属于青铜时代至早期铁器时代考古学文化研究领域的进展情况和最新成果。本书可供考古学、历史学、民族学领域的研究者及相关专业师生阅读、参考。（库布其）

鄂尔多斯人物散记

马步萧　著
远方出版社
ISBN 7-80595-668-5
2007年7月
32开　286页　36.00元

内容提要：本书收入了福王、四奶奶、七太太、赌王、女王、地下党员高俊光等54个人物的散记。（荷梅）

鄂尔多斯山的女儿

陈晓兰　著

中国文史出版社

ISBN 978-7-5205-2847-4

2021年6月

16开　197页　49.00元

内容提要：本书是一部励志小说，讲述了女主人公乌兰达莱幼年、青年时期不屈服于命运安排的故事，通过在鄂尔多斯山牧羊、自学，最终走上成才之路，开启了新的人生。（荷梅）

鄂尔多斯生态口述史

包金山等　编著

内蒙古人民出版社

ISBN 978-7-204-11863-2

2012年9月

16开　272页　58.00元

内容提要：本书记录了一批在鄂尔多斯高原上生活了七八十年的老人们讲述的鄂尔多斯的植物、动物、水资源等方面的古今状态、历史变迁和传说等，并详细记录了口述的状况、地点、时间。（荷梅）

鄂尔多斯史海钩沉

高毅等　编著

文物出版社

ISBN 978-7-5010-2508-4

2008年9月

16开　279页　198.00元

内容提要：本书以考古发现资料为依托，以图文形式介绍了鄂尔多斯在地质年代的地质史及人类出现后的历史。（荷梅）

鄂尔多斯史海凭栏

鄂尔多斯青铜器博物馆　编

科学出版社

ISBN 978-7-03-065030-6

2020年5月

16开　320页　228.00元

内容提要：本书以考古发现资料为依据，讲述了鄂尔多斯厚重的历史文化，内容分为沧桑远古岁月、肇始农耕文明、淬炼草原青铜、涤荡历史旋轮、成吉思汗祭祀、鄂尔多斯收藏漫语六章。（荷梅）

鄂尔多斯史话

《鄂尔多斯史话》编委会　编

华文出版社

ISBN 978-7-5075-1925-9

2007年8月

16开　298页　480.00元

内容提要：本书根据鄂尔多斯区域的历史地理、文物考古等研究成果，拓宽传统的以中原为正统的史观视野，将自然环境与人类历史活动的变迁联系起来，将历史文献和考古研究联系起来，全方位展示鄂尔多斯的历史、文化及深远影响。（库布其）

鄂尔多斯史叶

何知文　著

中共鄂尔多斯市委党史研究室　编

2016年5月

16开　870页

内容提要：本资料对《鄂尔多斯史叶》1—3辑重新选编，又增补了作者关于党史的文章。全书分上、下两册。上册内容分为史海钩沉、历史见证两大部分，收录了《乌审旗现代革命史提纲》《桃力民办事处和中心区人民政府始末》《人民应该记住他》《北上抗日》等文章。下册分为人物春秋、那顺德勒格尔传略、文史浅议三部分，收录了《追忆盛丰社》《经历路线教育》《追念白海喜》《有关乌审旗事变的情报》等文章、历史档案。（荷梅）

鄂尔多斯史札

厄尔呼特·宝山等　著

内蒙古大学出版社

ISBN 978-7-5665-0021-2

2011年8月

16开　354页　68.00元

内容提要：本书展示了鄂尔多斯众多的历史遗迹和丰富的民俗内涵，使读者可以了解自成吉思汗时期到清朝的鄂尔多斯历史概况。（荷梅）

鄂尔多斯史志研究文稿（第一册）

伊克昭盟地方志编纂委员会　编

1983年3月

32开　358页

内容提要：本资料内容分为《伊克昭盟》凡例、纲目，南北朝以前鄂尔多斯的行政设置，隋至金鄂尔多斯的行政设置，元、明、清时期鄂尔多斯的行政设置，鄂尔多斯史话五大部分，其中鄂尔多斯史话部分分为从远古到秦汉时期、魏晋至隋唐时期、五代至宋辽金时期、元朝时期、清朝时期五章。（荷梅）

鄂尔多斯史志研究文稿（第二册）

伊克昭盟地方志编纂委员会　编

1983年3月

32开　211页

内容提要：本资料包括鄂尔多斯地质方面的知识点。（库布其）

鄂尔多斯史志研究文稿（第三册）

伊克昭盟地方志编纂委员会　编

1983年3月

32开　300页

内容提要：本资料内容分为喇嘛教在鄂尔多斯的传播及影响、伊克昭盟的生物、伊克昭盟的水文三大部分。（荷梅）

鄂尔多斯史志研究文稿（第四册）

伊克昭盟地方志编纂委员会　编

1983年12月

32开　358页

内容提要：本资料内容分为伊克昭盟的历代开垦和近现代社会形态之变化、鄂尔多斯的民间音乐两大部分，其中第一部分有清朝以前的土地经营、贻谷放垦始末、民国时期的开垦、土地开垦对社会形态的影响四个章节，第二部

分有歌曲分类、歌曲的内在结构、蒙汉音乐文化的交流三个章节。（荷梅）

鄂尔多斯史志研究文稿（第五册）

　　伊克昭盟地方志编纂委员会　编

　　1986年

　　32开　201页

　　内容提要：本书内容分为伊克昭盟"独贵龙"运动概述、鄂尔多斯蒙医蒙药简况、鄂尔多斯气候三大部分。（荷梅）

鄂尔多斯史志研究文稿（第六册）

　　伊克昭盟地方志编纂委员会　编

　　1985年9月

　　32开　358页

　　内容提要：本书收入了两篇文章、一篇是梁冰同志根据伊克昭盟地方志的编纂规划编著的《鄂尔多斯的历史演变》，另一篇是纳古单夫同志为支持伊克昭盟修志工作而提供的1939年谢再善先生及边疆通讯社撰写的《伊克昭盟志》。（荷梅）

鄂尔多斯市第二次土地调查图集

　　鄂尔多斯市国土资源局、鄂尔多斯市土地勘测规划院、北京中天博地科技有限公司　编著

　　2014年9月

　　8开

　　内容提要：本资料是以鄂尔多斯市各旗区的第二次土地调查成果及市级汇总成果为基础，以土地利用现状图为主的形式反映各旗区的土地利用分布情况，采用计算机制图技术编制而成，并对其道路、水系、行政名称进行了标注。主要内容有序图组（行政区划图、卫星影像图、地势地貌图，主要是反映鄂尔多斯市的行政区划、地形地貌情况）、市第二次土地调查成果图组（市土地利用现状图、市基本农田分布图、市耕地坡度分级图，主要反映鄂尔多斯市的第二次土地调查的土地利用分布情况、全市的基本农田分布情况及耕地坡度分级情况）、区、旗第二次土地调查成果图组（旗区影像图、旗区政府所在城镇影像图、旗区土地利用现状图、旗区基本农田分布图、乡苏木、镇土地利用现状图，主要是反映各区旗的第二次土地调查的成果图）。在保证图集完整统一的基础上，增加了土地利用结构和各旗区的耕地分布情况等相关内容，使其内容更加充实。（荷梅）

鄂尔多斯市公安交通管理志

　　鄂尔多斯市公安局交通警察支队　编

　　内新图准字〔2007〕123号

　　16开　393页　350.00元

　　内容提要：本书全面系统地记述了鄂尔多斯市公安交通管理事业从无到有、从小到大20年间逐步发展并不断完善的历程，再现了广大交通民警战酷暑、斗严寒、沐风栉雨、艰苦奋斗的辉煌业绩。（荷梅）

鄂尔多斯市检察志

　　鄂尔多斯市检察院编纂委员会　编

内蒙古人民出版社

ISBN 978-7-204-10273-0

2009年12月

16开　285页　160.00元

内容提要：本书是一部检察专业志，全面、系统地记述了鄂尔多斯市检察机关50多年的历史沿革和各项检察活动的史实，展现了在党和政府领导下，鄂尔多斯市检察事业蓬勃发展的历程，总结了检察工作在前进中的经验和教训，特别是全市广大检察干警忠于党、忠于人民、忠于法律，认真履行法律监督职责，为保障改革开放和经济建设创造了良好的法治环境，以及秉公执法、无私奉献的崇高境界和精神风貌。（荷梅）

鄂尔多斯市蒙古族中学志

《鄂尔多斯市蒙古族中学志》编纂委员会　编

2006年7月

16开　288页

内容提要：本资料详细介绍了鄂尔多斯市蒙古族中学的机构沿革、德育工作、教学工作、体育卫生、总务工作、教职员工、学生、人物、友好往来等情况。（荷梅）

鄂尔多斯市蒙古族中学志（1956—2016）

杨勇　主编

内蒙古人民出版社

ISBN 978-7-204-14116-6

2016年6月

16开　414页　180.00元

内容提要：本书共12个部分，全方位记录鄂尔多斯市蒙古族中学60年的发展历程，另有60年的大事记突出学校的重大事件，校志完整地展现了鄂尔多斯市蒙古族中学艰难曲折而又辉煌的历史。（荷梅）

鄂尔多斯市土地志

鄂尔多斯市土地志编委会　编

内蒙古人民出版社

ISBN 978-7-204-14755-7

2017年5月

16开　296页　189.00元

内容提要：本书记载了鄂尔多斯市土地工作的历史和现状，内容分为土地概况、土地资源、土地所有制度、土地使用制度等14章。（荷梅）

鄂尔多斯式青铜器

田广金、郭素新　编著

文物出版社

11068·1340

1986年5月

16开　402页　31.00元

内容提要：本书对鄂尔多斯青铜器进行系统分类、分期、文化特征研究，对命名、起源、族属进行了科学论述，提出"鄂尔多斯青铜器"起源于鄂尔多斯及周边地区的论断，是我国第一部全面、系统地研究鄂尔多斯青铜器的考古学论著。（荷梅）

鄂尔多斯式青铜器造型艺术研究

陆刚 著

中国社会科学出版社

ISBN 978-7-5227-0167-7

16开　269页　99.00元

内容提要：本书以夏商至两汉时期北方长城沿线地带的生态环境、气候演变状况、经济模式乃至铜锡矿资源分布情况为现实背景，分别研究了兵器与工具、装饰品、生活用具与车马具的产生与发展过程，艺术造型的构成规律，纹饰、图像的审美特质与文化内涵，将鄂尔多斯式青铜器置于原生环境与文化场域之中，对其造型做出了更加客观、深入的解读。（荷梅）

鄂尔多斯四季歌

王永雄 著

作家出版社

ISBN 978-7-5063-3826-4

2008年3月

32开　136页　50.00元

内容提要：本书分为东胜、杭锦之歌、鄂托克之歌、乌审之歌、达拉特之歌、伊金霍洛之歌、伊和乌素等部分，共收录120多首诗歌。（荷梅）

鄂尔多斯拓荒者的故事

尚一波 著

内蒙古人民出版社

ISBN 978-7-204-14514-0

2016年12月

16开　280页　98.00元

内容提要：全书分为上、下两卷。上卷为报告文学集，下卷为调查报告集，较为真实地、全面地记述了改革开放初期发生在鄂尔多斯重大、重要的典型事件和典型人物，是一部用时代典型书写的有独特价值的历史之作。（荷梅）

鄂尔多斯王公记

额尔德木图　整理翻译

内蒙古人民出版社

ISBN 978-7-204-10858-9

2010年12月

32开　207页　160.00元

内容提要：本书内容分为鄂尔多斯盟旗建制，鄂尔多斯王公制度，鄂尔多斯各旗历任札萨克及盟府长官名录，各旗王府、衙门的概况和盟府、旗衙门的主要公务，札萨克王爷的生活五个章节。（库布其）

鄂尔多斯往事

袁志忠、张秉毅　编著

内蒙古人民出版社

ISBN 978-7-204-04996-9

2004年3月

32开　349页　38.00元

内容提要：本书以大量历史图片，记录了伊盟开垦、"独贵龙"运动、成陵西迁、伊盟事变等内容。（荷梅）

鄂尔多斯文化研究

奇·朝鲁　主编

内蒙古人民出版社

ISBN 978-7-204-11689-8

2012年7月

16开　339页　68.00元

内容提要：本书主要对鄂尔多斯文化的民族特色展开历史考察与理论探索。（库布其）

鄂尔多斯文史资料（第一辑）

中国人民政治协商会议内蒙古自治区鄂尔多斯市委员会文史资料委员会　编

内新图准字〔2002〕121号

2003年2月

32开　20.00元

内容提要：本书由撤盟设市、历史沧桑、高原忆往三大部分组成。（荷梅）

鄂尔多斯文史资料（第二辑）

中国人民政治协商会议内蒙古自治区鄂尔多斯市委员会文史资料委员会　编

内新准字〔2003〕106号

2004年10月

32开　462页　30.00元

内容提要：本书分为四辑。第一、二辑收录作为"亲历、亲见、亲闻"的史料。第三部分收录《建国以来从伊克昭盟到鄂尔多斯市各个历史时期的财政状况》《鄂尔多斯左翼后旗红翎台吉家谱图》等内容。第四辑回顾总结了撤盟设市前伊克昭盟盟旗（市）两级政协文史工作的历程与经验教训。（库布其）

鄂尔多斯文史资料（第三辑）：忆父辈往事

中国人民政治协商会议内蒙古自治区鄂尔多斯市委员会文史资料委员会　编

内新图准字〔2005〕75号

2005年12月

32开　490页　35.00元

内容提要：本书收录回忆文章有47篇。其中所回忆的先辈们有老红军、老战士、曾经担任过各个历史时期党政和政协及有关部门的重要职务的老领导有与中国共产党肝胆相照的民主人士，还有老劳模、老艺术家和老医学专家等。读者可以了解先辈们为鄂尔多斯各项事业所做出的闪光业绩，感受到他们特有的人格魅力。（库布其）

鄂尔多斯文史资料（第四辑）：兵团岁月

王德宝　主编

中国人民政治协商会议内蒙古鄂尔多斯市委员会文史资料委员会　编

内新图准字〔2006〕156号

2006年12月

16开　562页　80.00元

内容提要：本书反映了二十世纪六七十年代鄂尔多斯境内的内蒙古生产建设兵团干部、战士建设边疆、保卫边疆的历史，由回忆文稿、历史图片和附录（有关历史资料、兵团部分战友简介和通讯录）三部分组成。（荷梅）

鄂尔多斯文史资料（第五辑）：我的回忆——在鄂尔多斯成长的一名科技人员自述

魏仰浩　著

中国人民政治协商会议内蒙古鄂尔多斯市委员会文史资料委员会　编

内新图准字〔2007〕150号

2007年11月

32开　244页　25.00元

内容提要：本书共16万字，收录9篇科研论文、科普文章、调查报告和工作回顾，并附作者简介和魏先生有关照片20张。（荷梅）

鄂尔多斯文史资料（第六辑）：老马识途记——怀念马丕峰

李丕荣　著

中国人民政治协商会议内蒙古自治区鄂尔多斯市委员会文史资料委员会　编

内新图准字〔2009〕137号

2009年12月

32开　282页　38.00元

内容提要：本书主要收录凭记忆、笔记、资料等"三亲"史料叙写的回忆性文章。（嘎拉贝日汗）

鄂尔多斯文史资料（第七辑）：企业之光（上）

中国人民政治协商会议内蒙古鄂尔多斯市委员会文史资料委员会　编

内新图准字〔2009〕118号

2010年8月

32开　256页　36.00元

内容提要：本资料选录了鄂尔多斯几家大型企业的史料，通过典型个例反映鄂尔多斯民营企业发展的整体面貌。（荷梅）

鄂尔多斯文史资料（第八辑）：肝胆昭高原

中国人民政治协商会议内蒙古鄂尔多斯市委员会文史资料委员会　编

内新图准字〔2011〕221号

2012年7月

32开　258页　38.00元

内容提要：本书用大量的史实，记录了鲁富业同志光辉的一生，反映了后辈们对先烈的缅怀、追思。书中涉及鄂尔多斯地区许多重要的历史人物和事件，并附一批珍贵的历史照片，具有较强的可读性和感染力。（荷梅）

鄂尔多斯文史资料（第九辑）：一个支边者的足迹

白文清　主编

中国人民政治协商会议内蒙古自治区鄂尔多斯市委员会文史资料会　编

内新图准字〔2011〕221号

2013年11月

32开　268页　38.00元

内容提要：本书采用回忆录的方式，以翔实生动的文字，如实、客观、有所侧重地记录了林业专家方道忠先生于20世纪60年代初从故乡安徽黄山来到内蒙古鄂尔多斯，并在这片神奇的土地上，运用自己日常积淀及在北京林学院

学到的丰富专业知识和艰苦的科学实践改造荒漠、植树造林、造福百姓的不平凡经历。（嘎拉贝日汗）

鄂尔多斯文史资料（第十辑）：红色记忆

中国人民政治协商会议内蒙古鄂尔多斯市委员会文史资料委员会　编

内新广图准字〔2014〕11号

2014年2月

32开　238页　35.00元

内容提要：本书采用文字形式记录奋战于鄂尔多斯高原的前辈前赴后继地投入革命工作，不分昼夜，不辞辛劳，捍卫家乡故土的革命历程。（荷梅）

鄂尔多斯文史资料（第十三辑）：鄂尔多斯改革开放记忆

中国人民政治协商会议内蒙古鄂尔多斯市委员会文史资料委员会　编

16开　450页

内容提要：本书分为农村改革波澜壮阔、社会事业成就辉煌、经济发展勇立潮头、生态文明沧桑巨变、文化艺术繁荣兴旺五部分，收录了《数说鄂尔多斯改革开放》《回望首开先河的巴拉亥包产到户工作》《四十多年前刘存圪旦的"大包干"》《近四十年记者生涯中的"包"字情结》等文章。（荷梅）

鄂尔多斯文史资料（第十四辑）：走在时代前列的人们

郇建军　编

内蒙古大学出版社

ISBN 978-7-5665-1804-0

2020年6月

16开　585页　178.00元

内容提要：本书讲述了中华人民共和国成立70年来鄂尔多斯市各条战线产生的全国政协委员、全国劳动模范、全国人大代表、全国党代表等先进人物的事迹，旨在充分发挥先进典型的示范、辐射和引导作用，以此激发和引导人们振奋人心、凝心聚力、真抓实干、求真务实，为建设一个更美好的鄂尔多斯做出新的更大的贡献。（荷梅）

鄂尔多斯文物考古文集

伊克昭盟文物工作站　编

1981年8月

16开　496页

内容提要：本资料收集了中华人民共和国成立以来鄂尔多斯地区开展的各历史时期考古调查、发掘、近代革命史、民族史，以及利用考古发现来探讨沙漠变迁和治理等多方位的研究成果，其中包括部分尚未发表的资料，为学界利用考古资料研究鄂尔多斯的历史提供了宝贵的资料。（荷梅）

鄂尔多斯文物考古文集（第二辑）

王志浩　编

远方出版社

ISBN 7-80595-738-X

2004年12月

16开　941页　320.00元

内容提要：本书分上、下册，汇集

了自1981年《鄂尔多斯文物考古文集》发行以来，区内、外专家、学者在各类专业刊物上发表的涉及鄂尔多斯地区历史、文化、人地关系等领域的论文、考古学发掘报告、简报、鄂尔多斯各级重点文物保护单位简介等76篇，为系统了解鄂尔多斯地区考古学领域的最新动态及研究成果，全面揭示自旧石器时代晚期以来鄂尔多斯的历史面貌、社会发展历程、古地理、古气候的发展演化等提供了重要的科学资料。本文集先后荣获内蒙古自治区文物博物馆学会2005年度三等奖、鄂尔多斯市社会科学联合会2006年度一等奖。（荷梅）

鄂尔多斯岩画

鄂托克旗文化广播电影电视局　编
内蒙古人民出版社
ISBN 978-7-204-11368-2
2011年12月
8开　166页　780.00元
内容提要：本书介绍了鄂尔多斯岩画分布及其自然历史环境、鄂尔多斯岩画的历史价值与特征，以及苦菜沟岩画、后摩尔沟岩画、召烧沟岩画、黑龙贵峡谷岩画等内容。（荷梅）

鄂尔多斯英烈：纪念解放伊盟牺牲的勇士

郝崇理　著
作家出版社
ISBN 978-7-5063-3826-4
2007年2月
32开　139页　36.00元
内容提要：本书记录了鄂尔多斯35名革命先烈传记和鄂尔多斯部分英烈名录谱，让英烈的革命业绩永垂史册、流芳百世。（其利格尔）

鄂尔多斯英烈传

中共伊克昭盟委员会党史资料征集办公室　编
哈尔滨出版社
ISBN 7-80557-188-0
1995年12月
32开　223页　12.00元
内容提要：本书讲述了39位鄂尔多斯地区英烈的事迹。（荷梅）

鄂尔多斯长城

鄂尔多斯青铜器博物馆　编著
科学出版社
ISBN 978-7-03-065324-6
2020年11月
16开　321页　248.00元
内容提要：本书共分九章，内容涉及鄂尔多斯自然及历史的基本状况，战国、秦、隋、宋、明不同时期长城的修筑背景及原因，各时期长城的分布、走向、发现及确认的过程，长城的相关遗址、历史人物、典故，长城的建筑特点、保护等问题。本书是首部完整论述鄂尔多斯地区长城历史的专业著作，填补了相关学术空白，补充了鄂尔多斯地方史研究。（荷梅）

鄂尔多斯珍稀濒危植物

吴剑雄、刘桂蓉 主编

内蒙古人民出版社

ISBN 978-7-204-14717-5

2017年5月

16开 289页 340.00元

内容提要：本书共收入珍稀濒危植物141种，含彩图420幅，可供广大林、农、牧、草、医药卫生、相关院校、科研部门等专业技术人员、教学人员、科技工作者参考应用。（嘎拉贝日汗）

鄂尔多斯中东部晚古生代古地理及优质储层发育控因

沈玉林、郭英海、付金华 著

中国矿业大学出版社

ISBN 978-7-5646-4193-1

2018年10月

16开 191页 38.00元

内容提要：本书立足于露头剖面和钻井（岩心）的沉积环境分析及层序地层划分，进而对隐伏区钻测井进行地层划分与对比，建立研究区层序地层格架。在层序地层格架内探讨研究区晚古生代沉积格局及演化，揭示物源分布、优质储层发育规律及控制因素，为盆地天然气勘探开发提供地质依据。（荷梅）

鄂尔多斯风云（一）

布·乌日图那顺 著

内蒙古人民出版社

ISBN 978-7-204-03474-0

1997年4月

32开 399页 20.00元

内容提要：本书是以真实历史和许多当事人提供的素材，运用写实、写意相结合的手法，记述了1912—1949年变幻动荡的鄂托克草原历史。（荷梅）

鄂托克恐龙足迹——引领我们探索远古世界

徐金刚等 编

内蒙古鄂托克旗国土资源局 编

2008年9月

32开 500页

内容提要：本书内容包括走进鄂托克、鄂托克的地质历史、白垩纪早期的鄂托克、恐龙足迹的形成、恐龙足迹的研究历史、恐龙足迹研究中的常用术语、恐龙有哪些类群、常见的恐龙足迹、恐龙足迹的研究、查布地区的恐龙足迹、恐龙足迹讲给我们的故事、我国其他地区的恐龙足迹、保护珍贵的自然遗产13个部分。（荷梅）

鄂托克旗文物志

内蒙古伊克昭盟鄂托克旗文物保护管理所 编

内新图出准字（90）第119号

1990年6月

32开 160页

内容提要：本书是在鄂托克旗文物工作者长期不懈的工作及1988年文物普查的基础上编写的。全书分为四大部分，分别为古生物部分、历史文物部分、民族文物部分、革命文物部分。

（荷梅）

鄂托克旗邮电志

宋文海、王亮　主编

鄂托克旗邮电局　编

1994年12月

32开　155页

内容提要：本资料上限到明代，下限到1990年，先横后纵，分门别类，比较完整地记述了鄂托克旗通信的发展、机构变迁、人事变动等历史情况，并附有大量的图表和照片，为了解鄂托克旗通信发展的历史提供了可靠的资料。（其利格尔）

鄂托克旗政协志

中国人民政治协商会议鄂托克旗委员会　编

内新图准字〔2002〕77号

2002年8月

16开　279页

内容提要：本志书前设概论、大事记，后殿附录，内文包括鄂托克旗各界人民代表会议常务委员会、政协鄂托克旗委员会、历届政协委员会全体会议、各委员会工作、组织机构、经费资产、人物七个章节。（荷梅）

鄂托克旗志

仁钦道尔吉　主编

鄂托克旗志编纂委员会　编

内蒙古人民出版社

ISBN 7-204-02344-7

1993年10月

16开　1016页　120.00元

内容提要：本书记述了鄂托克旗的建置沿革、自然环境、风土人情，以及经济、政治、军事、文化、教育、卫生等各个方面的变迁和发展，是一部真实地反映鄂托克旗历史和现状的严谨的志书。（荷梅）

鄂托克前旗革命史略

曹芳　编著

内蒙古大学出版社

ISBN 978-7-5665-1311-3

2017年11月

16开　226页　40.00元

内容提要：本书分为导言、中国共产党的创立和大革命时期、土地革命战争时期、抗日战争时期、解放战争时期、鄂托克旗革命的伟大贡献、参考文献、附录（大事年表）、后记九个部分。（荷梅）

鄂托克前旗民间故事

中国人民政治协商会议鄂托克前旗政协文史委员会　编

作家出版社

ISBN 978-7-5063-3826-4

2012年6月

32开　394页　33.00元

内容提要：本书由地名与传说、神话与民俗、动物故事三部分组成。书中的部分地名与传说，以神奇迷人的故事，给这些原本风景如画的地方平添了一种神秘诱人的色彩。神话与民俗以其生动的形象、迷人的情境，很容易激起人们美好的幻想。动物故事情节曲折生动，引人入胜，妙趣横生，我们在了解这些动物的同时，也深深地被作者亲近自然、善待动物、实现人与自然和谐相处的思想所感动。（荷梅）

放飞

齐剑君 著

远方出版社

ISBN 7-80595-668-5

2006年5月

32开 368页 25.00元

内容提要：本书是一部长篇小说，描写了以秦飞为主人公的当代年轻人的教育情况与个人发展，记录了在时代主旋律中绽放的青春光彩。（荷梅）

飞翔的诗章

韩来福 著

内新图准字〔2009〕152号

2009年12月

16开 304页 100.00元

内容提要：本书内容分为诗歌、散文、小说、史志四个部分。（荷梅）

风尘独舞

高湛明 著

内蒙古人民出版社

ISBN 7-204-08304-0

2006年12月

32开 217页 66.00元

内容提要：本书共七个部分，分别是大地长歌、故土沉吟、山水放情、闲情偶拾、风尘独舞、鼓瑟吹笙、跋。（荷梅）

风过有痕

孙改鲜 著

《星星》诗刊编辑部 编

四川文艺出版社

ISBN 978-7-5411-3038-0

2010年7月

32开 187页 19.80元

内容提要：本书分为风过有痕、纸上爱情、季节深处三辑。（荷梅）

风雨过后艳阳天

刘成海 著

中国文联出版社

ISBN 7-5059-3337-X

1999年6月

32开 358页 18.80元

内容提要：本书用回忆对比的笔法，揭示了20年前农村经济发展缓慢、长期困扰农民无法解决的温饱问题，主要梗结是搞大集体吃"大锅饭"、受激烈的阶级斗争的干扰和影响。实践证明，只有十一届三中全会制定的"改革、开放、搞活"的政策，农村实行土地承包责任制，才是适合农村经济发展的好政策。（荷梅）

风流今朝：杭锦人物

张荣华 编

远方出版社

ISBN 978-7-5555-0920-2

2017年6月

16开　88.00元

内容提要：本书是一部记述人物事迹的作品集。书中收录中华人民共和国成立至今，杭锦旗政治、经济、文化、科技、教育等领域的先进人物、劳动模范、英雄等的事迹。（荷梅）

冯峰文辑

冯峰　著

2011年1月

32开　126页

内容提要：本书主要分三部分内容，分别是剧本辑、诗歌散文辑、附录。（荷梅）

高原情

伊盟文联　编

内蒙古人民出版社

10089·412

1987年6月

32开　300页　1.40元

内容提要：本书收录了《鄂尔多斯纪行》《沙族赞》《西召的变迁》《黄河风景》《家乡风味》等40多篇文章。（荷梅）

戈壁的春天

布·乌日图那顺　著

内蒙古人民出版社

ISBN 7-204-04646-3

2002年5月

32开　235页　20.00元

内容提要：本书内容分为诗歌、散文、小说，电影、电视专题，历史、研究专访三个部分。（荷梅）

歌语杭锦——杭锦牧歌歌词集

冯春生　著

作家出版社

ISBN 978-7-5063-3826-4

2010年5月

32开　116页　28.00元

内容提要：本书共两个乐章。第一乐章为唱响大地，共收录了25首歌词；第二乐章为歌满草原，共收录了25首歌词。（荷梅）

给世界一张名片

王静有　著

内蒙古人民出版社

ISBN 7-204-05204-8

2002年2月

32开　215页　24.00元

内容提要：本书共两个部分，分别是诗歌卷、散文卷。（荷梅）

耕耘

王万珍　著

人民日报出版社

ISBN 978-7-5115-5308-9

2018年1月

16开　348页　59.00元

内容提要：本书分为流年、低吟、

故事、品味、探微五辑。（荷梅）

公元7—9世纪鄂尔多斯高原人类经济活动与自然环境演变研究

艾冲 著
中国社会科学出版社
ISBN 978-7-5161-1486-5
2012年10月
16开 373页 69.00元

内容提要：本书分为当代自然地理面貌与公元6世纪末自然地理复原，隋唐时期鄂尔多斯高原（包含后套平原）行政区划建制，隋唐"河曲"地域各民族人口数量与分布，隋唐农耕、畜牧、手工和商贸诸业的盛衰与分布，城市与城镇的分布及影响，9世纪"河曲"地域自然环境对经济活动的响应六个部分，最后是研究结论。（荷梅）

功垂后世 风范长存——深切怀念乌兰夫同志文集

伊盟怀念乌兰夫同志文集编委会 编
内新图出准字（90）第66号
1989年12月
32开 320页

内容提要：全书共有三个部分，第一部分主要介绍了乌兰夫同志的生平及党和国家对乌兰夫同志光辉一生的高度概括和评价；第二部分是一组纪念文章，这些文章从不同的侧面，以感人的史实，集中表达了家乡人民、鄂尔多斯人民以及曾经和乌兰夫同志一起工作过的老同事、老战友以及子女对乌兰夫同志的深切怀念；第三部分是乌兰夫同志在内蒙古活动的部分文献资料及根据有关材料整理而成的历史资料。（嘎拉贝日汗）

古歌，或本原

张凯 著
中国文联出版社
ISBN 7-5059-3337-X
1999年6月
16开 209页 29.00元

内容提要：本书是一部长篇小说。小说通过写实的白描与细腻的心理刻画，绘制了一幅幅人与自然相互交融的象征图画，塑造了各具特色的鲜活形象，真实而深刻地展示了为追求人世界的真正文明而在人性深层经历的一场痛苦拼搏——灵与肉的对立统一，显示了人性的觉醒与作者审美意识的苏醒。（荷梅）

国家是棵树

张凯 著
中国文联出版社
ISBN 7-5059-3337-X
1999年6月
16开 403页 39.00元

内容提要：本书是电影电视文学剧本集，收录《嫂嫂》《英雄被捕》《啊！倘若早知道》《村歌》《凡夫》《国家是棵树》《血太阳》七部剧本。（荷梅）

瀚海情

穆向阳 著
远方出版社
ISBN 7-80595-247-7
1997年10月
32开 135页 8.00元

内容提要：本书分为花野拾韵、九州题咏、人物春秋、风物情怀四个部分。（荷梅）

杭锦记忆

《杭锦记忆》编委会 编
远方出版社
ISBN 978-7-5555-0150-3
2014年4月
16开 747页 68.00元

内容提要：全书分为建制沿革、革命记事、建设和发展、人物四个部分，收录了《杭锦旗革命老区形成和发展》《阿麻加汉村地下党活动斗争情况》《兵团往事记忆》等文章。（荷梅）

杭锦文史（第一辑）

杭锦旗政协文史办 主编
杭锦旗委员会文史资料研究委员 编
内文出准字（91）第52号
1990年12月
32开 262页 4.50元

内容提要：本书上溯至清世顺治六年（1649），下限至1956年的合作化基本完成，时间跨度341年。从内容上看，涉及杭锦旗政治、经济、文化、军事等各方面的史实。（库布其）

杭锦文史（第二辑）

鲍宏 主编
中国人民政治协商会议杭锦旗委员会文史资料委员会 编
1992年6月
32开

内容提要：本书收录《杭锦旗护理扎萨克色登道尔吉》《回忆我的父亲——汪震东》《党的好干部奇治民》《杭锦旗地区古代建置沿革》《解放前杭锦旗衙门施政简况》《浅说民国期间的杭锦旗商业》《杭锦旗最早的汽车》《锦旗盐海子》等文章。（荷梅）

杭锦文史（第四辑）

中国人民政治协商会议杭锦旗委员会文史资料研究委员会 编
1999年12月
32开

内容提要：本书内容涉及政治、经济、军事、文化、教育、民族、宗教及社会生活各个方面，不拘体裁，不求完整，具有一定的史料价值和启发作用。（荷梅）

杭锦文史（第十一辑）

杭锦旗委员会 编
2014年7月
16开 265页

内容提要：本书内容包括回眸往事、文化历史两个部分，收集了13篇文

章。（荷梅）

杭锦文史资料（第五辑）

中国人民政治协商会议杭锦旗委员会文史资料研究委员会　编

2005年3月

32开

内容提要：本书共收集汉文稿40篇、蒙古文稿近30篇，分为政体沿革、发展史略、历史人物、统战人士、地名文化、文物展示、资料介绍七个部分。（荷梅）

杭锦文史资料（第十二辑）：桃力民纪事

冯春生　主编

中国人民政治协商会议杭锦旗委员会文史资料委员会　编

2015年12月

16开　214页　30.00元

内容提要：本资料是作者经过实地考察和走访，搜集整理的有关桃力民地区的文章、档案资料、史实等，并附有档案图片，从不同角度记述了1935—1949年桃力民地区的历史事件、历史人物等。（荷梅）

杭锦文史资料（第十三辑）：鄂尔多斯月饼文化散记

冯春生　主编

中国人民政治协商会议杭锦旗委员会文史资料委员会　编

32开　183页　30.00元

内容提要：本书运用图文形式介绍了鄂尔多斯地区曾经或现存的各种月饼及月饼文化、史实等。（荷梅）

杭锦文史资料（第十四辑）：绿色阿门其

王乐平　主编

中国人民政治协商会议杭锦旗委员会文史资料委员会　编

2017年10月

32开　324页　50.00元

内容提要：本书主要记录了关于杭锦旗原阿门其日格乡植树造林的事迹，分为大漠植绿篇、政策保障篇、新闻报道篇、绿泽后世篇、记忆中的阿门其等篇章。（荷梅）

杭锦旗《文物志》

辛易莲、白志荣　主编

内蒙古鄂尔多斯市杭锦旗文物管理所　编

内新图准字〔2005〕104号

2006年1月

16开　160页　60.00元

内容提要：本书分为七大部分，第一部分总述杭锦旗区域概况；第二部分从种类繁多的古生物化石和地质演化及分别介绍古植物、古动物发展和进化规律；第三部分系统地介绍从石器时代到我国各朝代的演变过程及文物遗存；第四部分宗教信仰、喇嘛的尊称及学位、分别介绍杭锦旗的68个寺庙；第五部分民族文化溯源及交融，分别介绍各民族的传统服饰、饮食、住宅、交通运输和传统礼俗等；第六部分从民主革命、抗日战争到解放战争时期的爱国人士力图政治革新、维护民族利益以及各族人民在中国共产党的领导下反帝反封建、反抗外来侵略的斗争历史和大无畏的革命精神；第七部分介绍了杭锦旗的文物事业发展和区内外考古专家的论证成果及馆藏文物情况。（荷梅）

杭锦旗志（1991—2010）

  杭锦旗地方志编纂委员会　编
  人民日报出版社
  ISBN 978-7-5115-5546-5
  2018年6月
  16开　884页　470.00元
  内容提要：本书记述了杭锦旗建置、自然环境、风土人情和经济、政治、文化、民族、民生等各领域的变化和发展。（荷梅）

河套史

  王天顺　著
  内蒙古大学出版社
  ISBN 978-7-5665-1228-4
  2017年6月
  16开　426页　168.00元
  内容提要：本书一共由四个部分组成。第一部分是绪论，主要叙述的是黄河与河套。第二部分是地理卷，以地理范围和地形、黄河、河套平原、沙漠、气候与植被、交通线等组成。第三部分是民族卷。第四部分是经济卷。（嘎拉贝日汗）

河套新编

  安源　主编
  内蒙古大学出版社
  ISBN 978-7-5665-1232-1
  2017年6月
  16开　807页　311.00元
  内容提要：本书是《河套新编》影印本。《河套新编》，庐江人冯际隆和吴江人金天翮著。民国十年（1921）成书，石印本四册。十五卷又列入外编一卷，目次之前附有三人之序。其主要内容：《河套地理志》《河套沿革志》《河套内外古今设置郡县表》《河套区域考》《河套内外古今长城及营堡关塞考》《河套内外诸山考》《河套军事考》《河套历代垦殖考》《河套历代渠工考》《河套垦务调查记》《河套农林调查记》《河套交通调查记》《河套工商调查记及河套渠垦计划书》，是研究河套地区历史地理的重要文献。（嘎拉贝日汗）

侯氏家谱

  侯克敏　主编
  2009年
  16开
  内容提要：本书主要内容包括内蒙古东胜区、杭锦后旗、杭锦旗、鄂托克旗等地的侯氏姓族。（荷梅）

花见

孙改鲜　著
现代出版社
ISBN 978-7-5143-4318-2
2015年12月
32开　186页　30.00元
内容提要：本书分为女人、絮语、花儿、故事四辑。（荷梅）

话说圪秋沟

王拴　编著
内蒙古人民出版社
ISBN 978-7-204-13613-1
2017年6月
32开　800页　66.00元
内容提要：本书主要有村史校志、专题资料、往事回眸、人物春秋、历史留痕等内容。（荷梅）

激情之旅

孙万祥　著
中国社会出版社
ISBN 7-80416-489-3
2008年6月
32开　292页　26.00元
内容提要：本书收录了64篇作品，绝大部分是作者于2001年离开领导岗位后所写的，其中通讯38篇（人物通讯8篇）、言论15篇、文学文艺作品11篇。（荷梅）

祭祀成吉思汗的地方：鄂尔多斯——河套历史概述

陈育宁　著
中国华侨出版公司
ISBN 7-80074-002-1
1989年5月
32开　152页　2.50元
内容提要：本书内容分为从远古到清汉时期、魏晋至隋唐时期、五代至宋辽金时期、元明时期、清朝时期五个章节。（荷梅）

见证草原

刘亮明　著
内蒙古人民出版社
ISBN 7-204-06045-8
2001年11月
32开　495页　36.00元
内容提要：本书选编作者在内蒙古从事新闻工作近8年所写的新闻作品199篇，分为综合通讯，人物通讯，现场短新闻、特写，消息四部分。（荷梅）

口述历史——鄂尔多斯"独贵龙"与反洋教

陈育宁　著
内蒙古人民出版社
ISBN 7-204-07139-5
2005年5月
32开　224页　15.00元
内容提要：本书收入了30余位亲身经历和参与"独贵龙"、反洋教运动者于20世纪60年代初的口述资料，还收入一些知情人的口述资料。（荷梅）

库布其与历史文化研究

  巴图青格勒等　著

  中共中央党校出版社

  ISBN 978-7-5035-6973-9

  2021年5月

  16开　248页　58.00元

  内容提要：本书是有关库布其历史与文化的研究著作，书中包括考古资料、文献资料、田野调查资料及研究，不仅梳理了库布其的历史脉络、经济发展状况，各类文化形式，还梳理了库布其沙漠治理成果。（嘎拉贝日汗）

库布其与世界

  肖睿　著

  远方出版社

  ISBN 978-7-5555-1298-1

  2019年3月

  16开　275页　58.00元

  内容提要：本书共三篇，分别是"库布其沙漠——我们的土地""库布其沙漠——我们的家园""库布其沙漠——我们的未来"。（荷梅）

来了？

  柴继亮　主编

  中共鄂尔多斯市康巴什新区工作委员会宣传部　编

  32开　71页

  内容提要：本资料为介绍我国首个以"城市景观"为载体的AAAA级旅游区康巴什区的绘画本，主要介绍康巴什区的整体区情、文化艺术、民族文化以及幸福的人民生活。（嘎拉贝日汗）

犁田

  孙俊良　著

  内蒙古人民出版社

  ISBN 978-7-204-09436-3

  2012年5月

  32开　267页　50.00元

  内容提要：本书共六个部分，分别是自由畅咏、四言短语、五律风暴、七律阳光、漫瀚歌飘、绝句与词。（荷梅）

历史的记忆

  张海波　策展人

  成吉思汗旅游区　编

  16开　58页

  内容提要：本资料主要内容有远祖的呼唤、苍狼与白鹿、灵魂祭祀、永恒的信念、心中的圣祖等。（嘎拉贝日汗）

嘹亮的军号声——内蒙古生产建设兵团驻屯杭锦旗纪实

  贺西格布仁　编

  作家出版社

  ISBN 987-7-5063-3826-4

  2009年8月

  16开　328页　80.00元

  内容提要：本书追忆了那个激情燃烧的峥嵘岁月，记述了兵团战士不畏艰难、艰苦奋斗的精神，具有很强的史料性；又歌颂了兵团战士奉献自己报效祖国的崇高理想，反映了战士们与杭锦旗

人民的血肉关系、鱼水之情，具有很强的爱国主义教育作用。（库布其）

灵魂，始终在寻找一块安静的地方

王万里　著
民族出版社
ISBN 978-7-105-15026-7
2017年9月
16开　322页　39.00元

内容提要：本书共八辑，分别是一条姓王的大河；记忆深处的风景；内心深处的翅膀；春天的钥匙；满脸的春风，无边无际；无名的香山；青草领走了羊群；灵魂，始终在寻找一块安静的地方。（荷梅）

绿韵鄂尔多斯

苏怀亮、丁崇明　主编
远方出版社
ISBN 978-7-5555-1154-0
2018年11月
32开　210页　40.00元

内容提要：本诗词集共收集了从1949年中华人民共和国成立到2018年有关绿色生态题材的诗词曲赋400余首。诗人们用手中的生花妙笔，饱蘸激情热血，把鄂尔多斯近百年来气壮山河、可歌可泣的生态建设以及鄂尔多斯的一草一木、一树一花写得生动感人。（荷梅）

马背上的青铜帝国

鄂尔多斯青铜器博物馆　编著
科学出版社
ISBN 978-7-03-067850-8
2021年5月
16开　360页　468.00元

内容提要：本书是鄂尔多斯青铜器博物馆精品展览"马背上的青铜帝国——鄂尔多斯及北方青铜文化"的图录。图录以鄂尔多斯及周边地区发现的戎狄-匈奴游牧民族的物质遗存为主要内容，以时代演进为序，分鄂尔多斯与北方系青铜器、北方游牧文化带与草原马背帝国、马背帝国的青铜世界、薪火延绵血脉传承四大部分。（荷梅）

漫瀚调放歌

张发　著
内蒙古人民出版社
ISBN 7-204-05350-8
2004年1月
32开　184页　20.00元

内容提要：本书收录了《想老家，回老家》《赶交流》《布尔陶亥"打坐腔"》《大松树下想古今》等八部作品。（荷梅）

漫漫丝路　泽遗百代——草原、海上丝绸之路文物精粹

鄂尔多斯青铜器博物馆　编
科学出版社
ISBN 978-7-03-059430-3
2018年11月
16开　272页　328.00元

内容提要：本书由三大部分组成。第一部分包括寄语、各馆致辞、展览概

述和内容提要。第二部分以鄂尔多斯青铜器博物馆、内蒙古明博草原文化博物馆、包头博物馆三个部分讲述草原丝绸之路的辉煌。第三部分以泉州博物馆和耀州窑博物馆两个部分讲述海上丝绸之路的风采。（荷梅）

美好的回忆

李俊峰　著
作家出版社
ISBN 978-7-5063-3826-4
2011年5月
32开　328页

内容提要：本书记录了学校的历史、师生的美好时光、学生的成长和学校精彩的生活展现了老师的"春蚕"精神和"蜡烛"风范。（荷梅）

美丽的准格尔召

韩福海、韩钧宇　编著
内蒙古人民出版社
ISBN 978-7-204-09436-3
2008年4月
32开　256页　58.00元

内容提要：本书内容分为神奇的准格尔召、一代名寺准格尔召的兴建、准格尔召的辉煌盛况、格鲁派和准格尔召、准格尔召神韵、准格尔召的文化六个章节。（荷梅）

蒙古风俗

郭雨桥　著
远方出版社
ISBN 978-7-5555-0520-4
2016年1月
16开　382页　76.00元

内容提要：本书内容包括族源、诞辰、婚礼、葬礼、节日、信仰、居住、饮食、服饰、畜牧、狩猎、交通12个方面，介绍了蒙古族的历史文化、风俗习惯、衣食住行以及经济和社会发展等各个方面。

蒙古历史长卷

王延青等　绘
内蒙古人民出版社
ISBN 7-204-07934-5
2005年6月
16开　90页　288.00元

内容提要：本书以蒙古史料为依据，艺术地再现成吉思汗诞生至北元建立的二百多年间的重大历史史实。全书分为三大部分：一代天骄成吉思汗（1162—1227）、成吉思汗的子孙继承大业（1227—1271）、元朝建立中华统一（1271—1368）。（嘎拉贝日汗）

蒙古秘史

特·官布扎布、阿斯钢　译
新华出版社
ISBN 7-5011-7357-5
2006年1月
32开　282页　68.00元

内容提要：本书是一部记述蒙古民族形成、发展、壮大之历程的典籍。它从成吉思汗二十二代先祖孛儿帖赤那、豁埃马阑勒写起，直至歌歹罕十二年（1240）为止，共记载了蒙古民族500多年的盛衰成败的历史。书中既有蒙古高原父系氏族制时代的狩猎生活以及相关的图腾崇拜现象的记载，也有从氏族发展成部落又从部落发展成部落联盟，从而又发展成为一个民族的历史脉络的讲述，还有从狩猎文化演变到游牧文化的如实记录，更有对一代天骄成吉思吉汗及以他为代表的风云一代，从夹缝中崛起，成就霸业的全程写照。（库布其）

民族舞剧《森吉德玛》管弦乐总谱

王竹林、桑洁、玛希 作曲
内蒙古人民出版社
ISBN 978-7-204-15172-1
2018年3月
16开 266页 108.00元

内容提要：本书是民族舞剧《森吉德玛》总谱。该剧是根据流传在鄂尔多斯草原上的爱情故事编排的优秀作品，讲述了美丽的蒙古族姑娘森吉德玛和青年牧人布日固德的爱情悲剧，被称为"中国的朱丽叶，草原的祝英台"。（荷梅）

末代王爷——奇忠义自传

奇忠义 著
新华出版社
ISBN 7-5011-1376-9
1991年12月
32页 147页 3.80元

内容提要：本书是奇忠义的自传。书中有对旧时代蒙旗社会各种矛盾的揭露，也有对中国共产党和社会主义制度的由衷赞颂；有对鄂尔多斯跨入社会主义新时代这一巨大历史变革的真实记载，也有对封建王公到人民公仆这一本质变化的深刻反映，是一部研究蒙旗社会历史的文献性著作。（嘎拉贝日汗）

漠南情

傅金拴 著
内蒙古教育出版社
ISBN 7-5311-4525-1
2001年8月
32开 191页 14.00元

内容提要：本书为作者的文学作品集，包括小说、散文和诗歌。（荷梅）

漠上风景线

穆向阳 著
内蒙古人民出版社
ISBN 7-204-02215-7
1993年4月
32开 136页 3.50元

内容提要：本书收录了100余首诗，按内容分为四辑，分别是瀚海蕴藉、风流千古、万象拾韵、旅次撷采。（荷梅）

牧野

穆向阳 著
内蒙古人民出版社
ISBN 7-204-00775-1
1989年6月

32开　165页　2.05元

内容提要：本书内容分为草原恋歌、生活浪花、风物思絮三个部分。（荷梅）

牧野清风

张学人　著
内蒙古人民出版社
ISBN 7-204-05182-3
2001年4月
32开　174页　18.00元

内容提要：本书包括诗歌辑、散文辑、小说辑三辑。（荷梅）

暮年之歌

刘昌义　著
2016年12月
32开　139页

内容提要：本书收录了作者创作的100首歌颂当今社会发生的巨大变化、歌颂人民生活水平提高、歌颂家乡，赞美自然、赞美人生的诗作，写得情真意切，感人至深。（荷梅）

那顺德勒格尔传略

何知文　著
内新图准字〔2007〕37号
2007年10月
32开　216页　32.00元

内容提要：本书介绍了那顺德勒格尔的一生经历，他是中国现代革命史，特别是蒙古族现代革命史上的一位重要人物，曾产生过很大的影响。（荷梅）

难忘的鄂尔多斯

《难忘的鄂尔多斯》编委会　编
南京大学出版社
ISBN 7-305-01785-X
1993年6月
32开　621页　16.00元

内容提要：本书是一本记述南京知青生活的回忆文集。（荷梅）

难忘的记忆

郭贵海　编
作家出版社
ISBN 978-7-5063-3826-4
2009年12月
32开　183页　28.80元

内容提要：本书是作者的个人作品集。（荷梅）

内蒙古鄂托克旗下白垩统恐龙足迹

李建军等　编
地质出版社
ISBN 978-7-116-07182-7
2011年6月
16开　109页　58.00元

内容提要：本书介绍了恐龙足迹的研究历史及相关术语、鄂托克旗恐龙足迹化石的研究历史及地质背景、鄂托克旗查布地区恐龙足迹化石点描述、鄂托克旗查布地区恐龙足迹化石系统分类等内容。（荷梅）

内蒙古自治区·鄂尔多斯市交通志（1996—2005）

《内蒙古自治区志·交通史志丛书》编纂委员会 编著

内蒙古人民出版社

ISBN 978-7-204-10140-5

2009年9月

16开 436页 88.00元

内容提要：本书记录了勤劳勇敢的鄂尔多斯人民修桥筑路，开拓交通的悠久历史，记载了改革开放以来，全市人民和交通战线的全体职工劈山建路、驯洪架桥所建树的业绩。内容分为公路、运输、机构、管理、科技与教育、党风廉政建设与精神文明建设六个篇章。（荷梅）

内蒙古革命史

郝维民 主编

内蒙古大学出版社

ISBN 7-81015-767-1

1997年8月

32开 697页 30.00元

内容提要：本书是记录中国新民主主义革命时期，今内蒙古自治区范围内的蒙汉各族人民进行民族民主革命斗争历史的著作。（荷梅）

内蒙古通史纲要

郝维民、齐木德道尔吉 主编

人民出版社

ISBN 7-01-005616-1

2006年6月

16开 807页 88.00元

内容提要：本书是国内第一部简明内蒙古通史，填补了内蒙古地区史研究的空白。书中全面系统地叙述了从远古到20世纪末内蒙古地区这片土地上发生的重大历史事件、出现的重要历史人物、发生的重大自然人文的历史变迁。（荷梅）

内蒙古自治区史

郝维民 主编

内蒙古大学出版社

ISBN 7-81015-177-0

1991年6月

32开 596页 8.90元

内容提要：本书记述了1947年5月至1987年5月内蒙古自治区40年的历史，内容分为内蒙古自治政府的成立和民族民主革命的胜利（1947.5—1949.10）、恢复国民经济时期的内蒙古（1949.10—1952.12）、社会主义改造时期的内蒙古（1953.1—1956.12）、全面建设社会主义时期的内蒙古（1957.1—1966.4）六个章节。（荷梅）

内蒙古文史资料（第二十八辑）：血雨腥风的年代——准格尔史料专辑

中国人民政治协商会议内蒙古自治区委员会文史资料研究委员会 编

内蒙古人民出版社

CN15-1081

1987年12月

32开 209页 0.98元

内容提要：本书收录的十多篇回忆文章，是当时历史事件的参与者和知情者所撰写的。全书还收录了准格尔旗行政组织制度，以及经济、文化、宗教等方面的资料。（荷梅）

内蒙古文史资料（第四十三辑）：伊盟事变

中国人民政治协商会议内蒙古自治区委员会文史资料委员会　编

内蒙古文史书店

CN15—1081

1991年6月

32开　264页　3.00元

内容提要：本书以各方人士所写的对伊盟事变的亲身经历见闻资料为主，主要收录了《伊盟札萨克旗事变的回忆》《乌审旗事变前后》《回顾伊盟事变后的一段往事》等文章。（荷梅）

农耕·游牧·碰撞·交融——鄂尔多斯通史陈列

鄂尔多斯博物馆　编著

文物出版社

ISBN 978-7-5010-3688-2

2013年3月

16开　294页　380.00元

内容提要：本书是以鄂尔多斯地区人类历史的发展脉络为主线，以鄂尔多斯历史上各重要发展阶段历史事件为节点，集中展现了鄂尔多斯地区的古代文化在中西文化、中国北方草原文化、中华五千年文明形成与发展史的作用和地位。通过远古岁月、文明前夜、草原青铜、众星汇聚、天骄圣地五个部分向世人展示鄂尔多斯的历史。（库布其）

平安吉祥恩格贝

中共鄂尔多斯市恩格贝生态示范区党工委、鄂尔多斯市恩格贝生态示范区管理委员会　编

中国文史出版社

ISBN 978-7-5034-6315-0

2015年6月

16开　228页　58.00元

内容提要：本书整理汇编了30多篇有关恩格贝生态区的各类媒体报道文章。主要文章有《治沙造林的恩格贝人》《恩格贝的启示》《恩格贝写真》《恩格贝涅槃》《挺进恩格贝》《王明海的恩格贝之梦》《恩格贝：在沙漠中筑起绿色梦想》《恩格贝——库布齐的绿腰带》《恩格贝：站在新跨越起点上》《恩格贝：不毛之地变绿洲》《从黄沙中掘金》《沙漠绿洲恩格贝》《黄沙丘变成"绿金子"》《恩格贝沙区功能植物资源集成与示范》《绿色的撬动》《恩格贝：鄂尔多斯的一张生态名片》《恩格贝沙漠植树记》等。（嘎拉贝日汗）

七色空

大九　著

远方出版社

ISBN 978-7-5555-0841-0

2017年4月

32开　190页　58.00元

内容提要：本书用蓝、绿、紫、黑、橙、白、灰七种颜色命名，分为七个小辑，实际上是作者情感的七个色彩区间。对应这七个区间，作者表达了感谢多彩的生活、美好的回忆、充实的过往、斑斓的现实、透明的善，感谢了给过作者温暖的朋友和亲人们。（荷梅）

千年风云第一人

巴拉吉尼玛等　编
民族出版社
ISBN 978-7-105-07308-5
2007年8月
16开　527页　86.00元

内容提要：本书全面系统地综合50多个国家和地区的学者、名人有关成吉思汗的精辟论述以及各国媒体的报道，全书共分六个部分。（库布其）

千年伟人成吉思汗

李振文、那楚格　主编
鄂尔多斯市成吉思汗研究所　编
内新图准字〔2002〕33号
2002年7月
32开　322页　25.00元

内容提要：本书内容分为研究成果、史料整理等两个部分，不仅具有较高的研究收藏价值，而且对繁荣和丰富民族历史文化具有一定的现实意义。（荷梅）

钱学森与沙产业——献给中国沙产业之父钱学森院士百年诞辰

王文彪　编著
内蒙古大学出版社
ISBN 978-7-5665-0045-8
2011年11月
16开　312页　60.00元

内容提要：本书以钱学森院士倡导的主要科学构想——沙产业为线索，分别介绍了钱学森沙产业理论、沙产业理论与实际、沙产业新发展、沙产业发展新空间、沙漠中的奇迹五个方面。（荷梅）

浅浅的脚印

孙俊良　著
内蒙古人民出版社
ISBN 978-7-204-09436-3
2008年11月
32开　257页　40.00元

内容提要：本书分为自由飞翔、抒情七律、七绝放歌、五律怀古四辑。（荷梅）

且行且思录

吴得胜　著
北京燕山出版社
ISBN 978-7-5402-4902-1
2019年1月
16开　199页　268.00元

内容提要：本书共三个部分，第一部分为新闻评论，是作者从事新闻工作期间，达拉特旗城市基础设施的完善，工业、农牧业、第三产业的发展，以及人民生活水平的提高，教育、文化等政策的实行，通过会议、采访了解到的新闻事件的一些评论性文章。第二部分为新闻通讯稿件，主要反映2000—2010年，对达拉特旗的政治经济、农业、教育、社会生活中的变化所写的新闻通讯稿件。第三部分是散文、随笔。（荷梅）

亲历东胜六十年

政协鄂尔多斯市东胜区委员会学习文史委员会　编

内蒙古人民出版社

ISBN 978-7-204-11935-6

2012年11月

32开　396页　60.00元

内容提要：本书记录了60年来东胜经济、社会、城建等方面的发展成就。全书本着亲历、亲见、亲闻的原则，遵从现实，尊重历史，是一辑集史料性、思想性、知识性、可读性于一身的文史资料。（荷梅）

秦直道考察

甘肃省文物局　编

兰州大学出版社

ISBN 7-311-01003-9

1996年2月

16开　82页　45.00元

内容提要：本书介绍了秦直道的基本走向，秦直道现状考察，甘肃境内的秦直道、鄂尔多斯草原区秦直道、秦直道沿线两侧的文化遗址等内容。（荷梅）

青铜祖先和草原后代

王墨　主编

九州出版社

ISBN 978-7-5108-0141-9

2009年8月

12开　119页　1260.00元

内容提要：本书分上、下两册，内容是以鄂尔多斯市的两大巨型雕塑工程展开，上册详细介绍了成吉思汗雕塑广场的建成始末，下册系统介绍了亚洲雕塑艺术主题公园的建成始末，图文并茂，具有较高的艺术价值。（库布其）

清唱剧：独贵龙的火炬

马牧　作词

李遇秋、赵星　作曲

内蒙古人民出版社

ISBN 7-204-00096-X

1987年6月

32开　55页　0.60元

内容提要：本书以清唱剧的形式，再现了"独贵龙"运动的历史，歌颂了以席尼喇嘛为首的蒙古族人民反抗封建王公和军阀，争取民族解放的英勇斗争和大无畏精神。全书分为10段，词曲优美动听，并穿插与之有机相关的诗朗诵，将叙事性、抒情性和戏剧性融于一体，是一部气势磅礴、感人肺腑的史诗性作品。它既可供演出演唱所用，又可作为文学欣赏的读本。（库布其）

清末鄂尔多斯基层社会控制研究

梁卫东　著

民族出版社

ISBN 978-7-105-10492-5

2009年12月

32开　215页　30.00元

内容提要：本书以国家与社会为分析框架，对清末鄂尔多斯基层社会控制的演变做一整体性的历史考察，以探究这一时期鄂尔多斯基层社会控制的区域特征。（库布其）

情系大漠的暴彦巴图

齐凤元　主编

内蒙古人民出版社

ISBN7-204-01339-5

1998年7月

32开　288页　12.00元

内容提要：本书记录了暴彦巴图在伊克昭盟工作时的一段经历，反映了伊克昭盟的历史面貌。（荷梅）

秋叶

苏发祥　著

中国国际文化出版社

ISBN 978-988-19130-7-4

2021年6月

32开　288页　36.00元

内容提要：本书共五辑，分别是车轮行韵、小城放歌、忆海钩沉、高原凝魂、随笔。（荷梅）

燃烧的梦

赵萍　著

内蒙古人民出版社

ISBN 978-7-204-09436-3

2008年4月

32开　416页　46.80元

内容提要：本书收录了《大山》《油菜花》《焦黄的温柔》《一条河·一棵树》《鸟雀的家》《老榆树》《渴望》等100多首诗稿。（荷梅）

萨拉乌苏：一河三园

乌审旗萨拉乌苏文化旅游开发区管委会　编

12开　183页

内容提要：本资料以图文形式介绍了乌审旗萨拉乌苏文化旅游开发区的各处情况。（荷梅）

塞上花园

张冷习　著

内蒙古人民出版社

ISBN 7-204-04646-3

32开　166页　13.00元

内容提要：本书共分玫瑰雨、星星点灯、伊化恋曲、无岸之河、岁月之杯五个部分。（荷梅）

三哥侃事（第一集）

杜洪涛　著

16开　131页

内容提要：本资料记述了作者的所见所闻。（荷梅）

三角洲相储层精细描述——以鄂尔多斯史家畔地区延长组为例

庞军刚、李文厚　著

石油工业出版社

ISBN 978-7-5021-9091-0
2012年6月
16开 174页 42.00元

内容提要：本书以鄂尔多斯盆地子北油田史家畔区块为例，综合运用沉积储层的理论，结合大量钻测井及现代分析测试资料，从沉积微相、岩相古地理演化、成岩作用、孔隙结构、非均质性分析等方面对延长组三角洲相砂岩储层进行了详细的描述，可为其他区块及类似的陆相三角洲沉积描述提供借鉴。本书是作者近年参加鄂尔多斯盆地东部地区多个沉积储层描述科研项目成果的总结，可供从事与沉积储层描述有关的生产、科研及高校相关专业教师和高年级学生参考。（荷梅）

沙漠的治理

中国科学院兰州冰川冻土沙漠研究所 编
科学出版社
13031·487
1976年9月
16开 161页 1.80元

内容提要：本书主要介绍中华人民共和国成立后，特别是"文化大革命"以来我国治理沙漠的成就和经验。包括沙区农业学大寨的先进单位治理沙漠的典型经验、群众治理沙漠经验的科学总结、植物措施固定流沙的方法、铁路公路的沙害防治四个部分。（嘎拉贝日汗）

沙原颂歌

白世宽 著
远方出版社
ISBN 7-80595-706-1
2003年12月
32开 224页 19.80元

内容提要：本书收录了《故乡颂》《新镇向远方伸展》《多情的三黄河》等90多首诗集。（荷梅）

山歌作伴

杨占林 主编
远方出版社
ISBN 7-80595-328-7
1997年4月
32开 188页 16.20元

内容提要：本书汇编各方作家和旗籍作者反映准格尔风貌的各类文学作品。通过本书，可以让读者领略准格尔的风土人情，名胜古迹和建设成就。（荷梅）

山路弯弯

赵萍 著
远方出版社
ISBN 7-80595-936-X
2007年1月
32开 380页 45.00元

内容提要：本书共四个部分，分别是乡思依恋、山幽海韵、有感就发、爱在路上。（荷梅）

神龙玥

何明亮 著

远方出版社
ISBN 7-80595-706-1
2001年12月
32开　311页　16.00元
内容提要：本书是一部武侠题材长篇小说。（荷梅）

神秘的沙漠
张占华　著
中国社会出版社
ISBN 7-5087-0119-4
2005年11月
32开　391页　25.00元
内容提要：本书是一部全面展示沙漠的神秘色彩和沙漠人民为捍卫自己美丽家园而英勇斗争的长篇小说。作品情节惊心动魄，刻画人物入木三分，悬念重生，意境深远。（荷梅）

神奇的土地
张占华　著
中国文联出版社
ISBN 978-7-5059-7689-4
2012年8月
16开　224页　30.00元
内容提要：本书是作者第三部描写家乡巨变的长篇小说。改革开放后，胜州人民在巴图·云·朝市长的率领下，开展了波澜壮阔的大开发、大建设。他们大办工业，使胜州经济迅速崛起，创造了神奇的业绩。（荷梅）

神奇准格尔
准格尔旗委宣传部、准格尔旗文联　编
中共准格尔旗委员会、准格尔旗人民政府
2006年8月
16开　99页　268.00元
内容提要：本资料以图文形式介绍了准格尔旗的风土人情、历史、民俗、风景。（荷梅）

生命的一片火光
王生贵　著
内蒙古人民出版社
ISBN 978-7-204-13203-4
2014年11月
32开　316页　48.00元
内容提要：本书共三辑，第一辑"生命的一片火光"，自觉做人大方，就是要掌握最大的主动权，做诚实之人；第二辑"本土诗歌"，感悟做事要圆，赢得广阔的生存空间，在做事的过程中体现人生价值；第三辑"奇观异景"，感受中华民族五千多年的历史文化，描绘现代社会、现代文化、现代生活的新图景、新篇章。（荷梅）

生命履痕
山豆　著
珠海出版社
ISBN 7-80607-677-8
2000年8月
32开　122页　12.00元

内容提要：本书是一部诗集，分为生命履痕、梦想村庄、情世尘缘和萍踪心迹四辑。（荷梅）

生命如树

何富荣　主编
北京燕山出版社
ISBN 978-7-5402-4624-2
2018年7月
16开　168页　28.00元

内容提要：本书收录了《爱》《夙愿》《雪》《流星夜莺》《悔悟》《如果我是夜莺》《母亲》《我想对您说》等100多首诗歌。（荷梅）

生平纪实

院良臣　著
2007年11月
356页

内容提要：本书不仅是一部光彩四溢的个人回忆录，更是一部资料翔实、内容丰富的伊盟经济社会发展史，也是一名共产主义战士的成长史、奋斗史、贡献史。读者会为作者的坎坷经历和辛酸往事而热泪盈眶；为他大的抱负、坚忍的毅力、顽强的斗志、高尚的情操而感动；为他务实的工作作风和拼搏精神所鼓舞；更为他几十年来满腔热情地为社会主义事业所做出的杰出贡献而兴奋不已。（库布其）

诗度华年

刘建光　著
北京燕山出版社
ISBN 978-7-5402-4902-1
2020年10月
16开　209页　38.00元

内容提要：本书共两辑三部分，第一辑为生活诗絮，第二辑为古韵新枝，附录为《小诗度日》述评。（荷梅）

诗歌旅程：一场心的行走

柳苏　著
春风文艺出版社
ISBN 978-7-5033-1186-6
2011年12月
32开　210页　30.00元

内容提要：本书由"暖水　起步""沙圪堵　打尖""薛家湾　归宿""天南海北　回声"四个部分组成。（荷梅）

诗花絮语

郝文昌　著
现代出版社
ISBN 978-7-5143-3931-4
2015年8月
32开　213页　28.00元

内容提要：本书由两辑而成。第一辑"爱情诗花"，收入诗作50余首。第二辑"恋爱、婚姻、家庭絮语"，分为引言和13章。（荷梅）

诗意鄂尔多斯

大九　主编
鄂尔多斯市文化和旅游局、鄂尔多斯市东胜区人民政府、鄂尔多斯市东胜

区文化和旅游局　编

16开　245页

内容提要：本书收录了《青草的海洋》《鄂尔多斯蓝》《草原马》《恩格尔》《马蹄上的记忆》《我热爱的草原》《康巴什之夜》等内容。（荷梅）

史志

内蒙古鄂尔多斯市东胜区人民武装部　编

2006年

16开　32.00元

内容提要：本书分为组织机构篇、大事篇、总结篇、重要文献篇、荣誉篇五个部分。（荷梅）

世界征服者：成吉思汗

弓山老匪　著

中国工人出版社

ISBN 978-7-5008-5430-2

2013年3月

16开　411页　42.00元

内容提要：本书是一部讲述成吉思汗一生经历的通俗历史读物。全书共七章。第一章从《蒙古秘史》记载的五箭训子故事写起，讲述了成吉思汗历代先祖的故事。第二章至第七章讲述了成吉思汗从出生到灭西夏前夕去世的一生历史，又简述了他的子孙们的故事。（库布其）

双头马骑士——阿斯哈牧人的城市化感受

弓生淖尔布　著

内蒙古人民出版社

ISBN 978-7-204-13482-3

2015年8月

16开　269页　56.00元

内容提要：本书记叙在城镇文化环境中牧民的生存状态，包括建立新的社会人际关系应对不同的社会文化环境的策略以及经历的文化心理冲突、心理感受、调适方法和总体心理感觉等；对他们实行的城乡双居生计模式也做了记录。（荷梅）

岁月随想

杨靖轩、杨学斌　主编

内蒙古人民出版社

ISBN 7-204-08304-0

2006年10月

32开　400页　35.00元

内容提要：本书收录了《岁月随想》《话说磨世英》《拼搏》《风险》《男子汉的乐趣》等60多篇文章。（荷梅）

太阳鸟

王君　著

人民文学出版社

ISBN 978-7-02-008406-7

2011年12月

32开　291页　38.00元

内容提要：本书共三个部分，第一辑为心灵牧歌，第二辑为静水流深，第

三辑为横渡秋水。（荷梅）

特低渗透砂岩油藏储层微观特征——以鄂尔多斯盆地延长组为例

王瑞飞　著

石油工业出版社

ISBN 978-7-5021-6749-3

2008年9月

16开　147页　38.00元

内容提要：本书通过高压压汞技术、恒速压汞技术、核磁共振技术、XCT成像技术、环境电镜扫描技术、铸体技术、水驱油实验及岩矿分析等对鄂尔多斯盆地延长组具有代表性的特低渗透砂岩储层区块进行研究，旨在探讨该类储层的微观孔隙结构特征、微裂缝特征、微观水驱油驱替特征及储层物性演化过程。（库布其）

天唱——我的艺术人生

腾格尔　著

作家出版社

ISBN 7-5063-3383-2

2005年8月

32开　313页　30.00元

内容提要：本书是著名歌唱家腾格尔的艺术人生自述，以散点透视的方式呈现了一个人与音乐的相互选择和彼此互动。本书分为"腾格尔，天的意思""十四岁，自杀未遂""婚姻爱情，那是要有缘分的""蒙古人"等13个章节。（库布其）

天骄春晖

共青团伊金霍洛旗委员会　编

内蒙古人民出版社

ISBN 7-204-06518-2

2003年1月

32开　357页　50.80元

内容提要：本书详细地回顾了伊金霍洛旗（含郡王旗、札萨克旗）青年运动走过的50多年光辉历程。（荷梅）

天骄风云：成吉思汗雕塑广场交响曲

甄达真　著

内蒙古大学出版社

ISBN 978-7-5665-1265-9

2017年7月

16开　122页　18.00元

内容提要：本书主要介绍了成吉思汗雕塑广场上《闻名世界》《一代天骄》《草原母亲》《海纳百川》《天驹行空》五组雕塑，讲述了诃额伦和铁木真的故事。（荷梅）

图说成吉思汗与蒙古族

杨勇、苏力德　编著

内蒙古人民出版社

ISBN 7-204-07934-5

2007年1月

16开　325页　688.00元

内容提要：本书采用图文形式和通俗易懂的文字，使更多的读者了解蒙古历史上的重大事件、重要人物、重要历史进程，从而深刻理解中华多民族在相互联系和交融中发展，形成了多元一体

格局，中华各民族只有团结奋斗才能共同发展、共同繁荣。（库布其）

外国人眼中的成吉思汗

巴拉吉尼玛等　编
内蒙古人民出版社
ISBN 7-204-07934-5
2005年6月
16开　257页　90.00元

内容提要：本书搜罗了诸多外国人对成吉思汗的评论，从不同角度、不同侧面展现了外国人眼中的成吉思汗是什么样的形象。（荷梅）

往事记忆

薛进义　著
2015年3月
32开　284页

内容提要：本书是献给为鄂尔多斯文化艺术工作做出过贡献的人们，赞扬他们远离故土，来到了条件艰苦的鄂尔多斯，克服了各种困难，奋斗在高原牧场，把一生都献给鄂尔多斯的高尚品质。（荷梅）

旺楚克事略

郝继忠　著
民族出版社
ISBN 978-7-105-09131-7
2007年12月
16开　329页　30.00元

内容提要：本书讲述了革命先辈旺楚克的事迹。在各级领导、各位老前辈和许多同志的关爱支持下，作者历时一年，东进西出，往返行程近万千米，资料检索达2000多万字，复制档案、文献资料200余万字，参考文献达80种，进行了大量的考察、考证后创作了本书。（库布其）

吻过额头的苍茫

付慧　著
远方出版社
ISBN 978-7-5555-0228-9
2014年8月
32开　336页　58.00元

内容提要：本书分为春孕、夏曲、秋酌、冬恋四辑。（荷梅）

我从草原来

鄂尔多斯市文化新闻出版广电局　编
2016年8月
16开　232页

内容提要：本书内容包括小戏小品、微电影、表演唱、歌词、歌曲、诗歌散文六个部分。（荷梅）

我的达拉特

王昆　主编
中国文史出版社
ISBN 978-7-5034-5277-2
2014年10月
16开　176页　26.00元

内容提要：本书是一部地方志，介绍了内蒙古自治区达拉特旗的基本情况，包括政区概况、自然条件、经济概况、

社会发展、基础设施、旅游名胜、语言、达旗境内地名由来、蒙古族、苏木镇街道概述、大事记等内容。（荷梅）

我的回忆录

马安治 著

海军出版社

2015年7月

16开 222页

内容提要：本书是革命老党员马安治的回忆录。书中的主要内容有作者的简历、从出生到参加革命、参加陆军、参加海军，还有作者与老伴的简况以及作者离休后发表过的文章。（嘎拉贝日汗）

我是五狼草原的君主

高荣堂 著

中国社会出版社

ISBN 7-5087-1635-3

2006年12月

32开 180页 20.00元

内容提要：本书内容由情绪的倾泻、爱意的呢喃、灵魂的呻吟、草原的旁白、岁月的感叹、季节的尘埃、村庄的无奈七个部分组成。（荷梅）

我在鄂尔多斯

何知文 著

内蒙古教育出版社

ISBN 7-5311-5237-1

2003年8月

16开 460页 48.00元

内容提要：本书分为黄土地上的民生、草地生活、河套苦乐、在阳光下、在乌审旗、艰难岁月七个部分，共160多篇文章，记录了作者在鄂尔多斯60多年亲历、亲见、亲闻与所作、所为、所想，记录了鄂尔多斯的历史变迁、先辈们的生活道路，当地人过往的生活方式、思想感情和精神风貌，以及鄂尔多斯的自然景观、动植物、风俗民情等。（库布其）

乌兰夫传略

王树盛 编撰

中国档案出版社

ISBN 978-7-80166-850-9

2007年8月

32开 276页 36.00元

内容提要：本书是由《乌兰夫传》简写而成，附录为八集文献纪录片《乌兰夫》的脚本。《传略》和脚本各成体系，分别以不同的体裁，简要、全面地介绍了乌兰夫同志辉煌的一生。（嘎拉贝日汗）

乌兰夫民族工作文选（第二次征求意见稿）

乌兰夫革命史料编研室 编

1991年7月

32开 496页

内容提要：本资料选收了乌兰夫同志1945年11月至1987年9月有关民族工作的重要讲话、谈话、报告和著述，共49篇，其中多数是过去没公开发表过的，较全面地反映了乌兰夫同志关于民族工作的理论与实践，总结了我国贯彻党的

民族政策、解决民族问题的经验。（嘎拉贝日汗）

乌审简史

查汉东　著
艾吉姆　译
中共乌审旗委员会乌审旗人民政府
内新图准字〔2006〕41号
2006年7月
16开　240页

内容提要：本书是一部记载从清代划旗到解放初期乌审旗各方面情况的地方史志，同时也是一部解读乌审旗文化的简明百科全书。（荷梅）

乌审旗粮食志

《乌审旗粮食志》编委会　编
乌审旗粮食流通服务中心
2019年3月
16开　393页

内容提要：本资料以图文形式介绍了乌审旗粮食相关的各种情况与数据。（荷梅）

乌审旗林业志

《乌审旗林业志》编纂委员会　编
陕西人民出版社
ISBN 978-7-224-13193-2
2019年6月
16开　330页　300.00元

内容提要：本书是一部记述乌审旗林业发展历史和现状的地方史志，所记止于2016年，内容包括概述、大事记、乌审旗概况、1949年前的林业、林业战略、林业种苗、治沙造林、林业重点工程造林、森林资源、森林资源保护、林业科技、林业改革、林沙产业、林业资金、管理机构、国有林场治沙站苗圃、人物、附录。（荷梅）

乌审旗农牧业志

《乌审旗农牧业志》编委会　编
远方出版社
ISBN 978-7-5555-1112-0
2018年2月
16开　1008页　328.00元

内容提要：本书比较客观地反映了乌审人民在党的领导下，坚持科技兴农兴牧的历史进程，真实地反映了乌审农牧业逐步发展的历史轨迹。内容包括建置沿革、自然环境、畜牧业、农业　渔业、人物、荣誉等。（荷梅）

乌审旗人民代表大会志（1949—2012）

巴音松布尔　主编
中国文史出版社
ISBN 978-7-5034-3889-8
2013年1月
16开　576页　280.00元

内容提要：本书比较客观、全面地反映了乌审人民在党的领导下，坚持民主法治建设的历程，真实地记录了乌审旗人民代表大会从无到有，逐步发展完善的历史轨迹。内容分为各族各界人民代表大会、各界人民代表大会、常务委员会、苏木乡镇人大工作、人物五个篇章。（荷梅）

乌审旗史志资料（第一辑）

中共乌审旗党史旗志办公室　编

1986年

16开　286页

内容提要：本资料收录《中国共产党乌审旗工委及委员会1925年至1985年活动的党史大事记》《中国共产党早期在乌审旗活动》《乌审县委和苏维埃建撤情况》《乌审旗工委、蒙汉游击队、蒙古族代表团参观延安》《西乌审部队起义》《记共产党在1944年乌审旗的十项工作》《乌拉尔林事件》《西宫商叛变》《捉放奇玉山》《东乌审起义》《血的教训》等文章。（那顺巴图）

乌审旗史志资料（第二辑）

中共乌审旗党史旗志办公室、中共乌审旗委组织部、乌审旗党史旗志办公室、乌审旗档案局　编

内新图准字（89）47号

1989年12月

16开　606页

内容提要：本书汇编了1925—1987年10月乌审旗党、政、军组织史资料。（那顺巴图）

乌审旗文物志

乌审旗文物局　编著

内新图准字〔2012〕71号

2012年9月

16开　284页

内容提要：本书内容分为概况，古生物化石，古人类，历史文物，民族文物，宗教文物，非物质文化遗产名录，革命文物，文物事业，著名文物专著、专家学者10个章节。（荷梅）

乌审旗政协志

《乌审旗政协志》编纂委员会　编

中央民族大学出版社

ISBN 978-7-5660-1321-7

2017年6月

16开　296页　188.00元

内容提要：本书系乌审旗首次编纂的政协专业志书，在乌审旗政协发展史上具有里程碑意义。本书从政协委员、组织机构、会议概要、活动记略、人物简介五个部分介绍了乌审旗政协成立60年来的发展历程。（荷梅）

乌审旗志

《乌审旗志》编纂委员会　编

内蒙古人民出版社

ISBN 978-7-204-05568-5

2001年3月

16开　1089页　188.00元

内容提要：本书是记述了截至1990年底乌审旗的历史和发展现状的地方史志，采取编、章、节的结构形式，包括自然环境、畜牧业、水利、工业、商业等内容。（荷梅）

乌审文史资料（第一辑）

中国人民政治协商会议乌审旗委员会文史资料委员会　编

内新图准字〔2002〕102号

2015年7月

32开　262页　18.00元

内容提要：本书收录了《鄂尔多斯右翼前旗——乌审旗历史演变概略》《乌审旗历史概要》《乌审旗历任扎萨克传略》《乌审旗独贵龙运动始末》《席尼喇嘛光辉的一生》《1943年乌审旗事变》《毛泽东与乌审旗》七篇文章和编后语。（库布其）

乌审文史资料（第二辑）：乌审革命斗争史料选（上册）

政协乌审旗委员会、乌审旗延安精神研究会　编

内新图准字〔2008〕139号

2008年12月

32开　228页　25.00元

内容提要：本书展示了乌审旗蒙古族人民为反抗旧政权统治者的残酷剥削压迫，抵制当局对草原无节制放垦，保卫牧场家园的历史画卷，主要收录了《鄂尔多斯地区"独贵龙"运动概况》《巴图湾谈判》《乌审风云》等15篇文章。（荷梅）

乌审文史资料（第三辑）：乌审革命斗争史料选（中册）

政协乌审旗委员会、乌审旗延安精神研究会　编

内新图准字〔2008〕140号

2009年5月

32开　373页　32.00元

内容提要：本书收录了《中共乌审旗工作委员会》《奇金山起义前前后后》《切切实实为蒙地群众办好事》《难忘的记忆》等10篇文章。（荷梅）

乌审文史资料（第四辑）：乌审革命斗争史料选（下册）

政协乌审旗委员会、乌审旗延安精神研究会　编

内新图准字〔2009〕63号

2009年10月

32开　416页　35.00元

内容提要：本书收录了《王悦丰传略》《曙光照亮鄂尔多斯之前》《乌拉尔林事件》《东乌审起义》《一个无名妇女的事迹》等29篇文章。（荷梅）

乌审文史资料（第六辑）：乌审撷英

乌雅泰　译

内蒙古人民出版社

ISBN 978-7-204-11463-4

2011年

32开　324页　48.00元

内容提要：本书是一部关于乌审部落氏族变迁、历史事件、历史人物、寺庙等的原貌及其作者等内容的资料汇编，收录了《圣主成吉思汗的伊克查干苏勒德祭典》《乌审旗官邸简介》《关于协理台吉陶岱》《尼玛仁庆》等18篇文章。（荷梅）

乌审文史资料（第八辑）：瀚海丹顶——乌审旗执政王公事略

博尔吉金·青歌乐达来　编

内蒙古人民出版社

ISBN 978-7-204-11036-0

2011年11月

16开　154页　16.00元

内容提要：本书是乌审旗第一部有关盟旗制度与王公统治的专题著述，收录了《金枝玉叶》《呼图克台彻辰洪台吉与〈十善福白史册〉》《前八任札萨克》《镇国公爵加三级西协理巴拉珠尔公》等16篇文章，附录收录桑杰道尔吉、贺西格巴图、那顺巴图、席尼喇嘛四篇人物介绍。（荷梅）

乌审文史资料（第九辑）：乌审旗革命历史档案资料选编（1929—1949）

郝继忠等　著

中央民族大学出版社

ISBN 978-7-5660-1156-5

2015年12月

16开　556页　118.00元

内容提要：本书分为上、下两编。上编为档案、文献，收录1929年6月—1949年11月的档案、文献170篇，包括中共中央、西北局、陕甘宁边区政府、三边地委、绥宁工委、陕北区委、伊盟工委、伊东工委、伊西工委、乌审工委的指示、决议、报告、请示、总结，以及《新中华报》《解放日报》的相关报道，内容涉及统战、组织建设、民族、武装斗争、西乌审根据地开辟、经济、文教、民族区域自治、政权建设等。下编为口述史、回忆录，共26篇，为革命战争年代的当事人忆述，以记述组织活动、重大事件为主，侧重于对档案文献不足的补充。（荷梅）

乌审召表情

乌审旗乌审召镇人民政府、中共乌审旗乌审召镇委员会　编

2018年8月

12开　130页

内容提要：本资料分为创业艰难百战多、全面恢复的生态环境、产业结构调整破题见效、绿色工业谱新篇、壮美内蒙古，亮丽乌审召、乡村振兴的生动实践、大漠深处传佛声七个篇章。（荷梅）

乌审召珍藏

萨仁达来　编

内蒙古人民出版社

ISBN 978-7-204-14057-2

2017年4月

8开　208页　1280.00元

内容提要：本书共收录图片200余幅，以图文形式详细介绍乌审召的清代壁画，具有较高的学术研究价值和文物收藏价值。（荷梅）

五年印迹

张子珍　主编

内蒙古人民出版社

ISBN 978-7-204-15107-3

2017年11月

16开　1008页　360.00元

内容提要：本书分为上、下两册，全书所选内容分为六个篇章和附录，其

中第一篇组织机构，客观记录十二届政协领导班子成员、常委和委员；第二篇会议概要，客观记录十二届政协全委会议、常委会会议、党组主席会议概况；第三篇全委会议纪实，系统反映十二届政协期间举行的六次全体委员会议；第四篇履职成效，从活动掠影、重点提案汇编、文献成果等方面系统反映十二届政协的履职成效；第五篇委员风采，记录全体委员的履职体会、履职感悟和履职成效；第六篇大事记，简要记录十二届政协履职过程中的重点事项。附录部分包括十二届政协出书情况、获奖情况以及委员的个人荣誉。（荷梅）

西草地的火

马步萧　著

内蒙古人民出版社

10089·269

1984年3月

32开　320页　0.93元

内容提要：本书是一部描写鄂尔多斯草原上一起"独贵龙"运动始末的长篇小说。（荷梅）

西村三四家

张凯　著

中国文联出版社

ISBN 7-5059-3337-X

1999年6月

16开　132页　19.00元

内容提要：本书是戏剧剧本集，共八部剧本，分别是《西村三四家》《鸡宴》《审羊》《买货》《两瓶茅台酒》《三喜临门》《眊闺女》《逃不掉》。（荷梅）

昔日梦幻——刘申易自选文集

2000年

32开　280页　18.00元

内容提要：本书内容分为纪实文学、小说、散文、随笔、民间故事和传说五个部分。（荷梅）

锡尼喇嘛

阿云嘎　著

内蒙古人民出版社

ISBN 978-7-204-10087-3

2009年7月

16开　331页　68.00元

内容提要：本书采用了传记文学的写法，讲述了内蒙古第一个旗一级民主政权的创始人席尼喇嘛的一生。不仅是对锡尼喇嘛本人的纪念，还包含着对所有革命先烈的崇敬和缅怀。（荷梅）

乡情如潮

杨占林　主编

远方出版社

ISBN 7-80595-328-7

1997年4月

32开　156页　16.20元

内容提要：本书收集的是各方作家和旗籍作者反映准格尔风貌的各类文学作品，让读者领略到准格尔旗的风土人情、名胜古迹和建设成就。（荷梅）

小荷沐风

许怡蛟 著

内蒙古人民出版社

ISBN 978-7-204-12152-6

2013年6月

32开 158页 20.00元

内容提要：本书是个人诗词集，收录作者近年来创作的古体诗词140首。其中以诗为主，为90余首。所收诗词或抒情、或言志、或咏物、或感怀，表达了一个青年诗人丰富的思想情感和高雅的精神追求，以及积极的人生态度。（荷梅）

小诗度日

刘建光 著

内蒙古人民出版社

ISBN 978-7-204-11052-0

2012年7月

32开 189页 42.00元

内容提要：本书内容分为黎明在奔跑、与你同行、家乡的泥土三辑。（荷梅）

心语情韵

孙万祥 著

中国社会出版社

ISBN 7-80146-489-3

2000年10月

32开 216页 14.20元

内容提要：本书共八个部分，分别是吾思短语、民歌、诗歌、散文诗、哲理诗、咏物诗、民谣集锦、评论。（荷梅）

心约

王君 著

人民文学出版社

ISBN 978-7-02-008406-7

2014年8月

32开 278页 38.00元

内容提要：本书是作者的第三部诗集。作者把对人类、对自然、对社会的热烈投入而形成的诗作捧给读者，目的就是希望和大家一起去回忆、欣赏、品味那惬意的瞬间。（荷梅）

心韵

刘彪 著

内蒙古人民出版社

ISBN 7-204-08304-0

2006年8月

32开 200页 20.00元

内容提要：本书分古风韵、律绝韵、新诗韵、词韵、联韵、文韵六个部分。对于诗词联文的创作观点、宗旨，分别在各部分的开辑处略以短文表述。（荷梅）

新花集——东胜地区创作诗歌选

内蒙古伊盟图书馆、内蒙古东胜县文化馆 编

1979年7月

32开 80页

内容提要：本资料收录东胜人创作的37首诗歌，系从300多首来稿中选编的。（荷梅）

新生活之歌

刘昌义 著

鄂尔多斯学杭锦旗研究会 编

2019年12月

32开 148页

内容提要：本书收录了《创作的幸福路》《党的好领导》《祖国颂》《军演》《贵在专》《交友》《出行》《和平》等100多首诗歌。（荷梅）

新时代之歌

刘昌义 著

2018年10月

32开 124页

内容提要：本书收录了作者100多首诗，表达了作者对人生的感悟、对后辈的规劝、对新时代新气象的赞美和对发生在杭锦旗这片热土的往事的追忆，歌颂了生活在这里的人们。（荷梅）

新时代鄂尔多斯笑话

王拴 编著

内蒙古人民出版社

ISBN 978-7-204-13613-1

2019年8月

32开 158页 40.00元

内容提要：本书共搜集、整理、创作笑话272篇，内容健康、文明，富有哲理性、广泛性和群众性，充满诙谐、幽默、讽刺色彩，乡土气息浓厚，时代烙印明显，文字优美流畅，语言通俗易懂，充分反映了在习近平新时代中国特色社会主义思想指导下，鄂尔多斯大地发生了翻天覆地的变化，各族人民已过上小康生活，对文化娱乐需求进一步提升。（荷梅）

新闻回眸——媒体眼中的鄂托克（五）

中共鄂托克旗委员会宣传部 编

2018年12月

16开 478页

内容提要：本资料将新闻稿件编辑成书，并分为走高质量发展之路、坚决打赢脱贫攻坚战、绿水青山就是金山银山等10个板块，集中展示旗委、旗政府全面贯彻落实中央和全区、全市各项决策部署，紧紧依靠全旗各族人民，奋发有为地推动各项事业发展，加快建设更加富裕富有、更加美丽美好、更加繁荣繁盛的现代化鄂托克的新局面。（荷梅）

絮语华章

徐钧 著

内蒙古人民出版社

ISBN 7-204-00858-8

1989年11月

32开 256页 3.00元

内容提要：本书汇集了近百篇文章，由艺海拾贝、语言趣谈、文艺短评、理论探讨和科普小品五部分组成。（荷梅）

絮语情怀

王明禾 著

内蒙古人民出版社

ISBN 978-7-204-10135-1

2012年6月

32开　450页　60.00元

内容提要：本书包括作者论述文、调研、考察报告、散文和诗歌。（荷梅）

寻找出口的河流

余晔　著

中国电影出版社

ISBN 978-7-106-04038-3

2014年11月

16开　161页　35.00元

内容提要：本书共五辑，分别是无定河、行走的歌吟、故土亲情、秋天里的抒情、寻找出口的河流。（荷梅）

寻找毛乌素

肖亦农　著

五洲传播出版社

ISBN 978-7-5085-2637-9

2014年7月

16开　209页　65.00元

内容提要：本书是"绿色中国梦"系列之一，作者以纪实文学的方式，运用讲故事的手法，记录了自己在寻找毛乌素沙漠的大明沙过程中的所见所感。全书共分为七章，其中既有中国政府投资治理沙漠的故事，又有专家学者、民间组织和当地群众努力治沙的感人故事，把钱学森、宝日勒岱、殷玉珍等名字与毛乌素沙漠紧紧地联系在一起。如今的毛乌素沙漠，已经从肆虐的沙漠，被人类驯服成乖巧的"沙宝贝"，当地群众已经与沙漠和谐相处，从沙漠中刨出了"金元宝"。（荷梅）

雅韵鄂尔多斯

苏怀亮　主编

远方出版社

ISBN 978-7-5555-1169-4

2018年12月

32开　308页　45.00元

内容提要：本书收录了康润清、周彦文、周晨曦、贾学义、刘国霖30位作家的诗词。（荷梅）

阳光情

白孝云　著

内蒙古人民出版社

ISBN 7-204-08371-7

2007年9月

32开　138页　18.00元

内容提要：本书讲述改革开放前农村的生活片段和趣闻轶事，分为故乡风韵、春的赞歌、诗园百花三个部分。（荷梅）

一错再错

冯春生　著

内蒙古人民出版社

ISBN 7-204-08371-7

2006年12月

32开　149页　20.00元

内容提要：本书是作者的小小说作品集，所选小小说故事丰富，妙趣横生。（荷梅）

一方水土准格尔

张磊 著

内蒙古人民出版社

ISBN 978-7-204-09436-3

2009年7月

16开 210页 60.00元

内容提要：本书分散文和新闻两个部分。第一辑散文部分包括迷人准格尔、神韵准格尔、魅力准格尔、礼赞准格尔等内容；第二辑新闻部分包括活力准格尔、和谐准格尔等内容。（荷梅）

一个旗委书记的足迹

鄂尔多斯学杭锦旗研究会 编

2020年4月

16开 50.00元

内容提要：本资料从文献选、同事说、群众说、各界说、亲人说等方面介绍了奇治民同志的一生事迹。（荷梅）

一路歌声

布林 著

华文出版社

ISBN 978-7-5075-3017-9

2010年5月

16开 324页 120.00元

内容提要：本书收入作者一部长篇和一些中短篇小说。长篇《一路歌声》象征性地概括和浓缩了蒙古族几百年的历史。作者试图用现代眼光审视民族的历史和传统文化，用宏大叙事的表现形态对民族的历史文化给予整体的思考和把握。故事没有确切的年代，没有确定的地点，一切均在超时空、超现实的环境中发生。天下无敌的几代摔跤手，为了实现不可反悔的誓言，从故乡出发开始西征，同行的还有永不变老的美丽女子阿拉塔金，她那悠扬的歌声伴随着勇士们走向天涯海角。（荷梅）

伊克昭盟志（第一、二册）

伊克昭盟地方志编纂委员会 编

现代出版社

ISBN 7-80028-173-6

1994年8月

16开 1245页 100.00元

内容提要：本书第一册全面系统地记载伊克昭盟自然、社会的历史和现状，为伊盟各项建设事业提供历史借鉴和现实依据，为研究伊盟的自然和社会提供翔实的资料，为各级领导制定政策、法规提供可靠的基础史料，为进行爱国主义教育和革命传统教育提供乡土教材。第二册介绍了伊克昭盟的各种自然资源、自然灾害以及当地农业发展的历史与现状。主要分为自然资源、自然环境质量、畜牧业、垦务、农业、林业、水利水保七卷。（荷梅）

伊克昭盟志（第三、四册）

伊克昭盟地方志编纂委员会 编

现代出版社

ISBN 7-80028-316-X

1996年3月

16开 1268页 180.00元

内容提要：本书第三册介绍了伊克

昭盟的各种工业、交通运输、邮政、商业、粮油购销、财政税务的历史与现状，主要分为工业、交通运输、邮政、商业、粮油购销、财政税务六卷。第四册介绍了伊克昭盟的金融、乡镇企业、经济综合管理、城建环保、政党、革命斗争事略、政权、政协、群众团体的历史与现状，分为金融、乡镇企业、经济综合管理、城建环保、政党、革命斗争事略、政权、政协、群众团体八卷。（嘎拉贝日汗）

伊克昭盟志（第五、六册）

伊克昭盟地方志编纂委员会　编
现代出版社
ISBN 7-80028-330-5
1997年7月
16开　1307页　200.00元

内容提要：本书第五册记述了伊克昭盟民政、劳动人事、司法和新闻广播事业发展的历史与现状分为民政、劳动人事、司法、军事、文化、新闻广播、教育、卫生、科技八卷组成。第六册记述了伊克昭盟体育、宗教、风俗、人民生活、方言等各方面发展的历史与现状，分为体育、宗教、风俗、人民生活、方言、歌谣、传说、人物六卷以及附录等组成。（嘎拉贝日汗）

伊克昭盟志

忒莫勒　点校
内蒙古大学出版社
ISBN 978-7-5665-1234-5
2017年6月
16开　558页　213.00元

内容提要：本书是点校整理后的《伊克昭盟志》，后附《伊克昭盟概况》《伊盟左翼三旗调查报告书》《伊盟右翼四旗调查报告书》《鄂托克富源调查记》《准郡两旗旅行调查记》五种地方文献。（嘎拉贝日汗）

伊克昭盟地名志

伊克昭盟地名委员会　编
1986年11月
16开

内容提要：本资料是由伊克昭盟地名委员会办公室根据《内蒙古自治区地名志编写大纲》，结合本盟的实际情况，在1982年地名普查的基础上组织人员编写的地方史志。志中文字主要分两部分。第一部分为主要地名诠释（包括盟、旗、市概况）；第二部分为常用地名录。两部分均按地名类组编排。盟、旗、市概况都用蒙汉两种文字编印；主要地名共诠释2100多条，政区、居民点类地名收释了乡级以上行政地名和全部行政村、嘎查以及一些重要自然村地名；其他类组地名则根据其重要性、覆盖面、使用频率进行了筛选。（嘎拉贝日汗）

伊克昭盟的土地开垦

梁冰　著
内蒙古大学出版社
ISBN 7-81015-217-3
1991年12月
32开　236页　4.20元（平装）　7.70

元（精装）

内容提要：本书为第一部研究鄂尔多斯土地开垦的专著。全书共六章，对从秦汉开发"河南地"（鄂尔多斯）到民国时期的开垦做了全景式的历史考察，清末贻谷放垦和民国开垦则是其中的重点研究对象。（荷梅）

伊克昭盟法院志（1649—1996）

伊克昭盟中级人民法院 编

内新图准字（97）第88号

32开 416页 68.00元

内容提要：本书共三编十章，本着详今略古、求实存真、突出审判、兼顾其他、全面反映伊盟法院工作本来面貌的原则，力求使其真正起到再现历史、反映现实、总结经验、裨益未来的作用。（荷梅）

伊克昭盟简介

伊盟党委办公室 编

32开 20页

内容提要：本资料介绍了伊克昭盟的概况，包括地理位置及行政建制、地貌及自然条件、物产资源、林业生产、畜牧业生产、农业生产、工交生产、财贸战线、教科文卫事业等。（嘎拉贝日汗）

伊克昭盟旗市乡苏木概况

内蒙古自治区伊盟党委政研室 编

1987年5月

32开 381页

内容提要：本资料较为详细地记述了伊克昭盟各旗市、乡苏木的地理位置以及地形地貌、政区和人口、历史沿革、经济建设、自然资源、教育、科技、文化、卫生、商业、文物古迹等基本情况。（嘎拉贝日汗）

伊克昭盟土壤

伊克昭盟土壤普查办公室 编著

内蒙古人民出版社

ISBN 7-204-00466-3

1989年4月

16开 901页 21.55元

内容提要：本书是伊克昭盟第二次土壤普查成果的总结，不但为伊克昭盟土壤合理改造利用提供科学依据，而且为伊克昭盟农牧林业区划，基本建设规划，提高科学种植、养殖水平，加速农林牧业的发展提供科学依据。（嘎拉贝日汗）

伊金霍洛文史资料（第一辑）：中国人民政治协商会议伊金霍洛旗委员会大事记（1959—1994）

政协内蒙古伊金霍洛旗委员会、科教文卫史委员会 编

内新图准字（94）第37号

1994年11月

32开 196页 10.80元

内容提要：本书客观公正地记述了政协伊金霍洛旗委员会从1959—1994年的重大工作和重大活动，力求保存历史原貌，力争做到"大事不漏，要事突出"，起到"以史为鉴，以文会友"的

作用。（其利格尔）

伊金霍洛文史资料（第二辑）：伊金霍洛旗教育

中国人民政治协商会议内蒙古伊金霍洛旗委员会科教文卫史委员会　编

内新图准字（96）第84号

1999年10月

32开　341页　18.88元

内容提要：本书详细记述了伊金霍洛旗各级各类学校发展变革的历史轨迹，特别是十一届三中全会以来，伊金霍洛旗在教育改革中所取得的成绩和经验；展示了民族教育的发展历程和辉煌成果；热情讴歌了中华人民共和国成立以来伊金霍洛旗教育战线被评为自治区级和国家级先进教育工作者、有突出贡献的老教师和慷慨捐资助教的有功之臣的感人事迹。（嘎拉贝日汗）

伊金霍洛旗政协文史资料（第五辑）

赵宇飞、政协内蒙古伊金霍洛旗委员会　编

2009年12月

16开　363页　100.00元

内容提要：本资料由政协委员风采录（第1—11届）、政协大事记（1994.3—2008.3）、政协调研报告选编（1992—2008）三部分组成。本资料既是展示伊金霍洛旗历届政协及政协委员良好工作业绩和精神风貌的丛书，也是宣传伊金霍洛旗第十一届政协加强宣传、扩大影响、创新政协工作的重要措施。（嘎拉贝日汗）

伊克昭文史资料（第一辑）

中国人民政治协商会议内蒙古伊克昭盟委员会文史资料研究委员会　编

内文出准字（86）第89号

1986年9月

32开　198页

内容提要：本书收录了《日军代表伊盟之行及其裹胁伊盟各旗王公阴谋的破产》《马占山在准格尔旗的前后经过》《旧绥远省桃力民办事处》《草原上的浩劫》等10篇文章，附载《鄂尔多斯蒙古挺进队》译文。（荷梅）

伊克昭文史资料（第二辑）

中国人民政治协商会议内蒙古伊克昭盟委员会文史资料研究委员会　编

内文出准字（86）第89号

1987年10月

32开　241页

内容提要：本书收录了《难忘的岁月》《那顺德利格尔传略》《蒙古族优秀干部奇治民》等八篇文章。（荷梅）

伊克昭文史资料（第三辑）

中国人民政治协商会议内蒙古伊克昭盟委员会文史资料研究委员会　编

内蒙古伊克昭盟委员会

内文出准字（89）号

1988年10月

32开　230页

内容提要：本书收录了《鄂尔多斯

植被建设的实践与反思》《伊盟的民族上层的统战工作》《用真诚开拓出的路》《一九三九年迁移成陵述略》等十多篇文章。（荷梅）

伊克昭文史资料（第四辑）：改革奋进的十年

中国人民政治协商会议内蒙古伊克昭盟委员会文史资料研究委员会　编

内文出准字（86）第89号

1989年12月

32开　259页

内容提要：本书收录了《包神铁路修建纪实》《蓬勃发展的伊盟教育事业》《对创办文化车的回顾》等20多篇文章。（荷梅）

伊克昭文史资料（第五辑）

中国人民政治协商会议内蒙古伊克昭盟委员会文史资料委员会　编

内新图准字（90）58号

1990年10月

32开　193页

内容提要：本书收录了《记席尼喇嘛领导和指挥的几次战斗》《沙王重庆之行前后》《执着的追求与深情的回忆》《"伊盟事变"概况》等13篇文章，以及国民党政府蒙藏委员会调查室编撰的《伊盟右翼四旗调查报告书》。（荷梅）

伊克昭文史资料（第六辑）：教育史料专辑

中国人民政治协商会议内蒙古伊克昭盟委员会、文史资料研究委员会　编

NZ15-1117

1992年10月

32开　265页　3.00元

内容提要：本书分为历史轨迹和人物春秋两部分。第一部分收录32篇文章，记述了伊克昭盟各级各类学校发展变革的历史概貌，特别是党的十一届三中全会以来在教育改革中所取得的成就和经验。第二部分收录22篇文章，记述了部分教育工作者潜心于教育事业，为国家培养人才默默奉献的感人事迹。（荷梅）

伊克昭文史资料（第七辑）：科技史料专辑

中国人民政治协商会议内蒙古伊克昭盟委员会文史资料委员会　编

N215-117

1993年3月

32开　265页　3.00元

内容提要：本书分为农业、牧业、林业、水利、水土保持、气象、农牧业机械、卫生、电业、化工、建筑11个部分，共43篇文章，讲述了伊克昭盟科技工作者在各自的岗位上锲而不舍、奋力拼搏，克服重重困难和阻力，取得不同科技成果的历程。（荷梅）

伊克昭文史资料（第八辑）

中国人民政治协商会议内蒙古伊克昭盟委员会文史资料委员会　编

N215-117

1994年4月

32开　157页　3.00元

内容提要：本书收录了《生命之树常青》《谁说女人只有眼泪》《马背放歌铸"铁嗓"》等20篇文章。（荷梅）

伊克昭文史资料（第九辑）：工商经济史料专辑

中国人民政治协商会议内蒙古伊克昭盟委员会文史资料委员会　编

内新图准字（96）第54号

1996年6月

32开　176页　5.60元

内容提要：本书收录了中华人民共和国成立前和中华人民共和国成立初期伊克昭盟工商、经济史料21篇。（荷梅）

伊克昭文史资料（第十辑）

中国人民政治协商会议内蒙古伊克昭盟委员会文史资料委员会　编

内新图准字（99）第41号

1999年5月

32开　254页　9.60元

内容提要：本书收录20篇关于鄂尔多斯历史、文化、民俗、宗教等方面的文章。（荷梅）

伊克昭文史资料（第十一辑）

中国人民政治协商会议内蒙古伊克昭盟委员会文史资料委员会　编

内新图准字〔2001〕16号

2001年2月

32开　316页　12.00元

内容提要：本书收录了《贺希格巴图及其诗歌创作》《党外爱国人士卓力克的足迹》《忆往话旧》《乌审旗历任札萨克传略》《伊盟各旗的放垦情况》等13篇文章。（荷梅）

伊克昭文史资料（第十二辑）

中国人民政治协商会议内蒙古伊克昭盟委员会文史资料委员会　编

内新图准字〔2001〕76号

2001年8月

32开　232页　18.00元

内容提要：本书收录了《神奇的鄂尔多斯》《从落后的位置上起跑》《春风化雨》等15篇文章。（荷梅）

伊盟革命斗争史料（第一辑）

中共伊盟盟委党史资料征集办公室　编印

1983年8月

32开　102页

内容提要：本资料收录了《伊盟支队的建立、成长及主要战绩》《一九三一年后的薛向晨》等八篇文章。（荷梅）

伊盟革命斗争史料（第二辑）

中共伊盟盟委党史资料征集办公室　编印

1983年12月

32开　126页

内容提要：本资料收录了《伊盟事变初探》《杭锦旗和平解放的经过》《还盐池》等十多篇文章。（荷梅）

伊盟革命斗争史料（第三辑）

中共伊盟盟委党史资料征集办公室　编印

1984年4月

32开　143页

内容提要：本资料收录了《给定边县委的信》《关于奇致中起义》《"独贵龙"运动与席尼喇嘛革命》《伊盟报》等十多篇文章。（荷梅）

伊盟革命斗争史料（第四辑）

中共伊盟盟委党史资料征集办公室　编印

1984年10月

32开　153页

内容提要：本资料收录了《我和伊盟》《宁绥工委的工作方针》《调解乌鄂冲突》《乌审旗革命活动大事记》《伊盟的"独贵龙"与"内人党"》等20多篇文章。（荷梅）

伊盟革命斗争史料（第五辑）

中共伊盟盟委党史资料征集办公室　编印

1985年1月

32开　121页

内容提要：本资料收录了《谈谈我在绥蒙工作的简况》《伊旗建国前后革命斗争大事记》《关于解放札萨克旗的调查》等十多篇文章。（荷梅）

伊盟革命斗争史料（第六辑）

中共伊盟盟委党史资料征集办公室　编印

1985年10月

32开　153页

内容提要：本资料收录了《准格尔旗革命斗争大事记》《发生在德胜西的一件惨案》《伊盟工委组织情况补遗》等十多篇文章。（荷梅）

伊盟革命斗争史料（第七辑）

中共伊盟盟委党史资料征集办公室　编印

1986年8月

32开　170页

内容提要：本资料收录了《曹动之生卒事年谱》《那森达赖父子》等九篇文章。（荷梅）

伊盟革命斗争史料（第八辑）

中共伊盟盟委党史资料征集办公室　编印

1986年11月

32开

内容提要：本资料收录了《峥嵘岁月　艰难历程》《桃力民的兴衰》《桃力民游击队》等16篇文章。（荷梅）

伊盟革命斗争史料（第九辑）：伊盟公安史料专辑上册

中共伊盟盟委党史资料征集办公室、伊克昭盟公安处　编印

32开　191页

内容提要：本资料收录了《艰苦的历程》《准东革命斗争轶事》《无形的

战线》等十多篇文章。（荷梅）

伊盟革命斗争史料（第十辑）

中共伊盟盟委党史资料征集办公室　编印

1987年10月

32开　161页

内容提要：本资料收录了《中央西北工作委员会和少数民族工作》《大河畔上的三件事》《延安民族学院的成立与变迁》《谢有德传略》等十多篇文章。（荷梅）

伊盟革命回忆录（第一辑）

政协伊克昭盟委员会文史委　编

32开　291页

内容提要：资料收录了《回忆伊盟的革命斗争》《王悦丰传略》《李振华通知伊盟革命事略》《失去组织联系以后》等八篇文章。

伊盟革命回忆录（第二辑）

政协伊克昭盟委员会文史委　编

32开　318页

内容提要：资料收录了《塞外烽烟》《阿拉庙起义前后》《峥嵘岁月》《战士的脚印》《当年鏖战急》等九篇文章。

伊盟革命回忆录（第三辑）

中共伊盟盟委党史资料征集办公室　编

1983年9月

32开　243页

内容提要：本资料收录了《党的政策实现了各民族的联合抗日——回忆在伊盟开展抗日斗争的经过》《英血洒高原——忆念伊盟支队参谋长马良诚同志》《我在伊盟的活动片段》《在开辟鄂托克旗革命工作的岁月里》等13篇文章。（荷梅）

伊盟革命回忆录（第五辑）

中共伊盟盟委党史资料征集办公室　编

伊克昭盟东胜

1985年4月

32开　268页

内容提要：本资料收录了《无形的战线》《烽火草原十二年》《杭锦旗的和平解放与改造》《挺进乌审旗》《我所知道的蒙汉游击队》等十多篇文章。（荷梅）

伊盟革命回忆录（第六辑）

中共伊盟盟委党史资料征集办公室　编

伊克昭盟东胜

1983年12月

32开　227页

内容提要：本资料收录了《周仁山同志访问录》《回忆党在伊盟的民族政策及干部工作》《我人生路上的一点踪迹》等十多篇文章。（荷梅）

伊盟事件资料汇编（第一辑）

内蒙古伊克昭盟档案馆　编

1985年5月

16开 316页

内容提要：本资料分为论文、回忆、资料三部分，收录了《关于"伊盟事变"》论文一篇，《伊盟"三·二六"事变的回忆》《伊克昭盟"三·二六"事变》《伊盟"三·二六"事变亲历记》等回忆文章八篇，有关伊盟事件的电报、信件、指示、意见等文献资料20多篇。（荷梅）

伊盟事件资料汇编（第二辑）

内蒙古伊克昭盟档案馆 编

16开 318页

内容提要：本资料收录了《伊盟视察报告》第一号到第十七号、第十九号等18篇报告。（荷梅）

伊盟事件资料汇编（第三辑）

内蒙古伊克昭盟档案馆 编

16开 304页

内容提要：本资料收录了《派高级人员前往伊盟各旅宣慰视察指令（附公函）》《关于事变未平只得勉暂维持的电报》《关于沙王一切名义暂由图扎萨克代理的呈电》等100多份电报。（荷梅）

伊盟事件资料汇编（第四辑）

内蒙古伊克昭盟档案馆 编

16开 237页

内容提要：本资料收录了《关于处理事变祸首老赖等事的电报》《关于惩处事变祸首的电文》《调解准格尔旅军政办法》《关于缓和马占山与奇文英关系的电报》等100多份电报、电文。（荷梅）

伊希丹金旺吉拉诗选译

赛音吉尔嘎拉、沙尔勒岱 收集整理

赵文工 译

中国人民政治协商会议、伊金霍洛旗委员会

内新图准字〔2009〕173号

32开 246页 40.00元

内容提要：本书收录了伊希丹金旺吉拉的《训喻诗》和七首无题诗的蒙古文原文和汉文译文。这些诗针砭时政，揭露了统治者与奸商勾结，盘剥人民的勾当，对官僚政客贪婪横暴、草菅人命的罪行进行了鞭笞。（荷梅）

忆景平同志光辉的一生

云继光 编

内蒙古人民出版社

ISBN 7-204-03049-4

1996年1月

32开 553页 21.80元

内容提要：本书是回忆刘景平同志的文章合集，通过近40篇文章，讲述了刘景平同志的一生事迹以及他在长期的革命斗争和生产建设中，为内蒙古各族人民的解放、为增强各族人民的团结、为内蒙古自治区的社会主义革命和社会主义建设事业的发展做出的重大贡献。他和内蒙古的各族人民建立了血肉相依的阶级感情，40余年来，他忠实地贯彻

执行党的路线、方针、政策,特别是认真地贯彻执行了党的民族政策,(库布其)

永恒的瞬间——内蒙古生产建设兵团驻屯杭锦旗图集

杨仲新　主编

内蒙古杭锦旗党委统战部　编

2009年8月

16开

内容提要：本资料是一部献给曾在杭锦草原屯垦戍边的兵团战友,献给曾在黄河岸边无私奉献的热血青年的纪念图册。（荷梅）

永远的成吉思汗——走进成吉思汗陵旅游区

郭武荣　主编

内蒙古人民出版社

ISBN 7-204-07934-5

2007年1月

16开　161页　128.00元

内容提要：本书分为一代天骄、雄风再现、蒙古春秋、圣地古韵、大营梦想五个部分,介绍了成吉思汗陵旅游区的各类景观和活动。（嘎拉贝日汗）

友声同鸣集：学术交流与友情的记录

陈育宁　著

内蒙古人民出版社

ISBN 978-7-204-09436-3

2009年8月

16开　347页　32.00元

内容提要：本书分为两部分,分别

是作者为他人著作和自己著作作的序和他人为作者的著作作的序。（荷梅）

有凤来仪：白晓明新诗选集

白晓明　著

内蒙古大学出版社

ISBN 978-7-5665-1559-9

2019年4月

16开　554页　68.00元

内容提要：本书收录了作者近五年来所写的约300首新诗。全书共九辑,分别是塞上煮酒、梧桐月影、乡愁村语、青山丽日、情世尘缘、灵异拈趣、穿越时空、痴人梦呓、盛世华彩。（荷梅）

有人敲门

冯春生　著

作家出版社

ISBN 7-5063-1630-7

1999年6月

32开　163页　16.00元

内容提要：本书收集了《白色传奇》《在希望的田野上》《神树》《虚荣》《遗憾》《给妻买鞋》等60多篇小说。（荷梅）

有声的戈壁

阿云嘎　著

华文出版社

ISBN 978-7-5075-3017-9

2010年4月

16开　292页　20.00元

内容提要：本书收录了《燃烧的水》

《有声的戈壁》《黑马奔向狼山》《狼之歌》《良心》五篇小说。（荷梅）

有一条河，叫暖水

柳苏　主编
内蒙古人民出版社
ISBN 978-7-204-09436-3
2008年11月
16开　222页　28.00元

内容提要：本书分为玉泉花簇、水草情韵、人物长廊三部分。（荷梅）

语丝远近

徐钧　著
远方出版社
ISBN 7-80595-033-4
1993年10月
32开　183页　3.80元

内容提要：本书集60余篇千字散文，是《絮语华章》的姐妹篇，它的大部分篇目均是近年来见诸报刊的。它是花絮的飘舞，是星火的闪烁，虽是茶余饭后的谈资，却从淙淙细流中透出缕缕清新的凉意。（荷梅）

元史演绎系列：成吉思汗陵史话

冯苓植　著
李治安　编
远方出版社
ISBN 978-7-5555-1255-4
2019年4月
16开　112页　28.00元

内容提要：本书以丰富的历史资料为依据，讲述了成吉思汗陵的建筑风格、宫殿布局、壁画背后的故事等，此外还述说了其背后的故事，如成吉思汗陵永存的历史意义、历史上的两次劫难以及成吉思汗的辉煌一生等。通俗易懂，趣味性极强。（荷梅）

园林环卫工之歌

冯春生　主编
杭锦旗园林环卫局、杭锦旗文学艺术界联合会、鄂尔多斯学杭锦旗研究会　编
2019年2月
32开　214页

内容提要：本资料内容分为小说，散文，诗歌，曲艺，杭锦旗公园、绿地亭阁楹联征集五个部分。（荷梅）

远祖的倾诉——鄂尔多斯青铜器

杨泽蒙　著
内蒙古大学出版社
ISBN 978-7-81115-182-4
2008年1月
16开　218页　43.00元

内容提要：本书分为古老神奇的鄂尔多斯高原、闻名遐迩的鄂尔多斯青铜器、破译鄂尔多斯青铜器背后尘封的历史三章。全书以最新研究成果为依托，注重科学性与通俗性相结合，以图文形式描绘了以鄂尔多斯青铜器为物质载体的青铜文明的博大、厚重，诠释了充满原生态特色的北方草原青铜文化。（荷梅）

月亮正圆

白晓明 著
《鄂尔多斯》文学杂志社
ISSN 1008-5203
2016年12月
32开 218页 36.00元

内容提要：本刊是一部诗集，包括《仰望苍穹》《遥想先贤》《龙场悟道》等诗。（荷梅）

在鄂尔多斯盆地上

《在鄂尔多斯盆地上》编委会 编
三秦出版社
ISBN 978-7-5518-0454-7
2013年5月
16开 1245页 198.00元

内容提要：本书是报告文学集，从不同角度昭示出长庆油田科学发展、和谐发展、创新发展的路径和战略，对于长庆油田全面建成西部大庆具有积极的促进作用。（荷梅）

准格尔大峡谷——长河颂

高怀京、韩涛 策划
王建中 摄影
16开

内容提要：本资料以图文形式展示了中原与草原之间的最为明显的界标——准格尔大峡谷。（其利格尔）

昭君坟传奇

阎致中 著
中国文联出版社
ISBN 7-5059-3337-X
1999年6月
32开 2776页 174.60元

内容提要：本书是作者创作的剧本合集，有《昭君坟传奇》（四集电视剧）、《少年与鹰》（电影电视文学剧本）、《争夺》（七场歌剧）等。（荷梅）

纸阅读文库·乌审七篇：内蒙古卫视七集纪录片《蔚蓝的故乡·解读绿色乌审》插图解说词集

张阿泉 著
内蒙古教育出版社
ISBN 978-7-5311-8111-8
2010年10月
16开 227页 60.00元

内容提要：本书以乌审旗这一实体为目标进行"切片研究"，通过聚焦这片神奇土地上所历经的历史沧桑、所发生的绿色生态革命，以及近年来乌审旗为全面落实科学发展观而提出的"以人为本，建设绿色乌审"的核心发展理念，折射时代风云，映照乌审人格，为"中国资源富集地区县域经济可持续发展"的课题提供了值得剖析的个案。（荷梅）

致密砂岩储层成岩作用及其与天然气成藏耦合关系——以鄂尔多斯盆地为例

曹青、李军 著
中国石化出版社
ISBN 978-7-5114-3572-9
2015年8月

16开　160页　43.00元

内容提要：本书系统地总结了致密砂岩储层成岩作用及其与天然气成藏耦合关系研究现状及存在的问题。（荷梅）

中共鄂旗党史资料（第一辑）

中共鄂托克旗委员会党史资料征集办公室　编

张增民　搜集整理

1988年8月

32开　170页

内容提要：本资料内容分为中共鄂托克旗党史大事记、地下党组织的建立及其活动、鄂托克旗和桃力民地区的解放三个章节。（荷梅）

中国共产党鄂托克旗历史（第一卷）（1933.10—1949.12）

中共鄂托克旗委员会宣传部、鄂托克旗地方史志编纂委员会办公室　编

2016年7月

16开　321页

内容提要：本资料详尽记述了鄂托克各族人民在党的领导下进行土地革命、抗日战争、解放战争的不平凡历程。本书共设三编十章，以大事记、附录为主要参考资料。正文分为土地革命战争、抗日战争、解放战争三个时期，结构清晰。（荷梅）

中国共产党内蒙古自治区达拉特旗组织史资料（1935—1996）

中共达拉特旗委组织部、中共达拉特旗委史志征编办公室、达拉特旗旗档案局　编

内新图准字（90）第148号

1997年5月

32开　429页

内容提要：本书分为中国共产党内蒙古自治区达拉特旗组织史资料、内蒙古自治区达拉特旗政权系统组织史资料、内蒙古自治区达拉特旗地方军事系统组织史资料、内蒙古自治区达拉特旗统战系统组织史资料、内蒙古自治区达拉特旗群众团体组织史资料五大部分。（荷梅）

中国共产党内蒙古自治区东胜市组织史资料（1936.3—1987.10）

中共东胜市委组织部、中共东胜市委党史办、东胜市档案局　编

内新图准字（89）第47号

1988年12月

16开　229页

内容提要：本书收录了1936年3月—1987年10月东胜市（县）及所属一级单位党、政组织和市（县）级军事、政协、群团系统的组织沿革和领导人名录。内容分为土地革命战争时期、抗日战争时期、全国解放时期、基本完成社会主义改造时期和开始全面社会主义建设时期六个章节。（荷梅）

中国共产党内蒙古自治区东胜市组织史资料续编（1988.1—1994.12）

王田友　主编

中共东胜市委组织部、东胜市档案史志馆 编

1996年12月

16开 81页

内容提要：本资料继《东胜市组织史资料》，收录了社会主义现代化建设新时期，即1988年1月1日—1994年12月底东胜市党、政、军、统、群五大系统的组织沿革和领导人名录。（其利格尔）

中国共产党内蒙古自治区鄂托克旗组织史资料（1987—1995）

中国共产党鄂托克旗组织部、中国共产党鄂托克旗党史办、鄂托克旗档案馆 编

内新图准字（88）第73号

1997年6月

内容提要：本书分为五个章节，分别是党的系统、政权系统、人民武装部、统战系统、群众团体。（荷梅）

中国共产党内蒙古自治区鄂托克旗组织史资料（1935—1987）

中国共产党鄂托克旗组织部、中国共产党鄂托克旗党史办、鄂托克旗档案馆 编

内新图准字（88）第73号

1988年12月

内容提要：本书上限是土地革命战争时期的1935年，下限到1987年党的十三大闭幕，包含了鄂托克旗52年的组织史资料。（其利格尔）

中国共产党内蒙古自治区鄂托克前旗政治组织建设史资料（1988.1—2009.6）

中共鄂托克前旗委组织部、鄂托克前旗党史办 编

2009年8月

16开 480页 96.00元

内容提要：本书重点突出党的思想政治和组织建设两方面内容，概括介绍了1988年1月—2009年6月鄂托克前旗党组织活动及成效，翔实记载了这一时期中共鄂托克前旗委员会及所属全旗各级党组织、政权行政单位副科级（含副主任科员）以上领导成员的任职年历。（荷梅）

中国共产党内蒙古自治区杭锦旗组织史资料（1949.10—1987.12）

中共杭锦旗委员会组织部、中共杭锦旗委员会党史办公室、杭锦旗档案局 编

内新图准字（89）第4号

1989年12月

16开 305页

内容提要：本书记述了1949年10月—1987年12月杭锦旗党组织机构沿革及政府、军队、政协、群众团体的组织机构沿革。（荷梅）

中国共产党内蒙古自治区伊金霍洛旗组织史资料（1937—1987）

赵守忠 编

中共伊金霍洛旗委组织部、中共伊金霍洛旗委党史办、伊金霍洛旗档案

局　编

内文出准字〔1989〕年第118号

1990年3月

16开　484页

内容提要：本资料内容是伊金霍洛旗党、政、军、统、群各系统的组织机构沿革和领导人名录等；编纂的时限是从1937年伊金霍洛旗有党的活动开始，到1987年12月止，历经50年的经历。编纂方法是中华人民共和国成立前采取合编的办法，以党史分断代为章，中华人民共和国成立后采取分编的办法，分党、政、军、统、群系统，每一系统再以断代为章。收录抗日战争、解放战争、社会主义改造和全面建设社会主义、"文化大革命"、社会主义现代化建设新时期五个阶段的内容。本资料采用文字叙述旗、区、乡各系统组织机构沿革和领导人名录并附有图表相结合的编纂形式，包括前言、综述、概述、分述、机构名称、沿革、任职人员姓名、职务、任期和中华人民共和国成立前党组织分布图，中华人民共和国成立后的行政区划图（包括原郡王旗、扎萨克旗行政区划图）组织机构沿革示意图，以及党组织、党员、干部统计表。（其利格尔）

中国共产党内蒙古自治区伊金霍洛旗组织史资料（第二卷）（1988.1—1997.9）

中国共产党伊金霍洛旗委组织部　编

2001年3月

16开　295页

内容提要：本卷收录了从1988年1月—1997年9月伊金霍洛旗党、政、军、统、群五大系统的组织沿革和领导人名录。本资料的编写是按五大系统分别立章，合订成册。（嘎拉贝日汗）

中国共产党内蒙古自治区乌审旗组织史资料（1925—1987.10）

何知文、李殿军　主编

中共乌审旗委组织部、乌审旗党史旗志办公室、乌审旗档案馆　编

内新图准字（89）147号

1989年12月

16开　587页

内容提要：本书收录了1925年—1987年10月年党的十三大召开为止的60余年间乌审旗党的系统、政权系统、地方部队系统、统战系统、群众团体系统的组织机构沿革和领导人名录及其任职时限。中华人民共和国成立前以四个时期，即党的创建和大革命时期、土地革命战争时期、抗日战争时期、全国解放时期为章，以各个系统为节；中华人民共和国成立后则以各个系统为章，以三个时期为节，以每个时期的党代会与人民代表大会届次为条，以系统所属机构及其领导人员为项进行编写。（荷梅）

中国共产党内蒙古自治区伊克昭盟组织史资料（第一卷）（1925—1987.12）

中共伊盟盟委组织部、中共伊盟盟委党史办、伊克昭盟档案馆　编

内新图准字（89）第87号

1988年12月

16开　706页

内容提要：本书采用文字叙述、机构沿革和领导人名录以及图表相结合的编纂形式。内容分为中国共产党内蒙古自治区伊克昭盟组织史资料、内蒙古自治区伊克昭盟政权系统组织史资料、内蒙古自治区地方军事系统组织史资料、内蒙古自治区伊克昭盟统战系统组织史资料、内蒙古自治区伊克昭盟群众团体组织史资料。（荷梅）

中国共产党内蒙古自治区伊克昭盟组织史资料（第二卷）（1988.1—1994.12）

中共伊克昭盟委组织部　编

1996年12月

16开　262页

内容提要：本书收编内容涉及盟、旗（市）、乡（苏木）和三级领导机构的党、政、军、统、群众机关的组织机构。内容分为1991年伊克昭盟行政区划图和四个附编。附编分别为内蒙古自治区伊克昭盟政权系统组织史资料（续编）、内蒙古自治区伊克昭盟军事系统组织史资料（续编）、内蒙古自治区伊克昭盟统一战线系统组织史资料（续编）、内蒙古自治区伊克昭盟群众团体系统组织史资料（续编）。（荷梅）

中国共产党内蒙古自治区伊克昭盟组织史资料（第三卷）（1995.1—1997.9）

中共伊克昭盟委组织部　编

内新图准字〔2001〕77号

2000年10月

16开　389页

内容提要：本书为社会主义建设新时期伊盟组织史资料续集。内容分为中国共产党内蒙古自治区伊克昭盟组织史资料、内蒙古自治区伊克昭盟政权系统组织史资料、内蒙古自治区伊克昭盟地方军事系统组织史资料（续编）、内蒙古自治区伊克昭盟统一战线系统组织史资料（续编）、内蒙古自治区伊克昭盟群众团体系统组织史资料（续编）、内蒙古伊克昭盟部分企事业单位组织史资料。（荷梅）

中国共产党内蒙古自治区准格尔旗组织史资料（1927.8—1987.12）

中共准格尔旗委员会组织部、准格尔旗史志编纂委员会办公室、准格尔旗档案馆　编

内新图准字（91）第48号

1991年4月

16开　330页

内容提要：本资料运用概述、分述、机构沿革、领导人名录及图表等表现形式，记述了中国共产党1927年8月—1987年12月在准格尔旗组织活动的情况。（荷梅）

中国共产党内蒙古自治区准格尔旗组织史资料（1988.1—1994.12）

中共准格尔旗委员会组织部、准格尔旗史志编纂委员会办公室、准格尔旗

档案馆　编

内新图准字（91）第48号

1995年10月

16开　110页　5.00元

内容提要：本资料是《中国共产党内蒙古自治区准格尔旗组织史资料（1927.8—1987.12）》的续编，记述了中国共产党1988年1月—1994年12月在准格尔旗组织活动的情况。（荷梅）

中国共产党准格尔旗历史读本（1929—2010）

内蒙古准格尔旗史志编纂委员会办公室　著

中共党史出版社

ISBN 978-7-5098-1248-8

2011年8月

16开　365页　68.00元

内容提要：本书是秉持党史工作"以史为鉴，资政育人"的优良传统而精心编修的一部地方旗县党史专著，目的是既真实记载1929—2010年准格尔旗人民在党的领导下走过的82年伟大道路和历程，又旨在坚持和弘扬共产主义的理想信念，进一步推进社会主义精神文明和思想道德建设。（荷梅）

中国沙漠戈壁采风

王文元、宝斯尔　著

中国旅游出版社

ISBN 7-5032-0109-6

1988年1月

32开　229页　2.20元

内容提要：本书是一部沙漠戈壁摄影集，反映了沙漠和戈壁的奇特景象。（嘎拉贝日汗）

中国少数民族历史人物志

谢启晃等　编著

民族出版社

11049·6

1983年7月

32开　211页　0.80元

内容提要：本书主要介绍了清末以前各少数民族的历史人物。编者综合了有关传记和原始资料，参阅了近现代的研究成果，书写了蒙古族的历史人物，其中包括一些鄂尔多斯蒙古族历史人物。（嘎拉贝日汗）

中国石油地质·鄂尔多斯盆地

杨华　主编

陕西人民出版社

ISBN 978-7-224-10858-3

2013年12月

8开　200页　280.00元

内容提要：鄂尔多斯盆地是我国第二大中、新生代沉积盆地，属于多旋回叠合含油气盆地，是我国陆上油气勘探最早的盆地，也是我国石油工业的发源地之一。本书从沉积相、储层等方面，对鄂尔多斯盆地延长组油藏地质特征进行了分析，探究了油藏储层岩石特征、成岩作用、孔隙结构以及油气富集规律，为鄂尔多斯盆地的油气开采提供了必要的数据支持，也为油气勘探建立了

工作思路。（荷梅）

中国天然气地质学（卷四）：鄂尔多斯盆地

  杨俊杰、裴锡古　主编
  石油工业出版社
  ISBN 7-5021-1481-5
  1996年3月
  16开　291页　35.00元
  内容提要：本卷是对近10年来鄂尔多斯盆地天然气勘探成果的总结，书中阐述了鄂尔多斯盆地的区域地质概况，天然气成因类型及气源岩地球化学特征，储层类型及分布规律，天然气的生成、运移、聚集和封盖条件分析，圈闭类型及气藏序列，并对该盆地的远景进行了评价。（库布其）

中国有个准格尔

  王建中　著
  山西人民出版社
  ISBN 978-7-203-06169-4
  2011年7月
  8开　172页　460.00元
  内容提要：本书介绍了内蒙古准格尔旗在改革开放之后的经济发展状况，准格尔提前进入中国县域经济发展50强，位列内蒙古自治区旗县第一位，成为内蒙古工业经济发展最发达的地区。（荷梅）

朱开沟——青铜时代早期遗址发掘报告

  内蒙古自治区文物考古研究所、鄂尔多斯博物馆　编
  文物出版社
  ISBN 978-7-5010-1143-5
  2000年5月
  16开　449页　240.00元
  内容提要：本书内容分为概述、遗址分区与地层堆积、居住遗址、墓葬、结语五个章节。（荷梅）

追梦

  齐剑君　著
  作家出版社
  ISBN 978-7-5063-7581-8
  2014年9月
  16开　314页　38.00元
  内容提要：本书是一部反映教育管理体制改革的现实主义作品。小说以一个农家子弟成长为教育局长的经历为主线，通过主人公所经历的择校热、培训班、两基达标、校舍改造、深化教学管理改革等事件，展示了我国教育管理体制中存在的不容忽视的问题，并从人才强国的高度，积极倡导多元办学，推行教育管理体制的改革。作品塑造了一批鲜活的人物，情节生动，具有很强的现实感。（荷梅）

准格尔改革开放40年

  准格尔报社　编
  准格尔报社
  2019年4月
  32开
  内容提要：本书分为鸿篇巨制、长

河嬗变、岁月感知、大师回眸、数字比对、国家荣誉、媒体点睛七辑。（荷梅）

准格尔能源公司志

《准格尔能源公司志》编纂委员会 编

方志出版社

ISBN 978-7-80192-189-5

2004年5月

16开 900页 398.00元

内容提要：本书记述了数万人克服种种困难，坚韧不拔、勇于奉献建设矿区，从而终于实现了开发鄂尔多斯能源的伟大奋斗历程。内容分为机构沿革、自然环境 地质勘测、矿区规划、矿区开发立项等23个篇章。（荷梅）

准格尔年鉴（1992—2000）

准格尔旗史志编纂委员会办公室 编

内新图准字〔2000〕103号

2001年1月

16开 492页 92.00元

内容提要：本书记述了准格尔旗1992—2000年综合性地情信息资料，采用分类编纂法，设大事记、特载、自然环境、政治、法制、军事、经济、科教文卫社会生活、乡镇、文件选编10个类目。（荷梅）

准格尔年鉴（2001）

准格尔旗史志编纂委员会办公室 编

2002年5月

16开

内容提要：本书记述了准格尔旗2001年综合性地情信息资料，采用分类编纂法，设大事记、特载、自然环境、政治、法制、军事、经济、科教文卫社会生活、乡镇等类目。（荷梅）

准格尔年鉴（2003）

准格尔旗史志编纂委员会办公室 编

内新图准字〔2004〕57号

2004年6月

32开 60.00元

内容提要：本书记述了准格尔旗2003年综合性地情信息资料，采用分类编纂法，设大事记、特载、自然环境、政治、法制、军事、经济、科教文卫社会生活、乡镇等类目。（荷梅）

准格尔年鉴（2004）

准格尔旗史志编纂委员会办公室 编

2005年3月

32开 337页 80.00元

内容提要：本书记述了准格尔旗2004年综合性地情信息资料，采用分类编纂法，设大事记、特载、自然环境、政治、经济、科教文卫社会生活、乡镇等类目。（荷梅）

准格尔年鉴（2007）

准格尔旗史志编纂委员会办公室 编

2007年12月

16开 90.00元

内容提要：本书记述了准格尔旗2007年综合性地情信息资料，采用分类

编纂法，设大事记、特载、自然环境、政治、法制、军事、经济、科教文卫社会生活、乡镇等类目。（荷梅）

准格尔年鉴（2008）

准格尔旗史志编纂委员会办公室　编

内新图准字〔2008〕45号

2008年12月

16开　462页　200.00元

内容提要：本书是准格尔旗2008年综合性地情信息资料年刊，采用分类编纂法，设概况、大事记、政治、开发区、苏木乡镇、经济、社会、人物、文献、服务指南10个类目。（荷梅）

准格尔年鉴（2009）

准格尔旗史志编纂委员会办公室　编

内新图准字〔2009〕108号

2010年3月

16开　515页　218.00元

内容提要：本资料是由准格尔旗人民政府主办，准格尔旗史志编纂委员会办公室组织各苏木乡镇、各机关团体、各企事业单位（包括国家、自治区、市及解放军各驻旗有关单位）共同参与编纂的地方综合年鉴。其宗旨是全面、系统、翔实地载录准格尔旗经济、社会的发展情况，为社会各界人士了解和研究准格尔旗提供资料。（库布其）

准格尔年鉴（2010）

准格尔旗史志编纂委员会办公室　编

内新图准字〔2011〕169号

2011年6月

16开　508页　288.00元

内容提要：本书采用分类编纂法，设概况、大事记、政治、开发区·苏木乡镇、经济、社会、人物、特载八个类目。（荷梅）

准格尔年鉴（2011—2012）

准格尔旗史志编纂委员会办公室　编

中国文史出版社

2012年

32开　298.00元

内容提要：本书是准格尔旗2011—2012年综合性地情信息资料年刊，采用分类编纂法，设概况、大事记、政治、开发区、苏木乡镇、经济、社会、人物、文献、服务指南10个类目。（荷梅）

准格尔年鉴（2013）

准格尔旗史志编纂委员会办公室　编

2014年1月

16开　527页　220.00元

内容提要：本资料是准格尔旗2013年综合性地情信息资料年刊，采用分类编纂法，设概况、大事记、中共准格尔旗委、准格尔旗人大、准格尔旗政府、政协准格尔旗委、中共准格尔旗纪委、国防建设、法治建设、开发区、群体团体、苏木乡镇、街道、经济监管、财政税务、农村经济、工业经济、城乡建设、环境保护、交通运输、旅游、信息通信、商贸流通、金融保险、科学技术、文化艺术、教育体育、医疗卫生、

人口民族、社会保障、附录等31个类目。（荷梅）

准格尔年鉴（2014）

准格尔旗史志编纂委员会办公室　编

内新图准字〔2015〕169号

2016年3月

16开　412页　288.00元

内容提要：本书是准格尔旗2014年综合性地情信息资料年刊，采用分类编纂法，设概况、大事记、中共准格尔旗委、准格尔旗人大、准格尔旗政府、政协准格尔旗委、中共准格尔旗纪委、国防建设、法治建设、开发区、群体团体、苏木乡镇、街道、经济监管、财政税务、农村经济、工业经济、城乡建设、环境保护、交通运输、旅游、信息通信、商贸流通、金融保险、科学技术、文化艺术、教育体育、医疗卫生、人口民族、社会保障、附录等31个类目。（荷梅）

准格尔年鉴（2015—2016）

准格尔旗史志编纂委员会办公室　编

内新图准字〔2016〕169号

2017年7月

16开　412页　288.00元

内容提要：本书是准格尔旗2015—2016年综合性地情信息资料年刊。采用分类编纂法，设概况、大事记·十大新闻、政治、司法、军事、社会团体、经济监督管理、财政·税务、工业、农业、城乡建设、交通运输·邮政、商贸流通、金融、信息、环境保护、教育体育·科技、卫生·人口计生、民族·宗教、文化·旅游、社会管理、开发区、乡镇·苏木·街道、附录等24个类目。（荷梅）

准格尔旗交通志

乔耀　主编

准格尔旗交通局　编

内新图准字〔2010〕58号

2010年5月

16开　222页　60.00元

内容提要：本书是第一部反映准格尔旗交通工作的行业志，它根据大量的历史资料的事实，如实地记述了1949—2009年准格尔旗交通事业的新面貌，以及人们为交通事业拼搏、奉献的建设者的创业精神及业绩，有力地证明了交通事业的发展在准格尔旗经济和社会发展中的基石作用。（荷梅）

准格尔旗近代史话

李克仁　著

内蒙古人民出版社

ISBN 978-7-204-02596-2

1994年9月

32开　274页　8.50元

内容提要：本书内容有近代准格尔旗的新兴地主阶层、义和团运动中的准格尔旗人民的反帝爱国斗争、准格尔旗垦务之始末等28个章节。（荷梅）

准格尔旗龙口镇　神树坪郭氏家谱

郭耿　立谱

许云　编写
2018年1月
16开　192页　150.00元

内容提要：本书第一章阐述了郭氏家族历史悠久，源远流长，名人辈出；第二章揭示了神树坪郭姓家族的来源及迁徙经过和人口分布等情况；第三至五章重点介绍了神树坪郭姓家族的世系繁衍、族员个人简历信息等情况；第六章收集了郭氏家族族员作品和荣誉证书；第七章记录了郭氏家训家规。（荷梅）

准格尔旗民间艺人苗玉工美术集成——艺海拾遗

苗玉　著
内蒙古文化出版社
ISBN 978-7-5521-1034-0
2016年3月
16开　110页　138.00元

内容提要：本书分为六个章节，分别为传统工美艺术基础知识及基础技法、壁画和雕塑艺术、古建修复工程装潢技法、油漆工艺、纸作工艺、传统装裱技艺等，此外还有工美图案。（荷梅）

准噶尔史略

《准噶尔史略》编写组　编
人民出版社
11001·630
1985年12月
32开　326页　2.15元

内容提要：本书是一部较为系统的准噶尔史，分为六章，对准噶尔的族源分布、历史变迁、政治制度、社会经济、文化艺术、生活习俗、宗教信仰及重大历史事件和人物进行了深入探讨和据实论述。（荷梅）

准格尔史略

《准格尔史略》编写组　编
广西师范大学出版社
ISBN 978-7-5633-6642-2
2007年9月
32开　305页　35.00元

内容提要：本书是一部较为系统的准噶尔史，分为六章，对准噶尔的族源分布、历史变迁、政治制度、社会经济、文化艺术、生活习俗、宗教信仰及重大历史事件和人物进行了深入探讨和据实论述。（荷梅）

准格尔往事

李克仁　著
远方出版社
ISBN 978-7-5555-0356-9
2014年12月
16开　280页　38.00元

内容提要：本书内容由准格尔旗蒙古族人和汉族人的来源及该旗独特的人文历史、准格尔旗牧地的开垦、清代中晚期准格尔旗的那些人和那些事、丹丕勒其人其事等九个章节组成。（荷梅）

准格尔文史（第一辑）

王建中　主编
中国人民政治协商会议内蒙古自治

区准格尔旗委员会文史资料委员会　编

2004年12月

16开　208页　30.00元

内容提要：本资料从不同方面反映了准格尔的百年历史的变迁。内容分为革命春秋、美稷纪事、人物志、风情园、文教天地、视界。（荷梅）

准格尔文史（第三辑）

中国人民政治协商会议内蒙古自治区准格尔旗委员会文史资料委员会　编

2006年12月

16开　176页　30.00元

内容提要：本资料收录《清末蒙情第一大案》《也说秦直道》《准格尔风情风俗录》等文章。（荷梅）

准格尔文史（第四辑）

中国人民政治协商会议内蒙古自治区准格尔旗委员会文史资料委员会　编

2007年11月

16开　200页　60.00元

内容提要：本资料收录《鄂尔多斯史话》《马占山守卫黄河》《准格尔王府事略》等文章。（荷梅）

准格尔文史（第五辑）

王建中　主编

中国人民政治协商会议内蒙古自治区准格尔旗委员会文史资料委员会　编

2008年7月

16开　280.00元

内容提要：本资料分为文史论坛、美稷纪事、西口文化、人物志、工商业界、大视野、准格尔地、风情园、文史随笔九个章节。（荷梅）

准格尔文史（第八辑）

王建中　主编

中国人民政治协商会议内蒙古自治区准格尔旗委员会　编

2014年1月

12开　323页　360.00元

内容提要：本资料分为五个部分。第一部分收录蒙古族历史上第一部政教史著作《蒙古政教史》。第二部分收录清代留存的准格尔召志《白银鉴》。第三部分收录南宋画家楼璹的《耕织图》。第四部分"云山万重归汉路"讲述了东汉蔡文姬归汉的故事。第五部分"木石村庄"记录了准格尔旗的旧村落。（嘎拉贝日汗）

准格尔文史（第九辑）

王建中　主编

中国人民政治协商会议内蒙古自治区准格尔旗委员会文史资料委员会　编

2014年1月

12开　319页　360.00元

内容提要：本资料以图文形式展示了近200种鄂尔多斯青铜器的典型器物，包括兵器、工具装饰品、生活用具、车马器等，展现了鄂尔多斯青铜器复杂巧妙的图案、独特的艺术风格和优美的造型。（嘎拉贝日汗）

准格尔文史（第十辑）

王建中　主编

中国人民政治协商会议内蒙古自治区准格尔旗委员会文史资料委员会　编

2013年12月

12开　271页　360.00元

内容提要：本资料包括中国古代农具概述、农耕图录（一）、农耕图录（二）以及文明曙光升起的地方四个部分。（嘎拉贝日汗）

准格尔文史（第十一辑）

王建中　主编

中国人民政治协商会议内蒙古自治区准格尔旗委员会文史资料委员会、《准格尔文史》编委会　编

2015年

16开　323页

内容提要：本书共八个部分，分别是漫瀚地标、百年沙圪堵、百子童趣、革命春秋、漫瀚纪事、文化园、旧事轶闻、龙图汇。（荷梅）

准格尔文史（第十二辑）

王建中　主编

中国人民政治协商会议内蒙古自治区准格尔旗委员会文史资料委员会、《准格尔文史》编委会　编

2015年

16开　353页

内容提要：本书共七个部分，分别是漫瀚长歌、漫瀚纪事、漫瀚地标、漫瀚风情、漫瀚经典、人物志、文化园。（荷梅）

走不出故土的情愫

柳苏　著

宁夏人民出版社

ISBN 978-7-227-05356-9

2012年12月

32开　161页　24.00元

内容提要：本书为作者的个人诗集，分为暖水镇物事、生命的回声、夕照下的心态三卷。（荷梅）

走向新世纪的鄂托克

中共鄂托克旗委宣传部、鄂托克旗工商行政管理局　主办

鄂托克旗绿源广告有限公司　承办

16开　88页

内容提要：本资料主要介绍了鄂托克旗的概况以及介绍了走向新世纪的鄂托克旗的各单位的情况。（嘎拉贝日汗）

祖先的印记·鄂托克岩画

纳·达楞古日布、巴特尔　编著

内蒙古人民出版社

ISBN 978-7-204-11606-5

2012年5月

12开　180页　340.00元

内容提要：本书以图文形式介绍了鄂托克岩画分布与现存状况、艺术风格及其文化内涵。（荷梅）